中文社会科学引文索引(CSSCI)来源集刊

Renmin University Law Review

人大法律评论

2018年卷第2辑 · 总第27辑

《人大法律评论》编辑委员会组编

RENMIN UNIVERSITY OF CHINA SCHOOL OF LAW

法律出版社
LAW PRESS · CHINA

目 录

【评论】

卷首语

经过半年时间的组稿,《人大法律评论》(2018 年第 2 辑)(以下简称《评论》)终于和大家见面了！在本辑的组稿、编印、出版过程中,收到了广大学人的踊跃投稿,得到了法学院王轶院长、指导老师张志铭教授、丁晓东老师以及外审专家学者的大力支持,也得到了法学院诸多师长及历届编辑的不断激励。此外,法律出版社沈小英女士、张泽华编辑、单洁编辑的辛勤付出,编辑部成员以及贺瑞、李焕集、李泽宇、刘继烨、唐少敏、张卓、翟玉涛、刘鹿鸣、马平川、宋史超、陆琦、李梦阳、龚钰、曹恩诚、潘泽钧等实习编辑的共同努力,使本辑的出版成为可能。我们在此向诸位表示衷心感谢!

《评论》成为 CSSCI 来源集刊以来,来稿数量颇多,其中不乏高质量的稿件,由于版面所限,我们不得不在众多来稿里优中选优。在本辑《评论》中,我们精选了 16 篇文章,作者分别来自清华大学、中国政法大学、中南财经政法大学、东吴大学、天津大学、暨南大学、浙江大学、西安交通大学、华东政法大学、西南政法大学、西北政法大学、华中科技大学、湘潭大学、山东政法学院等。本辑《评论》继续落实双向匿名评审制度,并实行专家外审制度,最终完成组稿。我们对向本刊投稿的诸位作者表示衷心感谢,对稿件被本刊采用的作者表示诚挚祝贺!

在"专题研讨一"栏目中,我们收录了"权利与制度建设"领域的佳作 6 篇。谢在全先生在《项目融资与债权质权》一文中,以最高人民法院指导案例 53 号之基本案情、裁判结果和裁判理由作引,探讨了担保物权之现代形态之一——项目融资之历史源流、基本特征、融资机构为尽职调查之必要、收益权质押及公示方法,以及债权质权之实行方法。他认为,项目融资所涉金额庞大、利益攸关者众,融资机构须为尽职调查评估风险,并以契约或其他方式将风险于项目事业当事人之间分摊,使发起人与项目事业相关者担负一定保证义务,于债务履行不能或融资回收困难时,由第三人继续经营项目事业以清偿融资债权。取得担保为化解融资债权不能回收之诸多风险的最佳手段,而设定担保物权之要,在于就事业公司之股份设定担保权,在其继续运行所赖之各种资产上设定第一次序担保权,且使其具有对抗债务人及第三人之效力。故而,他认为,该案判决可圈可点之处,在于对具备项目融资特征的污水处理项目“特许经营权”之质押作出了合理认定,直扣项目融资功能之精髓,其为日后收益权(收费权)质押之公示方法建立确定之规范,且创设应收账款质权实行方法之新内容,于适用物权法定原则着有新意,值得后来者借鉴。张红先生的大作《一般人格权:新生人格利益之保护机制》,主要探讨了一般人格权的本质、新生人格利益何以成为权利、具体人格权与一般人格权之间的关系以及人格权在民法典中的编排问题。作者认为,一般人格权是人格利益的概括性总称,是对具体人格权的补充,其涵射范围应在具体人格权之外,起到漏洞填补作用。新生人格利益无法于具体人格权上得到保护,只能诉诸一般人格权,一般人格权的本质就是新生人格利益。对于新生人格利益诉求,需要通过确定的、有效的手段,对法律应予保护的利益进行遴选,以在保护人格利益与避免权利泛化间达致平衡。人格权立法宜采“具体人格权 + 一般人格权”的立法模式。对人格权民法典表达的探讨,不能忽视对人格权立法和司法实践的梳理。人格权立法体系具有开放性,为保护不断发展的人格利益,宜将我国《民法总则》第 109 条定位为一般人格权条款,作为新生人格利益的“口袋”。在《比较法视野下带薪年休假的法律规制:全球趋势与本土问题》一文中,曹燕女士通过对诸多国家年休假法律规制进行比较,阐述了国际上带薪年休假法律规制的若干共识,其中包括:劳动者连续工作一年,可以享受每年不少于两周的年休假;允许将年休假与法定外休假合并使用;严格限制分割使用和累积使用年休假;允许以支付工资替代年休假;重视对青年劳动者和女性劳动者的特殊保障。通过上述比较分析,作者进一步指出,在经济下行压力加大的时代背景下,我国年休假立法也应与国际接轨,在凸显年休假劳动报偿属性的同时,充分发挥其涵养劳动力以及平衡工作与家庭生活的制度功能,从而有效提高年休假利用率。于晓先生的大作《自然人人格标识商业利用民法调整模式的重构——“乔丹案”引发的思考》,对自然人人格标识商业利用应采用何种调整模式以及如何构建良好的调整模式进行了充分的分析。作者认为,我国既有的人格权调整模式无法实现民事主体个人利益与相关社会利益的最大化,但财产权调整模式却能够实现民事主体个人利益与相关社会利益的高效平衡,且符合民法理论中的权利属性分类标准,具有法律调整的合目的性与合理性。对于如何完善此种模式,作者指出,我国可参考美国的公开权调整模式,在财产权调整模式下重构我国民法的相关制度,并借鉴我国著作财产权的制度设计,以实现对自然人人格标识商业利用活动的确认性调整、过程性调整和保护性调整。在《非洲国家宪法环境权比较研究——兼谈南非与肯尼亚宪法环境权的启示》一文中,作者张小虎把非洲国家宪法环境权划分为环境基本国策条款、环境基本权利条款、环境基本国策与环境基本权利结合条款 3 种类型,较为详细地介绍了非洲国家 20 余年的环境权入宪进程,并从实体、程序、诉讼等方面讨论了宪法环境权在实践中的司法救济方式。作者指出,环境权入宪并非解决生态环境恶化的决定性手段,只有赋予宪法环境权以可诉性,并通过司法诉讼构建起一套环境实体性权利和程序性权利的保障与救济机制,方能实现立法改善生态环境的目标,而南非宪法环境权的条款设计和权利架构可以为其他呼吁环境权入宪的国家提供有益参考。陈永福先生的大作《新时代中国劳动权利体系的内在逻辑及其构成》,较为中立地审视和介绍了中国劳动权利体系的内容、特点和意义。作者研究发现,中国劳动权利体系的内在逻辑,实现劳动者全面发展是逻辑起点,促进劳动者与劳动法治共同体的互动是逻辑目标,明确劳动权利体系的结构安排是逻辑路径。遵循这一内在逻辑,中国劳动权利体系应当是由劳动权利价值体系、劳动权利规范体系和劳动权利运行体系 3 个要素所构成。劳动权利价值体系的意义在于将旨在促进劳动者全面发展的权利纳入劳动权利规范体系中来,劳动权利规范体系的宗旨是明确劳动法治共同体各成员的权利和义务,而劳动权利运行体系的功能则是促进劳动者与劳动法治共同体的互动。

在“专题研讨二”栏目中,我们收录了“刑事政策与刑法理论的互动”领域的佳作 3 篇。在《环境刑法演进视角下的成员国刑事立法权让渡》一文中,作者焦艳鹏教授从欧盟立法及成员国国内立法 2 个层面对环境刑法在欧洲的发展进行了考察,系统梳理了欧盟环境刑事政策的形成过程及主要法律载体。作者认为,欧盟成员国试图通过参与制定并签订关于通过刑法保护环境的公约的方式,力图实现具有欧洲意志的超越国家的环境刑事政策。虽然欧盟环境刑事立法的载体引发了较大的争议,但最后经欧洲法院司法审查途径得到平息。这种对环境刑事立法的司法审查,其背景是一体化背景下共同体刑事立法权的长期缺失,内容及结果是确立了欧盟环境刑事立法的载体与内容。之后作者总结了成员国刑事立法权向欧盟让渡的基本原则:一是必要性原则;二是最低标准原则;三是无涉司法原则;四是紧急制动原则。作者最后指出,《里斯本公约》生效后将原有的第三支柱的大部分事项"共同体化",在世界法治逐步趋同化的背景下具有相当大的示范意义的,但实现刑事立法领域宽领域、深层次的一体化,对欧盟而言仍然是曲折连绵的未来之梦。李冠煜先生的大作《公共政策介入刑事法治实践研究:路径、判例与方法》,开篇便指出了学界对于以实证研究方法探索刑事政策以外的公共政策对刑事法治的指导路径的研究尚属薄弱的问题。作者首先梳理了新中国成立以来政策与刑事法律之间的关系,明确了当前"刑事政策法律化"与"刑事法律政策化"的刑事政策与刑事法律的关系之发展方向。随后,在对公共政策在立法层面与司法层面介入刑事法治实践的各种路径、类型以及意义进行介绍的基础之上,作者从司法实务的角度借助大量具体案例论述了公共政策在各类刑事案件中的具体适用状况,阐释了其中的一些疑问。最后,作者提出了公共政策介入刑事法治实践的适用条件与应用方法,以求划定公共政策对刑事法治实践的指导边界。在《民间借贷、不法给付与刑法规制——以"于欢案"二审判决为切入点》一文中,作者陈少青通过指出年利率24%和36%将民间借贷分为"两线三区"。凡是年利率超过24%的借贷均属于高利贷,其分为2种类型:年利率大于24%小于等于36%的债务是"不受保护的高利贷",利息支付属于不法原因给付,根据拒绝保护原则,借款人对该区间的利息不具有返还请求权,其反射效果是法律消极承认贷款人对该利息具有金额所有权,贷款人使用暴力、拘禁等手段非法索债,没有侵犯借款人的财产权;年利率超过36%的债务是"绝对禁止的高利贷",利息支付适用不法原因给付的但书条款,借款人即使支付该利息,也依然具有不当得利返还请求权,贷款人使用暴力、拘禁等手段非法索债,构成抢劫罪或绑架罪,借款人对非法索债行为进行反抗,造成人身伤亡,成立特殊防卫,不以犯罪论处。

"论文"栏目选取了民法、刑法、知识产权法、国际法领域的佳作5篇。

在民法领域,侯佳儒教授的《将民法视为文本:寓意、问题和启示》一文,从法哲学的角度对如何理解民法提出了革命性的见解。作者认为,民法是一种文本,对民法的研究就是一个理解、阐释民法文本的过程。借鉴解释学的3个不同流派,作者提出应从作者、读者、文本三者平衡关系的角度确立正确的解释思路。从外部理解民法具有积极作用但却不是决定性的,民法是“自我理解的”,应着重从民法内部来把握理解。“意思自治”是民法的根本原理,又是从内部正确理解民法的钥匙。最终,对民法文本的解释应回归到人的现世关切上来。

在刑法领域,文姬女士的大作《单位行贿罪和行贿罪比较实证研究》,首先梳理了单位行贿罪和行贿罪中的理论争议和实务现状,对单位行贿罪中“单位意思”的认定、单位和责任人刑事责任的分离、单位行贿罪与行贿罪认罪态度的取值、自首和追诉前坦白的竞合等问题进行了详细分析,发现了两罪刑罚设置间不均衡的隐患。随后,作者采用线性回归方法,通过对603个单位被告的单位罚金数额和250个个人被告的个人罚金数额的显著影响因素和基准刑进行对比,以及对510个单位责任人被告的责任人自由刑刑期和250个个人被告的个人自由刑刑期的显著影响因素和基准刑进行对比,对单位行贿罪的刑罚和行贿罪的刑罚之间的关系进行了实证研究。作者主张,为了单位行贿罪和行贿罪之间的刑罚均衡,应当统一单位行贿罪和行贿罪内部刑罚的基准刑;协调责任人罚金刑、自由刑和个人罚金刑、自由刑的基准刑;分离单位和责任人刑事责任,提高单位罚金刑。

在知识产权领域,董玉鹏先生的大作《基于协同创新的高技术产业知识产权联盟组织与行为模式研究》指出,组建产业联盟、开展协同创新是我国高技术产业实现突破发展的重要模式之一。为应对协同创新产生的知识流外溢,应形成系统化、高层级的知识产权战略联盟组织形式进行保障。作者指出,联盟内知识产权可共享许可规则、搭建知识产权公共服务平台和增值服务平台,进而形成“强知识产权规约”之下的“创新社区”,成为融合技术创新输出方、服务连接体以及终端用户的有机整体。

在国际法领域,王鹏先生的大作《国际投资协定的政治经济学:一项研究议程》是对国际投资协定进行政治经济学范式的分析的初步成果。一反以往法律解释学的研究思路,作者以国际投资协定中之体系、国家、个体为3个分析切口,旨在解释国际投资协定体系的理性问题、合作问题、演化问题,解决国际投资协定的可行性、功能性与正当性问题。最后作者指出,国际投资协定体系呈现出明显的代际差异性和权力依赖特征,权力政治依然是国际投资法律过程中鲜活的制度变量。中、美、欧三方的投资规则偏好差异日渐显现,国际投资立法正处在“三国混战”的大国制度竞争中，未来演进趋势则有赖于进一步的观察与分析。在《“领土”在东亚法律语言中的生成和变迁——兼谈东亚国际法史中的学术、政治和话语建构》一文中，作者汤岩通过对国际法中“territory”一词的译词变迁梳理，考察了现代国际法核心概念“领土”背后蕴藏的学术、政治、法律交流的深层影响。作者按照时间顺序，首先介绍了“疆域”这一译词的引入以及“疆域”一词与“领土”的对应关系；其次论述了“疆域”“疆界”“版图”等译词对日本、朝鲜的影响；再次阐释了在汉字文化圈中，和制汉语传播开来的影响，日本以“领土”一词替换先前由中国移植而来的部分词汇，构建了本国的术语体系，并通过甲午战争的胜利得以扩散，在东亚各国扎根；最后作者简要指出“领土”和“领域”概念扩展后的用词分歧，说明了在日本主权管辖范围由土地核心向海陆空立体管辖的变化，虽然朝鲜和韩国受此影响也作出了改变，但中国国际法学并未受此影响，仍采取“领土”概念。

“评论”栏目选登了2篇文章。在《以术变法，法将焉存——戊戌变法二甲子感言》一文中，柯岚教授通过丰富的史料对戊戌变法前后过程、康有为的种种行为进行了较为全面的阐述。作者通过分析指出清末民初军事冒险的政治投机活动始自戊戌变法，其中康有为致力于政治军事投机开创了近代中国的恶劣先例，而此后用暗杀、策反、收买这些手段来达到政治目的便成为恶化清末民初政治生态的常用伎俩。最后作者得出结论认为，康有为是近代中国游民政治的始作俑者，也正是此类游民政治让中华民族在走向现代的转型道路上平添了很多不该有的阵痛。沈宏彬先生的大作《法律程序为何重要?》对法律程序的重要性进行了讨论。作者指出，以往在说明法律程序重要性时，往往诉诸公平的观念，主张公平的程序是分歧各方唯一能普遍认可的解决方案。然而，这种观点错失了人们追问法律程序重要性时的问题焦点。因此，对程序重要性的说明是在说明为何明知正义要求的前提下，依然有理由尊重程序给出的次好结果。以回应性原则为核心的复合结构的法治观为上述问题提供了回答。这种观念主张法治的核心在于确保政府作决定所依照的原则，对民众具有理性上的可回应性，而相应的程序则是必要的条件。既然特定的法律程序是实现法治的必要条件，法治也就为尊重程序的结果提供了独立的理由。

专题研讨一

项目融资与债权质权

谢在全*

内容摘要：

项目融资是一项重要的融资方法，于政府与社会资本合作（public-private-partnerships，PPP）中运用，更具有如虎添翼之效果，然其风险甚多，担保制度为控制项目融资风险之最佳利器。最高人民法院 2015 年 11 月 19 日发布的 53 号指导案例，对于污水处理建设—经营—转让（build-operate-transfer，BOT）之项目融资，不但精确掌握项目融资之特征，并阐明污水处理项目收益权系将来金钱债权可以质押，其公示方法为质押登记，且指出其实行方法系由质权人请求法院判令其直接向债务人收取金钱，并对该金钱行使优先受偿权，见解精辟，符合学说及担保物权之近代国际立法趋势，引领物权法之发展，具有重大意义。

关键词：

项目融资　无追索融资　有限追索融资　收益权质押　债权质权之实行

1995 年我国《担保法》施行，为促进资金融通和商品流通，保障债权的实现，制定担保制度，债权担保活动从此展开新篇章，继于 2007 年我国施行《物权法》，其中第四编为“担保物权”，规定一般抵押权、最高限额抵押权、浮动抵押权、动产质权、权利质权及留置权，奠定担保物权现代化之宏规。随着经济之发展，工商之兴盛，担保物权之运用加速展开，于法律规定之上述担保物权之外，不同之担保形态，亦如雨后春笋，不断增生，项目融资（project finance）即为其中

* 东吴大学讲座教授，我国台湾地区司法机构前负责人。

一例,故特以最高人民法院于 2015 年 11 月 19 日发布之指导案例 53 号[1]为主体,以我国台湾地区学者之观点观察,其中意义深长,但已非本短文所能尽述。

一、最高人民法院指导案例 53 号

为观察最高人民法院于 2015 年 11 月 19 日发布之指导案例 53 号之全貌,特将其基本案情、裁判结果及裁判理由,照录于后(数目编码为个人就本文需要所重编,先此叙明),俾更有助于体会此项指导案例(leading case),引领物权法之发展及活化之重大意义。

(一)基本案情

原告福建海峡银行股份有限公司福州五一支行(以下简称海峡银行五一支行)诉称:原告与被告长乐亚新污水处理有限公司(以下简称长乐亚新公司)签订单位借款合同后向被告贷款 3000 万元。被告福州市政工程有限公司(以下简称福州市政公司)为上述借款提供连带责任保证。原告海峡银行五一支行、被告长乐亚新公司、福州市政公司、案外人长乐市建设局四方签订了《特许经营权质押担保协议》,福州市政公司以长乐市污水处理项目的特许经营权提供质押担保。因长乐亚新公司未能按期偿还贷款本金和利息,故诉请法院判令:长乐亚新公司偿还原告借款本金和利息;确认《特许经营权质押担保协议》合法有效,拍卖、变卖该协议项下的质物,原告有优先受偿权;将长乐市建设局支付给两被告的污水处理服务费优先用于清偿应偿还原告的所有款项;福州市政公司承担连带清偿责任。

被告长乐亚新公司和福州市政公司辩称:长乐市城区污水处理厂特许经营权,并非法定可以质押的权利,且该特许经营权并未办理质押登记,故原告诉请拍卖、变卖长乐市城区污水处理厂特许经营权,于法无据。

法院经审理查明:2003 年,长乐市建设局为让与方、福州市政公司为受让方、长乐市财政局为见证方,三方签订《长乐市城区污水处理厂特许建设经营合

[1] 本指导案例,于大陆法律界具有广泛之回响,参见江苏省高级人民法院民一庭课题组:《政府与社会资本合作(PPP)的法律疑难问题研究》,载《法律适用》2017 年第 17 期;方印、魏维:《PPP 特许经营项目收益权质押若干问题研究——以(2012)榕民初字第 661 号判决为素材》,载《贵州警官职业学院学报》2018 年第 1 期。

同》,约定:长乐市建设局授予福州市政公司负责投资、建设、运营和维护长乐市城区污水处理厂项目及其附属设施的特许权,并就合同双方权利义务进行了详细约定。2004 年 10 月 22 日长乐亚新公司成立。该公司系福州市政公司为履行《长乐市城区污水处理厂特许建设经营合同》而设立的项目公司。

2005 年 3 月 24 日福州市商业银行五一支行与长乐亚新公司签订《单位借款合同》,约定:长乐亚新公司向福州市商业银行五一支行借款 3000 万元;借款用途为长乐市城区污水处理厂 BOT 项目;借款期限为 13 年,自 2005 年 3 月 25 日至 2018 年 3 月 25 日;还就利息及逾期罚息的计算方式作了明确约定。福州市政公司为长乐亚新公司的上述借款承担连带保证责任。

同日,福州市商业银行五一支行与长乐亚新公司、福州市政公司、长乐市建设局共同签订《特许经营权质押担保协议》,约定:福州市政公司以《长乐市城区污水处理厂特许建设经营协议》授予的特许经营权为长乐亚新公司向福州市商业银行五一支行的借款提供质押担保,长乐市建设局同意该担保;福州市政公司同意将特许经营权收益优先用于清偿借款合同项下的长乐亚新公司的债务,长乐市建设局和福州市政公司同意将污水处理费优先用于清偿借款合同项下的长乐亚新公司的债务;福州市商业银行五一支行未受清偿的,有权依法通过拍卖等方式实现质押权利等。

上述合同签订后,福州市商业银行五一支行依约向长乐亚新公司发放贷款 3000 万元。长乐亚新公司于 2007 年 10 月 21 日起未依约按期足额还本付息。

另查明,福州市商业银行五一支行于 2007 年 4 月 28 日名称变更为福州市商业银行股份有限公司五一支行;2009 年 12 月 1 日其名称再次变更为福建海峡银行股份有限公司五一支行。

(二)裁判结果

福建省福州市中级人民法院于 2013 年 5 月 16 日作出(2012)榕民初字第 661 号民事判决:(1)长乐亚新污水处理有限公司应于本判决生效之日起 10 日内向福建海峡银行股份有限公司福州五一支行偿还借款本金28,714,764.43元及利息(暂计至 2012 年 8 月 21 日为 2,142,597.6 元,此后利息按《单位借款合同》的约定计至借款本息还清之日止);(2)长乐亚新污水处理有限公司应于本判决生效之日起 10 日内向福建海峡银行股份有限公司福州五一支行支付律师代理费人民币 123,640 元;(3)福建海峡银行股份有限公司福州五一支行于本判决生效之日起,有权直接向长乐市建设局收取应由长乐市建设局支付给长乐亚新污水处理有限公司、福州市政工程有限公司的污水处理服务费,并对该污水处理服务费就本判决第一项、第二项所确定的债务行使优先受偿权;(4)福州市政工程有限公司对本判决第一项、第二项确定的债务承担连带清偿责任;(5)驳回福建海峡银行股份有限公司福州五一支行的其他诉讼请求。宣判后,两被告均提起上诉。福建省高级人民法院于2013年9月17日作出福建省高级人民法院(2013)闽民终字第870号民事判决,驳回上诉,维持原判。

(三)裁判理由

法院生效裁判认为,被告长乐亚新公司未依约偿还原告借款本金及利息,已构成违约,应向原告偿还借款本金,并支付利息及实现债权的费用。福州市政公司作为连带责任保证人,应对讼争债务承担连带清偿责任。本案争议焦点主要涉及污水处理项目特许经营权质押是否有效以及该质权如何实现问题。

1. 关于污水处理项目特许经营权能否出质问题

污水处理项目特许经营权是对污水处理厂进行运营和维护,并获得相应收益的权利。污水处理厂的运营和维护,属于经营者的义务,而其收益权,则属于经营者的权利。由于对污水处理厂的运营和维护,并不属于可转让的财产权利,故讼争的污水处理项目特许经营权质押,实质上系污水处理项目收益权的质押。

关于污水处理项目等特许经营的收益权能否出质问题,应当考虑以下方面:其一,本案讼争污水处理项目《特许经营权质押担保协议》签订于2005年,尽管当时法律、行政法规及相关司法解释并未规定污水处理项目收益权可质押,但污水处理项目收益权与公路收益权性质上相类似。最高人民法院《关于适用〈中华人民共和国担保法〉若干问题的解释》第97条规定,“以公路桥梁、公路隧道或者公路渡口等不动产收益权出质的,按照我国《担保法》第75条第(四)项的规定处理”,明确公路收益权属于依法可质押的其他权利,与其类似的污水处理收益权亦应允许出质。其二,国务院办公厅2001年9月29日转发的《国务院西部开发办〈关于西部大开发若干政策措施的实施意见〉》(国办发〔2001〕73号)中提出,“对具有一定还贷能力的水利开发项目和城市环保项目(如城市污水处理和垃圾处理等),探索逐步开办以项目收益权或收费权为质押发放贷款的业务”,首次明确可试行将污水处理项目的收益权进行质押。其三,污水处理项目收益权虽系将来金钱债权,但其行使期间及收益金额均可确定,属于确定的财产权利。其四,在我国《物权法》颁布实施后,因污水处理项目收益权系基于提供污水处理服务而产生的将来金钱债权,依其性质亦可纳入依法可出质的"应收账款"的范畴。因此,讼争污水处理项目收益权作为特定化的财产权利,可以允许其出质。

2. 关于污水处理项目收益权质权的公示问题

对于污水处理项目收益权的质权公示问题,自我国《物权法》2007 年 10 月 1 日起施行后,因收益权已纳入该法第 223 条第 6 项的"应收账款"范畴,故应当在中国人民银行征信中心的应收账款质押登记公示系统进行出质登记,质权才能依法成立。由于本案的质押担保协议签订于 2005 年,在《物权法》施行之前,故不适用《物权法》关于应收账款的统一登记制度。因当时并未有统一的登记公示的规定,故参照当时公路收费权质押登记的规定,由其主管部门进行备案登记,有关利害关系人可通过其主管部门了解该收益权是否存在质押之情况,该权利即具备物权公示的效果。

本案中,长乐市建设局在《特许经营权质押担保协议》上盖章,且协议第 7 条明确约定"长乐市建设局同意为原告和福州市政公司办理质押登记出质登记手续",故可认定讼争污水处理项目的主管部门已知晓并认可该权利质押情况,有关利害关系人亦可通过长乐市建设局查询了解讼争污水处理厂的有关权利质押的情况。因此,本案讼争的权利质押已具备公示之要件,质权已设立。

3. 关于污水处理项目收益权的质权实现方式问题

我国《担保法》和《物权法》均未具体规定权利质权的具体实现方式,仅就质权的实现作出一般性的规定,即质权人在行使质权时,可与出质人协议以质押财产折价,或就拍卖、变卖质押财产所得的价款优先受偿。但污水处理项目收益权属于将来金钱债权,质权人可请求法院判令其直接向出质人的债务人收取金钱并对该金钱行使优先受偿权,故无须采取折价或拍卖、变卖之方式。况且收益权均附有一定之负担,且其经营主体具有特定性,故依其性质亦不宜拍卖、变卖。因此,原告请求将《特许经营权质押担保协议》项下的质物予以拍卖、变卖并行使优先受偿权,不予支持。

根据协议约定,原告海峡银行五一支行有权直接向长乐市建设局收取污水处理服务费,并对所收取的污水处理服务费行使优先受偿权。由于被告仍应依约对污水处理厂进行正常运营和维护,若无法正常运营,则将影响长乐市城区污水的处理,亦将影响原告对污水处理费的收取,故原告在向长乐市建设局收取污水处理服务费时,应当合理行使权利,为被告预留经营污水处理厂的必要合理费用。

二、项目融资[2]

项目融资无法律上之定义,学说上是指对特定之事业/项目/专案(project)所为之融资(finance),其融资之返还,原则上限定于该事业所产出之现金流量,或收益,且专以该事业所依存之资产为担保之金融方法。[3] 其主要特征有三:(1)计划事业之发起人/创办者/投资者(sponsor),以子公司,或特殊目的公司(special purpose vehicle/consortium company)方式设立事业公司/项目公司/专案公司(project company),[4]专营该项目事业,发起人对该公司之借贷或其他债务不负保证责任,或者仅负有限度之责任,贷款人是以该事业公司之现金流量(cash flow),作为债权回收之依凭,故贷款合约(project loan agreement)通常必约明事业之收益现金偿还债款之详细约定。(2)项目事业及拥有该事业之法律实体(如本文所称之事业公司),均有一定之生命期限(a finite life),且此项实体与事业发起人之法律人格必相互分离,为独立之法律实体,其拥有之事业资产亦可单独运作,有如独立之经济单位,旨在与发起人之权利主体及其资产完全分割,资产损益不致相互影响,更在确保事业所产生之现金流量可直接用以

---

〔2〕 参见[日]江口直明、丰原信治、冢谷昭子:《日本项目融资的法律侧面》(上)(中)(下),载日本金融财政事情研究会:《金融法务事情》1999 年第 1565 期、第 1566 期、第 1567 期;张极井:《项目融资》(第 2 版),中信出版社 2003 年版;[美]约翰 · 芬尼特:《项目融资:依存于资产的金融工程》(第 3 版),威利出版公司 2017 年版;大成律师事务所:《项目融资指南》,载大成律师事务所网:https://www. dentons. com/en/insights/guides-reports-and-whitepapers/2013/april/1/a-guide-to-project-finance,最后访问日期:2018 年 6 月 9 日。

〔3〕 依前《项目融资指南》(A Guide to Project Finance)之定义则为:开发或利用一项权利、自然资源或者其他资产所为之融资,融资的大部分资金通过举债筹措,并通过所为融资的资产及其收益进行清偿(The financing of the development or exploitation of a right, natural resource or other asset where the bulk of the financing is to be provided by of debt and is to be repaid principally out of the assets being financed and their revenues)。

〔4〕 其组织因创办者之投资或需求有异而各有不同,主要有:合资企业(a joint venture)、普通合伙企业(a partnership)、有限合伙企业(a liminted partnership)及法人(a incorporated body)[如有限公司(a limited company)],本文以公司简称之。

返还融资贷款及发起人之投资。(3)融资之依据虽以事业之收益性为重点,但项目融资之金额通常十分庞大,从项目设施之建设,到完工生产,得有产品贩卖,或服务提供,产生现金,时时处处充满风险,为避免债权不能受偿之风险,通常必经由各类契约详细规范,使发起人或与项目事业有关而且债信良好者(如项目事业工程之承包商、原料之供货商等),担负一定之保证义务,确保项目事业得以充足之现金流量,以偿还债务,此外,仍须征提担保,其担保标的一般为该事业之资产及其产出之债权(应收账款,现金流之前身),其取得担保之理由,不在于当担保债务陷于不能履行或融资回收困难时,拍卖担保标的后获得价金以清偿担保债权,而是将事业整体让与第三人,由该第三人继续事业之经营,以继续经营所生之将来现金流量,清偿融资债权,实现融资债权回收之最大可能性。盖若因债务不能履行,而使借用人发生破产之状况时,借用人之资产将只有清算价值,融资之贷款债权自难以获得受偿,然以承接公司继续经营之收入,清偿债权,反而更有机会。无论如何,以事业之所有资产(或许乍视之下该资产似不具价值)为担保,实乃项目融资之基本特征。是以,项目融资必定特别注重事业持续经营之价值及能力(going concern),自属当然。总之,项目事业具有技术可行性(technical feasibility)、经济利益性(economic viability)及无信用危险性(creditworthiness),乃项目融资成功不可或缺之先决条件。

项目融资有无追索融资(non-recourse finance)及有限追索融资(limited-recourse finance)之分,前者系指于贷款不能清偿时,贷款人仅限于就所融资之资产及所生之现金或其他收益追偿,而有限追索融资,系指除得就所融资之资产及所生之收益追偿外,并可向负有保证债务之发起人或第三方(如建造项目设施之承揽人)追偿,或就彼等提供之担保品,实行担保权,以资受偿,但无追索融资与有限追索融资通常系互换使用,且除非项目事业之经济强度或债信强度(credit strength),足以确保于任何情况下,贷款均能获得偿还(如以项目事业之丰厚资产及其充足之现金流量为担保,已可确保债权之完全清偿),否则,无追索融资使用极少,绝大多数之项目融资系有限追索融资,发起人或其他相关有债信之当事人依契约承担一定之保证或担保责任,于项目事业不能清偿债务或有其他违约情事时,借款人即得依约对其追偿或实行担保权,以资受偿。

项目融资之起源可追溯至罗马时代地中海之航运业,因当时地中海,暴风频传及海盗盛行,航运充满危险,贸易商为分散风险,乃向当地资本拥有者借款(sea loan/a fenus nauticum),以分散特定航运之风险。贷款时,约定款项贷予贸易商,指定使用于特定航次所购运之货物,以货物运达后出售所得之收益,偿还借款,若未能安全运达时,款项即无须偿还(此应为项目融资无追索权之滥觞)。贷款人为确保其利益,不受贸易商之诈欺,通常会派其奴隶跟随航行。唯项目融资可考之最早纪录,应为 1299 年,英国王室(English Crown)与当代著名之意大利商业银行弗雷斯科巴尔迪(Frescobaldi),为开发德文郡(Devon)银矿所签订之贷款契约。依该契约,意大利商业银行须负担经营矿场之所有支出,但获得开采矿产并取得原矿一年之权利,而英国王室(English Crown)对该矿场之产量及矿产质量不负任何担保责任。其后,历经 19 世纪伦敦贷款人对于火车轨道业之融资演变,在 20 世纪 70 年代早期,英国于海上大陆棚架石油或天然气之开发,贷款人开始积极运用有限追索权之项目融资,几经演进,英国于 20 世纪 80 年代之后,项目融资大量运用于电力、基础建设、交通建设或通讯建设之融资,20 世纪末叶逐渐流传至欧洲、美国、亚洲及世界其他地区,并有相当之成长。本件融资是运用于城区污水处理厂 BOT 项目,即为人民参与公共基础建设使用项目融资之典型。[5]

本件福州市政公司与长乐市建设局签约,获得负责投资、建设、营运和维护长乐市区污水处理厂项目及其附属设施之特许权后,福州市政公司为履行该合

[5] 项目融资(Project finance)于英国、日本之私人融资计划/民间融资提案/民间融资创建(Private Finance Initiative,PFI)成为国家重大基础建设或公共工程等重要之担保方式。参见黄明圣:《英国与日本 PFI 制度比较之研究》,载《台湾经济论坛》2010 年第 12 期;[日]江口直明、丰原信治、冢谷昭子:《日本项目融资的法律侧面》(上),载日本金融财政事情研究会:《金融法务事情》1999 年第 1565 期。于我国则以 PPP 项目(Public-Private-Partnership,政府与社会资本合作)方式盛行(参见江苏省高级人民法院民一庭课题组:《政府与社会资本合作(PPP)的法律疑难问题研究》,载《法律适用》2017 年第 17 期;方印、魏维:《PPP 特许经营项目收益权质押若干问题研究——以(2012)榕民初字第 661 号判决为素材》,载《贵州警官职业学院学报》2018 年第 1 期),国务院法制办于 2017 年 7 月 21 日发布《基础设施和公共服务领域政府和社会资本合作条例(征求意见稿)》。另见联合国国际贸易法委员会 2001 年发布之《私人融资基础设施项目法律指南》(Legislatve Guide on Privately Financed Infrastructure Projects),世界银行发布之《政府与社会资本合作参考指南》(PPP Reference Guide)及亚洲开发银行之《政府与社会资本合作手册》(PPP Handbook)。PPP 亦简译为"公私合作""公私协力"。

同,另设立长乐亚新公司为项目公司,继由长乐亚新公司与海峡银行五一支行签订借款合同,借款3000万元,指明借款用途为长乐市城区污水处理厂BOT项目,且由福州市政公司以长乐市城区污水处理特许建设经营协议授予的特许经营权为担保,将特许经营权收益用于优先清偿上述借款债权,法院据此认定:此种污水处理项目特许经营权质押,实质上系污水处理项目收益权之质押。法院于判决海峡银行五一支行有权直接收取污水处理服务费,优先清偿担保债权时,并特别指明,银行应当合理行使权利,为福州市政公司及长乐亚新公司预留经营污水处理厂之必要合理费用,以免影响彼等依约对污水处理厂进行正常营运和维护。准此可知,本件具备项目融资之特征,确是项目融资之典型模式,而法院深入把握此种融资之特征,作出质权人收取质押标的之债权时,应保留必要合理费用之判决,俾使借款人仍得继续营运,以其将来收益偿还担保债权,更是直叩项目融资功能之精髓,可圈可点,值得肯定。

三、尽职调查与担保形态

项目融资是着重在项目事业公司经营产出之现金流量,作为融资债权收回之张本,此均涉及事业公司组织之健全、财务结构之稳固及专业能力之具备等经济强度之诸多因素,而此种融资金额类皆十分庞大,通常类以银行团贷/银行联贷/协调融资(syndicate loans)方式为之,为降低债权不能回收之风险,于签订融资契约前,融资机构必须为尽职调查(due diligence),对事业公司之财务、法律、保险、工程及专业经营能力等进行可行性及风险评估,以事前掌控可能存在之信用、完工、生产、市场、金融、政治及环保风险,并以契约或其他方式将各该风险(如保险)于参与项目事业之各当事人间分摊。而一般融资机构对上述事项常非熟稔,委托律师、会计师、工程师等专业顾问或公司评估,自属必然,聘请项目融资专业顾问,掌握项目投资者之目标及具体要求,对于项目融资所在地之政经结构、投资环境、法律、税务,以及项目本身或所属产业之技术发展趋势、成本结构、投资费用、金融市场之动向等精确分析,并周旋于各利益主体之间沟通、谈判,最后形成一个最大程度上保护项目投资者之利益,又能为贷款机构所接受之融资方案,更是最安全稳妥之方法。于尽职调查中所判明之风险因素,应于融资条款清单(term sheet)中详载,并就各种风险由何人以何种方式分摊明确记明,以作为日后签订融资契约之内容。以本件之事业为城市区之污水处理为例,虽已属相当成熟之专业科技,但福州市政公司、长乐亚新公司是否已具有必须之设备、产权,以及经营之专业人员及其执行能力、公司股东之背景,或有关证照等,均为尽职调查之对象。金融机构于放贷后,更应进行监管,运用双方合约之特约条款(covenants),落实监控、管理(monitoring)机制,追踪事业计划之执行进度或其他实际情况,必要时,亦得引进外部专家监管,以预防发生任何信用或道德风险。

掌控融资债权不能回收之诸多风险,最佳手段为取得担保,其目的在于追求:(1)项目事业必定完成,纵使逾越预期之资金,亦然,否则,贷款需全额偿还;(2)项目事业一旦完成,即能产生足够之现金流量,以偿还所有负债;(3)项目事业若经终止、或暂时停业者,无论其原因(包括不可抗力之天然灾害)为何,项目事业仍能继续依约偿付债务。担保有人的担保与物的担保之分,人的担保之效力虽不如物保效力之强,但在项目融资中却具有不亚于物保之机能,盖项目公司大抵为新成立之公司,项目事业之构造上,不具雄厚之资产,可为物保之标的,且在大陆法系囿于物权法定原则,担保物权之设定,常不如于契约自由原则下之人保,得以运用自如,是以,上述担保目标通常是透过契约实现。就人的担保而言,本件海峡银行五一支行签订《单位借款合同》时,约定:福州市政公司为长乐新亚公司之借款负连带责任,即属人的担保,此外,又如项目发起人承担之资金缺额保证(deficiency guarantee)、项目建设契约之承包商承担建设契约之完工保证(completion guarantee)、成本超支之保证等均然,此等保证契约更得商由第三人(如金融机构)为之。实则,项目事业签订之建设承包商之交钥匙工程契约(turnkey construction contract)、[6]供货商之原料供应契约、项目产品之承购或设施使用契约等,均具有加强项目事业经济或信用强度之功能。可见契约之使用,于项目融资中具有举足轻重,不可轻忽之地位。因限于本文之主题及篇幅,暂时略过。

关于物的担保,即为设定担保物权,本件海峡银行五一支行于签订《单位借款合同》时,另签订《特许经营权质押担保协议》,约定:福州市政公司以其取得之长乐市城区污水处理厂之特许经营权为上述借款提供质押担保,是为物的担保。可见,融资机构为其融资之债权,确已采取正确之风险控制手段。但基于

---

〔6〕 据此契约,承包之建设公司负有必须于特定日期前,以固定价格完成工程之义务,若未能完成时,应给付惩罚性违约金。

项目融资之特质在于以事业经营产出之现金流量,收回债权,其担保之目的,与传统之担保物权不同,不在于担保债务不能履行时,拍卖担保标的,以价金优先清偿担保债权,而是将事业整体让与第三人,由该第三人继续事业之经营,以继续经营所生之将来现金流量,清偿融资债权,综上所述,故所有各种物之担保都须以此为目标。要言之:

其一,须就事业公司之股份设定担保权,盖该股份是事业经营之构成要素,取得股份之担保权,乃取得该事业经营之支配方法,于万一须实行担保权时,得以股份变价让与之方式,将事业让与新股东组成之企业主体继续营运,因法人资格并未变更,故原取得之政府特许经营权或其他各项许可证照,或者原来订立工程契约、租赁契约或买卖契约之当事人地位,于法律上即无须改变,当然,于融资契约中就股份担保权实行之方式,事先应预为安排。需强调者,于 BOT 项目融资模式,政府机关所授予项目经营者之经营特许权系项目融资重要之基础,盖经营特许权乃授予经营者得以建设、经营项目事业,并取得该事业收益之权利,其价值恒超过项目事业所有资产综合价值之总额,于 BOT 模式中占有极关键之地位,因之,经营特许权是否为民事之财产权,虽非无争议,但因具有重大财产价值,故属于无形资产之为担保客体,[7] 此自 BOT 模式有“特许权融资”之称观之,尤为昭然。本件福州市商业银行五一支行与长乐亚新公司、福州市政公司、长乐市建设局共同签订《特许经营权质押担保协议》时,约定:福州市政公司以《长乐市城区污水处理厂特许建设经营协议》授予之特许经营权,为长乐亚新公司向福州市商业银行五一支行之借款提供质押担保,长乐市建设局同意该担保,应非无据。然为保障公共利益,法律自得规定于实行该担保权而让与经营特许权时,应得政府机关之同意,并对于特许经营权取得者之资格,或其他应具备之条件加以规范。凡此情形,项目事业合约中应详加约定,俾于有担保权实行之情事时,有所依据。例如,本件长乐市建设局同意以污水处理之特许经营权为担保时,若一并约定,长乐市建设局同意该经营权让与,及接手经营者之资格或其他条件,当属担保权人最佳保全之道。本件判决认为,污水处理项目特许经营权是对污水处理厂进行运营和维护,并获得相应收益之权利,并承认其为“财产权利”,但却认为系“不可转让的财产权利”,进而导出“讼争的污水处理项目特许经营权质押,实质上系污水处理项目收益权的质押”之结论,忽略

〔7〕 See Legislatve Guide on Privately Financed Infrastructure Projects, chap. IV, paras. 56.

有关政府机关已同意将该特许经营权作为担保,可认为若经其同意,应可转让之特质,使 BOT 项目融资模式之重要融资机能,大打折扣,殊为可惜。

其二,须就事业继续运行所赖之各项资产,无论是有形之动产、不动产,或无形之资产,例如,特许经营权、应收账款、知识产权、商业秘密、租赁权或项目事业因订立契约所取得之各种权益等均应设定第一次序担保权。盖项目资产乃贷款融资清偿之所系,掌握此等资产之优先次序担保权,不但有利于担保权实行时,得以事业经营之整体让与健全之事业营运主体,继续营运,且可排除其他债权人对上述资产声请强制执行之危险。为彻底排除此种危险,应运用特约不为条款(negative pledge),约定担保人非经担保权人之许可,不得就担保标的设定后次序担保权。又以应收账款为质押时,约定质押人(如本件之长乐亚新公司)应于融资机构(如本件之海峡银行五一支行)开设专用账户,支付账款之债务人(如本件之长乐市建设局)于支付账款时,应直接汇入该账户。果尔,融资机构不只可控制该账户,且可直接监控该账户之收支情形,事业公司之经营是否正常,遂有一目了然之重要监控管道。若更约定长乐亚新公司对该账户存款所能动支,及用以清偿借款之成数,尤能彰显项目融资系以事业经营收益偿还融资债权之特征。

其三,必须确保担保权之设定具有对抗债务人及第三人之效力。以对抗债务人之效力而言,系指以担保人对次债务人(第三债务人)之债权设定质押于担保权人时,必须通知该债务人而言(参照我国《合同法》第 80 条),本件质押系以污水处理项目特许经营权为客体,此经长乐市建设局于签约时所同意,故已足对抗次债务人之长乐市建设局,非常明显。而就担保权须具有对抗第三人效力之要件言,是指担保权必须依法设定,更须依法律规定采取公示方法,盖担保权(担保物权)为物权之一种,自须具备法律规定之公示方法(我国《物权法》第 187 条至第 189 条、第 212 条、第 224 条、第 226 条至第 228 条)。担保权之设定及其公示方法,因担保标的之不同,及可否设定浮动担保而有异,较为复杂,基于项目融资之基本特征,于担保权法制上就浮动担保、全部财产担保权(universal security interests)之设定、公示方法,及得指定管理人为收益执行之实行方法,必须建立,[8]应先此叙明外,其余本文仅先就本件涉及之收益权设定质押,于次段加以

[8] 参见谢在全:《担保物权发展之动向》,载《法令月刊》2018 年第 5 期,及相关问题,参见方印、魏维:《PPP 特许经营项目收益权质押若干问题研究——以(2012)榕民初字第 661 号判决为素材》,载《贵州警官职业学院学报》2018 年第 1 期。

说明。

四、收益权之质押及其公示方法方法

本件判决判定,污水处理项目收益权系基于提供污水处理服务产生之将来金钱债权,依其性质可纳入依法可出质之应收账款范畴,且讼争污水处理项目收益权作为特定化之财产权,可以允许出质。此项阐释具有下列重大意义:(1)依物权标的物之独立性、特定性原则,担保权之担保标的应以现已存在为必要,然将来金钱债权为将来债权之一种,现尚未存在,得否设定质权,非无争议(我国《物权法》第223条第6款仅规定,应收账款可以出质,但未规定将来之应收账款可否出质),本判决采取肯定之见解,符合学说及近代之立法趋势,颇能掌握担保物权发展之动向。[9] (2)讼争污水处理项目收益权为特定化之财产权,因"其行使期间及收益金额均可确定,属于确定的财产权利",具体而言,其债权人、债务人及债权发生原因均可特定,故作为担保权之客体亦与物权标的物之特定性原则无违,此系将标的物之特定性于担保物权为缓和化之解释,故曰"特定化",此亦符合担保物权发展之趋势。[10] 然此种应收账款通常系属多数,并具有变动、流动之特性,理论上应以设定浮动担保物权为愈,似应注意及之。

依我国《物权法》第228条第1项规定,以应收账款出质的,当事人应当订立书面合同。质权自信贷征信机构办理出质登记时设立。准此,应收账款质权

〔9〕 参见谢在全:《担保物权发展之动向》,载《法令月刊》2018年第5期;谢在全:《民法物权论》(第6版)(下册),台北,新学林出版股份有限公司2014年版,第504页、第515页注7;中国人民银行2017年发布修订之《应收账款质押登记办法》第2条第1项;2001年《联合国国际贸易应收款转让公约》第5条(b)、第8条。

〔10〕 参见谢在全:《担保物权发展之动向》,载《法令月刊》2018年第5期;谢在全:《民法物权论》(第6版)(下册),台北,新学林出版股份有限公司2014年版,第632页;又日本实务上集合债权让与担保通常系以债权种类、发生原因、发生期间、金额等,足可与他债权区分之识别程度者,即可符合担保标的之特定性,例如,本件标的之债权,其债权人、债务人及债权发生原因特定,已足与他债权具有识别之可能性,自可为已特定之判断[日本最高裁判所平成12年(2000年)4月21日判决,民集54卷4号1562页]。

之设定,应以书面为之,并在中国人民银行征信中心之应收账款质押登记公示系统办理登记后,方能发生物权效力,然本件质权系成立于2005年,而我国《物权法》于2007年方才施行,中国人民银行于同年制定《应收账款质押登记办法》,其应收账款质押登记公示系统于《物权法》施行日同时上线运行,是自不能适用《物权法》关于应收账款之统一登记制度,本判决乃认为:"参照当时公路收费权质押登记的规定,由其主管部门进行备案登记,有关利害关系人可通过其主管部门了解该收益权是否存在质押之情况,该权利即具备物权公示的效果",不但是登记机制之创造,更为日后之收益权(收费权)质押之公示方法建立确定之规范,具有重大意义。本案判决进而认为:"本案中,长乐市建设局在《特许经营权质押担保协议》上盖章,且协议第七条明确约定'长乐市建设局同意为原告和福州市政公司办理质押登记出质登记手续',故可认定讼争污水处理项目的主管部门已知晓并认可该权利质押情况,有关利害关系人亦可通过长乐市建设局查询了解讼争污水处理厂的有关权利质押的情况。因此,本案讼争的权利质押已具备公示之要件,质权已设立",结论故可支持,然则所谓"登记"应系由登记机关将标的之物权事项记入登记簿册或输入电子记录档案而言,若仅为登记机关"知晓权利质押情况",可否认已生登记之效力,似有推求余地。且当时登记制度尚未施行,此种应收账款之质押,似应认为:当事人签订质押书面合同时,即为有效并得对抗第三人,更符社会之实际。其次,以通知次债务人为债权质权之公示方法,立法例上(参见《日本民法典》第467条第2款)亦有可据,故以次债务人已知晓其所负金钱债务业经债权人设定质权,作为认定质权业已设立及公示之依凭,法理上亦属相通。而今,除有《应收账款质押登记办法》之外,另有国家工商行政管理总局制颁之《动产抵押登记办法》(2016年修订),构建高效率之动产、债权担保权之登记系统,[11]建立动产担保交易制度之里程碑。

五、债权质权之实行

按应收账款系指权利人因提供一定之货物、服务或设施于义务人,而得要求义务人付款之权利,包括现有的和未来的金钱债权,但不包括因票据或其他

---

[11] 其评释,参见高圣平:《金融担保创新的法律规制研究》,法律出版社2017年版,第258页。

有价证券而生之付款请求权(参见中国人民银行于2017年修订发布之《应收账款质押登记办法》第2条第1项),可见,原则上即为不以有价证券表彰,以金钱为给付内容之债权。此种债权设定之质权,当然是债权质权之一种,其实行可分为两种情形:(1)于质权标的物之债权(本件为应收账款)之清偿期先到期,而其担保债权之清偿期未到期者,质权人可直接请求应收账款之义务人(次债务人、第三债务人),就其应付之款项,依法办理提存;(2)于应收账款之清偿期后到期,而其担保债权之清偿期先到期者,或同时到期者,质权人可直接请求应收账款之义务人,就其担保债权之应担保范围内,给付该部分之款项(参见《德国民法典》第1282条、联合国国际贸易法委员会《担保交易示范法》[UNCITRAL Model Law on Secured Transactions (UNITED NATIONS Vienna 2016)]第82条第1项)。准此,可知此种债权质权之实行,原则上不采取透过法院或其他国家机关介入之公实行程序,而是采取由质权人直接请求次债务人(第三债务人)提存或给付之私实行程序,[12]盖此为最简单、快速,且低成本、高效率之债权质权实行方法。

唯依我国《物权法》之规定,应收账款质权之实行系准用动产质权之规定,亦即质权人在实行质权时,可与出质人协议以质押财产折价,或就拍卖、变卖质押财产所得价款优先受偿(参见我国《物权法》第229条、第219条)。但本判决认为:讼争污水处理项目收益权属于将来金钱债权,质权人可请求法院判令其直接向债务人收取金钱,并对该金钱行使优先受偿权,故无须采取折价或拍卖、变卖之方式。此虽系法院创造之债权质权实行方法,或有违反物权法定原则之嫌,然物权法定原则仅在限制当事人任意创设新物权,并非法发展形成之禁止,

〔12〕 学者指出:于担保物权,当债务人不能履行担保债务时,担保权人得基于自己物权之排他支配权,即处分权能,对标的物为排他之处分(出卖及让与),此时,担保权人(债权人)得以处分所得之价金优先清偿担保债权,此即担保物权之优先受偿权之基本构造。担保物权处分权能之实现,必借助于强制执行之方法,于理论上并无根据(参见[日]近江幸治:《担保法的制度构建和优先受偿权的根据》,李杰译,载郑智航主编:《山东大学法律评论》,山东大学出版社2014年版,第3页)。另请参见[日]近江幸治:《德国担保制度的展开和优先受偿权的构造》,载《民事法学的历史和未来——田山辉明先生古稀纪念论文集》,成文堂2014年版,第17页。

法院于未违反物权法定原则存在旨趣之范围内,得经由判决形成新物权秩序。[13] 本件判决创设应收账款质权实行方法之新内容,符合前段所述债权实行方法之意旨,以及国际之立法趋势,应无违反物权法定原则可言。本判决于物权法定原则之适用确着有新意焉。

六、结 语

我国先后施行《担保法》及《物权法》以后,担保物权之发展与运用,蓬勃而精彩,不但已有先进之应收账款质押登记办法及动产抵押登记办法,为动产抵押权及债权质权,建立登记之公示方法,且早已引进欧美之项目融资,研究论文汗牛充栋,并于实务中充分运用,然值兹我国台湾地区积极发展风电绿能产业,具有上兆元的融资商机,金融主管机关为鼓励金融机关投入项目融资,以协助绿能产业筹资开展之际,大陆的项目融资之实务经验及相关法制,应足引为借镜。

Project Finance and Pledge of Creditor's Rights

Xie Zaiquan

Abstract: Project finance is an important financing model which is well-applied in Public-Private-Partnership (PPP). It works with great achievements as well as high risks, and the collateral institution plays as safety harbor to project financing. On 19th of November 2015, the Supreme People's Court of the People's Republic of China delivered its Guiding Case No. 53 which is focused on the contract of project finance in a BOT sewage treatment plant in Fuzhou City of Fujian Province. In this Guiding Case not only described precisely the characteristics of project finance but also declared several principles for its application. The Case held that franchising of sewage treatment plants is able to be pledged under the procedure of official registration. Lenders may ask borrowers to pay the principle and interest satisfactorily under court's injunction and have the

[13] 德国所有权保留之物权期待权,即为法官造法所形成,参见[德]曼弗雷德·沃尔夫:《物权法》,吴越、李大雪译,法律出版社 2002 年版,第 14 页。

priority of claim. This Guiding Case gives us the full picture of project finance and its application in China. Its opinions stay with legal theories and contemporary law-making trend of collateral institution in the world. This Guiding Case will take its major position to lead future developments of Property Law in China.

Key words: Project finance; Non-recource financing; Limited-recource financing; Usufruct pledge; Application of pledge of creditor's rights

一般人格权：新生人格利益之保护机制

张　红*

内容摘要：

社会发展不断催生新生人格利益，不断冲击着成文法的稳定性，法律的完善需妥当调和二者之间的关系。基于我国《民法总则》第109条可见，人格权立法体系具有开放性，为保护不断发展的人格权利和人格利益，宜将该条定位为一般人格权条款，作为新生人格利益的"口袋"。在保护人格利益与避免权利泛化间寻找平衡，需谨慎透过实在法检验和利益衡量，并通过能动的司法确认应受法律所保护的新生人格利益，以充实一般人格权。一般人格权本质上是将各种新生人格利益纳入法律保护的机制，是人格权法定与缓和的缓冲器或者安全阀，是一项法律解释的依据。新生人格利益经由一般人格权进入法律领域，在经过长久的司法实践和理论探讨后，应"瓜熟蒂落"为具体人格利益。各种人格权实践发展的成果应在民法典中予以规定，民法典应为新生人格利益具体化留有"余地"。民法典中各种有关人格权立法的方案，都无法回避日益庞大的人格利益群及其规范体系问题。有关人格利益的立法已有300余条规范且散落各处，内容亦不尽协调，如何通过民法典进行整合？如不设置单独的人格权编，其他各编是否能够吸收？

关键词：

人格权　新生人格利益　一般人格权　司法能动性　民法典

一、新生人格利益保护问题

党的十九大报告先于国家立法旗帜鲜明地突出强调人格权保护，是以人民

---

* 中南财经政法大学教授。

为中心发展思想的生动表达,对促进人的全面发展,增强中国人的自信心和获得感意义重大。人格权以人格尊严、人格自由发展为核心,包括生命权、身体权、健康权、姓名权、名称权、肖像权、隐私权、名誉权、婚姻自主权和个人信息权等权利,这些权利是事关人之为人的关键要素。[1] 人格权保护事关民事主体的生活品质与尊严,随着时间推移越来越受立法者重视,针对人格权的立法保护,我国采用"成熟一个发展一个"的渐进式立法模式。其根源在于人格权的动态发展,人对自我人格利益的感知具有变动性,随着科技发展、生活方式改变不断产生新的人格利益,而新型人格权从生成到"瓜熟蒂落"仍需些许时日,以致新生人格利益毋庸置疑具备模糊性,但不能因噎废食不予保护。

在诉讼中常出现自然人不受拘束的人格利益诉求,诸如"小便权""亲吻权""养狗权""相思权""视觉卫生权"等,且"法官不能以法无规定拒绝裁判"。民法作为自由法,法无禁止皆自由,人格权虽一般作为防御权,其边界就是当事人自由的疆界,当自然人自由疆界被侵犯时,自然人将该纠纷诉诸法院时,法院应如何在保护人格利益与避免权利泛化间达致平衡?这是现代法治社会的一大问题。传统民法对人之内在人格保护的遗漏,使我们需要构建一种新的保护模式,与具体人格权相配套,实现对人格利益的完整保护。正是意识到了传统民法这一缺陷,实现对新生人格利益保护,一般人格权在诸多国家应运而生。从一般人格权立法模式来看,不同国家的立法模式和保护现状与本国的侵权法设计和结构具有非常重大的关系。对于承认一般人格权制度的国家来说,其最主要的原因就是在现有的法律框架结构内无法保护新生人格利益。一般人格权制度在我国已经得到普遍认同,此时如何识别应予以保护的新生人格利益是个难题,亦是我国《民法总则》第 109 条司法适用中不得不直面之困难。

早在 1995 年,一般人格权已进入我国学者的研究视野,这一时期主要是对一般人格权的介绍以及引入,此时相关研究尚少。[2] 进入 21 世纪以来,特别是自"齐玉苓案"后,出于对一般人格权的宪法转介功能的重视和新生人格利益保

---

〔1〕 参见李永军:《民法总论》(第 3 版),中国政法大学出版社 2015 年版,第 83 页;李景义:《人格权基本问题论纲》,知识产权出版社 2014 年版,第 33 页;汪渊智:《民法总论疑难问题研究》,商务印书馆 2014 年版,第 168 页。

〔2〕 参见姚辉:《论一般人格权》,载《法学家》1995 年第 5 期;杨立新、尹艳:《论一般人格权及其民法保护》,载《河北法学》1995 年第 2 期。

护的需要等原因,一般人格权的相关研究渐入高潮,并延续至今。[3] 近年来,民法典的编纂提上日程,特别对人格权立法体例的探讨,使一般人格权研究进入爆发期。研究繁荣的背后是理论上争议频现,[4]且诉争多集中在一般人格权的本质,具体人格权与一般人格权之关系等,处理好如上难点,是理顺人格权理论体系的前提。

二、在扬弃中不断生长的人格利益

(一)不断生长的人格利益

生活的圆满丰腴,务须使个人权利得到周延的保护。现代社会人口集聚之稠密,网络大众传播之发达,人们交流之紧密,使社群人格交错日深。物质生活之充裕,人格自觉之发展,使人们逐渐注重人格自由、人格尊严之实现。在我们的社会生活中,大规模人格权侵权事件多发,非法曝光隐私、非法买卖个人信息、不堪其扰的广场舞、层出不穷的垃圾信息、任意任性的随手拍照、无处不在的人肉搜索等,使人产生痛苦、焦虑、不安甚至付出生命代价,这些都是严重侵害人民的人格权的行为,各种五花八门侵害人格权的行为已经成为人民追求高质量美好生活的重要阻碍。

审究我国法律规定,人格权分为生命权、健康权等具体人格权和一般人格权。人格保护的过程亦是一个不断发现新人格权益的历程,但囿于具体人格权

---

〔3〕 参见杨立新主编:《中国人格权法立法报告》,知识产权出版社2005年版,第227～228页;最高人民法院研究室编:《最高人民法院司法解释理解与适用(2001)》,中国法制出版社2002年版,第279页;龚向和:《受教育权论》,中国人民公安大学出版社2004年版,第172～173页;张红:《论一般人格权作为基本权利之保护手段——以对"齐玉苓案"的再检讨为中心》,载《法商研究》2009年第4期;张红:《一项新的宪法上基本权利——人格权》,载《法商研究》2012年第1期。

〔4〕 参见方金华:《一般人格权理论分析及我国的立法选择》,载《法律科学》2015年第4期;马俊驹、王恒:《未来我国民法典不宜采用"一般人格权"概念》,载《河北法学》2012年第8期;尹田:《论人格权概括保护的立法模式——"一般人格权"概念的废除》,载《河南省政法管理干部学院学报》2011年第1期;李莉:《法律思维与法律方法下的人格权立法模式——兼论否定一般人格权立法》,载《当代法学》2013年第6期;等等。

保护范围之局限，例如，祭奠利益、欺骗性抚养、性自主权、生活安宁权等很多新出现的人格利益无法于具体人格权上得到充分保护。具体人格权保护的缺位，只能诉诸一般人格权。

我国《民法总则》第109条至第112条概括地对人格权进行了规定，是民法典对近年来人格权研究和立法成果的立法确认。以各具体人格权作为案由，在北大法宝不设定时间进行检索，内地相关案例接近40,000则，且呈加速增长状态，这表明民事主体对人格权的日益重视。又因各种法律命令的形成，是基于生活的实际需要及其评价，而不是基于被设计出来的一般概念，[5]为满足保护不断生长的人格利益的需要，我国采用“摸着石头过河”的人格权立法策略，谨慎地给予各具体人格权法律名分。

有学者直观地将“新兴权利”生成原理表述为并列的两个层面：民事主体的实践诉求以及此种诉求在理论上有内在合理性。[6] 然而实际上，新生人格利益证成逻辑架构应为：其一，司法实践中利益诉求，此是对现实生活客观现象的归纳，此为论证的起点；其二，此种利益诉求在法律上的正义性是后续论证的基础；其三，该项利益诉求法律保护的合理性，基于社会基础的逻辑演绎结果是否足以支撑其成为法益。人格权不断生成的原因多样，首先是民事主体内在的人格自觉，其具有权利意识的主动性，体现为维权和“挖掘”权利的主动性，常表现为“直观感受＋权”式的权利诉求。此外，权利发展与社会发展是互动的，[7]科学技术发展、社会生活方式的转变等皆会促生新型的权利义务关系，例如新型通信工具的发展和共享生活模式的产生。再者，道德等规范的失范引起原本应于道德等纠纷解决机制内对话的矛盾，从道德规范领域逃逸而出，[8]需在法律规范领域进行解决。上述多原因相互交融，共同促生新生人格利益，进而需在

---

〔5〕 参见[德]菲利普·黑克：《利益法学》，傅广宇译，商务印书馆2016年版，第15～16页。

〔6〕 参见张先贵：《中国法语境下土地开发权是如何生成的——基于“新权利”生成一般原理之展开》，载《求是学刊》2015年第6期。

〔7〕 参见邓正来：《研究与反思：关于中国社会科学自主性的思考》，中国政法大学出版社2004年版，第247页。

〔8〕 参见余其营、吴云才：《法律伦理学研究》，西南交通大学出版社2009年版，第60页。

法律层面对这一社会现象提出应对方案。

在权利话语时代，祭奠利益等新生人格利益常被诉至法院，为应对时代变化，有必要确保民法典的开放性。[9] 马车时代的法律难以满足信息时代的需求，民法典调整对象已由"静止、简单"转向"动态、复杂"，[10] 在物质颇丰的年代，人文思潮此起彼伏，民法关切之重心已由财产法转向人法、财产法并重，[11] 民法中的人已是有生活追求具有饱满人格的人。而与之相对，人格权概念具有模糊性，以致很难从直观上对其进行评析，其作为框架化的权利，[12] 如同蒙在各具体人格利益身上的幕布。又因人格权尚未褪去自然法色彩，[13] 不仅对司法造成影响，对民事主体亦影响甚巨。人格权以人格自由、人格尊严、人格发展作为其价值基础，这些基础价值很多时候源于自然人的主观感受，由此在生活中，自然人当其内心遭受"委屈"与"不爽"时，往往倾向于寻找人格权作为请求权基础，进而寻求司法救济。

因此，需借助通过立法类型固化具体人格利益，[14] 以明确人格权保护的边界，进而指导法官自由裁量，这就要求通过立法响应实践中不断生长的人格利益诉求。因法律命令背后所寄托的权利随着社会变动而不断变化，有必要确保权利体系的开放性，以制定面向未来的民法典，我国《民法总则》第 109 条所规定的以"人格尊严、人格自由"为核心的一般性人格权即因此而生，由此打开了新生人格利益进出法律领域的窗口。但为避免和排除那些深具"唯心主义色彩"的"直观感受 + 权"式的权利诉求，法官应当谨慎、克制地依法裁判。[15]

(二) 新生人格利益何以成为权利?

权利与利益之间存在紧密的联系。德国法学家耶林认为权利就是法律的

---

〔9〕 参见于飞:《民法典的开放性及其妥当实现》，载《中国法律评论》2015 年第 4 期;许中缘:《论法律的概念——从民法典的角度》，载易继明主编:《私法》(2006 年第 1 期)，华中科技大学出版社 2007 年版，第 47 页;江平:《江平讲演文选》，中国法制出版社 2003 年版，第 445 页。

〔10〕 参见梁上上:《利益衡量论》，法律出版社 2016 年版，第 51 ~ 52 页。

〔11〕 参见王利明:《民法的人文关怀》，载《中国社会科学》2011 年第 4 期。

〔12〕 参见张平华:《人格权的利益结构与人格权法定》，载《中国法学》2013 年第 2 期。

〔13〕 参见韩伟:《自然法思想史纲》，山东人民出版社 2015 年版，第 164 页。

〔14〕 参见张平华:《人格权的利益结构与人格权法定》，载《中国法学》2013 年第 2 期。

〔15〕 参见张红:《新生人格利益的生成与保护》，载《月旦民商法杂志》2018 年第 62 期。

目的和根本性的标志,而权利就是法律上所保护的利益。耶林的学说强调的是社会的利益或者是社会利益与个人利益的结合。他的这种“社会利益学说”直接构成了利益法学的思想渊源。[16] 利益是法律的原因,法律必须要保护利益。权利与利益之间的联系使得两者其实很难区分,对此,龙卫球在给法益下定义的过程中将权利与利益进行了明显的区分:“权利仅限于名义上被称为权利者,是广义利益的核心部分,其余民法上的利益均称为其他利益。”[17] 对权利之侵害,主要采用的是“违法性”的判断标准,即只要行为人因为过错而违反了法律的规定,就自动生成对他人权利的侵犯。但是,对于利益之侵害,则不同。

一方面,利益往往不具有可以从外部感知的表现形式,例如,在无意的情感表达中对他人尊严之侮辱。另一方面,利益与利益之间往往会产生冲突,1 个人对合法利益的行使却有可能是对他人利益的侵害。而利益冲突又复杂多变,如有时一种利益在 1 个案例中需要进行保护,在另 1 个案例中则可能无须保护,这就需要法官在审判案件的过程中根据个案进行衡量。根据德国民法理论和实务,对于“框架性权利”采取的是“积极确认违法性”的判断标准。[18] 所以,对利益的保护除了通常要求的违法性判断外,还需要法官积极地判断衡量在个案中人格法益保护的程度和可以达致的范围。

另一方面,体现在法律的保护效力上。一般认为,对权利的保护程度要高于对利益的保护。法律所保护的权利是明确的、具体的,其保护的利益具有较高的位阶,立法者以法律明确规定的形式对其进行保护,只要行为人的行为侵害了他人之权利,就应受到法律的制裁。在对利益进行保护的过程中,“立法者必须要保护利益,他要去平衡相互竞争的各种利益。在司法实践活动中,法官要做出正确的判决,绝不能只是像一台机械的机器一样,也不能只根据正义感进行判决,而必须要弄清楚立法者通过法律规则所保护的利益,并找出优先的利益从而使各种利益得到平衡”。[19] 对利益之保护需要法官在审判的过程中进行利益衡量,在利益与利益发生冲突之时,法官需要在这个过程中进行判断,

---

〔16〕 参见付子堂:《对利益问题的法律解释》,载《法学家》2001 年第 2 期。

〔17〕 龙卫球:《民法总论》,中国法制出版社 2001 年版,第 121 页。

〔18〕 参见[德]马克西米利安·福克斯:《侵权行为法》,齐晓锟译,法律出版社 2006 年版,第 85 页。

〔19〕 付子堂:《对利益问题的法律解释》,载《法学家》2001 年第 2 期。

保护较高位阶的利益,并进行充分的说理。

我国《民法通则》第5条规定:"公民、法人的合法的民事权益受法律保护,任何组织和个人不得侵犯。"第106条第2款规定:"公民、法人由于过错侵害国家的、集体的财产,侵害他人财产、人身的,应当承担民事责任。"此条款作为我国民事法律侵权的一般条款,为我国《侵权责任法》第6条第1款所沿承,并延续至今。该条使用的是"人身"和"财产",而不是"人身权"和"财产权",立法者似乎有意扩大法律保护范围,突破"权利"保护之局限。王利明指出,在《民法通则》制定时,侵权案件的类型并不复杂,民事权利制度也有所欠缺,还没有确立物权这一概念,使用"财产"这一概念主要是着眼于法律发展的一种合理选择。[20] 此观点主要着重于法律的发展,从而可以容纳更多保护对象。

我国《侵权责任法》第6条第1款规定:"行为人因为过错侵害他人民事权益的,应当承担侵权责任。"此条沿袭我国《民法通则》之规定,是侵权责任领域内的一般条款,该条所保护的是"民事权益",而没有再区分《民法通则》所规定的"人身"和"财产",而是概括的提出"权益"的概念,即民事权利和民事利益,并将它们无差异地纳入法律的保护范畴。综上,在我国现行法律层面,并没有将权利与利益进行区分保护的明确意思。王胜明认为,权利和利益本身就很难区分,现阶段各个学派关于"权利"的概念仍具有强有力的说服力,利益本身就是权利的内容,利益在利益结构的位置也并非一成不变,利益可以权利化,从而上升为权利,则对权利和利益进行区分就没有必要也不具有可能性。所以,其认为权利和利益是受到同等的保护的。[21]

这种不区别的保护存在诸多疑问和不足:我国现行法律将权利和利益都纳入了法律保护的范围,那么对权利和利益进行区分还有什么意义?如果没有意义,那么在实践中为什么当一项新的利益出现时,要为其披上"权利"的外衣?可见,无论立法怎么主张对权利和利益给予一样的保护,在实践中对其不可能实施相同的保护。法律依靠权利之设置来实现利益的分配,实现公平正义。如果对权利和利益同样保护,万事都受到法律的保护,那么法律的意义何在?"权利"与"利益"之间确实存在诸多的纠缠,权利与利益之间的界限很难界定,但是

---

[20] 参见王利明:《侵权法一般条款的保护范围》,载《法学家》2009年第3期。

[21] 参见王胜明:《侵权责任法的立法思考(一)》,载中国民商法律网:http://www.civillaw.com.cn/,最后访问日期:2014年4月24日。

这并不代表权利与利益区分不可能,这也是本文试图解决的在人格利益保护过程中所遭遇之问题。

当一种新型的保护对象出现时,我们应如何判断其应否受法律的保护?恐怕早已不能简单地依靠其“法律有没有规定为权利”这一简单的判断标准来回答。当然,我们也无法接受随便一种利益都可以被当事人主张而对其进行法律上的保护。[22] 例如,在实践中所出现的各类形形色色的权利之主张“养狗权”“拥抱权”“相思权”“视觉卫生权”等,当这些新生人格利益主张出现在诉讼中时,我们如何否定当事人的主张不属于法律调整范围?所以,在司法实践中出现法律未明确的新兴人格利益诉求,就需要确定的、有效的手段,对法律应该予以保护的利益进行遴选。“利益”又主要分为人格利益和财产利益。从逻辑上来说,利益内部除了“人格利益”和“财产利益”之外,应该还有“身份利益”,但是“受法律所调整的身份地位应该是确定的,除了法定的身份权之外,其他的‘身份’利益,例如叔侄之间的关系等,不受法律的调整。”[23] 对于各自不同类型之保护,各自配置独立具体的调整方法,才能达致合理的确定性。

人格利益中的生命、身体、健康、名誉、荣誉、隐私等已经被明确规定为具体人格权,在权利人的这些具体人格权受到侵害时,加害人当然应该承担侵权责任。在其他人格利益受到损害时,如何判断其是否受到保护,以及如何进行保护,这是实务中必须要解决的问题。依照我国《侵权行为法》第 2 条法律所保护的是“人身权益和财产权益”,只要行为人因为过错侵害他人任何的人格利益,就应该承担侵权责任。但是,这种解释是存在危险的。这种包罗万象的保护方式,会使太多的利益通过过错的形式,要求法官对其给出一个必须保护的判决,这样的保护许多时候直接违反了一般常识和经验,例如,前文所列举的“相思权”“抚摸权”“聊天权”等。法官在实务中如何区分一项利益是否应该受到法律保护?

侵权法领域内的第一个类型化,也是最容易做到的类型化,同时又能解决最常见、最典型、最有保护需求部分的问题的类型化,就是“过错不法侵害权利”

---

〔22〕 参见于飞:《权利与利益的区分保护的侵权法体系之研究》,法律出版社 2012 年版,第 22 页。

〔23〕 葛云松:《纯粹经济损失的赔偿与一般侵权行为条款》,载《中外法学》2009 年第 5 期。

类型。[24] 法律通过将具有同样功能、性质和机理的利益类型化为不同的权利而对其进行保护,从而使法律的适用具有确定性。对于利益中所包括的人格利益,我们如何判决其保护的范围,即怎样将需要法律保护的利益从利益圈中一个个拎出来?拎出来的判断标准又是什么?拎出来之后如何实现对其保护?这就是我们所要解决的问题。探讨一般人格权制度就是试图将需要保护的现行法律之外的人格利益从利益圈中抽出来,从而实现对一般人格权的保护。

三、一般人格权的"口袋"功能

(一)我国民法体系中的一般人格权

我国《民法通则》第106条、《侵权责任法》第2条、第6条、最高人民法院《关于确定民事侵权精神损害赔偿责任若干问题的解释》(法释〔2001〕7号)第1条等规定了对具体人格权的保护,但是随着社会的发展,人格权保护之列举模式表现出极大的缺陷。我国学者借鉴德国、日本之观点,及其《宪法》有关人格尊严保护的规定,结合我国法律对其他人格利益之保护的规定,发展出我国的一般人格权制度。[25] 现阶段我国在立法上还没有规定一般人格权制度,仍有较多学者认为我国不存在一般人格权的制度。[26] 但是,在我国司法实践审判的过程中出现诸多有关一般人格权的判例。而且我国的理论界已经普遍承认一般

---

〔24〕 参见于飞:《权利与利益的区分保护的侵权法体系之研究》,法律出版社2012年版,第28页。

〔25〕 参见杨立新、尹艳:《论一般人格权及其民法保护》,载《河北法学》1995年第2期。

〔26〕 参见冉克平:《一般人格权理论的反思与我国人格权立法》,载《法学》2009年第8期。

人格权制度。[27] 我国《民法总则》对人格利益的保护采取的是列举各项具体的人格权的方式,这种具体列举的方式对人格权及人格利益的保护不够全面,只有建立一般人格权保护制度才能备至周全保护人格利益。一般人格权本身具有一般条款的性质,法律对一般人格权的规定是一种兜底保护的条款,从而使各种人格利益保护获得可能。一般人格权具有很强的包容性,使人格权制度成为一个开放的体系。我国现行的法律对人格权之保护并不完善,在司法中对新出现的各种新生人格利益的保护一般采用类推适用的方式将法律有关特别人格权的规定适应于其他人格利益遭受侵害的情形。但是,这种做法并不能从根本上解决人格权保护的问题。[28] 基于此,"一般人格权纠纷"已经作为最高人民法院《关于印发修改后的〈民事案件案由规定〉的通知》(法〔2011〕42 号)。基于此,笔者认为,我国《民法总则》第 109 条应定位一般人格权条款。

一般人格权在我国现阶段作为人格利益的同义语,[29] 是在人格权领域内对概括性的一般人格利益的保护,是对具体人格权的补充,其涵摄范围应在具体人格权之外,起到漏洞填补的作用。[30] 人格权和一般人格权并不能相互取代或者舍其一而用之。我国现有民法体系中的公序良俗、诚实信用等民法基本原则的适用范围不能无限扩大,也不能在司法审判的过程中用民法的基本原则来定分止争。权利在法律上具有确定利益的空间,权利的内容、范围、界限等都是确

〔27〕 参见王利明主编:《民法学》(第 2 版),复旦大学出版社 2015 年版,第 170 ~ 172 页;江平主编:《民法各论》,中国法制出版社 2009 年版,第 249 页;王泽鉴:《民法总则》,中国政法大学出版社 2001 年版,第 126 页;赵万一:《民法概要》,华中科技大学出版社 2014 年版,第 235 页;马俊驹、辜明安主编:《民法》,武汉大学出版社 2012 年版,第 184 ~ 187 页;贾森:《人格权益法研究》(总论),中国政法大学出版社 2014 年版,第 75 页;柳经纬主编:《民法总论》,厦门大学出版社 2008 年版,第 181 页;江平主编:《民法各论》,中国法制出版社 2009 年版,第 249 ~ 252 页;许可、梅夏英:《一般人格权:观念转型与制度重构》,载《法制与社会发展》2014 年第 4 期;李岩:《一般人格权的类型化分析》,载《法学》2014 年第 4 期;冷传莉:《论人格物与一般人格权的内在契合》,载《法律科学》2013 年第 4 期;等等。

〔28〕 参见谢远扬:《个人信息的私法保护》,中国法制出版社 2016 年版,第 140 页。

〔29〕 参见沈建峰:《一般人格权研究》,法律出版社 2012 年版,第 69 页。

〔30〕 参见黄茂荣:《债法通则之二:债务不履行与损害赔偿》,厦门大学出版社 2014 年版,第 238 页;柳经纬主编:《民法总论》,厦门大学出版社 2008 年版,第 184 页。

定的,这才能达到法律确定权利的目的。

一般人格权的创设彰显现代社会中的人本观念,昭示了宪法价值的优位性和建构性,其充当着基本权利转化为民事权利的桥梁作用,既保障了民法的开放性,又有助于宪法价值的实现。一般人格权具有权利创设功能、价值宣示功能、解释功能、补充功能、更简便的保护功能。[31] 立足于我国司法实践,法官在进行侵权责任认定时,常将利益有名化、权利化。例如,在"齐玉苓案"中,受教育权作为一项基本权利,民法上并无与之对应的权利,将之称为民法上的"受教育权",混淆了其与基本权利的区分,且与其在民法上人格内涵并不贴切。而一般人格权则不会遇到此类困扰,并且从一般人格权出发,因已认可了一般人格权的法律地位,则不再有受害人人格利益是否是权利的争议,如是,则方便了相关规范基础上的说理。[32] 在我国现有的对一般人格权的讨论中,一般都"毋庸置疑"地将以一般人格权作为一种"权利"作为探讨的大前提。

实际上,一般人格权只是披上"权利"外衣的一种利益,而不是法律上所规定的"权利"。对于一般人格权的未来,系统研究过一般人格权历史的马丁(Martin)认为:由于一般人格权的不确定性及其包容性,一般人格权的内容范围很难确定,并将继续扩大。因此,保持原状是这种权利继续存在的最有可能的方式。自一般人格权被承认以来,人们就发现其历史是难以终止的。在人类社会之中,个人的人格利益不断增加,在未来需要一个框架性的权利来处理这些日益增加的权利,以弥补法律规定的空白。[33] 此观点诚为适切:在一个成文法体制下,允许一个开放性的权利形态是必要的也是可能的,特别是针对人格权这样一个不断发展的权利类型。

(二)再论一般人格权的本质

厘清一般人格权之本质的重要原因在于探讨一般人格权是否属于我国现行法律所保护的范围之内。一般人格权制度成为学界之通说,多数学者赞成一

---

[31] 参见王利明主编:《中国民法典草案建议稿及说明》,中国法制出版社 2004 年版,第 324 页。王利明:《人格权法研究》,中国人民大学出版社 2012 年版,第 152 ~ 154 页。

[32] 参见黄茂荣:《债法通则之二:债务不履行与损害赔偿》,厦门大学出版社 2014 年版,第 250 页。

[33] See Matin, *Das allgemeine Personlichkeitsrecht in seiner historischen Entwicklung*, 2007, S. 287.

般人格权制度的存在,但是在对一般人格分析论证中都存在视其是“理所当然”的前提,即一般人格权乃是权利之一种。因此,在司法审判中,也将对一般人格权之侵害视为对权利的侵害,法官也尽量为利益披上“权利”之外衣。而令人疑惑的是,一般人格权到底是不是一种权利?如若不是权利,为什么在司法审判中为各种人格利益之保护披上“权利”的外衣?如祭奠权、〔34〕性自主权(贞操权)、〔35〕生活安宁权〔36〕等。

在我国,一般人格权是对具体人格权之外的人格利益提供保护的一种概括性的保护条款。一般人格权所保护的客体、内容和范围都不确定。这无疑是一般人格权对现有“权利”之概念所提出的挑战。我国《侵权责任法》虽对权利和利益同等保护,但是在实务中,民事主体对利益保护的诉求却有时并未得到法官的支持或者是和权利同等的保护,即使对有关的利益予以保护,也会为其披上“权利”的外衣。在这个过程中,无论是法官还是当事人、学者都会尽量将利益转化为权利,这就会导致所谓的“权利”泛化现象。最终,法律上的权利也就丧失了其应有的规范性和法律技术上的意义,而只是价值上的一个宣誓工具。对于我国是否应该承认一般人格权制度,学理上和司法实践中并无太大的争议,但是都毋庸置疑地将一般人格权归为权利之一种。一般人格权真的就是一种权利吗?

权利与利益区分的重要标准就是归属效能、排除效能和社会典型公开性三

〔34〕 北京市第三中级人民法院(2014)三中民终字第05390号民事判决书;河南省驻马店市中级人民法院(2013)驻民一终字第215号民事判决书;浙江省建德市人民法院(2013)杭建梅民初字第431号民事判决书;上海市普陀区人民法院(2012)普民一(民)初字第7420号民事判决书等。

〔35〕 陕西省紫阳县人民法院(2015)紫刑初字第00036号刑事判决书;安徽省淮南市谢家集区人民法院(2016)皖0404刑初2号刑事判决书;北京市第三中级人民法院(2014)三中民终字第04847号民事判决书;上海市第一中级人民法院(2014)沪一中民一(民)终字第2315号民事判决书等。

〔36〕 上海市第一中级人民法院(2012)沪一中民二(民)终字第1651号民事判决书;吉林省通化市中级人民法院(2015)通中民二终字第187号民事判决书;上海市第一中级人民法院(2015)沪一中民六(商)终字第107号民事判决书;河南省商丘市中级人民法院(2016)豫14刑终322号刑事裁定书等。

个方面。[37] 主观权利的根本功能在于将某项特定的内容归于特定的主体之下,其核心要义就在于归属内容的确定性。归属效能是将“权利”与“利益”区分的先行条件:如果能够将一定的确定的内容归属于特定的主体,则其是属于权利的;如果达不到这一标准,则是属于权利之外的利益。排除效能的根本含义就在于排除权利人之外的人对权利的任何不法干预。归属效能与排除效能具有非常紧密的关系,只有在将某一特定的内容归属于特定的主体之后,该主体才能明确享有该权利的内容,从而排除权利人之外的其他侵权人的干预。当权利人权利受到侵害时,才能请求对其侵害予以排除。最后,社会典型公开性主要取决于一项利益是否具有典型、规律和公开性。其要求保护的对象具有可识别性及其能够被建立在可以感知的处境之上。权利正是因为有了这三种特性,才具有法律上的特定性和稳定性,从而实现对权利的保护,而不至于权利的滥化。

侵权法上的“权利”与“利益”从上述三个标准来进行判断,一般人格权却对此提出了挑战。一般人格权不具有归属效能。归属效能的核心就在于内容的归属,而一般人格权是一种补充概括性的条款,旨在弥补具体人格权列举式规范之不足,其所保护的利益范围是一种概括抽象的其他人格利益。在德国,对隐私、名誉的保护都主要是通过一般人格权予以保护,在我国,虽然已将隐私权、个人信息权作为单独的具体人格权予以保护,但是其内部仍有众多需要予以保护的人格利益。[38] 由此可见,一般人格权所保护的只是“一束受保护的新生人格利益”,其受保护的利益内容并不确定,一般人格权并不具有归属之效能。权利具有了归属效能之后,就具有了清晰的界限,就能够请求排除他人之任何的干预,这即权利之排除效能。但是,依据一般人格权的权利性质,却是不能完全排除他人的干预,例如,在婚姻同居侵权行为中,基于人的行为自由,一般情形下难以构成侵权责任,只有在存在加重后果时,才构成侵权,法律才对其进行否定性评价。此外,一般人格权涵摄范围的边界不清,具体内容尚需要通过类型化进行明确,由此在一般情况下,侵权人很难确定或者意识到自己的行为是否侵害了他人之权益。

---

[37] 参见于飞:《权利与利益区分保护的侵权法体系之研究》,法律出版社2012年版,第56~107页。

[38] 参见魏振瀛主编:《民法》,北京大学出版社、高等教育出版社2000年版,第640~642页。

与此同时,在社会生活中,一般人格权经常与他人的合法权益发生冲突,例如,对他人之生活安宁权益的保护就常和他人之行为的自由发生冲突;当祭奠利益人对亲人坟墓进行祭奠时,存在需要借过他人土地的情形,此时,是否应允许、配合其进行祭奠?所以,一般人格权并不能确切排除他人的干预,且常会与他人权益产生冲突,需借助利益衡量来确定新生人格利益是否应当进行保护?所以,一般人格权并不具有排除效能。

权利有了社会的典型公开性,其才能够引起一般社会主体的注意。随着社会的进步和发展,公民的法治意识和观念也在逐步进步和发展,对自己能够享有的权利也更加重视,在自己的利益受到损害时,也开始勇于拿起法律武器来维护自己的合法权益。因而,在社会典型公开性方面权利和利益之间的区分也逐渐模糊。但是,对于一般的大众来说,对于新出现的各种新生人格利益,还缺乏所有权和绝对权在长期的历史传统中所形成的那种清晰的轮廓。故从一般人格权的本质看,其并不具有民事权利所具有的三大效能,它并不能成为侵权法上之权利,而是一种人格利益的概括性总称,其内涵是由应受法律保护的权利束组成。但基于我国语境和司法实践的需要,我们应赋予其权利之名,是一项框架性的权利。

首先,从一般人格权之内涵和功能来看,一般人格权是为法律所明文规定的权利之外的其他人格利益提供法律保护的依据。"为了实现法律的安定性将德国法上的一般人格权的大部分内容具体化为具体的人格权,将暂无法具体化为具体人格权的人格利益纳入到一般人格权予以保护,如此构造的一般人格权既保持了德国法上一般人格权对于人格保护的创造性与概括性,能够对于新出现的人格利益进行及时的保护,又能够最大限度地实现法律的安定性和可预见性,是在我国目前的人格权成果的基础上比较符合我国具体实际的一种构建。"[39]而且,一般人格权作为具体纠纷事由,已经在我国司法实务中广被运用,并且运行状态良好,如前所言,一般人格权纠纷已经形成一个庞大的案例群。

其次,从一般人格权与具体人格权的结构关系和功能来看,具体人格权为法律所保护的具体权利形态,一般人格权是为了弥补具体人格权之外的需要保护的人格利益。一般人格权制度之重要功能是为了给法律明文规定的具体人

〔39〕 杨立新、刘召成:《论作为抽象人格权的一般人格权》,载《广东社会科学》2010年第6期。

格权利之外的其他人格利益提供请求权基础。随着社会和法律科学的进步与发展,可以抽象出来的具体人格权利会越来越多,许多包含在一般人格权中的利益会上升到权利的高度对其进行保护,典型的就是隐私利益上升为一种隐私权。从这一角度来说,一般人格权是未来的具体人格权的内容,是"未成熟"的具体人格权,[40]是新生人格利益的育婴袋。

最后,从一般人格权和具体人格权适用的关系上来看,在司法实践的过程中,对于各种新出现的需要保护的新生人格利益,法官会在现有的具体人格权范围内寻求法律保护,当现有的具体人格权不能完全保护新型的人格利益时,法官才会适用一般人格权的规定。具体人格权作为法律已经明确规定的权利形态,具有确定性和适用的优先性,而一般人格权仅在具体人格权的类型之外补充适用,从而对人格利益实现周延的保护。

一般人格权虽有权利之名,但是其并没有权利之实。通过一般人格权能够使法律所需要保护的利益纳入法律保护的范围之内。同时,也能够使其保护的范围明确化、有名化,其相对于有名权利确实比较模糊,但是却能够将新出现的各种新生人格利益纳入其中。一般人格权是相对于具体人格权而言的,是以民事主体全部的人格利益为标的的总括性权利,是指民事主体依法享有的并概括和决定其他具体人格权的一般人格利益。[41] 法律对权利的保护要高于对利益的保护,但是,受法律所保护的利益在利益体系中位置并非一成不变,随着社会的变化发展,受法律所保护的利益能够上升为法律所保护的权利。但为了与司法实践相适应,且更体现我国促进个人全面发展的价值理念,彰显对人格权保护的重视,有必要保留一般人格权的概念。

(三)一般人格权的司法适用

在司法实践中,一般人格权作为民事案由,是具体人格权的兜底性质的人格权制度而存在,内容成开放性,当事人感到人格权受到侵害,但未找到相对应的具体人格权时,往往诉诸一般人格权,法院在对新生人格利益进行保护时,亦会寻找一般人格权作为裁决归宿。笔者在无讼案例以一般人格权纠纷为案由,不设定年份进行检索,查找数据如下:以一般人格权纠纷为案由的案例共有

---

〔40〕 参见杨立新、刘召成:《论作为抽象人格权的一般人格权》,载《广东社会科学》2010年第6期。

〔41〕 参见王利明、杨立新、姚辉:《人格权法》,法律出版社1997年版,第26页。

5056 起,其中各省、直辖市高级人民法院共审理此类案例 85 起,中级人民法院共审理此类案例 1066 起,基层人民法院共审理此类案例 3821 起。

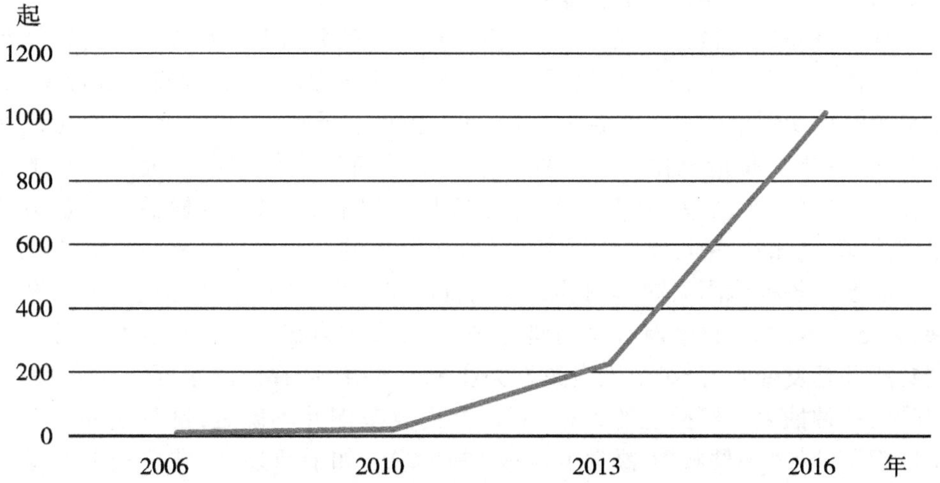

图 1 一般人格权纠纷案例发展趋势

如图 1 所示,我国的司法实践中已有诸多侵害一般人格权的案例,且呈快速增长趋势,具有对其进行类型化分析的可能。并且由于一般人格权之概念内涵比较抽象,涵摄的人格利益范围较为广泛。而且随着社会发展,人格不断自觉,新型人格权益仍在不断生成,并被诉讼到法院,在实务中,法官只能依据个案的具体情形运用利益衡量等方法进行分析判断。但有些所谓新生人格利益的出现具有偶然性且不具有普遍意义,此种新型人格权利益一般情形下不应进行保护,即便进行法律保护,法官也具有更强的说理义务。笔者认为,法官说理应集中于以下几方面:一是应关注社会诉求,在此基础上仍需论证对其保护的适法性、正义性。二是通过社会习惯、生活观念、科技发展、生活方式转变、道德习惯变化等。三是在侵权认定时,法官应综合考量个人利益、社会利益、制度利益,运用利益位阶、具体情形代入等方法保证利益衡量的客观性,并运用比例原则对结果予以审视。笔者因已有专文详述,于此不再赘述。

为减少法官的说理困难,为司法提供指引,应该是经验性的经常性类型,[42]以求明确常见的新生人格利益,在一般情形下应予以保护。本文类型化研究对保护新生人格利益具有以下功能:

其一,抽象出需要保护的人格利益,防止"权利泛化"。社会经济的发展和人们法治观念的提高,一方面增强了人的自我维护意识,形成人格自觉浪潮,勇于拿起法律武器维护自己的合法权益;另一方面也导致了"权利泛化"现象。所谓"权利泛化",是指泛化者将一些自然权利或者法定权利保护范围之外的利益,未经法定程序,扩大、推广到法定的权利意识中来,以法定权益的救济方式寻求法律救济的一种现象。[43] "权利泛化"现象的产生是由经济、政治、文化和法律制度等各种原因共同作用的结果。就法律而言,随着私法的逐渐完善和发展,人格平等、意思自治等观念的建立,公民个人的自我意识和权利意识开始逐渐觉醒并越发膨胀,公民个人也越发关注个人本身"内在性的东西"。一般人格权作为一种抽象的概括性的人格利益,其内涵范围并不确定,这就使民事诉讼中出现了诸如"小便权""视觉卫生权"等诉求。如上所述,一项一般的利益在利益本身结构中的位置并不是不变的,社会经济的发展、文化观念的变迁、法治观念的进步、利益需求的嬗变都有可能导致一般利益在利益结构中的变化。一般利益要上升为法律上所保护的法益,其间也必须要将一般的利益进行类型化的处理。而一般人格权之类型化就是这样一个技术过程,只有将具有保护价值的、具有普遍之保护需求的一般人格利益类型化,才能将其纳入法律的保护范围之内。一般人格权在人格利益保护的过程中发挥着工具性作用,将需要运用法律所予以保护的人格利益抽象出来,并且对需要保护的人格利益提供保护的工具,确保有法可依;而将不需要保护的利益排除法律保护的门槛之外,确保法律的严肃性和权威性,以防范法律泛化。

其二,一般人格利益的类型化有助于民事主体维权。在我国司法审判实践中,对各种新型人格权益的承认在不断地增多。公民个人出于最大化实现自身利益的需要,以及对法律所保护的利益范围的不确定,就会积极寻求用法定的方式维护自己的各种权益。所以,就出现了"亲吻权"等在法律规范中没有出

---

[42] 参见[德]卡尔·拉伦茨:《法学方法论》,陈爱娥译,商务印书馆2003年版,第239页。

[43] 参见唐先锋:《试析国内"权利泛化"现象》,载《人大研究》2004年第7期。

现,在理论界也鲜有人讨论的"权利"。以人之尊严和人之自由为价值基础的一般人格权,一方面尽可能地将人格利益纳入其所保护的范围之内,另一方面又要区别于一般的利益。这样一种模糊性的概念就使在自己某种人格利益受到侵害时,无法判断其是否应该受到法律的保护。这种权益的完全不确定状态,实际上更不利于当事人权益的维护。

一般人格权作为一种法益,是法律所保护的某种特定利益,是对人格之尊严和价值的保护。我国属于成文法国家,一般人格权作为一种法益,也必须具有相对的确定性和稳定性,也必须要有必要的区分界限。一般人格权作为对人格利益的概括性保护,其所保护的客体内容和范围并不像绝对权那样明晰,但是,一般人格权也有其保护的界限和范围。在现有的一般人格权的框架结构范围之内,对一般人格权进行类型化,抽象出需要予以保护的特殊的人格利益,才能有利于公民个人维护自己的合法权益。

其三,指引法官对新生人格利益的裁判。近年来,随着人们法治观念的进步和发展,有关各种人格利益纠纷的案例也越来越多,这样就形成了很多具有共同特征的案例群。我们将这些具有相同特征的案例进行整合,归纳整理出这些案例所具有的特征,厘清这些案例之审判依据,能够为法官在审判的过程中提供直接的指导依据。在我国的法治环境下,审判时,法官还不能灵活而积极地对各种权益进行衡量并作出判断,其必须在现有的法律框架范围之内寻求法律依据。当面对新型疑难案件时,为了实现对当事人的充分保护,法官往往会耗费大量的时间和精力在现行法律条文中寻找法条依据,也往往会不予立案或者对其诉讼请求直接予以驳回。类型化思维是民法思维的重要组成部分,类型化方法是民法方法的重要类型。〔44〕因而将具有一般人格利益特征的人格利益类型化,就能为法官提供更加直观的审判依据,可以节约司法裁判的时间和成本。

根据拉伦茨对类型的归类,类型可以分为经验的类型、逻辑理想的类型和规范理想的类型。经验的类型主要通过比较典型的案例来进行归纳和整理,因为典型性案例本身就是经验,其本身符合某类概念的本质,其概念的核心是清

〔44〕 参见申惠文:《论民法类型化的方法》,载龙卫球、王文杰主编:《民商法理论与方法论》,中国法制出版社 2015 年版,第 348 页。

楚的,但是周遭则是模糊的。[45] 逻辑理想的类型是根据事物内部自身发展的联系和关系来进行的判断和整理。规范理想的类型是一种法律所规定的模范性的类型,它是一种纯粹的或者是不能充分实现的一种理想状态。拉伦茨认为,对于类型化在法律中的应用,首先考虑的就应该是经验性的经常性类型。[46] 这是一种较为普遍性的适用原理。

一般人格权是对具体人格权之外的人格利益进行保护,是新生人格利益组成的利益束,其外在范围模糊,内在范围也时刻处于黑箱之中,从抽象层面无从观察,难以厘清其内在构成。为使裸露于法律之外的人格利益获得充分的保护,有必要借助"经验的类型"作为利益依据,对已有案例进行类型化分析。而且一般人格权作为司法实践推动的权利,在司法实践过程中,我们现阶段只能依据所出现的各种新型的案例,不断的积累和总结经验,利用经验类型化的方法,实现对一般人格权的充分保护。

四、(一般)人格权的民法典表达

(一)一般人格权与人格权、具体人格权的关系

就一般人格权与具体人格权的关系而言,存有"一元模式"和"多元模式"两种学说。"一元模式"认为一般人格权可以抽象为人格自由、人格尊严、人格发展等,而人格自由、人格尊严等又是生命健康权、隐私权等具体人格权的价值基础,进而可吸收这些具体人格权。由此,具体人格权成为一般人格权的权能,丧失了独立性。"多元模式"认为具体人格权与一般人格权相互独立,一般人格权具有兜底功能,保护具体人格权之外的非典型人格权。基于认知的不同,我国学者就一般人格权与具体人格权的关系主要存在以下三种观点:第一种观点认为,一般人格权是一种概括性的权利,是从主体之尊严和价值抽象出的人格利益的全部,具有高度的抽象性、开放性,由一般人格权抽象出具体的人格权。[47] 第二种观点认为,一般人格权是具体人格权之外的其他人格利益的概括

---

[45] 参见刘士国:《类型化与民法解释》,载《法学研究》2006年第6期。

[46] 参见[德]卡尔·拉伦茨:《法学方法论》,陈爱娥译,商务印书馆2003年版,第239页。

[47] 参见王利明、杨立新、姚辉:《人格权法》,法律出版社1997年版,第26页。

性规定,是对具体人格权的补充和完善。[48] 第三种观点认为,两者之间是一种你中无我、我中无你的相互排斥或者选择关系。[49] 学界主要有两种人格权建构理论:“具体人格权 + 其他人格利益”[50]“具体人格权 + 一般人格权”。[51] 持第一种观点者认为:一般人格权之本质并不是一项“权利”,并且在德国,其立法技术亦多受争议,引入一般人格权有损于法律的安定性。[52] 特别是在我国民法理论上,人格权、一般人格权、具体人格权存有逻辑冲突,[53]并且,在立法时通过设立“一般人格条款”或者“保护其他人格利益”之规定替代一般人格权,足以保持人格权条款的开放性。[54] 由此,在人格权立法时,应选择“具体人格权 + 其他人格利益”的立法模式。

然则,笔者认为,人格权立法时,宜采“具体人格权 + 一般人格权”的立法模式,且如前述,将我国《民法总则》第 109 条定位为一般人格权条款。一般人格权的本质是利益,为其披上权利的外衣,作为类似于营业权的“框架性权利”,确

〔48〕 参见熊谓龙:《权利,抑或法益——一般人格权本质的再讨论》,载《比较法研究》2005 年第 2 期。

〔49〕 参见薛军:《人格权的两种基本理论模式与中国的人格权立法》,载《法商研究》2004 年第 4 期。

〔50〕 此建构模式有时又被称为“具体人格权 + 一般人格条款”。参见方金华:《一般人格权理论分析及我国的立法选择》,载《法律科学》2015 年第 4 期;尹田:《论人格权概括保护的立法模式——“一般人格权”概念的废除》,载《河南省政法管理干部学院学报》2011 年第 1 期;李莉:《法律思维与法律方法下的人格权立法模式——兼论否定一般人格权立法》,载《当代法学》2013 年第 6 期。

〔51〕 参见杨立新、刘召成:《论作为抽象人格权的 般人格权》,载《广东社会科学》2010 年第 6 期;郭明龙:《拟制与衡平:一般人格权保护之路径》,载《广西社会科学》2008 年第 5 期;霍银泉:《一般人格权研究》,吉林大学 2010 年博士学位论文;许可、梅夏英:《一般人格权:观念转型与制度重构》,载《法制与社会发展》2014 年第 4 期。

〔52〕 参见方金华:《一般人格权理论分析及我国的立法选择》,载《法律科学》2015 年第 4 期。

〔53〕 参见杨立新、刘召成:《论作为抽象人格权的一般人格权》,载《广东社会科学》2010 年第 6 期。

〔54〕 参见易军:《论人格权法定、一般人格权与侵权责任构成》,载《法学》2011 年第 8 期。

实没有一般权利的确定性。但考察一般人格权在德国的发展可知,一般人格权所保护的利益族群原本由“背俗故意致损”侵权责任条款规制,[55] 为其他人格利益冠上权利的名字,实则是重视人格利益的表现,是为了更周延地保护非典型人格利益。这样可以避免适用“背俗故意致损”侵权条款时更为严格的构成要件,并可通过“过失 + 积极确定的违法性”侵权认定模式,规避对民事主体其他权利的影响,进而保持法律的安定性。虽然我国与德国侵权法立法模式有所差别,但我国司法实践对利益保护仍应加以甄别,详加论述,以防权利泛化,一般人格权应否受法律保护的论证,与“权利地位”的问题在表现形式上虽然不同,但在实质上其实属于同一个问题。[56] 基于此,实则在实践中我国已趋向德国式。此外,如前所述,在“多元模式”的人格权立法模式情形下,人格权、一般人格权、具体人格权并不存在冲突,人格权作为上位概念,一般人格权、具体人格权作为同一逻辑层次的下位概念,各司其职,共同构成人格权立法体系。

(二)人格权的法定与缓和

上述人格权理论建构如何在立法中实现,仍是个难题。而且在大陆法系,所有裁判都应从制定法出发,法官的自由裁量权应受限制。此外,民事主体向法院主张利益,法院对其进行的利益保护常常是以牺牲另一人利益为代价的。[57] 而且法律作为多元纠纷解决机制之一,不能“事事亲为”,僭越道德等社会纠纷解决规范的作用范域。对一些道德利益和不为社会普遍接受的人格利益,法律应保持克制。职是之故,法官应依据客观标准对人格利益进行保护,减少干预他人权益。通过对已有诸多司法案例的人格权类型进行总结,使具体人格权类型固化,[58] 并对民事主体人格利益诉求进行指导,防止“唯心色彩”浓重的人格权利诉求过多地出现在严肃的司法裁判中,浪费有限的司法资源,并告

---

[55] 参见于飞:《违背善良风俗故意致人损害与纯粹经济损失保护》,载《法学研究》2012 年第 4 期。

[56] 参见黄茂荣:《债法通则之二:债务不履行与损害赔偿》,厦门大学出版社 2014 年版,第 251 页。

[57] 参见[德]菲利普 · 黑克:《利益法学》,傅广宇译,商务印书馆 2016 年版,第 21 页。

[58] 参见张平华:《人格权的利益结构与人格权法定》,载《中国法学》2013 年第 2 期。

知民事主体哪些人格利益可以上升为法益予以保护,[59]由此人格权须法定。

那么人格权法定中的"法"是指民法还是宪法呢?其中核心问题在于明确人格权的权利属性,对其进行探讨的关切点在于,人格权究竟是宪法上的基本权利,还是私法上的民事权利,并进而导向人格权应由民法进行立法规范,还是宪法进行立法规范而民法仅于司法层面进行保护的问题。[60] 笔者认为,人格权的权利属性是私法权利与宪法权利的统一,两者并非相互排斥,而是相互补强共生的良性循环体系。

当然,针对动态的人格权,严格的人格权法定主义并不可行,应保证人格权体系的开放性,通过该开放体系缓和人格权法定的僵硬与拘束。一般人格权是人格权缓和的理想"窗口",且已经司法实践所证实。人格权的开放性是否会导向人格权利过度泛化,进而使其模糊成一种自然法式的价值宣示?这就需要新生人格利益的发现机制和保护机制的建立,并在此基础上,通过法官对新生人格利益严谨、详细论证、克制司法,进而实现对生活中的新生人格利益的保护,司法能动应当建立在释法基础上,[61]司法能动应生活在司法克制的帷帐之下。基于此,人格权的立法模式应坚持法定与缓和相结合。

(三)民法典如何安放庞大的人格权规范群

民事权利的准确定位和合理排布,是制定民法总则乃至编纂民法典中的重大问题。[62] 人格权作为重要的民事权利,对其周延保护是民法典制定不可回避的问题。关于人格权在民法典中的编排,目前学界主要有以下两种观点:反对人格权独立成编者认为:(1)人格权的动态、多元发展,决定了应采用"立法机制+发现机制"的人格权双轨发展机制和立法范式,对人格权法定应持质疑态度。[63] (2)人格权的民法保护具有局限性,无法覆盖民事领域之人格权利。[64] (3)人格权仅有消极保障权能,不具有民事权利的一般特征,不适用民法有关民

---

〔59〕 参见王利明、易军:《中国民法学的学术前沿问题》,载高翔主编:《中国社会科学学术前沿》(2006~2007),社会科学文献出版社2007年版,第314~315页。

〔60〕 参见沈云樵:《质疑人格权法定》,载《环球法律评论》2013年第6期。

〔61〕 参见张榕:《司法克制下的司法能动》,载《现代法学》2008年第2期。

〔62〕 参见姚辉:《权利的民法典表达》,载《中国政法大学学报》2017年第2期。

〔63〕 参见沈云樵:《质疑人格权法定》,载《环球法律评论》2013年第6期。

〔64〕 参见尹田:《论人格权独立成编的技术障碍》,载《政法论丛》2016年第1期。

事权利得失变动、权利行使的基本规则以及民法典总则的一般规则。[65] (4)对人格权作一般规定即可,要把具体人格权的开放性留给司法裁判。[66] (5)人格权编对人格权种类及范围的封闭性设计,限制了侵权责任法的适用范围。[67] (6)目前从理论和司法实践看,经过丰富讨论,已经成熟的人格权仅有 7 种,而一般人格权亦仅需一个条文,条文较少不能支撑独立成编。[68] (7)综观世界诸国,仅乌克兰民法典对人格权单独设编,且因其过度强调结社自由权和集会自由权,一定意义上导致国内多次发生政治变革,不具借鉴意义。[69] (8)有学者将《德国民法典》未全面规定人格权,而是将人格权与自然人一并规定的立法现状作为中国人格权不应独立成编的重要支撑理由。[70] 支持人格权独立成编者认为:其一,在民法典中应当引入人文关怀理念,其在体系上的体现即为将人格权独立成编。[71] 其二,民法总则不能完全包含人格权法,侵权责任法也不能替代人格权法的功能,侵权责任法替代人格权法将导致后者成为判例法,人格权法与侵权责任法内容上是相互衔接的。[72] 其三,人格权制度是民法调整的两大关系之一,人格权高于财产权,在中国未来民法典中人格权法应独立成编并且

---

〔65〕 参见尹田:《论人格权独立成编的理论漏洞》,载《法学杂志》2007 年第 5 期。

〔66〕 参见米健:《为什么总有影影绰绰的形式主义——从“权力清单”和“人格权独立成编”之困惑说起》,载何家弘主编:《法学家茶座》(第 47 辑),山东人民出版社 2015 年版,第 103 页。

〔67〕 参见尹田:《人格权独立成编的再批评》,载《比较法研究》2015 年第 2 期。

〔68〕 参见钟瑞栋:《人格权法不能独立成编的五点理由》,载《太平洋学报》2008 年第 2 期。

〔69〕 参见梁慧星:《中国民法典中不能设置人格权编》,载《中州学刊》2016 年第 2 期。

〔70〕 参见《人格权法有无必要独立成编? 看“民法四巨头”谈人格权》,载中国法治网:http://www.zhongguofazhi.org/content_3186194_1.html,最后访问日期:2017 年 8 月 19 日。

〔71〕 参见王利明:《人文关怀与人格权独立成编》,载《重庆大学学报》(社会科学版)2016 年第 1 期;马俊驹:《我国人格权基础理论与立法建构的再思考》,载《晋阳学刊》2014 年第 2 期。

〔72〕 参见王利明:《独立成编的人格权法与侵权责任法的关系》,载《社会科学战线》2012 年第 2 期;王利明:《人格权法制定中的几个问题》,载《暨南学报》(哲学社会科学版)2012 年第 3 期。

位于诸权利之首。[73] 其四,人格权的商业化和法人人格权的存在使人格权与自然人产生分离。此外,未来中国的民法典应当继承《民法通则》的传统,坚持人格权法独立成编的体例。[74] 比较支持者与反对者的观点,双方争议核心实则是德国民法典的潘德克顿范式与人格权独立成编的民法典编纂新范式之争。

人格权民法典表达的探讨,不能忽视对人格权立法、司法实践的梳理。内地人格权制度发展至此,涉人格权的法律、司法解释已经有300条之多,其中,20世纪80年代共有21个相关条文或司法解释规范人格权,紧随其后的2个10年分别有42条及71条相关条文或司法解释,而近7年,短短时间已经超过之前立法之总数,关于人格权立法呈爆发趋势,相信在可预见的将来,人格权的相关规定会越来越多。通过对立法总结、司法实践的归纳,人格权体系相关条文可达100条左右,已经构成庞大的人格权体系,其具体在民法典中该何去何从,有待解决。

创造法律者,不是概念而是利益和目的。[75] 为了更好地保护民事主体的权利,需对相关利益予以立法确认;为便于司法适用,还需全面的对人格权进行体系化编排。在司法实践中,人格权纠纷案例已在民事案例中占据了相当份额,且与日俱增。于审判时,模糊的人格权概念与边界认定是法官审判难点之所在,概括式立法亦容易造成当事人误解,以致诉求往往“名不副实”,法律适用之困难应作立法响应。宣示式、碎片化立法模式无疑加重了制定法的暧昧不清,由此必然导向法官造法,[76] 此亦增加法律适用上的困难,以致裁判结果的不确定。

无论从内地关于人格权的以往立法成果看,还是从动态发展的人格权司法实践看,人格权家族日渐丰茂,可以预见,在不久的将来,人格权体系会更加庞大。此外,在学界对人格权解读和研究已经细致入微,各具体人格权立法要素已探讨具备的现在,民法典如何安放已经日渐丰硕的人格权家族,以能够周延、

---

〔73〕 参见张建:《论人格权制度在未来民法典中的地位》,载《人民论坛》2012年第5期。

〔74〕 参见黄忠:《人格权法独立成编的体系效应之辨识》,载《现代法学》2013年第1期。

〔75〕 参见[德]菲利普·黑克:《利益法学》,傅广宇译,商务印书馆2016年版,第17页。

〔76〕 参见[美]迦纳:《政治科学与政府:政府论》,林昌恒译,东方出版社2014年版,第426页。

合理、具有可操作性地保护仍处于不断生成中的人格权,以使信息时代的民法典既能够汲取马车时代、蒸汽机时代民法典的精华,又能够摆脱立法、研究上惯性思维的窠臼,这是必须解决的难题。[77]

General Personality Right: Protection
Mechanism of New Personality Interests

Zhang Hong

Abstract: With the development of society, the new personality interests continue to emerge, which affects the stability of the statute law, and the improvement of the law should reconcile the relationship between them. It can be seen from Article 109 of the General Principles of Civil Law that the legislative system of personality rights is open. In order to protect the evolving personality rights and personal interests, the article should be positioned as a general personality right clause as a "pocket" for new personal interests. To find a balance between protecting personal interests and avoiding generalization of rights, we need to be cautious and actively recognize the new personal interests that should be legal benefits. The general personality right is essentially a mechanism for incorporating various new-person personal interests into legal protection. It is a buffer or safety valve for legality and relaxation of personality rights, and is the basis for a legal interpretation. The new personality interests enter the legal field through the general personality right, and after a long period of judicial practice and theoretical discussion, they can become specific personal interests. The results of the practice and development of various personality rights should be implemented in the Civil Code. The Civil Code should leave room for the realization of the new personality. Various programs concerning the legislation of personality rights in the Civil Code cannot evade the growing problem of rights and interests of personality rights and their normative systems. Legislation on the rights and interests of personality has more than 300 norms and scattered everywhere, and the content is not coordinated.

---

〔77〕 参见张红:《新生人格利益的生成与保护》,载《月旦民商法杂志》2018 年第 62 期。

How to integrate through the Civil Code? If you do not set a separate personality right, can other series be absorbed?

Key words: Personal right; New personality interests; General personality right; Judicial activity; Civil code

比较法视野下带薪年休假的法律规制：全球趋势与本土问题[*]

曹　燕[**]

内容摘要：

据国际劳工组织雇佣条件数据库数据显示，带薪年休假法律规制的国际共识为：劳动者连续工作1年，可以享受每年不少于2周的年休假；允许将年休假与法定外休假合并使用；为了限制雇主滥用年休假安排的主导权，严格限制分割使用和累积使用年休假；允许以支付工资替代年休假，强调应在放假前向劳动者支付年休假工资；重视对青年劳动者和女性劳动者的特殊保障，通常给予其附加年休假或者其他休假特权。在经济下行压力加大的时代背景下，我国年休假立法应在凸显年休假劳动报偿属性的同时，充分发挥其涵养劳动力以及平衡工作与家庭生活的制度功能，有效提高年休假利用率。

关键词：

带薪年休假　法律规制　全球劳工标准　制度选择

最初，因北欧国家黑夜漫长的冬季对工作时间的限制以及对长期休假的实际需求，带薪年休假（以下简称年休假）在一些发达国家应运而生。直至第二次世界大战，发达国家的年休假制度才被国际劳工组织（International Labour Organization，ILO）1936年第52号公约转化为国际劳工标准。随后，1970年的第132号公约进一步扩充了年休假的权利范围，形成年休假权利保障的当代国

* 本文是2015年度国家法治与法学理论研究项目："我国劳动者带薪年休假权利保障法律制度完善研究"（15SFB2036）的阶段性研究成果。

** 西北政法大学经济法学院教授，人权研究院研究员，法学博士。

际标准。[1] 如今,ILO 各成员国的国内法普遍赋予劳动者休年休假的权利,制定了各具特色的年休假法律制度,这为该领域的比较法研究提供了丰富的素材。作为不同国家、不同类型工作中基本劳动条件之一的年休假标准可以详加比较,其结果也可以相互交流。[2] 然而,在过去的十多年里,针对不断变化的年休假权利保障全球标准,比较研究并没有取得实质性的突破。[3] 尽管,作为广义的工作时间范畴,年休假法律规制具有强烈的国别色彩而不能简单移植,但是,正确把握全球标准的发展趋势,妥当确立本国标准在国际标准体系中的"方位"是研判本土制度得失以及完善立法的重要参考。作为劳动者的基本权利,年休假权益保障及其制度完善在我国经济进入新常态的时代背景下已经成为构建中国特色和谐劳动关系的重要议题。然而,当下面临的难题为:由于未能准确把握年休假制度的世界发展趋势,我国年休假法律制度建设缺乏在全球范围内的"方位感"。同时,由于缺乏有效而充足的制度工具,使正在谋求突破西方发达国家贸易壁垒,实现引领世界自由贸易远大目标的我国,在面对如何落实年休假等诸多棘手问题时踟蹰难进。

鉴于此,本文将致力于延续 ILO 在该领域的研究,深入挖掘并翻译整理

---

[1] 参见[日]荒木尚志:《劳动法》,有斐阁 2009 年版,第 176 页。

[2] See Gerhard BOSCH,"Working time:Tendencies and emerging issues",International Labor Review 138,1999,p. 131.

[3] 国际劳工组织从 1995 年开始致力于建设全球雇佣和工作条件数据库的研究计划(以下简称 TRAVAIL),其目的在于提供各成员国有关工作时间与休息休假立法的最新信息。2005 年,迪尔德丽·迈尔卡安(Deirdre McCann)曾对这个数据库中 103 个成员国的工作时间与休息休假的法定基准进行了梳理与分析,形成了一份有关全球工作时间法定标准的比较研究报告——《全球视野中的工作时间立法》。报告涵盖了标准工时、限制延长工作时间、最高年总工作时间限制、休息时间以及休假等广义上的工作时间法律规制的各种标准。其中在休假制度中有一小节的内容涉及年休假,简要论及年休假国际立法的宗旨以及年休假天数、休假安排以及年休假工资支付等问题。在充分肯定该报告所做的开拓性努力及其研究方法的科学性前提下,不得不承认,年休假制度体系相当繁杂而略显"琐碎",很多涉及年休假权利保障的细节问题并没有得到报告的重视,但这些细节问题恰恰是落实年休假不能回避和忽略的问题。况且,正如作者在报告中所坦承地那样,这份报告较多的关注了发达国家的通行标准,而对于发展中国家并没有给予足够的重视。从 2011 年之后,TRAVAIL 数据库更新了全球工作时间与休假标准,但此后发掘并分析这些最新数据的系统研究成果十分罕见。

ILO 工作与雇佣条件数据库(以下简称 TRAVAIL 数据库)中有关劳动者年休假权益保障法律标准最新的全球数据,比较研究 ILO 各成员国立法中所涉及的服务年资、年休假期限、年休假工资、年休假安排、年休假期间的工作、特殊人群的年休权益保障等主要法律问题。本文对全球年休假法律标准的研究基于 TRAVAIL 数据库,涵盖全球 154 个国家的相关立法,旨在总结并揭示这一领域法律发展的最新动态并证明性地报告有关年休假法律规制的世界趋势。[4] 在此基础上反思我国年休假立法现状,妥当确立我国年休假标准在全球标准体系中的"方位",合理预期我国年休假制度的发展方向以及完善相关立法的可能路径。

〔4〕 本文研究范围所涉及的 ILO 成员国以 TRAVAIL 数据库所作的区域划分,共有五大地区共计 154 个国家。非洲地区 48 个国家:阿尔及利亚、安哥拉、贝宁、博兹瓦纳、布基纳法索、布隆迪、喀麦隆、中非、佛得角、乍得、科摩罗、刚果、民主刚果、科特迪瓦、吉布提、埃及、赤道几内亚、厄立特里亚、埃塞俄比亚、加蓬、冈比亚、加纳、几内亚、几内亚比绍、肯尼亚、莱索托、利比亚、马拉维、马达加斯加岛、马里、毛里塔尼亚、毛里求斯、摩洛哥、莫桑比克、纳米比亚、尼日利亚、尼日尔、卢旺达、圣多美和普林西比、塞内加尔、塞舌尔、索马里、坦桑尼亚、多哥、突尼斯、乌干达、赞比亚和斯威士兰;美洲 32 个国家:安提瓜和巴布达、阿根廷、巴拿马、巴巴多斯、巴西、伯利兹、玻利维亚、加拿大、智利、哥伦比亚、哥斯达黎加、古巴、多米尼亚、多米尼克、多米尼加、厄瓜多尔、斯洛文尼亚、格林纳达、危地马拉、圭亚那、海地、洪都拉斯、牙买加、墨西哥、尼加拉瓜、巴哈马、巴拉圭、秘鲁、特立尼达和多巴哥、美国、乌拉圭、委内瑞拉;阿拉伯地区 10 个国家:巴林、伊拉克、约旦、科威特、黎巴嫩、卡塔尔、沙特阿拉伯、阿拉伯联合酋长国、也门、叙利亚;亚洲国家 28 个:阿富汗、澳大利亚、孟加拉、文莱、柬埔寨、中国、斐济、印度、印度尼西亚、伊朗、日本、基里巴斯、韩国、老挝、马来西亚、尼泊尔、新西兰、巴基斯坦、巴布亚新几内亚、蒙古、缅甸、菲律宾、新加坡、所罗门群岛、斯里兰卡、泰国、瓦努阿图、越南;欧洲 36 个国家:亚美尼亚、澳大利亚、比利时、保加利亚、克罗地亚、塞浦路斯、捷克、丹麦、爱沙尼亚、芬兰、法国、希腊、匈牙利、冰岛、意大利、哈萨克斯坦、拉脱维亚、立陶宛、卢森堡、马其顿、马耳他、摩尔多瓦、新西兰、挪威、波兰、罗马尼亚、俄罗斯、圣马力诺、塞尔维亚、斯洛文尼亚、斯洛伐克、西班牙、瑞典、瑞士、土耳其、英国。

一、年休假法律规制的国际比较

(一)年休假服务年资法律规制的国际比较

作为法定休假,年休假具有鲜明的劳动报偿属性,雇主以之回报劳动者恪尽职守与忠诚勤勉。[5] 因此,劳动者要为雇主工作一段时间后方能获得休假资格,此即年休假的服务年资。第132号公约规定,劳动者取得年休假资格的服务年资最长不超过6个月。为了便于劳动者取得年休假,公约进一步将因疾病、受伤、怀孕等非劳动者过错造成的工作中断期间计入服务年资(第132号公约第5条第1款和第3款)。劳动者如要获得每年不少于3周的年休假,其最低服务年资应为1年(第132号公约第3条第3款、第4条)。如果劳动者工作不满1年,仍有资格享有与其服务年资成比例的年休假期(第132号公约第4条第1款)。如果劳动关系终止时,劳动者未休年休假,允许以支付工资替代休假(第132号公约第11条)。[6]

作为获得年休假的法定资格,各国法定服务年资标准各异,并且计算方式相当繁复:

1. ILO大多数成员国规定了为期1年的法定最低服务年资。以服务年资的计算方式为标准划分为以下几种类型:(1)部分成员国的立法要求劳动者必须为同一雇主或者在同一事业场连续工作满1年,其间不得出现雇佣关系中断或终止的情形,才能享受年休假。采取该等立法模式的国家有:孟加拉、越南、巴基斯坦、巴布亚新几内亚和巴布亚新几内亚独立国等。(2)部分国家的立法不要求劳动者必须为同一雇主工作,只需连续工作1年即可取得年休假资格,全球采取此种规制方式的国家有:印度尼西亚、泰国、新西兰、斐济、印度、缅甸、芬兰、爱尔兰、赤道几内亚、加纳、肯尼亚、毛里塔尼亚、苏丹、巴林、约旦、卡塔尔、加拿大、海地和巴拉圭等国。(3)部分国家立法只要求劳动者工作满1年即可享受年休假,既不强调劳动者为同一雇主工作,也不要求服务年资的连续性。

---

[5] 参见[日]川田琢之:《年次有给假》,载东京大学劳动法研究会编:《注释劳动基准法》(下),有斐阁2003年版,第705页。

[6] 参见国际劳工组织北京局:《国际劳工公约和建议书》(第2卷),日内瓦国际劳工组织1994年版,第17页、第19页。

世界范围内采取该等立法模式的国家有:老挝、马来西亚、菲律宾、瓦努阿图、比利时、土耳其、圣马力诺、贝宁、喀麦隆、佛得角、中非、布基纳法索、乍得、科摩罗、刚果、民主刚果、科特迪瓦、吉布提、加蓬、几内亚、马达加斯加、马拉维、马里、尼日尔、尼日利亚、塞内加尔、多哥、津巴布韦、伊拉克、黎巴嫩、叙利亚、也门、科威特、卡塔尔、阿根廷、巴巴多斯、伯利兹、玻利维亚、巴西、智利、哥伦比亚、多米尼克、牙买加和西印度群岛等。综上,当今世界,规定 1 年服务年资的国家共有 68 个。

2. 另有部分国家,法定最低服务年资不足 1 年,以年资期限划分为以下几种:(1)法定最低服务年资为 6 个月的国家有:日本、亚美尼亚、奥地利、克罗地亚、爱沙尼亚、拉脱维亚、斯洛文尼亚、埃及、摩洛哥、坦桑尼亚、乌干达、赞比亚、阿联酋和尼加拉瓜等。(2)法定最低服务年资为 3 个月的国家有文莱、卢森堡、瑞典和厄立特里亚。(3)法定最低服务年资为 1 个月的国家有韩国、所罗门群岛、民主刚果、莱索托、安提瓜和巴布达、圭亚那、突尼斯、埃塞俄比亚和莫桑比克。(4)另有部分国家的服务年资也少于 1 年:保加利亚为 8 个月,捷克和斯洛伐克为 60 天,法国为 10 天,科威特为 9 个月,英国为 13 周,牙买加为 110 天,巴拿马为 11 个月。综上,采取该等服务年资的国家共有 34 个。

3. 另有部分国家立法或没有明确的法定最低服务年资,或明确禁止以完成服务年资的工作作为获得年休假权利的前提条件,这些国家包括:澳大利亚、尼泊尔、伊朗、塞浦路斯、丹麦、德国、匈牙利、希腊、马其他、摩尔多瓦、荷兰、罗马尼亚、阿尔及利亚、安哥拉、博兹瓦纳、厄立特里亚、南非、塞舌尔、冈比亚、厄瓜多尔、格林纳达和圭亚那等共计 22 个国家。

4. 部分成员国还要求劳动者在服务年资内达到一定的出勤率或者完成一定工作时数才能享有年休假。前者如日本,劳动者必须连续工作满 1 年且出勤率不低于 80%,才能享有年休假。后者如芬兰,劳动者必须连续工作满 1 年且每月实际出勤天数不得少于 14 天,才能享有年休假。采取该等立法模式的国家还有:斐济、印度、韩国、缅甸、中国、马来西亚、新加坡、斯威士兰、阿根廷、加纳、危地马拉、巴巴多斯、特立尼达和巴拉圭等 16 个国家。部分国家立法特别规定,将非因劳动者过错导致的未出勤时间计入服务年资(如孟加拉和危地马拉)。

5. 关于未满服务年资的劳动者,多数国家法律允许根据其实际工作时间以支付工资替代休假。只有 18 个国家响应第 132 号公约的要求,以实际工作时间按比例给予未满服务年资的劳动者部分年休假,这些国家为:文莱、克罗地亚、爱沙尼亚、马其他、泰国、芬兰、卢森堡、斯洛伐克、佛得角、几内亚比绍、马拉维、摩洛哥、卢旺达、塞舌尔、约旦、科威特、叙利亚和阿根廷等。

(二)年休假期限法律规制的国际比较

对于年休假期限,第132号公约赋予劳动者每年不少于3周的年休假期(第132号公约第3条)。如果劳动者服务年资低于法定标准,有权获得按比例削减的年休假(第132号公约第4条)。法定和习惯形成的节假日无论是否与年休假期重合都不应计入最低年休假期限。因罹患疾病或者因工伤失去工作能力的时间亦不应计入最低年休假期限(第132号公约第6条)。[7]

除了年休假期限的最低标准外,年休假期限法律规制还涉及附加年休假、假期变更、假期计算以及年休假与其他假期的协调利用等繁复之问题,基于不同的价值追求,各国法律规制差异较大:

1. 当今多数国家给予劳动者的年休假期达不到国际劳工标准。第132号公约所定年休假最低期限为每年3周,以此为标准,各成员国的年休假期限分类如下:

(1)年休假法定最低期限为每年3周以上的国家及其分布地区如表1所示。

表1　年休假法定最低期限为每年3周以上的国家及其分布地区

年休假期限	所涉国家	分布地区
每年30天	奥地利、芬兰、法国、西班牙、阿尔及利亚、布基纳法索、吉布提、马里、尼日尔、圣多美和普林西比、多哥、科威特、也门、巴西、巴拿马、秘鲁,共16国	非洲7国,阿拉伯地区2国、美洲3国、欧洲4国
每年28天	澳大利亚、伊朗、新西兰、克罗地亚、塞浦路斯、捷克、爱沙尼亚、爱尔兰、意大利、拉脱维亚、立陶宛、马其他、摩尔多瓦、俄罗斯、斯洛伐克、斯洛文尼亚、瑞士、英国、亚美尼亚、乍得、科摩罗、纳米比亚、坦桑尼亚、卡塔尔,共24国	亚洲2国、欧洲16国、非洲4国、阿拉伯地区2国
每年26天	刚果	非洲1国

[7] 参见国际劳工组织北京局:《国际劳工公约和建议书》(第2卷),日内瓦国际劳工组织1994年版,第17页。

续表

年休假期限	所涉国家	分布地区
每年 25 天	卢森堡、挪威、丹麦、瑞典,共 4 国	欧洲 4 国
每年 24 天	德国、冰岛、哈萨克斯坦、贝宁、中非、科特迪瓦、加蓬、塞内加尔,共 8 国	欧洲 3 国、非洲 5 国
每年 22 天	葡萄牙、安哥拉、佛得角,共 3 国	欧洲 1 国,非洲 2 国
每年 21 天	埃及、肯尼亚、塞舌尔、南非、斯威士兰、乌干达,共 6 国	非洲 6 国
总计		62 国

(2)年休假最低期限不足每年 3 周的国家及其分布地区如表 2 所示。

表 2 年休假最低期限不足每年 3 周的国家及其分布地区

年休假期	所涉国家	分布地区
每年 20 天	孟加拉、比利时、保加利亚、希腊、匈牙利、荷兰、塞尔维亚、罗马尼亚、马其顿,共 9 国	亚洲 1 国,欧洲 8 国
每年 19 天	布隆迪	非洲 1 国
每年 18 天	柬埔寨、印度、尼泊尔、喀麦隆、毛里塔尼亚、卢旺达,共 6 国	亚洲 3 国,非洲 3 国
每年 15 天	韩国、老挝、马来西亚、蒙古、博兹瓦纳、加纳、索马里、突尼斯、黎巴嫩、智利、哥伦比亚、厄瓜多尔、萨尔瓦多、危地马拉、尼加拉瓜、海地,马拉维法律依据劳动者年资给予其 15～18 天的年休假,玻利维亚,共 18 国	亚洲 4 国、非洲 5 国,阿拉伯区区 1 国、美洲 8 国
每年 14 天	巴基斯坦、巴布亚新几内亚、巴布亚新几内亚独立国、厄立特利亚、埃塞俄比亚、约旦、巴哈马、伯利兹、加拿大、哥斯达黎加、多米尼亚、多米尼克、西印度群岛、特立尼达、多巴哥、委内瑞拉、土耳其、阿根廷、格林纳达,共 19 国	亚洲 4 国、非洲 2 国、阿拉伯地区 1 国、美洲 12 国

续表

年休假期	所涉国家	分布地区
每年12天	印度尼西亚、民主刚果、莱索托、安提瓜和巴布达、圭亚那和巴拉圭，共6国	亚洲1国、非洲2国、美洲3国
每年10天	日本、斐济、缅甸、洪都拉斯、牙买加、圣马力诺，共6国	亚洲3国，美洲2国，欧洲1国
每年6天	尼日利亚、墨西哥，共2国	非洲1国、美洲1国
每年5天	中国、菲律宾，共2国	亚洲2国
总计		69国

2. 很多国家给予某些特殊人群附加年休假，公平保障各类劳动者年休权益。

（1）保障劳动者休息权以恢复其劳动力是年休假法律价值的重要构成。[8]据此，许多国家给予那些从事特殊工作的劳动者比一般劳动者更长的年休假期，通常称为附加年休假，其目的在于使从事艰苦、繁重、危险工作的劳动者得以充分休息。该类工作包括：在艰苦、繁重、危险的工作环境中的工作；在直接暴露于辐射、接触性传染病、煤气、粉尘或危险化学药品（包括炸药）等产业部门的工作；在矿山井下、水下或者高空作业、在异常炎热或者寒冷的环境下的工作；直接操作连续震荡性的机械、从事精神持续高度紧张性的工作或在偏远地

〔8〕 年休假立法宗旨历来有"劳动力维持培养说"和"休息权说"两种主要的学术分野：前者认为，年休假制度旨在恢复劳动者的休力，维持和培养劳动能力（吾妻光俊等主张）。后者则强调年休假重在实现劳动者生活人间化，为劳动者提供一段连续不间断的休息时间使其全身心的投入家庭生活、社会生活中去，实现自身全面发展的需要（沼田稻次郎等主张），以上观点请参见邱骏彦：《工作时间》，中国台湾地区劳动法学会编：《劳动基准法释义》，台北，新学林出版有限公司2005年版，第312页下注10；国际劳工组织将年休假的宗旨概括为：恢复劳动力、提高劳动效率以及平衡工作与家庭生活。参见迪尔德丽·迈克卡安：《工作时间法：一个全球视角》，国际劳工组织2005年版，第43页；国内相关文献论述请参见王倩：《德国年休假法律制度》，载《德国研究》2013年第2期；宋瑞：《带薪休假的国际经验与中国现实——基于全国调查的研究》，载《中国社会科学院研究生院学报》2015年第4期；郑爱青：《法国带薪年休假制度及启示》，载《比较法研究》2014年第6期。

区工作等。伊朗、老挝、保加利亚、克罗地亚、爱沙尼亚、匈牙利、拉脱维亚、立陶宛、摩尔多瓦、阿尔及利亚、埃及、叙利亚、埃塞俄比亚、亚美尼亚、蒙古、和越南等国均给予从事上述工作的劳动者附加年休假。俄罗斯、亚美尼亚等国还给予特殊工时制劳动者附加年休假。

(2)出于平衡工作与家庭生活的考虑,部分国家给予那些需要照顾未成年或者残疾子女或者需要照顾身患重疾的家庭成员的劳动者附加年休假。匈牙利、拉脱维亚、立陶宛、安哥拉、贝宁、中非、塞内加尔、毛里塔尼亚、乍得、科摩罗、加蓬、尼日尔等国家给予女性劳动者该等附加年休假。

(3)为了保障劳动力市场中处于弱势地位的劳动者,维护劳动力市场的公平竞争,立陶宛、摩尔多瓦、科摩罗、民主刚果、科特迪瓦、加蓬、毛里塔尼亚、卢旺达、摩洛哥、伊拉克、黎巴嫩、叙利亚、厄瓜多尔、墨西哥和马其他等国家均给予未成年劳动者附加年休假。匈牙利法律给予那些被诊断为身体损伤程度至少达到 50% 的残疾劳动者每年 5 天的附加年休假。挪威法律则给予在每年 9 月 1 日之前年满 60 岁的劳动者 6 天的附加年休假。

(4)部分国家出于以下特殊原因给予劳动者附加年休假。第一,因补偿劳动者休年休假的旅行时间而给予的附加年休假。例如,在越南,如果劳动者在年休假期间因往返于休假地点和工作地点的旅行时间(包括乘坐汽车、火车、轮船等交通工具的时间)超过 2 天,可以享有附加年休假以补偿在途时间。科摩罗法律规定,如果劳动者是从海外招聘的或者其居住地与工作地相距甚远,那么应当延长年休假期以补偿其往返在途时间,然而,除非劳资协议中另有约定,该在途时间应以往返居住地和工作地的必要时间为限。苏丹和多哥也采取该等立法模式。第二,因临时歇业而给予附加年休假。在智利,雇主临时歇业可以给予全部或者部分雇员 15 个工作日的年休假。

3. 为激励劳动者勤勉尽职,部分国家立法在特殊情况下延长或者削减最低年休假期。

尽管各成员国都通过立法规定了劳动者年休假的最低标准,但有许多国家仍允许劳资双方合意约定更长的年休假期,这包括保加利亚、克罗地亚、爱沙尼亚、意大利、罗马尼亚、布基纳法索、喀麦隆、科特迪瓦、刚果、吉布提、冈比亚、马达加斯加、摩洛哥、塞内加尔和多哥。也有国家通过削减年休假期,对有悖勤勉义务的劳动者薄惩淳戒。例如,在缅甸,劳动者必须连续工作满 1 年且在此期间每月至少工作 24 天才能享受年休假,如果劳动者在任何 1 个月实际工作不满 24 天,则应按照每个月削减 1 天年休假的比率计算其实际获得的年休假。

4. 成员国计算年休假期限的方法各不相同,标准各异。

大多数成员国立法强制规定固定期限的法定最低年休假期限。部分成员国也采取其他不同的计算方法,其中被广泛采用的是依年资累进计算假期,其标准又略有不同,大致可分为以下 3 种:

第一,服务期满后逐年递增直至一个最高期限。例如,日本劳动者连续工作满 6 个月后且出勤率在 80% 以上的,可以享受 10 天的年休假,如果劳动者连续工作 18 个月以上,应按每工作满 1 年增加 1 天的比率延长其假期,最高可达每年 18 天。与之类似的国家包括:文莱、柬埔寨、马来西亚、蒙古、瓦努阿图、奥地利、圣马力诺、土耳其、厄立特里亚、冈比亚、苏丹、卡塔尔、巴林、巴巴多斯、玻利维亚、加拿大、洪都拉斯、牙买加、巴拉圭和委内瑞拉等国。匈牙利的年休假期虽然也是累进计算,但并非以服务年资为标准,而是以劳动者的年龄为基础计算年休假期:劳动者服务期满,可以享有每年 20 天的年休假,从 25 岁起,劳动者每年享有 21 天的年休假,28 岁之后年休假增加到每年 22 天,31 岁之后年休假为每年 24 天,35 岁之后为每年 25 天,37 岁之后每年 26 天,39 岁之后每年 27 天,41 岁之后每年 28 天,43 岁之后每年 29 天,45 岁之后直至退休,每年 30 天年休假。

第二,部分国家根据劳动者的工作性质,给予不同的年休假期。例如,孟加拉国根据工作部门将劳动者分成三类并给予不同的年休假期:一般劳动者每年享有 10 天的年休假;商店、商业机构、工业企业或者公路交通运输业的劳动者每工作 18 天可以休 1 天的年休假(合计每年 20 天);茶叶种植园的工人每工作 22 天可以休 1 天年休假(合计每年 16 天);新闻工作者每工作 11 天可以休 1 天年休假(合计每年 33 天):在比利时,从事每周 6 天工时制的工人享有每年 24 天的年休假,从事每周 5 天工时制的工人享有每年 20 天的年休假。在塞浦路斯,从事每周 5 天工时制的工人享有每年 20 天的年休假,从事每周 6 天工时制的工人享有每年 24 天的年休假。

第三,部分国家以劳动者在服务年资内的实际工作天数或者小时数来确定年休假期。例如,在牙买加,劳动者每年实际工作不足 220 天,可以享受最高 10 天的年休假,实际工作超过 220 天的劳动者可以享有每年两周的年休假。巴西法律根据劳动者缺勤的天数递减计算年休假期:劳动者 1 年内缺勤不足 5 天的,可以享有每年 30 天的年休假;1 年内缺勤 6 ~ 14 天的,可享有每年 24 天的年休假;1年内缺勤15~23天的,可享有每年18天的年休假;1年内缺勤24~32天的劳动者,可享有每年12天的年休假。

5.为提高假期利用率,大多数国家禁止法定休假之间的合并使用,但是鼓励年休假与法定外休假之间的协调利用。

年休假与公众假期以及周休日同属于法定节假日的范畴。法定节假日一般是宪法赋予全体公民的权利,不得削减,因此,法定节假日之间一般不得合并使用,否则,有变相削减法定假期之嫌。然而,法定休假与法定外休假的协调使用则有利于提高假期利用率。[9] 在协调其他法定休假与年休假冲突的问题上,不同国家一般有两种不同的制度选择:其一,延长年休假按日补偿其他节假日。例如,在西印度群岛,周休日和公众假日不计入年休假期限,如果周休日或公众假日与年休假期冲突,则每个假日多加1天年休假。其二,部分国家采取折中策略,将年休假延长一段时间,一次性补偿与其冲突的其他法定节假日。例如,马拉维、巴哈马、巴巴多斯和多米尼克法律规定,如果公休日或者公众假日与年休假期间重合,无论发生冲突的实际天数有几天,都只附加一天的年休假。

协调利用年休假与法定外休假规制方式主要有以下三种:(1)给予需要抚养子女的劳动者附加年休假以替代育儿假。例如,匈牙利法律给予需要抚育未成年子女的劳动者以附加年休假,附加年休假的期限由子女个数决定。(2)以延长假期或者将年休假推迟使用等方式禁止年休假与其他法定休假之间的合并使用。例如,在保加利亚,如果劳动者因休产假没有享受当年的年休假,年休假可以在权利取得当年之后的2年内用完。立陶宛、卢森堡、塞尔维亚等国法律规定:如果劳动者因休其他假日而未使用年休假,可以将年休假推迟到下一年度使用。立陶宛法律允许男性劳动者将年休假当作育儿假使用,如果劳动者有需要照顾的患病或者残疾家属,可以根据医疗机构的证明,指定年休假的具

[9] 休假制度一般可以分为劳动基准法上的休假制度以及法定外休假制度。劳动基准法上的休假是指由一国劳动法明确规定的休假日,包括周休日、公休日、带薪年休假和产假等。由于当今世界经济变化迅速,为了适应雇主业务之繁闲,通过内部劳动规则或者集体协议在劳动基准法休假范围之外,赋予劳动者多样化的休假现象越来越普遍。该等休假被称为法定外休假,包括劳动者个人利益型休假(例如,育儿假、家庭照顾假、事假等)、企业利益型休假(病假、培训假等)以及社会利益型休假等。参见[日]奥山明良:《休假休业总论》,载东京大学劳动法研究会编:《注释劳动基准法》(下),有斐阁2003年版,第687~694页。

体时间。马拉维和海地法律禁止将产假与年休假合并使用。(3)采取合并使用或者补休的方式,协调事假与其他原因造成的缺勤期间与年休假的利用。布基纳法索和坦桑尼亚采取合并使用的方式来协调事假与年休假的利用:前者法律规定,劳动者1年内请事假的天数累计不超过6天或者1次事假不超过2天的,事假期间视为年休假期间。后者法律规定,同一年度内事假天数可以从年休假期内扣除。斯洛伐克采取补休的方式协调年休假和社会利益型休假:劳动者因履行工会职责或者因服兵役或因其他可归咎于雇主的原因而未使用年休假,雇主应当在劳动关系存续期间给予补休。

(三)年休假假期安排法律规制的国际比较

第132号公约第10条要求:除非国家法律、集体协议、仲裁裁决或者其他符合各国实践的方式另有决定,年休假具体日期应由雇主同劳动者或者他们的代表磋商确定,为确定休假时间,应考虑到工作的需要和向劳动者提供休息和松弛的必要。第132号公约第8条明确了分割使用年休假必须得到成员国主管当局或者适当机构的批准。除非雇主和有关劳动者另有协议,分段使用的年休假期间中的一段假期至少应相当于不间断的2周时间。分段使用的年休假中不间断的部分假期应在1年内休完,其余假期应从获得休假权当年的年底起算最迟在18个月内休完。超过法定最低期限的年休假期的任何部分,在征得劳动者同意后,可以推迟到前述18个月的最长期限以外的一定时期内休完。推迟休假不应刻意为之,推迟休假的安排应当由有关雇主组织和工人组织磋商后,由主管当局或者通过集体协议或者其他符合各国实践需要并看来适当的方式决定(第132号公约第9条)。公约禁止任何关于放弃最低期限的年休假权利或者关于用津贴以及其他任何方式补偿而放弃这种休假权的协议(第132号公约第12条)。[10]

1.年休假日期的决定权配置

从各国立法来看,当今世界关于年休假日期决定的权利配置大致分为三种类型:形成权模式、计划年休模式和劳资协商模式。形成权模式,是指年休假的具体日期由劳动者或者雇主单方决定而无须征得对方同意,根据决定权归属不同,又可以细分为雇主形成权与劳动者形成权两种模式。计划年休模式,是指

---

〔10〕 参见国际劳工组织北京局:《国际劳工公约和建议书》(第2卷),日内瓦国际劳工组织1994年版,第18~19页。

雇主在法定期限内作出或者与劳动者代表组织协商决定适用于事业场内全体劳动者的年休假安排计划,劳动者应按计划休假或者在年休假计划内指定休假日期。劳资协商模式,是指年休假的具体日期由劳资合意决定。各国制度设计又有如下分类:

(1)形成权模式

其一,雇主可以单方决定年休假日期,但同时必须履行一定义务。例如,在瓦努阿图和奥地利,雇主应当根据劳动者的休假需求及其实际利用假期的便利,决定年休假日期。丹麦的雇主如因重大生产经营需要变更自己决定的年休假安排,劳动者有损害赔偿请求权。与之相类似的还有马其顿,但是,该国劳动者有权不经雇主同意、径行决定1天的休假日期,但不得因此妨碍雇主正常经营。在缅甸,如果劳动者在应休年休假的当年年底前3个月内仍未休假,雇主有权决定年休假日期。匈牙利法律在雇主决定休假日期的同时,又允许劳动者指定不超过假期1/20的休假日期,并应提前14天通知雇主。与上述国家采取相同或者类似规制方式的国家还有:冰岛、意大利、芬兰、荷兰、塞尔维亚、阿尔及利亚、乍得、科特迪瓦、吉布提、埃及、冈比亚、马拉维、摩洛哥、索马里、坦桑尼亚、乌干达、巴林、黎巴嫩、卡塔尔、叙利亚、阿联酋、阿根廷、伯利兹、玻利维亚、智利、哥伦比亚、哥斯达黎加、危地马拉、圭亚那、洪都拉斯、尼加拉瓜、巴拉圭等。

其二,劳动者可以单方决定年休假日期。如英国、日本和韩国法律均给予劳动者指定休假日期的权利。英国禁止雇主拒绝劳动者指定日期的休假请求,日本和韩国则赋予雇主“时季变更权”。在日本,雇主应根据劳动者指定的日期安排休假,除非劳动者指定的日期妨碍了雇主正常生产经营,在该等情况下,雇主有权变更劳动者指定的休假日期,但无权拒绝劳动者休假。韩国法律还规定,除非因可归咎于雇主的原因造成劳动者不能休假,劳动者应当在当年使用年休假,否则将失去该权利。雇主应在年休假权利到期日前3个月内书面通知劳动者尽快决定休假日期,如果劳动者仍未决定休假日期,雇主最迟应在权利到期日前2个月内确定其休年休假的日期并通知其本人。与之相类似的国家还有卢森堡和厄立特里亚。

(2)计划年休模式

计划年休模式下事业场内全体劳动者的年休假安排由年休计划决定。但是,具体休假日期决定权分配有如下差异:

其一,雇主有权决定或在年休假计划内指定休假日期。根据年休假计划制定权限的不同,可以划分为以下几种类型;①雇主有权制订年休假计划并决定劳动者具体休假日期,伊朗、埃塞俄比亚和墨西哥等国采取该模式。②年休假计划由雇主与工会或者其他团体协商确定,雇主在年休计划内指定具体休假日期,捷克采取该模式。

第二,劳动者有权在年休假计划内指定休假日期,但年休假制定的权限划分有所不同:部分国家的雇主有权制订年休计划,但应当履行相应的义务和职责:首先,对计划年休的期限进行限制。例如,在保加利亚,雇主有权决定年休假计划,该计划一般应将年休假安排在年初,出于重大生产经营需要,雇主可以在当年其他时间安排年休假,如果劳动者不能在雇主制定的年休计划内休假,有权在当年的其他时间指定休假日期,并应提前两周通知雇主,雇主无正当理由不得拒绝。其次,雇主应当履行一定的注意和通知义务。例如,在克罗地亚,雇主决定年休假计划时应当综合考虑生产经营需要和给予劳动者充分休息的可能,不得违反集体协议、劳动规章或者劳动合同,并应在每年 6 月 30 日前通知相关劳动者休假日期。采取该等规制模式的国家还有摩尔多瓦。

第三,年休假计划内劳资协商决定休假日期:在斯洛伐克,雇主应与劳动者代表协商决定年休假计划,并在计划内与劳动者协商决定休假日期。

(3)劳资协商决定年休假日期

在该等模式下,年休假日期由劳资集体协商或者个别合意决定。前者是由集体协议确定年休假日期:亚美尼亚、法国和瑞典等国要求集体协议必须在当年的特定期间内约定年休假日期。后者是由劳动契约决定年休假日期:首先,年休假日期由劳动者与雇主协商决定的国家有:斯里兰卡、哈萨克斯坦、马其他、挪威、布基纳法索、肯尼亚、莱索托、马达加斯加和尼日尔。其次,附条件或附期限的劳资个别合意决定年休假日期。在澳大利亚,年休假日期由劳动者与雇主协商决定,但雇主不得拒绝给予年休假。与之相类似的国家还有冰岛、圣马力诺、圣多美和普林西比以及塞舌尔。最后,年休假日期一般由劳动者与雇主协商决定,但规定了例外情形:如果劳资双方就休假日期不能达成协议,①由政府部门决定休假日期(印度和伊朗);②由雇主决定休假日期(新西兰、安哥拉、南非、加拿大等;③在赤道几内亚则由劳工代表决定;④在毛里求斯,劳资双方各决定一半假期的休假日期。

(4)法律强制规定休假日期范围

部分国家法律强制性且笼统地要求年休假只能在当年或者特定期间使用,否则将失效,但没有规定在法定期限内如何决定具体的休假日期(巴基斯坦、巴布亚新几内亚、新加坡和纳米比亚)。

(5)休假日期的多元选择模式

该等模式下,休年休假的具体日期可由劳动合同、集体合同或者劳动规章来规定(印度、泰国、布隆迪、佛得角、突尼斯和伊拉克等)。

2. 年休假的分割使用

(1)允许分割使用全部年休假期:在日本,年休假可以连续使用,也可以分割使用。与之相类似的国家还有蒙古、瓦努阿图、越南、哈萨克斯坦、英国、厄立特里亚、埃塞俄比亚、加纳、卡特尔、阿联酋、巴巴多斯、伯利兹、哥斯达黎加、撒尔多瓦、格林纳达、牙买加、巴拿马、西印度群岛等国。(2)允许分割使用部分年休假:部分国家只允许分割超过一定期限的年休假。例如,在柬埔寨,雇主有权要求劳动者将超过 15 天的年休假期分割为两段使用。在丹麦,雇主至少应当给予劳动者每年连续 15 天的年休假,剩余的年休假可以分割使用,但分割后的每一段假期不得少于连续的 5 天,如果剩余的假期不足 5 天应当一并给予劳动者,但为了便于工作,也可以将该等假期分割为单日。与之相类似的国家有:芬兰、匈牙利、冰岛、摩尔多瓦、荷兰、挪威、葡萄牙、喀麦隆、马达加斯加、马里、突尼斯、科威特、安提瓜、巴布达和智利等国。法国的规定颇为特殊:分割使用年休假必须由集体协议约定,不足 12 天的假期不得分割使用,超过 24 天的年休假必须分割使用。(3)部分国家虽然允许分割使用年休假,但是,强制规定分割后的假期中至少有连续一定天数的假期。例如,在斐济,劳动者请求分割使用年休假的,应当保证分割后的假期中至少有一段假期为连续的 1 周。与之相似的国家还有:新西兰、巴基斯坦、巴布亚新几内亚、斯里兰卡、亚美尼亚、奥地利、克罗地亚、捷克、爱尔兰、拉脱维亚、卢森堡、马其他、罗马尼亚、俄罗斯、塞尔维亚、斯洛伐克、斯洛文尼亚、西班牙、土耳其、贝宁、博兹瓦纳、布吉纳法索、布隆迪、吉布提、赤道几内亚、肯尼亚、莱索托、马里、毛里塔尼亚、摩洛哥、莫桑比克、索马里、斯威士兰、突尼斯、伊拉克、巴西、多米尼亚和墨西哥等国。(4)限制同年度年休假分割使用的次数。例如,在印度,劳动者同一年度分割使用年休假不得超过 3 次。(5)禁止分割使用年休假:意大利法律规定,雇主应尽量给予劳动者连续不间断的年休假期间。

3. 年休假的累积使用

(1)限制累积使用年休假的天数或者服务年资:部分国家法律限制跨年度累积使用年休假的总天数或者限制累积使用年休假的年资。例如,在孟加拉,跨年度累积使用的年休假与下1年度年休假期限总和不得超过年休假期最低标准的2倍。在埃塞俄比亚,累计使用年休假的服务年资总和不得超过3年。与之相类似的还有马其他、佛得角、科摩罗、塞舌尔、西印度群岛等国。(2)部分国家只允许将一定期限的年休假累积使用或者将分割后的假期推迟到下一年度累积使用。例如,斯洛文尼亚法律规定,年休假可以分割成两段使用,但其中一段不少于连续的2周,劳资双方协商一致可将剩余的假期推迟到下1年度使用。与之相类似的国家还有:西班牙、塞尔维亚、莱索托、马达加斯加、缅甸、苏丹、斯威士兰、巴林、卡塔尔等。(3)明确规定累积使用年休假的程序与事由:在保加利亚,当劳动者因怀孕或休育儿假而没有使用年休假,可以将其推迟到下一年度使用。同时,除非因为重大生产经营需要,可以将不超过10天的年休假累积使用。与之相类似的国家有:立陶宛、卢森堡、罗马尼亚、莫桑比克、沙特阿拉伯、叙利亚和伯利兹等国。(4)禁止累积使用年休假:加纳法律禁止累积使用分割后的年休假。科特迪瓦、几内亚和叙利亚禁止累积使用年休假。

4. 年休假期间的工作

尽管第132号公约禁止以放弃年休假为目的,在年休假期间工作以获得工资补偿的协议,即禁止赎买年休假,但是,相当一部分成员国仍允许赎买年休假,就其事由程序规制而言,主要有以下几种类型:(1)劳资双方合意决定赎买年休假:在马来西亚,劳资双方可以通过书面合同约定,以支付加班工资的形式替代年休假。与之相类似的国家还有哈萨克斯坦、叙利亚、津巴布韦和格林纳达等国。(2)雇主有权要求劳动者在年休假期间工作并支付工资或者经济补偿:在泰国,如果雇主要求劳动者在年休假期间工作,应当按照不少于正常工作期间的基础工资的1倍计付加班工资或者按照不少于劳动者正常工作量的1倍支付加班工资或者按照正常工作期间的小时工资的3倍支付加班工资。在匈牙利,如果发生严重事态或者出于经营需要,雇主有权要求劳动者在年休假期间工作,但应当给予相应补偿。与之立场相似的国家还有:罗马尼亚、蒙古、埃塞俄比亚、莫桑比亚和阿联酋等国。(3)劳资任何一方均可主张年休假期间工作并支付或者获取工资;秘鲁法律允许雇主以书面通知的形式,要求劳动者缩短年休假期并返回工作,但应当保证劳动者每年至少享受6天的年休假。同时,劳动者有权通过书面形式,要求缩短最多一半的年休假,以换取相应的加班工资或者1个月的工资报酬。

另有部分国家明文禁止以支付工资的形式替代年休假,例如,在克罗地亚,任何有关劳动者放弃年休假或者接受以加班工资替代年休假的协议都是无效的。在爱沙尼亚,劳动者在年休假期间有权拒绝工作。在希腊,劳动者无权提出以工资替代年休假的请求。也门法律禁止劳动者在年休假期间从事任何有报酬的劳动。与之采取相同立场的国家还有冰岛、马其他、瑞士、赤道几内亚、厄立特里亚、纳米比亚、南非、坦桑尼亚、乌干达、安提瓜、危地马拉、海地和乌拉圭等。

5. 未使用年休假期的处理

(1)超过法定期间未使用的年休假期自然失效。例如,在文莱,劳动者应当在取得年休假权利之日起1年内使用该假期,否则,将失去当年的年休假权利。韩国和新加坡与之类似。(2)菲律宾法律允许以支付工资的形式代替未使用年休假。(3)允许推迟使用未使用的年休假。例如,在克罗地亚,本年度未使用的年休假期应在第二年的6月30日之前休完。与之相类似的国家还有:卢森堡、罗马尼亚和塞尔维亚。(4)给予补休假期。例如,在斯洛伐克,如果劳动者因休产假、育儿假或者病假以及其他长期继续性休假或者因履行公共职责或工会职能而没有使用年休假,雇主应在劳动关系存续期间另行给予年休假。

(四)年休假工资报酬法律规制的国际比较

第132号公约规定,凡符合本公约的休假人员在休假期间至少应该领取按各国主管当局或者适当机构确定的办法计算的正常报酬或者平均报酬(包括与实物津贴价值相当的现金津贴,除非有关人员所享有的经常性的津贴与年休假无关)。报酬总额应在休假前发给有关雇佣人员,除非雇主和雇员之间另有协议(第132号公约第7条)。[11]

1. 年休假工资计算方式的国际比较

年休假期间的工资报酬一般以工资基数与休假天数的乘积而定,世界各国年休假工资基数的计算方式主要有以下几种类型:(1)按照正常工作期间的基本工资或者最低工资为基数计付年休假工资。澳大利亚,泰国、挪威、斯洛文尼

---

〔11〕 参见国际劳工组织北京局:《国际劳工公约和建议书》(第2卷),日内瓦国际劳工组织1994年版,第18页。

亚、博兹瓦纳、赞比亚(剔除奖金)、卡塔尔、阿联酋(附加住房津贴)、安提瓜和巴布达和哥伦比亚等国采取此模式。(2)以工资总额为基数计付年休假工资,文莱、新加坡(剔除加班工资)、爱尔兰、罗马尼亚(以放假前3个月的工资总额)、西班牙(周或月工资总额)、英国(周工资总额)、贝宁、埃及、马达加斯加、毛里塔尼亚、塞内加尔、多哥、巴哈马和加拿大等国采取此模式。(3)以一段时间内的平均工资为基数计算年休假工资。柬埔寨(剔出实物补贴)、印度(剔除加班工资和奖金)、日本、韩国、蒙古、缅甸、新西兰、巴布亚新几内亚(剔除加班工资)、瓦努阿图(除非劳资之间另有协议,剔除加班工资、奖金、外派津贴和经济补偿金等)、亚美尼亚、保加利亚、克罗地亚、捷克、立陶宛、卢森堡(包括加班工资)、布基纳法索、刚果、尼日尔(包括加班工资和福利)、伯利兹和西印度群岛等国采取此模式。(4)以正常工资水平计付年休假工资。孟加拉(剔除加班工资和奖金)、老挝、尼泊尔、越南、奥地利、摩尔多瓦、斯洛伐克、瑞士、布隆迪、佛得角、中非、民主刚果(剔除伙食补贴)、科特迪瓦、赤道几内亚、冈比亚(剔除奖金,包含加班工资)、加纳(剔除加班工资)、几内亚(工资和福利)、几内亚比绍、莱索托(剔除奖金)、摩洛哥、塞舌尔、南非、斯威士兰、坦桑尼亚、多米尼克、厄瓜多尔、圭亚那、海地、尼加拉瓜、巴拿马、巴拉圭、秘鲁和乌拉圭等国采取此模式。(5)以正常工资与特别津贴的总额计付。例如,在比利时,对于白领工人,雇主不仅应当按照其正常工资支付年休假期间的工资,还应支付一笔额外休假津贴,其数额相当于休假前1个月的工资总额的1/12。与之类似的有丹麦、希腊、匈牙利、冰岛、安哥拉、科摩罗、突尼斯、萨尔瓦多、危地马拉和墨西哥。

2. 年休假工资支付日期的国际比较

(1)应在放假前支付年休假工资。大多数国家立法要求雇主应当在年休假开始前(部分国家要求在年休假开始前一定时间内)向劳动者支付年休假工资。该等国家包括:孟加拉、柬埔寨、印度、老挝、斐济、缅甸、新西兰、巴布亚新几内亚独立国、斯里兰卡、亚美尼亚、奥地利、比利时、保加利亚、丹麦、爱沙尼亚、德国、匈牙利、冰岛、爱尔兰、哈萨克斯坦、立陶宛、摩尔多瓦、挪威、罗马尼亚、土耳其、布基纳法索、民主刚果、吉布提、几内亚、马达加斯加、马拉维、马里、摩洛哥、纳米比亚、尼日尔、圣多美和普林西比、塞内加尔、索马里、南非、斯威士兰、坦桑尼亚、多哥、赞比亚、沙特阿拉伯、阿联酋、阿根廷、巴哈马、伯利兹、玻利维亚、巴西、加拿大、古巴、厄瓜多尔、萨尔瓦多、格林纳达、危地马拉、圭亚那、洪都拉斯、巴拿马、巴拉圭、秘鲁、西印度群岛、乌拉圭和委内瑞拉。

(2)在放假前或者假期结束后一定期间支付。例如,在韩国,年休假工资应在放假前1天或者假期结束后1天立即向劳动者支付。在新加坡,雇主应在假期结束前的工资支付周期的最后1天支付。

(3)在假期开始之日支付。刚果、科摩罗、民主刚果、科特迪瓦、哥伦比亚等国采取此模式。

(4)其他方式。蒙古的年休假工资支付方式由规章制度、集体协议和劳动合同约定。在赤道几内亚,年休假工资应在劳动者提出休假请求之日支付。在厄立特里亚,年休假工资可在休假期间任何时间支付。南非、多米尼亚的法律允许在正常发薪日支付年休假工资。

(五)特殊人群年休假权益保障法律规制的国际比较

1. 世界各国普遍采取特别措施保障青年劳动者的年休假权益:(1)给予未成年工或者青年劳动者附加年休假或者比成年工人更长的年休假期。该等国家包括:孟加拉、蒙古、克罗地亚、丹麦、爱沙尼亚、法国、德国、匈牙利、意大利、拉脱维亚、立陶宛、卢森堡、马其他、摩尔多瓦、荷兰、罗马尼亚、圣马力诺、斯洛文尼亚、瑞士、土耳其、贝宁、喀麦隆、乍得、科摩罗、科特迪瓦、埃及、马里、毛里塔尼亚、摩洛哥、尼日尔、尼日利亚、突尼斯、伊拉克、科威特、叙利亚、也门、阿根廷、玻利维亚、厄瓜多尔、危地马拉和墨西哥等国。(2)赋予未成年工指定休假日期的优先权。亚美尼亚和爱沙尼亚采取这种措施。(3)禁止分割、推迟或者中断未成年工的年休假。文莱、埃及、苏丹、阿联酋和多米尼亚等国采取该种措施。(4)禁止以支付工资替代未成年人的年休假。俄罗斯采取该种措施。

2. 为数不少的国家通过立法赋予家政工人年休假权利。给予家政工人年休假的国家有:菲律宾、泰国、爱尔兰、葡萄牙、西班牙、土耳其、英国、贝宁、马里、毛里求斯、莫桑比克、乌干达、津巴布韦、约旦、阿根廷、伯利兹、玻利维亚、巴西、哥斯达黎加、厄瓜多尔、巴拿马、巴拉圭、秘鲁、乌拉圭和委内瑞拉等。不给予家政工人年休假的国家有文莱、马来西亚、缅甸、埃及、叙利亚、摩洛哥和科威特等。

3. 很多国家给予部分工时劳动者年休假权利。其中,给予部分工时劳动者与标准工时劳动者同等年休假权利的国家有:日本、爱沙尼亚、芬兰、法国、哈萨克斯坦、立陶宛、摩尔多瓦、俄罗斯、斯洛文尼亚、马拉维、加拿大、哥斯达黎加和加拿大等国。给予部分工时劳动者低于标准工时劳动者的年休假权利的国家有新加坡、马其他、毛里求斯、塞舌尔和格林纳达等。

4. 部分国家给予女性劳动者年休假权益特别保护:(1)禁止要求怀孕女工或者需要抚育不满12个月的婴儿的女工在年休假期间工作,老挝采取此措施。(2)赋予怀孕或者有育儿需要的女性劳动者指定年休假日期的优先权。例如,在亚美尼亚,连续工作满6个月的怀孕女工以及需要照顾不满18周岁子女的女工有指定年休假日期的优先权。保加利亚和爱沙尼亚与之类似。爱沙尼亚免除即将或者已经休完产假的女工享受年休假的服务年资。(3)给予需要抚育未成年子女的女性劳动者以附加年休假,匈牙利、马其他、科摩罗、加蓬、马里、毛里塔尼亚、安哥拉、贝宁、喀麦隆、尼日尔和塞内加尔等国采取该措施。

5. 当今世界有少数国家给予其他特殊人群年休假权利。泰国、法国、卢森堡、约旦、阿根廷和乌拉圭给予农业工人年休假。奥地利和斯洛文尼亚给予夜间工作劳动者年休假。捷克给予轮班工作劳动者与标准工时工人相当的年休假。爱沙尼亚、马其他、罗马尼亚、斯洛文尼亚和叙利亚等国给予残疾工人附加年休假。

二、年休假法律规制的全球趋势

(一)服务年资法律规制的趋势分析

从上述ILO成员国有关服务年资的国际立法比较可见,当今世界有关年休假服务年资的立法显示出以下趋势:尽管第132号公约强调,作为劳动者取得年休假权利的法定服务年资最长不得超过6个月,但是,从世界各国立法情况来看,全球有68个国家的法定最低服务年资为1年,另外57个国家的法定服务年资不足1年(包括未规定服务年资),全球只有18个国家给予不满服务年资的劳动者以按比例削减的年休假。据此,服务年资法律规制的全球趋势凸显出年休假的劳动报偿属性,年休假取得资格比国际劳工标准更为严格:首先,大多数国家选择比国际劳动标准更长的服务年资,表明多数国家更愿意给予那些服务年资更长的劳动者年休假。大约16%的ILO成员国法律要求劳动者连续不间断工作1年,显示出在给予劳动者年休假权利时,这些国家首先考虑的是劳动者对雇主的忠诚和贡献。其次,约有10%的国家不仅要求劳动者工作满一年,并且附加出勤率作为劳动者取得年休假权利的资格条件,显示出相当数量的国家,尤其是亚洲国家更为注重年休假对于劳动者勤勉工作的激励功能,以此化解劳动者休假与雇主提高劳动生产率的利益冲突。综上,对于年休假服务年资,国际劳工标准与其成员国立法之间的分歧在于:前者注重年休假对劳动者休息权和发展权的保障功能,强调年休假的社会保障属性;后者则从提高劳动生产率、促进劳资信赖和劳动关系稳定的宏观视角,注重年休假制度对劳动者勤勉工作的激励作用,强调年休假的劳动报偿功能。这表明世界各国面临全球经济竞争压力以及国内经济发展的实况,对劳动者取得年休假的资格条件的规制比 ILO 更为严格,体现出更为务实和审慎的态度。

(二)年休假期限法律规制的趋势分析

目前,世界各国普遍给予劳动者不少于每年 2 周的年休假期,年休假期限长短与国家经济发展水平并没有必然联系。在 100 多个成员国中,69 个国家给予劳动者的年休假期没有达到第 132 号公约规定的 3 周最低标准,约占全部成员国的 52% 。同时,当今世界各国给予劳动者年休假期最长可达每年 30 天,最低期限为每年 5 天。采取每年 28 天年休假期的国家最多,达到 24 国;其次是每年 14 天,共计 19 国;再次是每年 15 天,共计 18 国。由是观之,当今世界,年休假期限虽然未达到每年 3 周的国家数仍占微弱优势,但基本与达到国际劳工标准的国家数量持平。每年 2 周以上的年休假期是大多数国家的选择。另外,从分布地区来看,经济发达程度与年休假期限长短并没有必然联系。例如,年休假期最长的国家大多分布在非洲地区。采取不足 3 周最低标准的国家大多分布在亚洲,其中不乏经济发达或者中等发达国家,例如,日本和韩国。同时,年休假期限标准普遍较高的国家主要分布在欧洲,28 个欧洲国家的年休假期限都在每年 21 ~28 天,显示出欧洲劳工标准一贯立场以及年休假的固有传统。

同时,给予特殊人群附加年休假是当今世界多数国家的普遍选择。很多国家之所以给予特殊人群附加年休假,主要考虑到:首先,对身处不利工作环境的劳动者以及在劳动力市场中处于弱势地位的劳动者给予更长的年休假期,以实现对从事不同工作、身处不同境况劳动者休假权的公平保障。其次,给予劳动者充分时间以照顾家庭,使其能够平衡工作与家庭生活,不仅有利于维护劳动者身心健康、提升个人生活品质,也有利于提升劳动效率和促进劳资关系和谐。再次,以附加年休假替代短期解雇是一种积极利用休假,维护劳资关系稳定的有效措施。可见,附加年休假在保障劳动者的休息权、实现休假公平、平衡工作与家庭以及提高休假利用率等各个方面都有积极意义。

在年休假假期的计算方面,采取固定期限的规制模式仍是国际主流,但不容忽视的是,越来越多的国家采取依照年资或者其他标准累进计算年休假期限。一些规定，如按年资累进计算年休假期限，劳动者获得年休假期限的长短视其是否尽勤勉和忠诚义务而定，都体现出鲜明的劳动报偿功能。同时，多数国家累进计算年休假的最低期限均不少于 10 天。如果最低年休假期限过短，而累进计算的年限过长，即使最终可以达到一个相对较长的年休假期限，也难免有强制分割年休假期之嫌，如此将背离年休假的制度初衷。[12]

当前，协调利用休假制度，提高休假利用率是国际通行的做法。关于法定节假日与年休假之间的关系，绝大多数成员国坚持第 132 号公约的立场，达成禁止年休假与其他法定假期之间合并使用，充分保障劳动者的休息权的共识。在如何协调年休假与其他法定假期之间关系方面，部分成员国通过给予附加年休假或者补休的方式，扩大了劳动者利用年休假的自主权，在协调年休假与法定外休假之间关系方面，将其他休假或者不工作时间与年休假合并使用，实现灵活利用休假，达到劳资两利的效果，这是提高休假利用率的有益探索。

综上，年休假期限法律规制的全球趋势显示如下共识：应当保障劳动者充足的连续性休假；年休假期限一般不少于每年 2 周；应当公平保障各种不同类型劳动者的年休权益；通过多种方式协调利用年休假与法定外休假，最大限度地提高休假利用率。

（三）年休假假期安排法律规制的趋势分析

依据前述 ILO 成员国立法比较，关于带薪年休假假期安排的权利配置，当今世界上采取雇主单方决定休假日期的形成权模式（以下简称雇主形成权模式）的国家有 38 个，采取劳动者与雇主个别协商决定休假日期的请求权模式（以下简称请求权模式）的国家有 23 个，采取劳动者形成权模式的国家有 5 个，采取年休计划模式的国家有 11 个，采取劳资集体协商模式的国家有 3 个，采取法律强制规制模式的国家有 4 个，采取多元决定模式的国家有 5 个。由是观之，采取雇主形成权模式和请求权模式的国家共计 66 个，是目前全球立法的两种主流模式。其中，雇主形成权模式比请求权模式更为流行。尽管绝大多数国家均赋予劳动者年休假权利，然而多数国家倾向于由雇主掌握休假安排的决定

---

〔12〕 国际劳工标准强调，应使劳动者获得一段不间断的连续休息的时间，从而恢复劳动力，并且在一段不被打扰的时间里全身心的投入个人家庭生活，丰富其社会联系，为个人之全面发展提供时间保障。参见［英］迪尔德丽·迈克卡安：《工作时间法：一个全球视角》，国际劳工组织 2005 年版，第 43 页。

权,即使是请求权模式,由于劳动关系从属性的特质,雇主在休假安排中仍占据主导地位,显示出多数国家在年休假安排问题上重视维护雇主经营秩序的鲜明立场。值得注意的是,雇主形成权模式极易导致年休假安排中的权利滥用问题。尽管多数国家强调雇主在安排年休假时应尽的注意义务,但是在从属性劳动关系中,这种义务对于雇主的实际制约效果微乎其微,如果劳动者在年休假安排上毫无发言权,将难以真正制衡雇主的决定权。

目前年休假期分割的主要方式有三种,约有 25% 的国家采取限制分割后假期期限的方式,少数国家采取将全部假期分割成两段的方式,另有约占 11% 的国家采取只允许分割部分年休假期的规制模式。对年休假分割使用作出明确限制的国家共有 79 个,约占 ILO 成员国数的 56% 。由此可见,严格限制分割年休假是多数国家的选择,体现出当今世界在年休假安排上的一个基本共识:充分保障年休假期的连续性是实现年休假制度功能的必要条件。那种随意分割年休假,或者分割后的年休假假期过短的制度设计,将会使年休假“碎片化”,从而失去其相对于周休日或者其他休息日制度的特殊性和优越性,实不足取。同时,世界各国普遍严格限制年休假的累积使用,限制方式以强制性规定累积使用年休假的最长服务年资或者次数,以此防止雇主滥用优势地位,过度累积使用年休假,使劳动者年休假权益落空。

尽管国际劳工标准严格限制以支付工资的形式替代年休假,但是赎买年休假确是当今世界多数国家的普遍选择。造成如此立场分歧的背景是全球经济情势变幻莫测,经济波动造成的国内就业压力使各国政府不得不将促进就业和提高劳动效率作为休假制度设计的首要目标。如果从立法宗旨考量,保障劳动者休息权,固然是年休假的基本目标,但是,依照劳动者的意愿使其获得年休假的实际利益,才是提高休假利用率的精义。质言之,落实休假并非强制休息,如果劳动者愿意为高额的加班工资而放弃年休假,并不表示其休假利益落空。反之,如果禁止年休假赎买而强制休假,在经济不景时期非但不能达到保护劳动者权益之初衷,反而有可能“劳资两伤”。然而,值得注意的是,允许赎买年休假实为因应时势之举,必须同时加强劳动者在年休假安排中的协商权利,并且严格限制假期分割和累积使用,才不至于使劳动者的年休假落空。

(四)年休假工资支付法律规制的趋势分析

在世界范围范内,首先,采取以正常工资水平计付年休假工资的国家最多,共计 33 个;其次,是以一段时间内平均工资为基数计付年休假工资的国家有 20

个;最后,采取其余诸种模式的国家各有若干。采取前两种模式的国家共计53个,约占全球1/3,是当今世界该等制度的主流模式。在工资支付日期规制方面,世界上绝大多数国家要求雇主在放假前支付劳动者的年休假工资。

(五)特殊人群年休假法律规制的趋势分析

当前,绝大多数国家基于涵养劳动力的目的,给予青年劳动者附加年休假。同时,给予怀孕或者有育儿责任的女性劳动者特殊的年休假权益保障也是多数国家的共识。另外,给予家政工人和部分工时工人年休假已经受到相当多国家的重视。这些措施具有维护劳动力市场公平秩序、促进工作分享、平衡工作与家庭生活以及涵养劳动力等多重价值,是实现劳动者年休假权益不可或缺的制度构成。

三、年休假法律规制的本土问题

1995年1月1日我国施行了《劳动法》,其中第45条赋予了劳动者年休假权利。此后,《职工带薪年休假条例》(中华人民共和国国务院令第514号,2008年1月1日起施行,以下简称《条例》)、《企业职工带薪年休假实施办法》(人力资源和社会保障部令第1号,2008年9月18日起施行,以下简称《实施办法》)以及《关于企业带薪年休假的复函》(人社厅函〔2009〕149号)等进一步细化落实年休假的制度规范,形成我国年休假法律制度的基本框架。中共中央国务院《关于构建和谐劳动关系的意见》(2015年3月21日发布)将完善和落实年休假制度作为保障劳动者基本权益的主要任务之一,使其成为构建中国特色和谐劳动关系的重要任务之一,然而,实践中,该等立法常被视为具文,落实年休假成为劳资攻防的重大关切和突出矛盾。[13] 与前述年休假法律规制的全球趋势相比,我国年休假法律规制体现出鲜明的劳动报偿属性,制度设计存在的问题突出,仍有相当广阔的完善空间。

---

〔13〕 关于我国带薪年休假落实不利的实证研究参见宋瑞:《带薪休假的国际经验与中国现实——基于全国调查的研究》,载《中国社会科学院研究生院学报》2015年第4期。对于我国相关制度设计的检讨参见高战胜:《劳动者不能以用人单位未付未休年休假报酬为由解除劳动合同》,载《法学杂志》2015年第11期;李富民:《带薪年休假的法律性质及其补偿问题研究》,载《中州学刊》2016年第7期。

(一)我国年休假服务年资法律规制中的问题

1. 我国《劳动法》及其配套法规,要求劳动者连续满1年可以享受年休假,但没有对服务年资期间出勤率的要求,难以充分体现年休假制度对劳动者勤勉工作的激励作用,同时,立法并未明确服务年资的起算时间,易引发服务年资计算的争议。

2. 我国劳动者依年资累积享受年休假,服务年资在1~10年的,每年享受5天的年休假,服务年资在10~20年的,每年享受10天的年休假,服务年资达到20年以上的,享受每年15天的年休假(《条例》第3条)。与国际劳工标准和其他采取年资累积计算假期的国家不同,我国劳动者要连续工作20年以上才能获得国际通行的2周以上的年休假。由此可见,累积服务年资过长,导致我国劳动者取得年休假的制度成本很高。

(二)我国年休假期限法律规制中的问题

1. 我国年休假法定最低期限过短,居于世界末位。我国法定最低年休假期只有区区5天,当前,法定最低年休假期限为5天的国家只有我国和菲律宾,在全球范围内"敬陪末座"。同时,也没有给予特殊群体附加年休假。可见,我国法定最低年休假期限过短,劳动者需经过漫长的服务年资才能享受到一段相对充足的假期。如此,年资较短的劳动者,尤其是青年劳动者或者非正规就业者将很难充分利用年休假,形成隐性的休假歧视。另外,以实际工作天数或者出勤率为基础累进计算年休假期的情形下也应保证最低休假期限的充足性,否则,年休假制度可能变成鼓励加班,或者以其他方式延长工时的工具,从而损害其价值实现。

2. 与国际通行做法一致,我国法律禁止将公休日和其他法定休假与年休假合并使用(《条例》第3条第2款、《实施办法》第6条),但是,与很多国家不同的是,我国法律严格禁止包括私伤病假、事假、寒暑假等法定外休假与年休假合并使用(《实施办法》第7条、《条例》第4条),忽视了"落实"年休假与强制休假之间的区别:落实休假的精义在于,使劳动者在其最需要休假的时候获得休假或者以其最需要的方式获得休假利益,并非强制其休息,因此,在劳动者同意的前提下,允许其将病假、事假等法定外休假日数冲抵应休未休年休假,尽管年休假天数减少,但是,劳动者却可以在病假等期间获得常薪,休假利益实质上并未受到损害。另外,合并使用年休假和法定外休假,劳动者实际工作时间增加,提高了劳动参与率,对于雇主有利无害,实为劳资两利之举措。反之,如果不允许合并使用，劳动者可能因病假、事假累积过多而失去年休假权益，内心难免抱怨雇主凉薄，雇主也没有因假期减少获得更多利益，如此安排得不偿失。

3. 我国法律没有给予特殊人群附加年休假，此举不利于公平保障在劳动力市场中处于弱势地位劳动者的年休假权益。考虑到我国经济进入新常态下促进就业的政策需求，面对经济下行压力加大，就业情势严峻的现实，增加法定年休假天数缺乏现实可能。[14] 但是，在立法中赋予特殊群体劳动者适当的附加年休假，实现年休权益的公平保障确有必要且阻力不大。

（三）我国年休假假期安排法律规制中的问题

1. 分割使用年休假不受限制，造成假期"碎片化"。我国法律虽然允许分割使用年休假（《条例》第5条），但并未对其作出任何限制，如此，即使雇主将年休假期分割成单日使用也在便宜之间，年休假作为长期继续性休假的制度优越性将或荡然无存。

2. 累积使用年休假限制不力。我国法律强调只有基于生产经营之必要，雇主才能跨年度安排年休假（《条例》第5条），并且必须征得劳动者的同意（《实施办法》第9条）。可见，我国立法对累积使用年休假与世界各国一样采取谨慎态度，但在规制方式上有所不同：如前所述，当前多数国家严格限制累积使用年休假的总天数或者服务年资或者限制累积使用年休假的期限。采取这种强制期限的方式比限制累积使用事由和程序的规制方式更为有效。概因当今年休假安排的法律规制体现出鲜明的劳动报偿属性，如何休假多赖雇主之管理支配，对于何为"生产经营之必要"，劳动者常常难以置喙，加之劳动关系从属性，同意累积休假在没有法律强制保障的情形下难免"城下之盟"的窘境。

3. 假期安排的权利配置不均衡。我国年休假假期安排一般由雇主依生产经营需要考虑劳动者休假需求统筹决定（《条例》第5条），与国际上多数国家一致，我国年休假日期决定权利配置采取雇主形成权模式，这使本就处于从属地位的劳动者几乎无权按照自身实际需要安排年休假期，同时，也无从制约雇主

[14] 《中华人民共和国国民经济和社会发展第十三个五年规划纲要》（2016年3月17日发布）将实施就业优先战略作为政府未来五年的重要工作目标之一。《中华人民共和国国民经济和社会发展第十三个五年规划》（2016年11月3日发布）强调以促进就业创业，提高劳动参与率作为提高劳动力市场灵活性，以应对经济下行压力的重要政策举措。

在假期安排中滥用权力,极易造成劳动者的年休假落空。[15]

尽管国际劳工标准严格限制以支付工资的形式替代年休假,但是赎买年休假确是当今世界多数国家的普遍选择,我国也不例外(《条例》第 5 条、《实施办法》第 10 条)。然而,我国劳动者非但在休假安排决定中几乎没有任何权利,法律也没有对分割和累积使用年休假作出强制性限制,如此又允许以加班工资赎买年休假,落实年休假谈何容易?

(四)我国年休假工资支付法律规制中的问题

在工资支付日期规制方面,世界上绝大多数国家要求雇主在放假前支付劳动者的年休假工资。我国年休假工资以正常工作期间内的工资水平计付(《实施办法》第 11 条第 3 款),与国际潮流一致,但是我国没有明确规定雇主支付年休假工资报酬的具体日期,大大增加了雇主拖欠年休假工资的风险。

(五)我国特殊人群带薪年休假法律规制中的问题

新中国从成立初期就十分重视特殊工种劳动者休假权益的特殊保护工作,曾给予长年在野外工作的野外地面地质队、测量队、地球物理队的工人每年 1 个月的年休假。[16] 我国现行法律给予派遣劳动者和船员年休假(《实施办法》第 14 条)。然而,对于青年劳动者(包括未成年工),我国并没有特殊的年休假权益保障制度。不容忽视的是,学徒或者技能尚不熟练的青年劳动者需要更长时间的年休假用以参加学习、考试或者修养身心。在我国经济进入新常态下国家出台一系列鼓励青年人创新创业的时代背景下,给予青年劳动者附加年休假的时机已经成熟。另外,我国虽然给予女性劳动者不少于 90 天的产假,但是对于需要照顾未成年子女的女性劳动者并没有给予特别休假。尽管,当下我国经济下行压力加大,基于分享工作以及平衡工作与家庭生活的考虑,设置育儿假的呼声日益高涨。然而,值得注意的是,设置法定休假应充分考虑劳资利益的均衡,在经济不景时,扩大法定休假范围将提升用工成本,女性劳动者未必能够得到休假利益;雇主可能因不愿承担女性劳动者的休假成本而使其失去工作机会。

---

〔15〕 参见曹燕:《劳动者带薪年休假权利的法理基础与制度前景》,载《人大法律评论》2016 年第 2 期。

〔16〕 参见王凤江:《工作时间与休息休假制度》,载《中国劳动人事年鉴》编辑部编:《中国劳动人事年鉴(1949 ~ 1987)》,劳动人事出版社 1989 年版,第 669 页。

四、我国年休假法律规制的完善建议

基于对年休假国际经验与本土问题的系统分析，就完善我国年休假立法提出以下建议：

第一，我国应当完善年休权成立要件的规则。我国应当在服务年资计算中加入出勤率的具体要求，并明确规定劳动关系成立之日为服务年资的起算点，或将其交由集体协议加以明确。为了提高休假利用率，考虑到我国年休假期间过短的现实，在不增加年休假天数的前提下，可以适当缩短服务年资的累积时间。

第二，完善年休假期限规则。尽管在当前形式下，短期内增加年休假假期实属不易，在不增加休假天数的情形下，提高休假利用率就成为制度设计的一时之选。因此，在年休假期限规制方面应以保障劳动者实际获得休假利益为目标，淡化年休假期限规制的劳动报偿属性。为了提高休假利用率，协调利用法定休假与法定外休假，可以考虑：允许将一定天数的私伤病假、无薪事假以及其他非法定假期冲抵该年度的年休假期。同时，在合法前提下，允许劳资协商确定年休假与法定外休假协调利用的方式。

第三，完善年休假假期安排的规则。在允许以加班工资替代休年休假的同时，加强劳动者在年休假日期安排上的权利供给，即改变目前由雇主“统筹考虑”决定年休假日期的形成权模式，转而采取由劳动者与雇主协商决定休假日期的“请求权”模式，并通过集体协商大力推行计划年休制度，最大限度地平衡假期安排的劳资利益。同时，对分割使用年休假，强制性规定不可分割使用的连续假期的最低期限，以防止年休假期“碎片化”，并强制性规定跨年度累积使用年休假的服务年资最长期限。如此，劳动者有权根据自己的需要决定获得年休假实际利益的方式，同时，雇主分割和累积使用年休假的权利受到限制，避免其滥用权利使劳动者年休假权益落空。如此，可以在允许赎买年休假的同时，最大限度地落实并保障劳动者的年休假权益。

第四，完善年休假工资支付的规则。为了保障劳动者的劳动报酬权，应当强制规定年休假工资的支付期限。为了有效保障劳动者的年休假权利，可以考虑在立法中以授权立法的形式明确要求各地方政府落实年休假监察职责并明确规定监察方式。同时，在我国《劳动法》法律责任部分增加有关侵害劳动者年休假权利的法律责任条款。

第五,完善特殊人群的年休权保障规则。为了充分保障包括青年劳动者、女性劳动者、从事高危工作的劳动者以及残疾劳动者等特殊人群的年休假权益,可以考虑在立法中明确规定该等人群享有附加年休假的权利。但是,由于我国各地有关该类人群的特殊保护立法各不相同,加之企业承受能力差距很大,立法统一规定其附加年休假的天数,实施难度可能较大,因此,较宜采取授权立法的方式,将其交由地方立法规范之或者由企业集体协议决定。对于从事灵活就业的劳动者的年休假权益保障问题,既要考虑反歧视的问题,也要考虑灵活就业劳动者的工作特点,从激励忠诚勤勉的立法原意出发,可以考虑使那些累积服务年资达到一定期限的灵活就业劳动者享有与正规就业劳动者同等的休假待遇。同时,也可以将其交由劳动合同、集体合同决定之。

五、结　　论

本文通过梳理 TRVAIL 数据库中年休假权益保障的各国立法资料,展示了世界各国年休假制度设计的特点,揭示了劳动者年休假权益保障制度全球发展的趋势,并凝练出年休假规制主要问题的全球共识是:进一步加强对劳动者年休假权益的保障?

目前,关于服务年资,大多数国家立法规定为 1 年,然而缩短服务年资已渐成趋势。关于带薪年休假期限,当今世界各国普遍不少于每年 2 周。为了公平保障不同工作条件下劳动者的休假权益,多数国家给予从事艰苦繁重工作或者在有毒有害环境下工作的劳动者以附加年休假。各国为了提高休假利用率,普遍允许将法定年休假与法定外休假(如私伤病假或者事假等)合并使用。关于年休假假期安排,在多数国家,雇主在年休假日期安排中仍占据主导地位,为了防止雇主滥用年休假安排的主导权,确保年休假期的连续性,多数国家强调分割使用年休假时,必须保证使劳动者获得一段连续不间断的最低休假期限。为了避免劳动者休假权益落空,各国一般通过明确限定累积使用年休假的服务年资或者总休假天数来限制累积使用年休假。世界大多数国家允许以支付工资替代年休假。同时,绝大多数国家采取以正常工资水平计付年休假工资,并强调应在放假前向劳动者支付年休假工资。该等规制显示出当今世界年休假立法具有鲜明的劳动报偿属性,着重实现年休假立法对劳动者忠诚勤勉的激励功能,显示出世界各国对年休假规制普遍采取的务实立场,而与国际劳工标准之间存在一定差距。同时,各国立法普遍重视对青年劳动者和女性劳动者的特殊保障,通常给予其附加年休假或者其他休假特权。

据此,结合我国国情反思本土立法,提出以下制度选择的可能路径:为了提高休假率,应适当缩短服务年资的累积时间,并协调利用年休假与法定外休假;为了激励劳动者忠诚勤勉,应明确服务年资的出勤率;为了保障年休权实现,应赋予劳动者与雇主协商决定休假安排的权利,大力推动计划年休,严格限制分割和累积使用年休假,明确年休假工资的支付时间并完善相应的劳动监察和权利救济制度;为公平保障不同类型劳动者的年休权,可通过地方立法赋予特殊人群的附加年休假。

The Comparison and Selection of the System of Paid Annual Leave in the Global Perspective

Cao Yan

Abstract: In the Employment Conditions Database of the International Labour Organization, the consensuses reached by regulations and laws of 156 countries on paid annual leave are as follows: the labourer working for 1 year continuously may enjoy at least 2 weeks of annual leave per year; the annual leave can be enjoyed together with other leaves other than statutory leaves. To limit the employers' dominant right in annual leave arrangement, it is strictly restricted to take annual leave in a split or accumulated manner. It is allowed to pay salary in lieu of the paid annual leave, and the employers are required to pay the labourer salaries of the annual leave before the labourer takes annual leave. Emphasis shall be placed on the special guarantee provided for the young and female labourers, which is generally reflected in additional annual leave or other leaves. Facing the increasing economic downturn pressures, China should gradually dilute the labour compensation property and give full play to the system function of cultivating the labour and balancing the work and family in making legislation for annual leave, so as to ensure an effective paid annual leave system for the labourers and effectively improve the annual leave utilization rate.

Key words: Paid annual leave; Right protection; Labor standards in the global prospective; System selection

自然人人格标识商业利用民法调整模式的重构*

——“乔丹案”引发的思考

于　晓**

内容摘要：

自然人人格标识商业利用是民事主体实现相关财产利益的活动。对于这种活动，是采用人格权调整模式还是财产权调整模式，分歧明显。在我国，既有的人格权调整模式无法实现民事主体个人利益与相关社会利益的最大化。财产权调整模式能够实现民事主体个人利益与相关社会利益的高效平衡，且符合民法理论中的权利属性分类标准，因而具有法律调整的合目的性与合理性。在财产权调整模式下重构我国民法的相关制度，可参考美国的公开权调整模式，并借鉴我国著作财产权的制度设计，以实现对该活动的确认性调整、过程性调整和保护性调整。

关键词：

自然人人格标识商业利用　民法调整模式　人格权模式　财产权模式

一、引言：“乔丹案”引发的思考

2016 年 12 月 7 日最高人民法院以(2016)最高法行再 27 号判决终结了“乔丹案”的审理。该案中，最高人民法院将争议焦点确定为“争议商标的注册是否

---

* 本文系山东省社科规划研究青年项目“人格标识商业利用权研究”(项目编号：19DFXJ04)的阶段性成果。

** 山东政法学院民商法学院讲师，民商法学院知识产权教研中心副主任，民商事法律与民生研究中心研究人员，法学博士。

损害了再审申请人就'乔丹'主张的姓名权,违反商标法第32条关于'申请商标注册不得损害他人现有的在先权利'的规定"。[1] 法院经审理认为:"一审第三人乔丹体育股份有限公司明知再审申请人迈克尔·杰弗里·乔丹在我国具有长期、广泛的知名度,仍然使用'乔丹'申请注册争议商标,容易导致相关公众误认为标记有争议商标的商品与再审申请人存在代言、许可等特定联系,损害了再审申请人的在先姓名权。"

通过"乔丹案"可以看出,自然人人格标识商业利用,是指将特定自然人人格标识与具体的商业活动相结合以谋取财产利益的活动。[2] 将自然人人格标识用于商业活动,可以产生相应的财产价值,从而实现相关民事主体的财产利益。在本案中,乔丹体育股份有限公司将篮球明星乔丹的姓名用于商标注册,刨除其不法性,为自然人人格标识商业利用的方式之一,即将特定自然人人格标识用于工商业标记以追求和实现财产利益的行为。除此之外,自然人人格标识商业利用活动至少还有以下两种方式:第一,将自然人特定人格标识直接制作成商品用于销售,即自然人人格标识的直接商品化;第二,将自然人特定人格标识用于广告宣传,以推荐或证明商品或服务的质量。自然人人格标识商业利用活动的实施,是一个动态的过程,但出于法的相关价值考量,对这一行为的调整应分为三种形式,即确认性调整、过程性调整和保护性调整。[3] 确认性调整体现法律调整的安全价值,通过此种形式的调整,能够使民事主体对自己的行为有合理预期,了解何种行为为法律所许可,何种行为为法律所禁止;过程性调整体现法律调整的自由和效率价值,能够指引相关民事主体在合理范围内充分享有意思自治,并能够指引自然人人格标识这一社会资源在不同民事主体之间发挥最大财产效用;保护性调整主要体现法律调整的正义价值,能够矫正人格

---

〔1〕 参见《迈克尔·杰弗里·乔丹与国家工商行政管理总局商标评审委员会商标争议行政纠纷再审案》,案件号:(2016)最高法行再27号,法宝引证码:CLI. C. 8679160。

〔2〕 参见于晓:《自然人人格标识商业利用民事权利的创设与保护》,载《法学论坛》2017年第1期。

〔3〕 本文中的"法的相关价值",包括自由、安全、正义和效率。在《欧洲示范民法典草案》中,上述价值被确定为四大根本原则,构成了整部草案的基础。参见[德]克里斯蒂安·冯·巴尔、[英]埃里克·克莱夫主编:《欧洲私法的原则、定义与示范规则:欧洲示范民法典草案》(全译本)(第1~3卷),高圣平等译,法律出版社2014年版,第49页。

标识之上的财产价值在民事主体之间的不法流转，从而实现该财产价值的“各得其所”。[4] 在“乔丹案”中，最高人民法院的判决体现了对自然人人格标识商业利用的保护性调整。相关判决中，最高人民法院认为，乔丹体育股份有限公司的商标注册行为侵害了篮球明星乔丹的姓名权，从而否定了该商业利用行为的合法性。不难看出，我国的立法和司法实践对自然人人格标识商业利用活动的调整，采用的是人格权模式。由此引发的思考是：以人格权模式对自然人人格标识商业利用活动进行调整是否恰当？本文试图从该案中发现相关民事立法的漏洞，并运用比较方法通过借鉴的途径予以填补。

二、人格权调整模式的不足

“耶林用‘目的是所有法的创造者’作《法的目的》一书的题词。”[5] 他认为，法律的目标是在个人原则与社会原则之间形成一种平衡，亦即在个人利益与社会利益之间形成一种平衡。[6] 我国调整财产法律关系的立法文本在第一条立法宗旨中也往往会通过对相关个人利益的规范以促进社会主义市场经济发展，从而实现个人利益与社会利益之间的平衡。而以人格权模式对自然人人格标识商业利用活动进行调整，难以达成相关个人利益与社会利益平衡这一目的。

在自然人人格标识商业利用活动中，就个人利益而言，相关民事主体实施该行为，所追求和实现的是财产利益；就社会利益而言，立法者通过对自然人人格标识商业利用活动的调整，所达到的目的应是个人和社会相关财产利益的最大化。要实现二者之间的平衡，根据经济学原理，经济资源与其最有效利用者的结合，是实现个人和社会财产利益最大化的不二法门。以人格权模式对自然

[4] 《查士丁尼皇帝钦定法学阶梯》第一卷第一篇指出：“正义是给予每个人他应得的部分的这种坚定而恒久的愿望。”参见[罗马]查士丁尼：《法学总论》，张企泰译，商务印书馆1989年版，第5页。

[5] [德]格尔德·克莱因海尔、扬·施罗德主编：《九百年来德意志及欧洲法学家》，许兰译，法律出版社2005年版，第224页。

[6] 参见[美]E. 博登海默：《法理学：法律哲学与法律方法》，邓正来译，中国政法大学出版社2017年版，第121页。

人人格标识商业利用活动进行调整,能否实现自然人人格标识这一资源与其最有效利用者的结合?根据传统人格权理论,人格权具有专属性,这种专属性体现为四个方面:一是与主体相伴始终,二是人格权具有不可转让性,三是人格权不得抛弃,四是人格权不得继承。〔7〕由此可以看出,人格权不仅不能在生前转让,而且不能在死后继承,人格权调整模式无法实现人格标识这一资源与其最有效利用者的结合。有观点认为,在我国民事法律规范的框架内,达到这一目的的法律机制就是许可。"许可是不可转让权利得以由他人利用的一项重要制度,通过许可可以将人格权中的商业化利用权能分离出来,由他人予以使用,而人格权本身可并不转移。"〔8〕关于许可的性质,该观点认为,"被许可人获得的用益权并非一种物权性的独立的绝对权地位,仅为一种相对性的针对许可人的债权"。〔9〕此观点在我国民法学界具有较强的认可度。〔10〕用债权性许可的方式的确能够部分实现人格标识这一资源与最有效利用者的结合,但无法彻底解决这一问题。市场经济是分工经济,在自然人人格标识商业利用活动中,限于自身经营能力和专业方向,人格标识归属人往往需要将自己的特定人格标识让与具有经营能力的民事主体加以利用以获取相应报酬;市场经济同时是竞争经济,具有经营能力的民事主体为了在竞争中取得优势地位,又往往希望能够长期稳定地对该特定人格标识进行商业利用。欲对他人的人格标识实施长期稳定的利用行为,其地位必须具有排他性或独占性,甚至具有永久性。排他性的对抗范围是特定人格标识归属人之外的不特定人,独占性的对抗范围不仅包括人格标识归属人之外的不特定人,而且包括人格标识归属人本人。永久性要求在不侵犯人格标识归属人人格权的情况下,具有经营能力的民事主体在法律规定的时间范围内对其特定人格标识一直享有独占性商业利用地位。而根据民法原理,债权具有相对性,其对抗范围仅仅是债务人。因此,债权性许可无法彻底解决特定人格标识与其最有效利用者的结合问题。关于自然人人格标识之上的财产价值的死后继承问题,德国法院已通过判例承认了人格权上财产利益

---

〔7〕 参见王利明:《人格权法研究》,中国人民大学出版社 2005 年版,第 32 ~ 33 页。

〔8〕 刘召成:《人格商业化利用权的教义学构造》,载《清华法学》2014 年第 3 期。

〔9〕 同上。

〔10〕 参见王泽鉴:《人格权法:法释义学、比较法、案例研究》,北京大学出版社 2013 年版,第 297 页。

的可继承性,但其理由非常牵强。鉴于此,我国学者提出了一种折中观点:"生者人格上财产利益保护应采用德国法上一元论的人格权保护模式,而死者人格上财产利益保护应参照美国法上的公开权模式。利用死者生前之人格特征获利的权利乃一种无形财产权,归属于死者之继承人。"〔11〕这种观点虽然能够事实上解决死者生前人格标识上财产价值在特定人之间移转的问题,但有违继承法原理。继承人从被继承人处取得对一定资源的财产性法律地位,无论是根据遗嘱还是根据法律,从性质上皆为继受取得。继受取得要求被继承人生前亦具有对相应资源的财产性法律地位。按照人格权调整模式,被继承人生前对自身人格标识所享有的独占性商业利用地位,其法律根据为人格权而非财产权。人格权的专属性决定了其无法被继承,因而继承人无法以人格权为法律根据来实现对被继承人人格标识之上财产价值的继受。继承人以"无形财产权"为法律根据来实现对被继承人人格标识之上财产价值的继受,要求被继承人生前也要享有这种"无形财产权",而在人格权调整模式之下,被继承人生前对自己的人格标识并不享有这种"无形财产权",因此,上述折中观点在理论上难以自洽,人格权模式因无法实现特定人格标识与最有效利用人之间的彻底结合而无法使个人与社会的相关财产利益最大化,从而不具有合目的性。在理论上,有必要探索一种新的自然人人格标识商业利用调整模式,以实现个人利益与社会利益的高效平衡。

三、财产权调整模式的合目的性与合理性

(一)财产权调整模式构建的合目的性

为自然人人格标识商业利用活动构建财产权调整模式,首先要论证其合日的性。关于"财产"与"财产权"的概念,学说与实务众说纷纭,莫衷一是。"人们常常迅速而又错误地从一种含义跳到另一种含义。甚至有时该术语因含义太过'含混'而根本不能传达任何确切的意思。"〔12〕理查德·波斯纳对财产权作

〔11〕 张红:《死者生前人格上财产利益之保护》,载《法学研究》2011 年第 2 期。

〔12〕 [美]霍菲尔德:《基本法律概念》,张书友编译,中国法制出版社 2009 年版,第 13 页。

出了精准界定,认为财产权“是对有价值资源进行排他性使用的权利”。[13] 同时提出,略去一个财产权制度所有明显的和不明显的成本,财产权所应适用的准则有三个:普遍性准则(universality)、排他性准则(exclusivity)和可转让性准则(transferability)。相应地,财产权具有普遍性、排他性和可转让性。法律在调整与财产有关的社会活动时,如果在宏观上能够遵循财产权制度的三个准则,在微观上能够促进和保障财产权相关属性的发挥,那么,财产性资源的价值就能最大化。[14]

财产权与人格权区分的意义在于两者适用不同的规则。[15] 人格权与财产权共同的特征,在于其具有排他性,是排他权。排他权的创设是资源有效使用的必要条件,但并非是充分条件。[16] 欲实现资源价值的最大化,可转让性亦是必要条件之一。与人格权相比,财产权不具有一生专属性,原则上可以转让、继承和抛弃。[17] 这就能够弥补人格权调整模式的不足,实现自然人人格标识与其最有效利用者的结合,从而高效平衡相关个人利益与社会财产利益。因此,运用财产权模式的调整,体现了法律调整的合目的性。

(二)财产权调整模式构建的合理性

用财产权模式调整自然人人格标识商业利用活动,不仅具有合目的性,而且具有合理性。亨利·梅因指出:“我将把我的叙述限制在进步社会发生的情况。就这些社会而言,可以说社会的需要和社会的观念总是或多或少地领先于法律。”[18] 我国自然人人格标识商业利用的相关民事立法呈现明显的滞后性,理应加快相关立法予以回应。重构自然人人格标识商业利用的民法调整模式,

---

〔13〕 [美]理查德·波斯纳:《法律的经济分析》(第7版),蒋兆康译,法律出版社2012年版,第42页。

〔14〕 同上。

〔15〕 参见潘天怡、谭琪瑶:《著作权中的“人格权、财产权”二元分立论》,载《知识产权》2012年第8期。

〔16〕 参见[美]理查德·波斯纳:《法律的经济分析》(第7版),蒋兆康译,法律出版社2012年版,第44页。

〔17〕 参见梁慧星:《民法总论》(第4版),法律出版社2011年版,第71页。

〔18〕 [英]亨利·萨姆奈·梅因:《古代法》,高敏、瞿慧虹译,江西教育出版社2014年版,第13页。

属于立法的范畴。以财产权调整模式取代人格权调整模式,必须证明其合理性。在我国,将自然人人格标识之上的财产价值原始归属于该人格标识的归属人,已不存在较大争议。但为何要以财产权模式调整自然人人格标识商业利用活动,在理论上仍需论证。在美国,自 1953 年"哈兰实验室公司诉托普斯口香糖公司案"(Haelan Laboratories Inc. v. Topps Chewing Gum Inc.)开始,以保护人格标识上财产利益的公开权便与以保护人格标识上精神利益的隐私权发生分离。[19] 到目前为止,已形成隐私权与公开权并存的人格标识上利益二元调整模式。隐私权侧重于对"让我独处,不受干扰"的精神利益的保护,公开权侧重于对自然人人格标识商业利用活动的调整,包括确认性调整、过程性调整和保护性调整。隐私权调整模式类似于我国民法的人格权调整模式,公开权调整模式类似于我国民法的财产权调整模式。其权利性质的划分标准,取决于自然人人格标识之上的利益属性。这种权利性质的划分标准与大陆法系民法理论的权利性质划分标准存在差别。在大陆法系的德国,格奥尔格·弗里德里希·普赫塔认为:"权利客体的不同导致了权利种类的不同。不同客体之上的权利必然不同,因为不同的权利基础一定会产生不同的权利。因此,客体的不同才是不同权利的根本区别……但这一根本区别也有两种类型。首先是不同的权利客体产生不同种类的权利。但也有同一权利客体的不同面向产生了不同的权利,这些不同面向也是这些权利的根本区别所在。因此存在:其一,因权利客体的不同而产生的不同权利种类;其二,在同一权利客体之上也可能存在不同种类的权利。"[20] 由是观之,按照大陆法系的民法理论,权利性质的划分标准,取决于权利的客体属性。

20 世纪 90 年代以来的立法表明,中国民法对外国民法的借鉴存在目标多元化的现象,我国的民事立法成果因而呈现出多元复合的色彩。以大陆法系的德国民法概念体系为基础,我国民事立法广泛借鉴其他发达国家先进的理论学

---

〔19〕 Haelan Laboratories, Inc. v. Topps Chewing Gum, Inc. ,202 F. 2d 866(2nd Cir. 1953).

〔20〕 [德]格奥尔格·弗里德里希·普赫塔:《占有属于何种性质的权利?——权利分类视角下的考量》,吴香香译,载王洪亮等主编:《中德私法研究(11)——占有的基本理论》,北京大学出版社 2015 年版,第 66 页。

说与成功的实践经验,兼采英美法系的灵活制度。[21] 由此,我国民法理论中的权利性质划分标准,也应兼采大陆法系与英美法系的学说与实践经验。不同客体或同一客体的不同面向是判断权利属性的根本标准,但并不是唯一标准。"权利的目的——特定利益"也可以是判断权利属性的辅助标准。作为权利目的的特定利益,是权利的前法律本质,是法律政策的动机,在授予权利时用以指引立法者的立法理由。[22] 在判断权利属性时,应当将作为权利目的的特定利益纳入考量范围。自然人人格标识商业利用活动中,被民事主体商业利用的对象为自然人的特定人格标识。在社会主义市场经济环境下,自然人的人格标识不仅仅存在于伦理领域,而且存在于经济领域。同一人格标识在不同的领域中,具有不同的面向。人格标识在伦理领域中,具有人格要素的面向,为标识性或标表型人格要素;在经济领域中,其为人格特征的外化符号和表现形式,能够为人力所支配,具有使用价值,因而具有财产要素的面向。伦理领域中的人格标识,因具有人格要素的面向,其上可以创设人格权;经济领域中的人格标识,因具有财产要素的面向,其上可以创设财产权。此外,人格标识商业利用活动中,相关民事主体将意思力作用于自然人人格标识,其追求和欲实现的特定利益显然是财产利益。因而,以人格标识商业利用为内容而创设的权利,其客体为具有财产要素面向的特定自然人人格标识,其权利创设的目的为保障财产性利益的实现。以民事权利属性的根本判断标准和辅助判断标准衡量之,所创设的民事权利皆应归入财产权体系中。[23] 由此,自然人人格标识商业利用的财产权调整模式构建具有合理性。

四、财产权调整模式制度构建的途径

(一)美国公开权调整模式的借鉴

相比我国既有的人格权调整模式,自然人人格标识商业利用活动的财产权

---

〔21〕 参见梁慧星:《中国民事立法评说:民法典、物权法、侵权责任法》,法律出版社2010年版,第14页。

〔22〕 参见[德]拉德布鲁赫:《法学导论》,米健译,法律出版社2012年版,第72页。

〔23〕 参见于晓:《自然人人格标识商业利用民事权利独立设为新型财产权研究》,载《山东大学学报》(哲学社会科学版)2017年第3期。

调整模式更具备合目的性和合理性。欲构建我国的自然人人格标识商业利用的财产权调整模式,比较法上的相关经验可资借鉴。如上文所述,我国对外国民事法律规范的借鉴,并不拘泥于大陆法系国家的范围。英美法系的相关制度,只要有利于我国现有社会问题的解决,也可以在符合我国基本国情的前提下有选择地借鉴。美国的公开权模式为自然人人格标识商业利用活动的调整提供了新的路径。这一路径迥异于大陆法系传统的人格权调整模式,为财产权调整模式的典型。

美国对于自然人人格标识商业利用活动的调整,起初依据的是隐私权制度。随着科技的进步和市场经济的发展,隐私权调整模式越来越显现出其不足之处。隐私权制度设计的目的,在于保护自然人独处不受干扰的精神利益。隐私权的权能具有消极防御性,着重于对精神利益的保护,因而无法对自然人人格标识商业利用活动进行有效的过程性调整。自然人人格标识商业利用活动具有主动性,民事主体以追求和实现财产利益为目的,积极地将特定自然人人格标识与具体商业活动结合在一起。相应地,法律之于该类活动,应侧重于过程性调整。此外,对该类活动的保护性调整,也应与民事主体追求和实现财产利益的目的相辉映。如此才能保证该类活动的有序进行,达到个人利益与社会利益的高效平衡。

正因为隐私权模式在调整自然人人格标识商业利用活动中存在困境,20 世纪 50 年代以后,美国的判例与学说在相关领域发生了变化,逐渐形成了公开权调整模式。1953 年在“哈兰实验室公司诉托普斯口香糖公司案”(Haelan Laboratories Inc. v. Topps Chewing Gum Inc.)中,法官首次提出了公开权理论。该理论指出,在隐私权之外并独立于隐私权,一个人对自己肖像的公开价值也享有权利,即一个人也有将公开自己肖像的排他性权利授予别人的权利,这种权利可称为“公开权”。[24] 公开权创设之后,美国各州法院对此意见不一,持怀疑态度者居多。1977 年在“扎克尼诉斯克里普斯 - 霍华德广播公司案”(Zacchini v. Scripps-Howard Broadcasting Co.)中,美国联邦最高法院最终承认

---

〔24〕 参见[美]苏珊娜·伯格曼:《美国和德国公开权制度的比较研究》,罗炜译,载张民安主编:《公开权侵权责任研究:肖像、隐私及其他人格特征侵权》,中山大学出版社 2010 年版,第 279 页。

了公开权。[25] 此后,该权利为许多州的立法所采纳。目前,在普通法上承认公开权的共有 11 个州,以制定法承认公开权的共有 19 个州,尚无联邦位阶的成文法对此做出规定。1995 年美国法律学会通过了《法律重述——不公平竞争(第三次)》(以下简称"重述"),其中第 4 章第 3 节(第 46 条至第 49 条)为涉及公开权的部分。[26] 该"重述"指出:隐私权是公开权的前身;与隐私权不同,公开权所保护的是商业价值;公开权与隐私权的区别在于权利受侵害时损害的性质,而非取决于被侵权人的身份是否是名人;公开权制度为不公平竞争法的一部分,但其侵害的认定与其他不公平竞争行为不同,并不以欺诈或足以导致消费者混淆为构成要件;基于公开权的财产权性质,其可以自由转让或继承;公开权的转让,所转让的仅仅是人格标识独占性商业利用的法律地位。美国公开权调整模式值得借鉴之处在于:

1. 权利的客体具有普遍性,范围最宽的立法例中包括所有自然人的人格标识。在司法实践中,公开权的客体体现为如下七种情形:第一,肖像和照片。第二,姓名或绰号。第三,声音。第四,标语和口号。第五,具有可识别性的对象。与照片、姓名、声音和标语口号一样,一件物品也可以与特定自然人的人格具有同一性。某件物品如果能够指示特定的自然人,也可以作为公开权的客体受到法律保护。第六,能够指示特定自然人人格的虚拟人物形象。公开权以特定自然人的人格标识为客体,该客体的范围并不包括虚拟的形象。但如果将虚拟人物形象用于商业活动,而该虚拟人物形象又能够明确指示特定自然人人格时,亦可构成对公开权的侵害。第七,现场表演。现场表演,即未固定介质的真实表演。如果表演已被特定介质固定下来,则不属于公开权制度的调整范围,而是受美国版权法调整。[27] 现场表演在美国属于公开权而非版权的调整范围,是因为美国版权法要求原创性表达必须被固定在有形的表达媒介上才可以成为版权的客体。按照我国《著作权法实施条例》第 2 条的规定,除独创性外,智力成果只需要能以某种有形形式复制,而不必固定于有形的表达媒介上,就可以成为著作权的客体。由此,在我国,现场表演可以置于著作权法的调整范围内,

---

〔25〕 See Zacchini v. Scripps-Howard Broadcasting Co. ,433 U. S. 562,569(1977).

〔26〕 See Restatement(Third) of Unfair Competition § §46 – 49(1995).

〔27〕 参见[美]谢尔登 · W. 哈尔彭、克雷格 · 艾伦 · 纳德、肯尼思 · L. 波特:《美国知识产权法原理》,宋慧献译,商务印书馆 2013 年版,第 12 页。

而非适用自然人人格标识商业利用的财产权模式予以调整。

2. 权利的原始主体具有平等性,所有自然人都是公开权的原始主体。权利的主体分为原始主体和继受主体。原始主体为原始取得权利的民事主体;继受主体为继受取得权利的民事主体。公开权作为财产权的一种,具有可转让性和可继承性,因而其继受主体可以为自然人、法人和非法人组织,这一点并不存在争议。关于权利的原始主体,美国判例与学说中曾经出现三种观点:一是认为公开权的主体只包括名人;二是公开权只保护那些人格标识受到过商业利用的人;三是认为公开权的主体为所有自然人。[28] 1995 年《法律重述——不公平竞争(第三次)》权衡了各方观点,认为公开权的主体不限于名人,也不以人格标识受到过商业利用为限制条件。

3. 权利的内容为自然人人格标识的商业利用。对自然人人格标识的利用,包括公益利用和私益利用。公益利用以追求和实现社会公共利益为目的,例如,在公益广告中使用自然人的人格标识。私益利用以追求和实现民事主体的私人利益为目的。民事主体的私人利益,包括人格利益和财产利益。人格利益涉及人的尊严和人格自由发展,民事主体以追求和实现人格利益为目的而对自己的人格标识实施利用行为,为人格权的行使。通过对自身人格标识的利用,民事主体得以对外彰显自己的人格、参与法律关系、享受相应的权利、承担相应的义务。在自身人格标识被他人盗用、冒用时,可以行使人格权请求权以排除他人干涉,并可以根据侵权法的相关规定请求赔礼道歉、消除影响、恢复名誉,还可以请求赔偿精神和财产损失。这种财产损失为责任范围上的损失,即因人格利益受侵害而造成的财产损失,并非因财产利益受到侵害而造成的财产损失。财产利益涉及积极财产的增加和消极财产的减少。自然人人格标识的商业利用即是以追求和实现私人利益中的财产利益为目的。民事主体实施该行为,即财产权的行使。通过人格标识的商业利用,民事主体可以增加积极财产或减少消极财产。

4. 权利的性质为财产权,因而可以转让和继承。公开权制度以调整自然人人格标识商业利用活动为任务之一,所保护的是一种财产利益。理查德 · A. 爱泼斯坦教授认为,财产法是对经济效率要求做出的回应,当一种新型财产有助

---

〔28〕 参见祝建军:《美国对人格标识商业化利用的规制》,载《中华商标》2008 年第 12 期。

于实现财富最大化的时候,这种新型财产就会出现在财产法上,他强调,新的财产权利总是产生于实践。[29] 在"哈兰实验室公司诉托普斯口香糖公司案"(Haelan Laboratories Inc. v. Topps Chewing Gum Inc.)中,法官基于先前发生的商事实践经验,运用功能主义方法,在个案中进行政策考量,从而创设了公开权。[30] 该案的真正意义在于,肯定了公开权可以通过协议进行许可或转让的财产权特性。但法官在该案中坚持认为,公开权是一项可转让的权利,但不是一项具有传统财产权全部特性的权利。之后,《美国侵权法复述(第二版)》在该学说观点的基础上,认为公开权在本质上是一种财产权,除肯定其可转让性之外,还认为其具有可继承性。梅尔维尔 · 尼莫教授进一步推动了公开权向财产权方向发展,认为该权利应被全面地看作财产权。[31] 上述学说观点被法院和州立法广泛采纳,成为立法与司法中通行的观点。笔者赞同为自然人人格标识商业利用活动创设财产权利,亦赞同该权利的可转让性与可继承性,但该权利的行使应受人格标识之上人格利益的限制,即不得侵犯标表型具体人格权及一般人格权。经济领域中的人格标识为无体财产,但不能无视其上客观存在的人格利益,这种无体财产并存于经济领域与伦理领域,应将其界定为伦理性无体财产。针对伦理性无体财产,商业利用时理应受到其上人格利益的限制,不得侵害相关人格权。

---

〔29〕 参见[美]大卫 · 韦斯特福尔、大卫 · 兰多:《作为财产权的公开权》,郭钟泳译,载张民安主编:《公开权侵权责任研究:肖像、隐私及其他人格特征侵权》,中山大学出版社 2010 年版,第 97 页。

〔30〕 在对待新型财产的问题上,有功能主义和形式主义两种不同的方法。功能主义的方法注重考虑某种财产利益成为财产权后所能实现的政策效果,进而判定是否为了某种特定目的而将该利益认定为财产。与之相对,形式主义的方法则不考虑某种利益受政府保护的原因,而是直接将那些被贴上"财产"标签的利益认定为具有传统财产的所有特性。参见[美]大卫 · 韦斯特福尔、大卫 · 兰多:《作为财产权的公开权》,郭钟泳译,载张民安主编:《公开权侵权责任研究:肖像、隐私及其他人格特征侵权》,中山大学出版社 2010 年版,第 96 页。

〔31〕 参见[美]大卫 · 韦斯特福尔、大卫 · 兰多:《作为财产权的公开权》,郭钟泳译,载张民安主编:《公开权侵权责任研究:肖像、隐私及其他人格特征侵权》,中山大学出版社 2010 年版,第 102 页。

5. 权利的保护方式为禁制令(injunction)及侵权损害赔偿。被告的抗辩事由为“模仿使用”及言论自由权的行使。侵害公开权的方式之一,为自然人人格标识的不法商业利用,即未经权利人许可而擅自将特定自然人人格标识用于商业活动。出现上述情形时,权利人可以向法院申请禁制令,排除行为人的不法侵害,并可以请求损害赔偿。请求损害赔偿时,不以故意或过失为必要条件。损害赔偿的范围,包括行为人因此获得的利益。损害赔偿金的计算方式,还可以参照原告对类似商业利用行为所获得的报酬(授权金)。在我国,公开权的保护方式可资借鉴,但在认定侵权损害赔偿责任时,应以侵权人主观过错为责任成立要件。侵权责任的构成不以行为人的主观过错为要件,确实有利于民事权益的维护,但也会给行为人的自由造成过重的限制。鉴于此,我国《侵权责任法》规定,无过错责任的适用须受制于法律的特别规定。无过错责任在我国《侵权责任法》中的确立,出于以下考虑:特定行为的实施对社会具有一定的危险性,而这种危险性在现代生产生活中无法避免。民事法律规范通过特别规定,令这种行为的实施者承担较重的责任,督促其不断改进以减少相应危险的发生,并令其与被侵权人分担这种风险以切实维护被侵权人的民事权益。[32] 而自然人人格标识商业利用行为在客观上并不会给社会造成无法避免的危险,如果行为人切实履行了交往中的合理注意义务,完全可以避免不法商业利用他人人格标识行为的实施。因此,我国《侵权责任法》应将不法商业利用他人人格标识的行为纳入一般侵权责任条款中予以规制,无须另行为其确立无过错责任。

(二)我国著作财产权制度借鉴

美国公开权调整模式为我国自然人人格标识商业利用财产权调整模式的构建提供了思路,包括确认性调整(权利的本体:主体、内容和客体)、过程性调整(权利的转让、继承)和保护性调整(侵权责任和抗辩事由)。但在制度设计方面,仍需借鉴我国现有的立法资源。民事权利的构建,很大程度上奠基于客体。对于不同的客体,民事主体可以施加不同的意思力。立法者在构建民事权利规范时,按照不同的客体及其承受的不同的意思力,划分出相异的效力范围,

---

〔32〕 参见杨立新:《侵权责任法》,法律出版社2012年版,第74页。

从而在法律上界定出各种人与人之间的关系,即法律关系。[33] 自然人的人格标识,为自然人人格特征的外化符号,即自然人人格特征的表现形式。在这种表现形式上,既存在人格利益,又存在财产利益。这足以让人合理地联想到著作权的客体——作品。作品是著作权法保护的对象,也是著作权法律关系产生的依据,其本质是思想或感情的表现形式。[34] 作为著作权客体的作品,当然与人格标识存在区别。作为思想或情感的外化符号,其"所指"部分为具有独创性的思想或情感,是具有独创性的智力成果。而自然人的人格标识,其"所指"部分为自然人的人格特征。[35] 一个源于智力劳动,一个源于人格特征,二者呈现明显区别。自 19 世纪下半叶起,知识产权法就将其关注点从"创造性"和"智力劳动"上转移至对象(客体)本身。[36] 由此可见,在现代社会,立法者为无体财产创设权利时,其关注点在于权利客体本身,而非其背后"所指"的内容。[37] 作为表现形式,作品与自然人人格标识之间存在共同点:二者都具有可复制性,权利人都无法从物理上对它们进行控制,在现代传播手段下,这些客体的传播成本都几乎为零。更重要的是,作品与自然人人格标识之上都存在人格利益与财产利益。为了在相关民事主体身上充分实现这两种利益,我国著作权法分别将著作人身权与著作财产权列为著作权的内容。[38] 自然人人格标识之上的人格利

〔33〕 "例如,对于物,可以以支配的方式,不至于影响他人的基本自由,故传统民法允许成立绝对支配物的法律关系,称物权方式。但是对于特定行为的支配,超出一定程度就会涉及其所属人的基本自由,故传统民法建立的是一种请求程度的作用方式,称债权方式。"参见龙卫球:《民法总论》,中国法制出版社 2001 年版,第 128 页。

〔34〕 参见张玉敏主编:《知识产权法学》,法律出版社 2017 年版,第 86 ~ 87 页。

〔35〕 例如,《现代汉语词典》将肖像解释为:"以某一个人为主体的画像或相片(多指没有风景陪衬的大幅相片)。"参见中国社会科学院语言研究所词典编辑室编:《现代汉语词典》,商务印书馆 2005 年版,第 1503 页。

〔36〕 "更准确地说,法律将其注意力从在保护对象上所体现的劳动价值那里,转移到了该对象本身的价值上……"参见[澳]布拉德 · 谢尔曼、[英]莱昂内尔 · 本特利:《现代知识产权法的演进》,金海军译,北京大学出版社 2006 年版,第 207 页。

〔37〕 符号学中,将符号划分为"能指"与"所指"两个部分。自然人的人格标识与著作权法中的作品均为符号性的表现形式。自然人人格标识背后的"所指"内容,为自然人的人格特征;作品背后的"所指"内容,为作品所要表达的思想或感情。

〔38〕 参见王迁:《知识产权法教程》,中国人民大学出版社 2016 年版,第 106 页。

益,应纳入人格权法的调整范围。其上的财产利益,可参照我国《著作权法》的规定,为其设定财产权予以调整。

1. 权利内容

在我国,著作财产权是指我国《著作权法》第 10 条第 1 款第 5 项至第 17 项规定的著作权权项。[39] 不同于该条第 1 项至第 4 项的著作人身权,这些权利可以全部或部分许可、转让。为此,各项著作财产权是相互独立的交易标的。法律不笼统规定"著作财产权"而分别规定各种权项,主要是为了便利交易。立法者试图按照作品的不同市场利用方式来固定权利边界,使各项著作财产权在经济上可以独立利用,单独议价。[40] 在上海三元影视有限公司、上海全土豆文化传播有限公司、合一信息技术(北京)有限公司侵犯著作财产权纠纷一案中,上海市高级人民法院明确指出:"不同类型的著作权权利,其交易对象、传播渠道、传播范围、受众数量、营利模式等有所区别,所反映出来的市场交易价格不能相互替代。在确定侵权赔偿数额时,应当考察所侵害权利的具体类型,并根据不同类型权利的市场价格来确定赔偿金额。"[41] 上海市高级人民法院评述此案时还指出,不同的著作财产权,其作品的交易对象、传播渠道均有所不同,比如,广播权的交易一般发生在权利人与电视台之间,信息网络传播权的交易一般发生在权利人与视频网站经营者之间,这就导致涉案作品的传播范围、受众数量、营利模式等都有所区别,广播权的交易市场和信息网络传播权的交易市场存在诸多区别,是两个不同的市场,因而市场所反映出来的交易价格也不相同,不能相

[39] 权项与权能不同。权能只是一个权利的具体内容,而权项本身具有完全的独立性。虽然在很多情况下,权能具有相对独立性,但它们不能完全独立于其所依存的权利而存在,而权项则可以转让和继承。参见[德]M. 雷炳德:《著作权法》,张恩民译,法律出版社 2005 年版,第 72 页。

[40] 参见何怀文:《中国著作权法:判例综述与规范解释》,北京大学出版社 2016 年版,第 344 ~ 346 页。

[41] 上海市高级人民法院民事判决书(2013)沪高民三(知)终字第 133 号,载中国知识产权裁判文书网:http://ipr.court.gov.cn/sh/zzqhljq/201401/t20140126_289009.html,最后访问日期:2017 年 8 月 17 日。

互替代。[42]

民事法律规范对自然人人格标识商业利用活动的财产权模式调整,在创设相关财产权时,也应出于便利交易的目的,分别规定各种权项作为权利内容,而非笼统规定"商业利用权"等。同时,也可以参照著作财产权的设权方式,按照人格标识的不同市场利用方式来固定权利边界。如上文所述,自然人人格标识商业利用的方式包括但不限于以下三种:(1)直接商品化,即将自然人特定人格标识制作成商品;(2)荐证商品或服务,即使用特定人格标识推荐商品或服务,或使用特定人格标识证明商品或服务的质量;(3)商业标志化,即将特定人格标识用作工商业标志。不同的利用方式在交易对象和营利模式上存在区别。直接商品化针对的是零售业或平面媒体行业;荐证商品或服务涉及商业广告行业,主要利用方式为广告代言或广告证明;商业标志化的范围涉及商标及企业名称注册等。上述商业利用模式存在于不同的市场之中,因而所反映出来的交易价格也不相同,不能互相替代。基于上述区别,为自然人人格标识商业利用活动创设的财产权至少应包括以下权项:(1)人格标识商品化权;(2)人格标识荐证权;(3)人格标识商业标志化权。人格标识商品化权,指民事主体将特定人格标识制作成商品并排除他人干涉的权利;人格标识荐证权,指民事主体使用特定人格标识推荐特定商品或服务或使用特定人格标识证明商品或服务质量并排除他人干涉的权利;人格标识商业标志化权,指民事主体将特定人格标识用作工商业标志并排除他人干涉的权利。

2. 权利许可及转让制度

在日趋发达的市场经济社会中,无体财产权在现代财产权中的地位与日俱增。人们对财产权的价值观念经历了以财产的支配为重心到以财产的利用为重心的转变。[43] 社会分工的日益精细,导致自然人人格标识的原始主体与利用主体相分离,自然人人格标识的原始主体往往需要借助他人利用人格标识的行为才能实现其财产利益。由此,自然人人格标识的许可使用和权利转让制度占有举足轻重的地位。我国《著作权法》中对著作权许可使用和转让合同作出了规定,可以为自然人人格标识商业利用相关权利的许可和转让制度提供立法经

[42] 参见徐卓斌:《著作权侵权损害赔偿中的市场价格——上海高院判决三元公司诉全土豆公司、合一公司侵害著作权纠纷案》,载《人民法院报》2014年7月17日,第6版。

[43] 参见邱永清:《专利许可合同法律问题研究》,法律出版社2010年版,第5页。

验。著作权许可使用合同中,立法者将许可使用的权利分为专有使用权和非专有使用权,并在我国《著作权法实施条例》中分别为这两种许可使用权进行了规定:许可使用的权利是专有使用权的,原则上应采取书面形式而非专有使用权合同则无此限制。著作权转让合同的订立,应当采取书面形式,并应明确转让的权利种类和地域范围。在著作权许可使用和转让合同中,对于权利人未明确许可、转让的权利,未经该权利人同意,对方当事人不得行使。自然人人格标识商业利用相关权利的许可和转让,可借鉴我国《著作权法》及其实施条例的规定,将许可使用的权利分为专有使用权和非专有使用权。专有使用权还可以参照最高人民法院有关商业秘密许可使用合同的解释,将其细化为独占使用许可权和排他使用许可权。[44] 非专有使用权不具有对抗第三人的效力;专有使用权中的排他使用权可以对抗第三人,但不可以对抗合同相对人以同样方式使用特定人格标识;专有使用权中的独占性使用许可权既可以对抗第三人,也可以对抗合同相对人以同样方式使用特定人格标识。自然人人格标识商业利用相关财产权的转让,应明确转让的权利种类和地域范围,并以书面形式为要件。许可使用合同和转让合同中人格标识商业利用财产权权利人未明确许可、转让的权利,未经该权利人同意,另一方当事人不得行使。

五、结　　论

"乔丹案"的判决引发了自然人人格标识商业利用民法调整模式的思考。我国既有制度中的人格权模式欠缺对自然人人格标识商业利用活动的过程性调整,因而无法充分满足民事主体追求和实现财产利益的诉求,进而无法实现相关社会利益的最大化。财产权模式的构建以创设自然人人格标识商业利用财产权为手段,以满足相关民事主体追求和实现财产利益为目的,使民事主体的个人利益与社会经济利益达到高效平衡。为自然人人格标识商业利用活动创设财产权利,不仅具有合目的性,而且具有合理性,因为其符合民法学说中权利属性分类的客体分类标准和利益分类标准。财产权模式的制度构建,可借鉴美国的公开权模式和我国的著作财产权制度,包括确认性调整、过程性调整和

---

〔44〕 参见最高人民法院《关于审理不正当竞争民事案件应用法律若干问题的解释》(法释〔2007〕2号)第15条。

保护性调整。在确认性调整中,以财产权作为制度工具,将自然人人格标识商业利用活动抽象为主体、客体和内容三部分。主体分为原始主体与继受主体,客体为具有财产属性的自然人人格标识,内容为商业利用自然人人格标识的意思。出于市场交易的需要,应以不同市场利用方式为界定权利边界的依据,将自然人人格标识商业利用财产权的内容划分为至少三项权利:人格标识商品化权、人格标识荐证权和人格标识商业标志化权。在过程性调整中,可具体借鉴我国著作权法的相关规定,为权利的许可和转让设定相关制度。在保护性调整中,可具体借鉴美国公开权的实践经验,赋予权利人排除他人侵害的请求权和损害赔偿请求权。损害赔偿请求权的范围既包括被侵权人因侵权行为而受到的损失,又包括侵权人因侵权行为而获得的利益。被告的抗辩事由,包括"模仿使用"和言论自由权的行使。为了与我国侵权法的理论与实践相契合,侵权损害赔偿请求权的行使应以行为人的主观过错为要件,不宜为此专门规定无过错责任。

Reconstruction of Civil Law Adjustment Mode for the Commercial Exploitation of Personal Indicia of Natural Person
—The Thought Aroused by the Case of Qiao Dan

Yu Xiao

Abstract: The commercial exploitation of personal indicia of natural person refers to the activity which the civil subject has to realize relevant property interests. For such activity, there is obvious difference about whether to adopt the adjustment mode of right of personality, or the adjustment mode of property right. In China, the adjustment mode of right of personality cannot maximize the civil subject's personal interests and relevant social interests. Instead, the adjustment mode of property right can realize efficient balance between the civil subject's personal interests and relevant social interests, and conforms to the classification standard of right attribute in civil law theory, so it features the purposiveness and rationality of law adjustment. For the reconstruction of civil law adjustment mode, the adjustment mode of publicity right in America and the institutional design of property right in a work in China can be used for reference, thus to realize the confirmative adjustment, procedural adjustment, and protective adjustment to such activity.

Key words: Commercial exploitation of personal indicia of natural person; Civil law adjustment mode; Mode of right of personality; Mode of property right

非洲国家宪法环境权比较研究*

——兼谈南非与肯尼亚宪法环境权的启示

张小虎**

内容摘要:

从20世纪90年代开始,非洲国家开启了环境权入宪的探索,历经了三次入宪的浪潮,各国宪法环境权的条款设计不断完善、权利属性不断丰富。肯尼亚、南非、刚果(布)等甚至为宪法环境权赋予了司法救济程序,使其具备了可诉性。非洲国家的宪法环境权为比较环境法研究提供了有益的范本。通过比较,南非和肯尼亚是非洲国家环境权入宪的典范:首先,宪法相关条款明确赋予每一位公民无害于其健康与幸福的环境权利,甚至还将环境权提升至人权保障高度;其次,它明确列举出国家履行环境保护的具体职责,用宪法的形式宣示了预防污染、促进保育、可持续发展、生物多样性、环境保护公众参与等原则,成为本国环境立法的指引;最后,一系列宪法条款还为环境权构建起了可诉性的救济机制,既保障作为公民基本权利的环境实体性权利,又救济环境信息知情权等程序性权利,成为了本国环境公益诉讼的权利客体,为公益诉讼主体资格的放宽提供了宪法依据。因此,南非和肯尼亚宪法环境权具有较丰富的理论价值和现实启示。

关键词:

非洲　宪法环境权　比较研究　司法救济　南非

---

* 本文系2017年国家社科基金项目《"一带一路"背景下我国企业对非投资的环境法律风险及对策研究》(编号:17CGJ020)的阶段性成果。

** 湘潭大学法学院讲师,非洲法律与社会研究中心研究人员,法治湖南建设与区域社会治理协调创新中心研究人员,法学博士。

环境权入宪是学界长期热议的话题，尤其是自“绿色条款”被写入《民法总则》以来，有关环境权入宪及其现实价值的讨论再次兴起。[1] 作为环境权入宪国家最多的大洲，非洲的宪法环境权规定各式各样，为比较研究提供了范本。1981年《非洲人权和民族权利宪章》首开环境权写入区域性人权公约之先河。进入20世纪90年代，非洲国家陆续将环境权写入宪法，从1990年的《贝宁共和国宪法》到2014年的《阿拉伯埃及共和国宪法》，目前已有33个非洲国家在宪法中明确规定了环境权，成为环境权入宪的主力军。但从宪法环境权条款的设计来看，各国大致可分为三类：其一，环境基本国策条款；其二，环境基本权利条款；其三，环境基本国策与环境基本权利的结合条款。环境基本国策条款是环境权入宪最初的形态，通过对环保公共政策的宣示，为其后的立法提供授权和指引；而环境基本权利条款则为环境权的强制力和可诉性奠定了宪法基础，是环境权作为公民基本权利获得司法救济的前提。[2] 乌干达、贝宁、多哥等国均以环境基本国策条款设计宪法环境权，但其强制性不足。为弥补这种缺陷，肯尼亚和南非宪法等综合了环境基本国策和环境基本权利两类条款设计，形成了公民环境权利、国家环境义务、程序性权利等相融合的宪法环境权内容，在为国会立法提供授权和指引的前提下，设置了公民环境权的司法救济机制，让公民环境权的保障获得了可诉性的宪法依据，生态环境保护和自然资源可持续性利用的宪法框架，肯尼亚和南非成为了非洲环境保护立法与实践最为成功的国家，这些法律经验受到国际社会的普遍关注，使它们成为参与环境资源保护跨国合作最频繁的非洲国家。据此，南非和肯尼亚宪法环境权理论与实践的启示表明，环境权入宪并非解决问题的关键，其实质在于为环境权设置一套切实的司法救济机制，将其提升为一种具备可诉性的公民基本权利，只有将宣示性的国策条款设计与可诉性的权利条款相结合，才能实现环境权入宪以及环境保护的最终目标。

---

〔1〕 参见吕忠梅：《环境权入宪的理路与设想》，载《法学杂志》2018年第1期。

〔2〕 参见[英]蒂姆·海沃德：《宪法环境权》，周尚君、杨天江译，法律出版社2014年版，第53~57页。

一、非洲国家环境权入宪的历史阶段

由于殖民活动对非洲环境资源的巨大破坏,独立后各国的环境危机逐渐爆发。在 1981 年《非洲人权和民族权宪章》以及国际性环保运动的影响下,环境权开始作为人权保护的一种,被非洲多国写入宪法。在 20 世纪 90 年代和进入 21 世纪以后,非洲各国出现了三次环境权入宪的高潮:第一阶段是 1990 ~ 1999 年的 10 年,有贝宁等 17 个国家将环境权写入宪法;第二阶段是 2000 ~ 2009 年的 10 年,又有卢旺达等 5 个国家将环境权补充入宪法;第三阶段是 2010 年至当前的近 10 年间,又有肯尼亚等 8 个国家在修宪过程中不断补充和完善宪法环境权条款。截至目前,约有 33 个非洲国家在宪法中明确规定了环境权条款。从最初的宣示性条款,到近 10 年来修宪活动中的环境权利与义务复合型条款,非洲国家的宪法环境权不断完善,甚至具备了可诉性。

(一)1990 ~ 1999 年:大量非洲国家首次将环境权写入宪法

20 世纪 60 年代以来,非洲各国纷纷独立。在民族独立和人权保障的探索中,1981 年《非洲人权和民族权宪章》成为首个将环境权写入其中的区域性人权公约,其第 24 条规定"一切民族均有权享有一个有利于其发展的普遍良好的环境"。[3] 此后,从 1990 年开始,非洲国家进入环境权入宪的"黄金十年"。期间,1990 年贝宁、1990 年莫桑比克、1990 年圣多美和普林西比、1990 年几内亚、1992 年安哥拉、1992 年多哥、1992 年佛得角、1992 年刚果(布)、1992 年马里、1993 年塞舌尔、1995 年埃塞俄比亚、1995 年乌干达、1996 年南非、1996 年喀麦隆、1996 年乍得、1999 年尼日尔等 17 国将环境权写入宪法,成为非洲第一批探索宪法环境权的国家。[4] 人权运动和民族独立的浪潮是推动这一时期非洲各国将环境权写入宪法的根本原因。一方面,至 1990 年纳米比亚独立,非洲大陆已全部实现独立,各国希望制定宪法并通过最高位阶法律的形式巩固独立成果,这是非洲国家建立黑人政权的必经途径;另一方面,基于西方环境运动的影响,在环境权入宪的全球性呼声中,非洲国家开始在宪法中探索设置环境权条

〔3〕 African Charter on Human and Peoples' Rights, Article 24: All people shall have the right to a general satisfactory environment favorable to their development.

〔4〕 参见吴卫星:《环境权入宪的比较研究》,载《法商研究》2017 年第 4 期。

款,以此重视因殖民掠夺而导致的环境资源危机,并试图修复生态环境。

(二)2000～2009年:宪法环境权的条款设计不断完善

进入21世纪,非洲各国已经巩固了民族独立的成果并建立起较为稳固的政权,于是按照人权保障的基本要求将环境权写入宪法。"新政府或执政党上台往往先修改宪法或者制定新宪法,以宣布自己的施政纲领与执政理念,宪法的稳定性往往难以实现,但同时也在宪法中载入作为新兴人权代表的环境权创造了机遇。"[5]可见,环境权入宪是新生政权改善公民生存环境并获得民意支持的重要手段。因此,在2000年以后的10年间,2003年卢旺达、2004年中非、2005年刚果(金)、2005年苏丹、2005年南苏丹等又将环境权作为一项公民的基本权利写入宪法,其条款设置和内容日趋完善。例如,2005年《南苏丹宪法》第41条规定:"(1)每个人或群体都应当有权获得一个清洁和健康的环境。(2)为了当前和今后的子孙的福祉,人人应当有责任保护环境。(3)为了保护当前和今后的子孙的福祉,人人都有环境权,通过制定适当的法律和采取其他的措施:(a)防止污染和生态恶化;(b)促进环境保护;以及(c)保护生态可持续发展,使用自然资源促进合理的经济和社会发展,以及保护资源的遗传稳定和生态多样性。(4)各级政府应当在保护和维护环境的同时发展能源,从而保证满足人民的基本需求。"[6]

(三)2010年至今:各国通过修宪补充完善环境权

2010年开始,"颜色革命"席卷北非,在新一轮的宪政变革与宪法变迁中,摩洛哥、埃及、突尼斯先后于2011年、2013年和2014年修订或颁布了新宪法,在这些宪法文本中,环境权成为了重要补充,相关内容更加完善也更具可操作性。此外,在修宪过程中将环境权补充进来的情况还有2010年《肯尼亚宪法》、2012年《索马里宪法》、2012年《毛里塔尼亚宪法》和2013年《津巴布韦宪法》等。至此,非洲国家宪法环境权的条款设计趋于完备,一些国家甚至建立起了以宪法环境权为核心,以其他相关环境和公民权利保护的条款为补充的环境权

[5] 王树义等:《环境法基本理论研究》,科学出版社2012年版,第156页。

[6] 孙谦、韩大元主编:《世界各国宪法·非洲卷》,《世界各国宪法》编辑委员会编译,中国检察出版社2012年版,第723页。

司法救济机制,让作为公民基本权利的环境权具备了可诉性的保障。[7] 例如,2010 年《肯尼亚宪法》第 42 条赋予公民清洁、健康的环境权,第 43 条赋予公民充裕、清洁、安全的水权。该宪法还通过第 22 条规定:"任何在权利法案中列举的公民基本权利受到侵害时,公民及代表公共利益的人等均有权提请权利救济的司法诉讼。"并设置了非常详细的权利救济方式。[8] 同时,肯尼亚国家人权与平等委员会亦可以接受公民提出的权利遭受侵犯或威胁的申诉程序。此外,

[7] 吴卫星:《宪法环境权条款的实证考察》,载《南京工业大学学报》(社会科学版)2017 年第 4 期。

[8] The Constitution of Kenya, Article 22 Enforcement of Bill of Rights:

(1) Every person has the right to institute court proceedings claiming that a right or fundamental freedom in the Bill of Rights has been denied, violated or infringed, or is threatened.

(2) In addition to a person acting in their own interest, court proceedings under clause (1) may be instituted by

(a) a person acting on behalf of another person who cannot act in their own name;

(b) a person acting as a member of, or in the interest of, a group or class of persons;

(c) a person acting in the public interest; or

(d) an association acting in the interest of one or more of its members.

(3) The Chief Justice shall make rules providing for the court proceedings referred to in this Article, which shall satisfy the criteria that

(a) the rights of standing provided for in clause (2) are fully facilitated;

(b) formalities relating to the proceedings, including commencement of the proceedings, are kept to the minimum, and in particular that the court shall, if necessary, entertain proceedings on the basis of informal documentation;

(c) no fee may be charged for commencing the proceedings;

(d) the court, while observing the rules of natural justice, shall not be unreasonably restricted by procedural technicalities; and

(e) an organisation or individual with particular expertise may, with the leave of the court, appear as a friend of the court.

(4) The absence of rules contemplated in clause (3) does not limit the right of any person to commence court proceedings under this Article, and to have the matter heard and determined by a court.

《肯尼亚宪法》第70条还明确规定了环境权的实施和救济机制。[9] 至此,宪法环境权成为公民基本权利之一,具备了权利的可诉性救济途径。

二、非洲国家宪法环境权的类型划分

在非洲国家20余年的环境权入宪进程中,其条款设置不断完善,权利属性日益丰富。宪法环境权也经历了从单纯的环境基本国策条款到环境基本权利条款,再到环境国策与环境权利相互结合的变迁历程。其中,以2010年《肯尼亚宪法》、1995年《埃塞俄比亚民主共和国宪法》和2002年修改后的刚果(布)宪法(《刚果共和国宪法》)等相关条款的规定最为详细。而1996年《南非共和国宪法》(2009年修订)则通过宪法环境权及相关环境条款让环境权兼具了环境国策与环境权利的特征,在权利属性内涵上也囊括了程序性权利、实体性权利,并且构建起了权利救济的司法保障机制,在实践中具备了可诉性。

(一)环境基本国策条款:宣示环境保护政策

以环境基本国策为目标,由此设置的宪法环境权条款具有鲜明的政策宣示特性,是一种指导性的条款设计模式。它以基本国策或基本原则的方式将环境

[9] The Constitution of Kenya, Article 70, Enforcement of environmental right:

(1) If a person alleges that a right to a clean and healthy environment recognised and protected under Article 42 has been, is being or is likely to be, denied, violated, infringed or threatened, the person may apply to a court for redress in addition to any other legal remedies that are available in respect to the same matter.

(2) On application under clause (1), the court may make any order, or give any directions, it considers appropriate

(a) to prevent, stop or discontinue any act or omission that is harmful to the environment;

(b) to compel any public officer to take measures to prevent or discontinue any act or omission that is harmful to the environment;

(c) to provide compensation for any victim of a violation of the right to a clean and healthy environment.

(3) For the purposes of this Article, an applicant does not have to demonstrate that any person has incurred loss or suffered injury.

权提升至国家最高法的层面,以凸显环境保护的意义,并为相关立法提供指引。但是,环境基本国策条款的设置具有抽象性,不能直接适用,可持续利用、生物多样性和健康环境等模糊用词具有一定的伸缩性,必须通过相关机构的解释才能成为可适当裁量的法律规则,这类条款设置导致了环境权的法律约束力和实践效果不佳。

采取这种模式设置宪法环境权条款的有贝宁、多哥、喀麦隆、马里、乍得、乌干达、科特迪瓦、科摩罗等国家。如1990年《贝宁共和国宪法》第27条规定:"人人有权获得健康、舒适和可持续的环境,并有义务捍卫。国家确保环境保护。"〔10〕1992年《多哥第四共和国宪法》第41条规定:"每个人均有权要求干净的环境。国家应致力于环境保护。"〔11〕1996年《乍得共和国宪法》第47条规定:"所有人民均有健康的环境权。"〔12〕1995年《乌干达共和国宪法》第39条规定:"每一个乌干达人均有清洁和健康的环境权。"〔13〕1972年《喀麦隆共和国宪法》序言规定:"任何人都享有良好的环境权。保护环境是所有人的责任。国家关心、保护和改善环境。"〔14〕2000年《科特迪瓦共和国宪法》第19条规定:"人人均享有健康环境权。"〔15〕

将宪法环境权作为国家环境政策进行宣告,该类型的条款多出现于2000年之前颁布的宪法中,它们都是非洲最早探索环境权入宪的国家,虽是巨大的进步,但类似条款仍存在缺陷。一方面,这种法律规则的强制力不足,政策宣示性条款带来的是宪法执行与实施的困难,模糊的规定使环境权等概念伸缩不定,难以让环境权真正落实到位;另一方面,指导性特征的宪法条款也反映出一国对环境权保护的矛盾态度,既担心具体实施的重重困阻,又顾忌环保立法的

〔10〕 孙谦、韩大元主编:《世界各国宪法·非洲卷》,《世界各国宪法》编辑委员会编译,中国检察出版社2012年版,第57页。

〔11〕 同上书,第126页。

〔12〕 同上书,第1102页。

〔13〕 Constitution of Republic of Uganda, Article 39: Right to a clean and healthy environment: Every Ugandan has a right to a clean and healthy environment.

〔14〕 孙谦、韩大元主编:《世界各国宪法·非洲卷》,《世界各国宪法》编辑委员会编译,中国检察出版社2012年版,第376页。

〔15〕 同上书,第391页。

国际潮流和民间压力。因此,将环境权作为国策宣示而写入宪法,虽满足了国内外社会对环境权的关注和呼吁,但并非创设可执行性权利的最佳手段,使环境权的实践大打折扣。

(二)环境基本权利条款:公民环境权利+国家环保义务

相比环境基本国策,以环境基本权利的模式来设计宪法环境权条款更为合理,它兼具授予权利、设定义务的双重属性,其内涵也囊括了环境基本国策、公民环境权利与义务、国家环保义务等多个方面,提升了宪法环境权的强制性。通常以这一类型设置的条款会在"公民的基本权利与义务"章节中设立公民环境权利,以及国家环境保护义务,同时通过其他有关环境的条款,赋予程序性权利、创设相关义务,甚至明确造成环境损害的法律后果。这样的条款设计可以让环境权在司法审判中被直接采纳为诉讼的依据和权利的来源。

以这种模式设置宪法环境权条款的有安哥拉、佛得角、塞舌尔、尼日尔、布基纳法索等国家。如2010年《安哥拉共和国宪法》第39条规定:"1. 人人享有在健康、无污染的环境中居住的权利,并有义务捍卫它。2. 国家应当在本土范围内采取必要措施保护环境和动植物物种,以维护生态平衡,确保经济活动适当,在可持续发展、尊重后代的权利以及保护物种的理念下合理开发和利用自然资源。3. 禁止危害或破坏环境的行为。"[16] 2010年《佛得角共和国宪法》第73条规定:"1. 每个人均应享有健康生活和生态平衡环境的权利,有义务捍卫和维护。2. 为保障环境权,国家机构应负责:(a)制定并实施适当的领土规划,保护和维护环境以及合理利用所有自然资源的政策,保护环境再生和生态稳定的能力。(b)推广环境教育,尊重环境价值,防治沙漠化和干旱。"[17] 2010年《尼日尔第七共和国宪法》第35条规定:"任何人均有要求洁净环境的权利。国家有义务为当代和后代人之利益保护环境。人人均得致力于其所生活环境之保障与改善。来源于领土上之工厂和其他工业或手工业单位之有毒或污染性废料,其取得、储存、操作和排出受法律的规制。在本国领土内从事外国有毒或污染性废料的交易、出口、储存、埋藏和注入以及与此相关的所有协议均构成叛国罪,受法律制裁。国家致力于分析和审查所有环境发展计划草案将产生

〔16〕 孙谦、韩大元主编:《世界各国宪法·非洲卷》,《世界各国宪法》编辑委员会编译,中国检察出版社2012年版,第33页。

〔17〕 同上书,第150页。

的影响。”〔18〕

可见,在 2010 年以后制定或修改的宪法中,环境权条款得到了完善。在设计模式上,大多是用 2 个或 2 个以上条文对环境权作出规定,部分宪法甚至在一个条文下细化出具体的“款”和“项”,这种宪法环境权的设置虽显复杂,但却利于实际操作。如在 2010 年《埃塞俄比亚民主共和国宪法》的环境权条款中,一方面,在第三章公民“基本权利与自由”中规定了公民环境权并赋予公民在生存环境受损时的求偿权,即该章第 44 条:“1. 所有人均有权拥有清洁和健康的环境。2. 所有的被迫迁徙或者生计受到政府项目不利影响的人有权获得相当的金钱或其他方式的补偿,包括获得充分政府资助以重新选址安置。”〔19〕另一方面,在第十章“国家政策原则”中规定了实现良好环境权的具体义务和目标,即该章第 92 条:“1. 政府应尽力保证所有埃塞俄比亚人生活在一个清洁和健康的环境中。2. 方案的设计和实施、项目的开发不得损害和破坏环境。3. 人民有权就环境政策、直接影响他们利益的项目的规划和实施进行咨商以及表达意见。4. 政府和公民均有责任保护环境。”〔20〕因此,对环境权的实现作出详细规

〔18〕 孙谦、韩大元主编:《世界各国宪法 · 非洲卷》,《世界各国宪法》编辑委员会编译,中国检察出版社 2012 年版,第 749 页。

〔19〕 Constitution of The Federal Democratic Republic of Ethiopia, Article 44, Environmental Rights:

1. All persons have the right to a clean and healthy environment.

2. All persons who have been displaced or whose livelihoods have been adversely affected as a result of State programmes have the right to commensurate monetary or alternative means of compensation, including relocation with adequate State assistance.

〔20〕 Constitution of The Federal Democratic Republic of Ethiopia, Article 92 Environmental Objectives:

1. Government shall endeavor to ensure that all Ethiopians live in a clean and healthy environment.

2. The design and implementation of programmes and projects of development shall not damage or destroy the environment.

3. People have the right to full consultation and to the expression of views in the planningand implementations of environmental policies and projects that affect them directly.

4. Government and citizens shall have the duty to protect the environment.

定，弥补环境基本国策条款设计过于宽泛、难以适用的缺陷，让环境权成为公民能够具体操作的实体权利之一，体现环境权入宪的真实价值。

(三)国策与权利的结合：南非宪法环境权条款的设计优势

在1989年至1996年的民主政治改革浪潮中，南非开始了人权保障与平权运动，环境权入宪的历程就此开启。[21] 1993年"临时宪法"首次将环境权作为"权利法案"中列举的公民权利之一，规定"每个人都应该有不影响他们幸福的环境权利"。[22] 随后，南非形成了以"临时宪法"第24条为核心、相关条款为辅助的宪法位阶的环境法律，让环境权具备了完善的司法救济机制。宪法环境权作为南非公民社会经济权利的一部分，它以第24条(a)和(b)两个款项的形式在宪法中确定下来。另外，"临时宪法"第146条、第152条、第184条还包含环境保护的直接规定，第25条、第27条、第32条、第33条和第38条则间接规定了国家有关环境管理的内容。据此，"在实体性权利方面，南非每1位公民均享有环境权与生存权；在程序性权利方面，每1位南非公民亦享有关于环境问题的结社权、知情权、参与权和诉权"。[23]

第一，环境权利人皆有之。"临时宪法"第24条(a)项规定，每一位南非公民都有生活在"无害于"(not harmful to)其健康和幸福的环境中的权利。无害于"健康"或"幸福"是南非宪法位阶的环境法律底线。第二，环境义务必须遵守。"临时宪法"第24条(b)项规定的改善生态环境、提高环境质量、预防污染与生态退化是政府的具体目标，是国家保护生态与资源的环境义务。权利的主体是每1位南非公民，他们是环境权利和义务的承担者，国家则必须履行保护环境的宪法职责；基于"环境信托"理论，今世后代的利益是环境权的来源；合理立法和其它措施是环境权的实现方式，这要求立法、执法和司法机关都要参与宪法环境权的实施，国家必须为环境的保护和改善作出形式上与实质上的双重

---

〔21〕 See Jeremy Sarkin, *The Drafting of South Africa's Final Constitution from a Human-Rights Perspective*, The American Journal of Comparative Law, Vol. 47, No. 1(1999), pp. 67-87.

〔22〕 See Jan Glazewski, *Environmental Provisions in a New South African Bill of Rights*, Journal of African Law, Vol. 37, No. 2(1993), pp. 177-184.

〔23〕 [美]卡尔·布鲁克：《非洲宪法位阶的环境法：赋予宪法条款执行力》，张一粟译，载吕忠梅主编：《环境资源法论丛》(第7卷)，法律出版社2007年版，第325页、第328页。

努力。第三,环境权的实现要求。根据“临时宪法”第 24 条(b)项下设的三方面要求:为了实现和保障环境权,宪法要求国家机关“预防污染和生态退化”“在促进经济和社会合理发展的同时,确保生态上的可持续发展和自然资源利用”“通过合理立法与其他措施保护环境”。第四,促使环境权实现的其他条款。如第 152 条规定环境保护是地方政府的执政目标,第 184 条规定环境权是人权保障所考察的重要内容,“把与生俱来且不能被剥夺的环境利益与社会经济权利一并纳入宪法。”〔24〕同时,第 25 条规定了土地资源及其平等使用权,第 27 条赋予公民水权,第 32 条赋予公民获取国家环境信息的权利,第 38 条赋予作为公民基本权利的环境权以可诉性。

综上,在环境国策和环境权利条款相结合的设计模式下,南非宪法环境权既是一种实体性权利,又是一种程序性权利,相关规定让环境权具备执行力和可诉性。在紧急情况下,环境权受到侵害的公民,可直接向宪法法院提起保障基本权利的宪法诉讼。同时南非宪法和环境基本法还放宽了环境诉讼的主体资格限制,公益团体等均可参与其中。〔25〕

(四)公民与国家的结合:肯尼亚宪法环境权条款的设计优势

相比 1996 年南非宪法环境权条款,2010 年肯尼亚新宪法中有关环境权的内容设置更具特色,它主要由公民环境权利、国家环境责任、环境保护立法指引、环境权司法救济四部分组成,由此形成了一套从权利到责任,从立法到救济的宪法环境权制度。

第一,赋予公民清洁健康的环境权利。《肯尼亚宪法》第四章权利法案第二节“权利与基本自由”的第 42 条“环境”规定,每个人都有获得清洁健康的环境的权利,为了当代与未来世代的利益,必须通过立法或者其他方式,特别是第 69

---

〔24〕 See A. Du Plessis, *Fulfillment of South Africa's Constitution Environmental Right in the Local Government Sphere*, Nijmegen, Wolf Legal Publishers, 2009, p. 15.

〔25〕 参见张小虎:《论新南非的环境法律体系》,载洪永红主编:《非洲法评论 · 2017 年卷》,湘潭大学出版社 2017 年版,第 90 ~ 93 页。

条“国家环境责任”[26]所规定的方式来保护肯尼亚的环境，以此确保公民的环境权，同时，须积极履行第70条“环境权实施”的相关义务。第二，明确国家履行环境责任。《肯尼亚宪法》第五章土地与环境的第二节“环境与自然资源”中规定了国家的具体职责，内容涉及环境与自然资源的可持续开发、利用、管理与保护，森林覆盖率，生物多样性与基因资源保护，环境公众参与与权益分享，环评与监管系统等八大方面，并且每人都有义务与国家机关和他人合作以保护与维护环境，确保生态的可持续发展与自然资源的可持续利用。第三，要求立法机关开展环境保护立法。根据《肯尼亚宪法》第72条“环境立法”，[27]为了进一步推动环境与自然资源的保护，作为肯尼亚最高立法机关的国会应当制定相关法律，以确保本节内容的充分实施，据此，在《肯尼亚宪法》和《环境管理与协作

---

〔26〕 The Constitution of Kenya, Article 69, Obligations in respect of the environment:

(1) The State shall—

(a) ensure sustainable exploitation, utilisation, management and conservation of the environment and natural resources, and ensure the equitable sharing of the accruing benefits;

(b) work to achieve and maintain a tree cover of at least ten percent of the land area of Kenya;

(c) protect and enhance intellectual property in, and indigenous knowledge of, biodiversity and the genetic resources of the communities;

(d) encourage public participation in the management, protection and conservation of the environment;

(e) protect genetic resources and biological diversity;

(f) establish systems of environmental impact assessment, environmental audit and monitoring of the environment;

(g) eliminate processes and activities that are likely to endanger the environment; and

(h) utilise the environment and natural resources for the benefit of the people of Kenya.

(2) Every person has a duty to cooperate with State organs and other persons to protect and conserve the environment and ensure ecologically sustainable development and use of natural resources.

〔27〕 The Constitution of Kenya, Article 72 Legislation relating to the environment: Parliament shall enact legislation to give full effect to the provisions of this Part.

法》[28](环境基本法)的指引下,肯尼亚国会制定颁布了《环境与土地法庭法》,[29]并且设置了环境审判的专门化法庭,受理相关案件。第四,加强和确保环境权的实施与救济。基于第 70 条"环境权实施",当第 42 条赋予的宪法环境权受到侵害或威胁时,则除获得其他法律救济之外,肯尼亚公民还可以向法院申请环境权的救济,法院则必须作出裁决,防止或停止侵害、促使公职人员制止危害环境行为,为环境权受侵害人提供赔偿途径,而且申请人无须证明有实际损失或伤害便可提前司法救济,这就为肯尼亚的环境公益诉讼提供了宪法保障。

综上,肯尼亚的宪法环境权设计更具可操作性:一方面,将公民的环境权利与环保义务相结合,提高了环境保护的公众参与度,有利于配合国家开展环境保护工作,确保公民积极参与,置身其中。另一方面,促使政府积极作为,履行责任。将国家对生态环境与自然资源保护职能以法律清单的形式列举出来,在八大类的环境目标下,国家相关机构权责明晰,在立法、执法和司法上落实环境权的保护。

三、南非宪法环境权的司法救济及其启示

虽然南非与肯尼亚对公民环境权的救济途径不尽相同,但二者的救济方式仍存在极大的相似性。"南非宪法规定环境活动不得影响人类健康与幸福,在宪法中赋予公民环境权,并以基本权利的方式促使国家履行环境保护的责任。"[30]肯尼亚则在宪法中进一步明晰了国家环境保护的目标,以公民权利义务与国家责任相互结合的方式,为宪法环境权赋予了可诉性的司法救济保障。《肯尼亚宪法》第 42 条规定:"每个人都有权享受干净和健康环境,包括:(a)通

〔28〕 Environmental Management and Co-ordination Act 8 of 1999.

〔29〕 Environment and Land Court Act 19 of 2011.

〔30〕 See T Winstanley, "Entrenching Environmental Protection in the New Constitution", *South African Journal of Environment Law and Policy* 16, 1995, p. 87.

过立法和其他措施，特别是第 69 条所设想的措施，保护环境，以造福今世后代。"[31]随后，《肯尼亚宪法》在第 70 条中对该项权利的实施进行了规制，赋予了公民依据该法条进行诉讼的权利。可见，南非和肯尼亚的宪法环境权之所以成为非洲国家乃至世界各国环境权条款设计的典范，在于其融合了环境基本权利条款和环境基本国策条款的设计模式，在注重救济环境程序性权利的同时，尽力保障环境实体性权利，由此产生了良好的环境权司法实践效果。南非甚至还将公民环境权的保障提升至人权保护的高度，以人权委员会审查和监督公民基本权利落实情况为手段，将司法救济与其他监督相结合，赋予宪法环境权以可诉性，以真正保障公民环境权利、督促国家履行环境保护责任。

（一）实体性权利救济：环境保护与经济发展兼顾并重

如何处理经济发展与环境保护的关系，是非洲各国现代化进程中的棘手问题。《南非共和国宪法》第 24 条环境权和相关司法实践已经明晰了二者之间的关系，即政府有促进经济与社会发展的责任，但其前提是国家必须履行环境保护的义务。在"史蒂芳登水务与林业局局长诉史蒂芳登金矿公司案"[32]中，史蒂芳登金矿公司因采矿导致地下水污染，由此被史蒂芳登水务与林业局要求停业整改。水务与林业局局长向法院申请法院令，要求金矿公司提供其遵守了《国家环境管理法》的证明文件，但该公司收到法院令后仍然怠于执行，并认为水务与林业局局长无权决定矿业企业的社会责任类型。然而，法院在判决时以《南非共和国宪法》第 24 条"国家在促进经济和社会合理发展的同时，确保生态上的可持续发展和自然资源利用"[33]为依据。同时，援引"三重底线投资理论"（triple-bottom line），要求企业在投资活动中，兼顾经济收益、环境保护和社会责

---

[31] The Constitution of Kenya, Article 42, Environmental:

Every person has the right to a clean and healthy environment, which includes the right—

(a) to have the environment protected for the benefit of present and future generations through legislative and other measures, particularly those contemplated in Article 69; and

(b) to have obligations relating to the environment fulfilled under Article 70.

[32] Stilfontein Minister of Water Affair and Forestry v. Stilfontein Gold Mining Co. Ltd. 2006(5) SA 333(W).

[33] 孙谦、韩大元主编：《世界各国宪法 · 非洲卷》，《世界各国宪法》编辑委员会编译，中国检察出版社 2012 年版，第 677 页。

任。据此,法院判决史蒂芳登金矿公司履行环境保护的社会责任,并且要求其立即提交遵守了环境基本法的证明材料。综上,本案以环境实体性权利的救济为特征,通过《南非共和国宪法》第24条环境权第(iii)目的规定,要求国家相关机构积极开展环境行政许可的审批与核查,约束企业或个人的环境违法行为,让国家平衡环境保护与经济、社会发展的关系,确保在经济和社会发展的过程中保护生态环境。

在肯尼亚,实体性权利的救济同样得到相当程度的重视。在"克莱门特·卡瑞乌奇诉肯尼亚林业局案"[34]中,被申请人肯尼亚林业局于2012年6月14日在《国家日报》上发出通知,号召个人和有兴趣的机构申请国家林场的特许权,每个地块面积在1000~12,000公顷。申请人认为,被申请人的行为除非受到限制,否则可能会导致严重后果,对环境、经济和动植物造成严重伤害,且这一行为所带来的对森林管理和森林使用的影响将不利于肯尼亚森林社区的生存与发展。最终,宪法法院法官支持原告这一主张,认为尊重和支持环境是宪法的价值观和原则之一,肯尼亚林业局的这一举动会对森林造成不利影响,因此法院判定禁止被申请人采取进一步行动实施该广告的命令。本案中的法官在审理该案时,依据《肯尼亚宪法》第42条作出了判决,正是肯尼亚将宪法赋予公民的实体性权利进行救济的体现。由此可见,《肯尼亚宪法》第42条并不仅仅是一条宣示性的口号,在之后的程序规则的武装下,已经完成了宪法法条设置的初衷。

(二)程序性权利救济:环境信息披露是政企的义务

环境信息的披露义务来自《南非共和国宪法》第24条环境权与第32条知情权的结合,在南非,因未履行环境信息公开义务而产生的环境权救济诉讼较为常见。在"豪登省矿产开发部长诉拯救瓦尔河环境组织案"[35]中,原告获得了政府颁发的矿业开发许可,即将在在瓦尔河附近进行露天采矿,但环保NGO"拯救瓦尔河环境组织"希望从生态环境保护的角度,反对豪登省矿业开发部长

---

[34] Republic v. Kenya Forest Service Exparte Clement Kariuki & 2 Others [2013] eKLR, Judicial Review 285 of 2012.

[35] The Director: Mineral Development, Gauteng Region v. Save the Vaal Environment 1999(2) SA 709(SCA).

颁布采矿许可,根据《南非共和国宪法》第24条、第32条,[36]以及《南非共和国国家环境管理法》第31条和《南非共和国促进行政公正法》第3条[37]的规定,南非上诉法院判决豪登省矿产开发部撤销矿业许可。因为,政府机关必须在行政执法与决策过程中遵守"程序公正"原则并履行环境信息公开的义务。

《肯尼亚宪法》同样将环境权与公民的知情权进行结合,从程序到实体上对环境权进行保障。依然在"克莱门特·卡瑞乌奇诉肯尼亚林业局"一案中,申诉人的另一项申诉理由就在于其认为肯尼亚林业局的通告令申请人"感到意外",因为被申请人并没有向公众提供任何有关如何作出这项决定的信息。申请人并不知道在发出本通告前曾进行任何环境影响评估,林业局也没有邀请申请人发表意见。基于《肯尼亚宪法》第10条,[38]申请人认为林业局的此条通告是违宪的,应当予以撤销。尽管林业局就此项诉求作出了回应,但是审理法官认为,程序正义是法院最为关心的要素之一。遵从合法程序程序作出的决定,法院将不会干预。而本案中被申请人在作出决定时有滥用自由裁量权的嫌疑,罔顾了公民的知情权。因此,判定肯尼亚林业局撤销该项决定。

---

[36] The Constitution of South Africa, Article 32 Access to infornnation:

(1) Every has the right of access to—

(a) any information held by the state; and

(b) any information that is held by another person and that is required for the exercise or protection of any rights.

(2) National legislation must be enacted to give effect to this right, and may prouide for reasonable measures to alleviate the administrative and financial burden on the State.

[37] 《促进行政公正法》第3条第1款规定:"对某人权利或立法预期造成显著和不利影响的行政行为,必须具备程序公正。"

[38] The Constitution of Kenya, Article10 National values and principles of governance:

(2) The national values and principles of governance include—

(a) patriotism, national unity, sharing and devolution of power, the rule of law, democracy and participation of the people;

(b) human dignity, equity, social justice, inclusiveness, equality, human rights, non-discrimination and protection of the marginalised;

(c) good governance, integrity, transparency and accountability; and

(d) sustainable development.

综上,根据南非和肯尼亚宪法、环境基本法等规定,每个人皆有权生活在无害于其健康与幸福的环境中,并且皆有权获取国家持有的信息。由此,每一位南非和肯尼亚公民有获取国家所持有的“是否无害于其健康与幸福”的环境信息之权利。同时,公民获取环境信息的权利也成了宪法环境权中一项颇具代表性的程序性权利。

(三)环境公益诉讼:宪法环境权是环境公益诉讼的客体

根据《南非共和国宪法》第24条环境权条款以及南非宪法法院对环境权救济的诉讼实践,形成了以宪法环境权保障为权利客体的环境公益诉讼制度。无害于公民“健康与幸福”的环境实体性权利,以及信息获取等程序性权利,这些都是环境权司法救济的重要内容。另外,上诉法院和宪法法院在司法判例中对环境权的解释,反过来也促进了宪法环境权的实施和环境公益诉讼的发展。由此,在环境公益诉讼的主体资格上,既有法律未做太多的限制。《南非共和国宪法》第38条规定,任何个人和集体在环境权利受到侵害时均可进行诉讼维权,在环境公益诉讼主体资格上亦采取宽泛的规定,几乎所有的合理请求人都能够成为环境公益诉讼的原告。于是,南非环境公益诉讼原告资格开始突破“直接利害关系”原则的限制,转而关注原告环境权利是否受到实质性损害。在“健康与福利部部长诉伍德卡波公司案”[39]中,法院以被告未经许可的排放侵犯了相邻人的环境权为由,驳回了初审法院作出的原告缺乏诉讼主体资格的判决。此外,为配合宪法环境权对环境公益诉讼主体资格放宽的规定,作为环境基本法的南非《国家环境管理法》进一步扩大了提起环境公益诉讼的主体资格,原告甚至不再需要证明自身的环境权利受实质损害或损害威胁,几乎所有的合理请求人都获得了环境公益诉讼的原告资格,具备可诉性的宪法环境权成为环境公益诉讼的客体,而诉讼主体亦相对宽泛。

《肯尼亚宪法》亦有关于环境公益诉讼的规定。根据《肯尼亚宪法》第70条中环境权利实施的相关规定,如果1个人认为其基于《肯尼亚宪法》第42条所享有的权利,正在或可能被忽视、被侵犯或受到威胁,可以到法院申请赔偿,而无须证明任何人曾遭受损失或受伤。在该法条的语境下,适格提请环境诉讼的人不仅局限于权利受到侵害或者面临被侵害威胁之人,而是所有基

---

〔39〕 Minster of Health and Welfare v. Woodcarb (Pty) Ltd and Another 1996 (3) SA 155 (N).

于合理理由认为环境权利将被破坏的人。该项规定使环境权在更严格的背景下得以运行,强化了宪法环境权的立法目的。正是南非和肯尼亚的此种规定才促使了两国环境公益诉讼的兴起,在救济权利的同时保护了生态环境。

四、结　　语

通过对非洲国家宪法环境权的比较研究发现,非洲大陆法系国家是环境权入宪主力军。但是环境权入宪并非解决生态环境恶化的决定性手段,只有赋予宪法环境权以可诉性并通过司法诉讼构建起一套环境实体性权利和程序性权利的保障与救济机制,如此方能实现立法改善生态环境的目标。目前,大多数国家仍采用宣示性条款将环境权写入宪法,但从这一类型的非洲各国宪法环境权的实效来看,因约束力不强、可诉性不足等缺陷,以宣示环境基本国策为模式而设计的宪法环境权条款并未给这些国家带来生态环境治理的实质性转变。然而,南非和肯尼亚的经验表明,在环境基本国策的引导下,以公民环境权利、义务与国家环境保护责任相结合的方式设计宪法环境权条款较为合理,同时明晰政府的环境目标,为环境权的实施构建可诉性的权利救济机制:其一,以宣示性的基本国策条款为本国的环境立法和环境政策提供指引;其二,以权利义务复合型条款设计宪法环境权,让环境权上升为公民的宪法基本权利,更是他们的自身义务,同时还是国家履职的具体体现,由此予以其可诉性保障,构建人权监督机制。综上,南非和肯尼亚宪法环境权的条款设计和权利架构可以为其他呼吁环境权入宪的国家提供有益参考:既赋予公民环境权义,又设置国家环保责任;既宣示环境基本国策,又细化环境保护措施;既注重程序性权利的救济,又关注实体性权利的保障。最终,在立法上,宪法环境权是环境立法的最高渊源;在执法上,宪法环境权有效衔接环境管理机关的行政执法活动;在司法上,宪法环境权是环境公益诉讼的客体,也是扩大环境公益诉讼主体资格的宪法依据。

Comparative Study on Constitutional Environmental Right of African Countries—Also on the Enlightenment of South Africa's Constitutional Environmental Right

Zhang Xiaohu

Abstract: Since the 1990s, African countries had started the exploration of putting environmental right into the Constitution, and while each country had undergone three waves of been put into constitutional, the clause design of the environmental rights of the constitution had been constantly improved and the rights were constantly enriched. Kenya, Republic of Congo and some other countries even endowed judicial relief procedure to the constitutional environmental right, so that it could be litigable. The constitutional environmental right of African countries provides an effective model for comparative environmental law studies. By comparison, the South African is a model of putting environmental right into the Constitution among African country. Article 24 of constitution and relevant provisions give every citizen the right to an environment that is not harmful to their health or well-being, and raise the environmental right to the level of human rights protection. It requires countries to take the responsibility of environmental protection, to clarify the relationship between economic development and environmental protection, and also declared for the prevention of pollution, promote conservation and the sustainable development principle in the form of the constitution, which became South Africa's environmental legislation guidance. At the same time, a series of constitutional provisions have established a litigable relief mechanism for environmental rights, which guarantees the rights of environmental substantive rights as the basic rights of citizens, as well as procedural rights such as the right to know about environmental information, which has become the object of South Africa's environmental public interest litigation, and also provides a constitutional basis for the liberalization of the qualification of public interest litigation. Therefore, the South Africa's constitutional environmental right has rich theoretical value and practical enlightenment.

Key words: African Countries; Constitutional environmental right; Comparative study; Judicial remedy; South Africa

新时代中国劳动权利体系的内在逻辑及其构成*

陈永福**

内容摘要：

劳动权利体系并非是对劳动权利进行简单的分类和组合，其是依据一国劳动权利体系的内在逻辑将不同种类的劳动权利组成一个有机联系的整体。新时代中国劳动权利体系蕴含着深刻的内在逻辑：实现劳动者全面发展是逻辑起点，促进劳动者与劳动法治共同体的互动是逻辑目标，明确劳动权利体系的结构安排是逻辑路径。遵循这一内在逻辑，中国劳动权利体系应当由劳动权利价值体系、劳动权利规范体系和劳动权利运行体系三个要素所构成。劳动权利价值体系的意义在于将旨在促进劳动者全面发展的权利纳入劳动权利规范体系，劳动权利规范体系的宗旨是明确劳动法治共同体各成员的权利和义务，而劳动权利运行体系的功能则是促进劳动者与劳动法治共同体的互动。

关键词：

劳动权利　劳动权利体系　内在逻辑　体系构成

---

* 本文系国家社科基金一般项目“经济法法理学基本问题研究”（18BFX145）；江西省高校人文社会科学青年项目“集体劳动关系治理的法治化路径研究”（FX1514）；江西科技师范大学青年拔尖人才项目“分享经济视域下劳动关系治理的法治化路径研究”（2016QNBJRC010）的阶段性成果。

** 西南政法大学经济法学院博士研究生，江西科技师范大学法学院副教授，硕士研究生导师。

一、问题的提出

作为一个具有多重含义和规范指向的范畴,劳动权利一直以来就是宪法学者和劳动法学者所关注的课题。宪法学者视野中的“劳动权利”所指向的规范是我国《宪法》第42条第1款“中华人民共和国公民有劳动的权利和义务”,而劳动法学者则是以我国《劳动法》第3条“劳动者享有平等就业和选择职业的权利、取得劳动报酬的权利、休息休假的权利……”为规范文本来研究劳动权利。本文所探讨的“劳动权利”,是以我国《劳动法》第3条为法规范依据,特指劳动者依照劳动法所应享有的权利。在劳动权利的研究工作中,劳动权利体系问题尤为重要。只有将不同性质的劳动权利加以整理和分类,使之形成一个系统的体系,不同的劳动权利才能在这个体系里各得其所,将各自的价值展现出来。劳动法学构建劳动权利体系的任务在于:一是罗列出符合劳动法本质的权利形态,二是明确不同种类的劳动权利以及同种类的不同劳动权利之间的逻辑互助关系。完成这一任务的首要前提是明确劳动权利体系的内在逻辑和构成,因为对劳动权利体系之内在逻辑及构成的研究能够为劳动权利体系的建构提供有益的理论支持,并且可以使劳动权利体系更加契合一国当下的时代特征。这是探究劳动权利体系的内在逻辑及其构成的实益所在。

在劳动法学界,多年来具有不同学科背景的学者著书立说,力图实现突破,但总体来看,当前的劳动权利体系研究呈现“碎片化”和“西化”的态势。所谓“碎片化”,是指大多数学者只是在对那些所谓的最重要的劳动权利进行排列组合,缺乏对不同类别的劳动权利之间的逻辑关联的研究。所谓“西化”,是指盲目借鉴。这主要表现在国内学者往往深受西方自由主义权利观的影响,将劳动权利上升到人权的高度来研究,忽视了从人权到劳动权利转换的特有规律,这种研究大多是对国外制度的简单移植,缺乏对劳动权利体系与社会系统、社会机制之间的互动关系进行的深入理论研究,从而无法把握中国劳动权利体系运行的本质规律。鉴于此,立足于当下中国的劳动关系现状,从理论上探究劳动权利体系的内在逻辑及其构成将是一个既具理论价值又有实践意义的课题。

整体主义方法论为消除此种“碎片化”与“西化”的研究现状提供了恰好的思维方式。整体主义方法论将整体作为分析、解决问题的基本单位,强调借助整体研究来分析事物的全貌。[1] 依照整体主义思维,人天生是“社会人”,而不是孤立的个人,权利就是共同体社会关系的体现。[2] 从这种意义上讲,劳动权利的享有者与其说是单个劳动者,还不如说是“劳动法治共同体成员”,劳动权利应该是指劳动者参与劳动法治共同体各项组织活动的权利及据此所产生的利益,因此,追问劳动者、劳动法治共同体、劳动权利体系之间的逻辑关联将有助于探究劳动权利体系的内在逻辑及其构成。由于劳动权利体系的内在逻辑与劳动权利体系的构成存在密切联系,因此要想探究劳动权利体系的构成要素以及各要素之间的逻辑关系就必须首先明确劳动权利体系所蕴含的内在逻辑。基于此,本文结构如下:(1)对学界有关劳动权利体系之内在逻辑的分析进行梳理和反思;(2)以整体主义方法论为分析工具,结合我国劳动关系现状,剖析新时代中国劳动权利体系的内在逻辑;(3)探究我国劳动权利体系的构成元素以及各元素之间的有机联系。本文并非企图建构一座宏达的理论大厦,也无意探究构成劳动权利体系的具体劳动权利形态,而是旨在回归“劳动权利体系是什么”和“劳动权利体系的构成元素”等元问题,找寻契合中国国情的劳动权利体系理论。

二、中国劳动权利体系理论的困境

我国《劳动法》第 3 条逐一列举了劳动者的基本权利,但并没有依据权利体系的内在逻辑进行分类,也未明确不同劳动权利之间的逻辑关联。因此,我们只能从学界对劳动权利的分类来认识和了解我国现有的劳动权利体系。通过对相关研究成果的梳理和提炼,可以看出劳动法学界主要从以下几个视角来研究劳动权利体系:其一是人权角度。这类学者将劳动权利视为是人权的重要组成部分,进而用建构人权法律体系的方法来建构劳动权利体系。代表性研究有:冯彦君的《劳动权论略》,秦国荣的《劳动权的权利属性及其内涵》。冯教授认为,劳动权利具有生存权和发展权的双重属性,劳动权利在狭义层面包含工

---

〔1〕 参见夏代云、何泌章:《社会科学的个体主义与整体主义》,海南出版社 2011 年版,第 25 页。

〔2〕 参见赵迅:《法治转型中“人”的定位探究——个体主义还是整体主义》,载《政治与法律》2012 年第 11 期。

作权、职业安全权、获取报酬权、休息权、团结权和社会保障权等。[3] 秦教授认为,只有将劳动权利与劳动者的公民身份联系起来考察才能正确理解劳动权利的内涵,劳动权利是指劳动者作为一个公民所享有的法律规定的公民所应享有的权利,其将劳动权利分为就业权、劳动契约权、工资权、人身权和社会权利等。[4] 其二是功能角度。这类学者是从劳动权利的功能出发来研究劳动权利的分类和组成。代表性研究有:陈步雷的《以劳权看待发展——劳权的权利论与功能论的多维度解释框架》。陈教授认为,研究劳动权利的功能在本质上是将劳动权利当作一种分配机制和社会关系的调整器,其将劳动权利分为目的性劳动权利和工具性劳动权利,目的性劳动权利包括获取劳动报酬权、职业安全权、社会保障权、发展权等,工具性劳动权利包括参与权、劳动三权和提起诉讼权等。[5] 其三是类型化研究角度。这类学者将类型化的形式与具体权利形态的描述结合起来,以此构建中国的劳动权利体系。代表性研究有:常凯的《劳动法调整对象再认识与劳动法学科重塑》、曹燕的《反思与重构:劳动者权利概念的类型化研究》等。常教授将劳动权利称为"劳权",其将劳权定性为社会权利,并认为劳权应当是一个权利体系,这个权利体系在类型上可以划分"集体劳动权"和"个别劳动权",其正是根据此种分类来对劳动权利进行体系化研究。[6] 曹教授将劳动权利的类型化研究向前推进了一个层次,其将劳动者公民身份作为劳动者权利体系构建的"主导形象",认为劳动者在劳动关系中的身份存在多重性,即"自由人"、"政治人"和"社会人",其正是根据劳动者身份的多重性来设计劳动者权利的内容。[7]

从以上梳理可以看出,大多劳动法学者是通过阐述劳动权利的内涵来建构劳动权利体系,有学者认为劳动权利属于人权的重要组成部分,有学者关注到

---

〔3〕 参见冯彦君:《劳动权论略》,载《社会科学战线》2003 年第 1 期。

〔4〕 参见秦国荣:《劳动权的权利属性及其内涵》,载《环球法律评论》2010 年第 1 期。

〔5〕 参见陈步雷:《以劳权看待发展——劳权的权利论与功能论的多维度解释框架》,载《中国劳动关系学院学报》2009 年第 4 期。

〔6〕 参见常凯:《劳动法调整对象再认识与劳动法学科重构》,载《法学论坛》2012 年第 3 期。

〔7〕 参见曹燕:《反思与重构:劳动者权利概念的类型化研究》,载《河南财经政法大学学报》2013 年第 1 期。

了劳动权利的社会权方向,还有学者意识到劳动权利是劳动者作为公民所应享有的基本权利,但少有学者将这些权利范畴结合起来进行系统性的研究。此外,大多学者都以劳动权利的内容来对劳动权利进行简单的分类与列举,这些学者认为劳动权利的体系化过程可以分为两个独立的阶段:首先是对劳动权利进行分类,然后再确定各类劳动权利的具体形态。就方法论而言,这种劳动权利体系建构的方法属于体系构造的"涌现式图式",这类学者(涌现论者)认为劳动权利体系先于劳动权利而存在。结构主义者对此种建构方法提出了强有力的批评,其认为,整体并非是诸先决成分的简单组合,如果将整体视为先于成分,那么就有忽视体系组成规律的危险。[8] 实际上,依照结构主义,实在法层面的劳动权利体系并非从一开始就被建构,从人权到劳动权利体系的转换定然有复杂的过程,并要遵守特定时空下的转换规律。[9] 这种建立在劳动权利分类基础之上的劳动权利体系缺乏明确的逻辑起点,致使劳动权利体系结构松散,从而导致不同劳动权利之间缺乏逻辑关联。这种体系建构的方法容易忽略一国劳动权利体系所蕴含的特有的内在逻辑,从而很难弄清楚劳动权利体系的组成元素以及各组成元素之间的逻辑互助关系,最终导致劳动权利体系很难实现其应当承载的时代使命。具体而言,当前劳动权利体系理论的困境主要表现在以下几个方面:

首先,劳动法学者论述的劳动权利体系实际上是一种理想状态的权利分类体系,这种理解不仅是一种理论的先验,同时也忽视了中国劳动权利体系所承载的价值的独特性。受西方自由主义权利理论的影响,学界通常借助法理学和宪法学中抽象的权利理论来对劳动权利进行权利论和伦理学的研究,给劳动权利贴上"宪法"和"劳动法"的双重标签,甚至有学者将劳动权利上升到人权的高度来研究。这种研究方法主要是依靠法理的推理,旨在追求人类法治文明的共同进步,体现了对普适性原则的遵循,但极易忽视劳动权利得以生成的社会来源,从而只能将劳动权利体系的建构停留在理想层面。因为劳动法本身是一个社会现象,作为劳动法的核心范畴,劳动权利体系当然也属于一个社会现象,这意味着劳动权利体系与社会机制存在密切的联系,劳动权利体系建构于一定

---

〔8〕 参见[英]A. J. M. 米尔恩:《人的权利与人的多样性——人权哲学》,夏勇等译,中国大百科全书出版社1995年版,第5页。

〔9〕 参见[瑞士]皮亚杰:《结构主义》,倪连生等译,商务出版社1984年版,第6页。

的社会事实之上并且和社会机制、社会过程存在互动关系，如果疏于对这种互动关系的研究，将很容易忽视劳动权利体系运行的现实基础，从而无法真正把握劳动权利体系的内在价值。

中国特色的政治、经济和社会结构决定了我国和西方国家的劳动权利体系承载着不同的价值。具体来讲，西方国家建构劳动权利体系的宗旨是通过确立劳资博弈机制消除劳动关系的从属性，而我国劳动权利体系的价值却应当是矫正因劳动关系的从属性而带来的不良后果，并非要从根本上去消除从属性本身。〔10〕二者存在质的区别的原因在于导致劳动关系具有从属性特征的因素不同。在西方国家，由于资本家和劳动者具有天然的不平等性，因而劳动关系的从属性是资本主义市场经济发展的自然的、必然的结果，而我国市场经济却是在逐渐脱离计划经济体制的过程中日益形成和发展壮大的，是国家体制改革的重要成果，也即，用人单位和劳动者之间的不平等地位不是天然的，也不是市场经济发展的自然结果，而是国家体制性安排的产物。〔11〕例如，我国特有的城乡二元户籍制度、二元经济结构、二元社会保障制度以及区域的不均衡发展导致劳动者，特别是广大农村劳动者对用人单位存在依附性。正因如此，以西方自由主义权利论为建构逻辑的劳动权利体系不能从根本上消除因劳动关系的从属性所带来的不良后果，只有正视我国特有的国情，借助政治、经济、社会的全面发展才能实现这一目的，这意味着我国劳动权利体系所承载的价值不仅仅是要实现对广大劳动者的保护，还要促进社会的整体发展。

其次，既有研究未从根本上把握劳动权利体系的结构逻辑。权利体系的结构是对组成权利体系的要素的具体描述，由于权利体系的要素可分为权利的分类和不同种类的权利之间的关系，〔12〕因此，劳动权利体系的结构不仅是对劳动权利分类的确认，而且还是对不同类型的劳动权利之间的互助关系的安排。然而，国内大多劳动法学者是从劳动权利分类的角度来论述劳动权利体系，少有关注不同种类的劳动权利之间的逻辑关系。具体来讲，学界通常将劳动权利分

---

〔10〕　参见董保华：《劳动法律与人力资源管理的和谐共存》，载《浙江大学学报》（人文社会科学版）2008 年第 4 期。

〔11〕　参见董保华：《名案背后的劳动法思考》，法律出版社 2012 年版，第 14 页。

〔12〕　参见刘茂林、秦小建：《论宪法权利体系及其构成》，载《法制与社会发展》2013 年第 1 期。

为个别劳动权利和集体劳动权利。其中,个别劳动权利是指可以由劳动者个人行使的劳动法上的权利,主要包括工作权、获得报酬权、休息休假权、获得劳动安全卫生和保护权、接受职业技能培训权、提请劳动争议处理权,等等;集体劳动权利则是由劳动者团体行使的劳动法上的权利,主要包括结社权、集体谈判权、罢工权、参与权等。理论界针对个别劳动权利和集体劳动权利做了较多的研究,但对个别劳动权利和集体劳动权利的关系却少有研究。

最后,劳动法学者对劳动权利体系的论述往往割裂了劳动权利与劳动法治共同体的逻辑关联,从而无法把握劳动权利的真正内涵及其实现的特有规律。众所周知,人的本质是一切社会关系的总和。〔13〕 从法社会学角度看,权利是指人参与共同体各种社会关系的资格和借此获得的利益,体现了人们在交往过程中的利益结构关系。〔14〕 由此可知,劳动权利是指劳动者参与劳动法治共同体各种社会关系的资格和据此得到的利益,体现了劳动法治共同体成员在交往互动中的利益结构关系。劳动权利的内涵决定了劳动权利体系的目标是促进劳动法治共同体成员之间的互动,而实现这一目标的前提是确定劳动法治共同体的成员组成。劳动法治共同体的成员至少包括国家、工会、用人单位和劳动者,学界对此已基本达成共识,但对成员之间的互动关系却关注得不够,少有的研究也往往局限于成员之间的单向关系,将劳动者对劳动权利的享有视为一个静态的模式化过程,强调国家在立法、执法和司法过程中的重要意义,但忽视了用人单位及劳动者对国家立法、执法和司法的能动反应。

由上可见,当前的劳动权利体系研究对处于新时代的中国社会还缺乏理性的认识,尚没有形成一套适合中国国情的劳动权利体系理论。尤其是自党的十九大提出“新矛盾”以来,劳动法学界尚未作出有针对性的回应。新时代我国需要一个体系完备、遵循体系构建逻辑,并能反映广大劳动者诉求的劳动权利体系理论,使我国劳动权利体系能够承担起促进劳动者全面发展的时代使命。

---

〔13〕 马克思、恩格斯:《马克思恩格斯选集》(第 1 卷),中共中央马克思恩格斯列宁斯大林著作编译局编译,人民出版社 1995 年版,第 56 页。

〔14〕 参见[瑞士]皮亚杰:《结构主义》,倪连生等译,商务出版社 1984 年版,第 143 页。

三、新时代中国劳动权利体系的内在逻辑

前述分析表明，劳动权利体系的真正价值并不是对单个劳动权利的一一列举，劳动权利体系也并非一开始就被建构，被西方现代劳动法作为劳动权利体系建构逻辑的“人权”概念并不是普适性的，必须结合中国的国情进行话语改造才能认清中国劳动权利体系所承载的使命，从而才能探究出中国劳动权利体系的内在逻辑及其构成。遵循体系构建的内在逻辑，劳动权利体系蕴含了逻辑起点、逻辑目标和逻辑路径三个逻辑要素。逻辑起点体现了劳动权利体系的价值追求，是劳动权利体系建构的基础，逻辑目标是对逻辑起点的深化与落实，而逻辑路径是对逻辑起点和逻辑目标的保障。

（一）劳动权利体系的逻辑起点：实现劳动者全面发展

逻辑起点对于劳动权利体系的建构具有基础性的意义，是劳动权利体系建构逻辑的基本元素。作为劳动法的核心范畴，劳动权利体系承载了劳动法的使命，从某种程度上讲，探究劳动权利体系的逻辑起点就是对劳动法本质的揭示。劳动法的宗旨是保护劳动者的权益，这一点毋庸置疑，但如何实现对劳动者权益的保护却是一个深层次的理论和实践问题。对于此问题，大多学者主张借助倾斜性的劳动立法来构建劳资博弈机制，以此消除劳动关系的从属性，从而实现劳资利益的平衡，立法者实际上也遵循了这一思路。然而，这种立法理念和制度模式却未产生理想的效果，劳资矛盾并未因劳动立法的增加而得以明显缓和，时常出现有规则而无秩序的现象。究其原因在于劳动法学者和立法者忽视了劳动法治系统与中国特有的政治、经济、社会、文化等诸多系统之间的能量交换关系。根据“社会结构功能主义”理论，[15]劳动法作为一个系统，其功能的发挥依赖于一国政治、经济、社会等各领域的全面发展。只有借助社会的全面发展才能使广大劳动者具备充分的发展能力，以此去获得更多的实质自由，从而使劳动者能够自由地去支配、处分和享受权利。为此，阿玛蒂亚·森的发展理

〔15〕“社会结构功能主义”理论是由帕森斯首次提出，依据该理论，法律不仅与政治、经济、文化、社会等诸多系统密切关联，其还会对后者的发展产生重要的影响。参见［德］瓦尔特·穆勒耶思奇：《劳动关系的理论方法》，载［美］布鲁斯·考夫曼：《工作与雇佣关系的理论视角》，伊利诺伊州香槟市：劳动关系研究协会2004年版，第16页。

论强调,可行能力与权利是手段与目的的关系,可行能力是权利得以实现的根本前提。〔16〕 我国劳动法治之所以会出现有法律而无秩序的现象,根本原因不是由于劳动者权利的缺失,而是因为我国特有的政治、经济、文化、社会制度使得广大劳动者缺乏支配权利的能力。

党的十九大提出,我国社会主要矛盾已经转化为人民日益增长的美好生活需要和不平衡不充分的发展之间的矛盾。实现劳动者美好生活的愿望意味着新时代劳动权利体系的使命不仅仅是实现对劳动者生存权的保障,更要调动广大劳动者的积极性、主动性和创造性,使每个劳动者都能有尊严地发展自我和奉献社会,共同享有人生出彩的机会。国务院新闻办公室发表的《发展权:中国的理念、实践与贡献》白皮书对人民的发展权予以了高度的肯定。〔17〕 中共中央、国务院《关于构建和谐劳动关系的意见》指出:"统筹处理好促进企业发展和维护职工权益的关系,调动劳动关系主体双方的积极性、主动性,推动企业和职工协商共事、机制共建、效益共创、利益共享。"〔18〕党中央、国务院的一系列文件和精神,指出了新时代劳动法的本质就在于促进社会的全面发展,以此提高劳动者的发展能力。经历了由自由权、生存权到发展权的代际更替的世界人权运动史以及法律发达史也能够说明,权利体系并不仅仅是消极地、被动地解决争议的工具,还承载着促进合作与发展的使命。〔19〕 近年来,法学界也有部分学者开始关注法律的发展功能,并对法学的发展理论进行了较深入的研究。例如,张守文教授对经济法学的发展理论进行了初探,提出了"发展型经济法更要关

---

〔16〕 "可行能力"指的是一个人所拥有的、享受自己有理由珍视的那种生活的实质自由,这些实质自由包括政治自由、经济条件、社会机会、透明性保证、防护性保障。自由不仅是发展的首要目的,也是发展的主要手段,一个人只有具备了可行能力,才能自由地去支配和享受权利。参见[印]阿玛蒂亚 · 森:《以自由看待发展》,任赜、于真译,中国人民大学出版社 2013 年版,第 31 页、第 85 页。

〔17〕 国务院新闻办公室:《发展权:中国的理念、实践与贡献》,载《人民日报》2016 年 12 月 2 日,第 1 版。

〔18〕 国务院:《中共中央国务院关于构建和谐劳动关系的意见》,载《人民日报》2015 年 4 月 9 日,第 1 版。

〔19〕 参见徐显明:《世界人权的发展与中国人权的进步——关于人权法律史的理论思考》,载《中共中央党校学报》2008 年第 2 期。

注主体的发展能力”的观点，[20]关保英教授从行政法治与社会系统、社会机制以及社会过程的能量交换关系的角度探究了行政法学的发展理论。[21] 综上，新时代我国劳动权利体系的逻辑起点是实现劳动者全面发展。

（二）劳动权利体系的逻辑目标：促进劳动者与劳动法治共同体的互动

据前文所述，劳动权利体系的逻辑起点是实现劳动者全面发展，如何实现这一目标？依据马克思社会共同体思想，社会共同体作为一个有机整体，是由变化着的、处于不同领域、扮演不同角色、发挥不同功能的个体所构成，在这个共同体中，个体之间以及个体与共同体之间存在有机的依存关系。[22] 这预示着劳动者对劳动权利的享有绝不是一个单向的、静态的模式化过程，其中必然隐含着劳动者与劳动法治共同体之间权利互助的逻辑。对此，博登海默指出，人性集中表现为个体性和社会性两个对立统一的层面，个人无法单凭自身的努力去实现其所珍视的价值，需要其他人能够意识到他的欲求。[23] 马克思的“幸福”理论为劳动者与劳动法治共同体的互动提供了哲理依据。马克思认为，单个的孤立的个人无法进行交往活动，也无法获得真正的幸福。[24] 也就是说，人作为幸福主体，其幸福感与现实的社会交往关系是不可割裂的，正是在这种现实的社会交往关系中，人才有可能获得自由与解放，才有可能实现幸福。因此，促进劳动者与国家、用人单位、工会以及其他组织和个人等劳动法治共同体成员之间的互动是促进劳动者全面发展的必由路径，也是劳动权利体系的逻辑目标。

将促进劳动者与劳动法治共同体的互动作为劳动权利体系的逻辑目标，这既是理论推导的结果，也是由我国的现实国情所决定的。从劳动立法的宗旨和范式来看，我国现有的劳动权利体系主要是出于保护劳动者实体性权利的目的来设计的，并且坚持了形式法范式和福利法范式的结合。在这种理念的指引

---

〔20〕 参见张守文：《经济法学的发展理论初探》，载《财经法学》2016 年第 4 期。

〔21〕 参见关保英：《行政法治社会化的进路》，载《法学》2015 年第 7 期。

〔22〕 参见《马克思恩格斯全集》（第 46 卷），人民出版社 1979 年版，第 220 页。

〔23〕 参见［美］E. 博登海默：《法理学：法律哲学与法律方法》，邓正来译，中国政法大学出版社 2004 年版，第 6 页。

〔24〕 参见马克思恩格斯：《马克思恩格斯选集》（第 1 卷），中共中央马克思恩格斯列宁斯大林著作编译局编译，人民出版社 1995 年版，第 60 页。

下,立法者将劳动法分为劳动基准法、个别劳动法和集体劳动法,立法机关的主要职责是制定劳动基准,政府的主要职责是对劳动基准进行劳动监察,而在个别劳动法和集体劳动法中,则是将权利交给劳动者和工会去理解或争取。这种立法范式从理论上来讲能够弥补因国家失灵和市场失灵所带来的不当后果,但在实践中却很难产生理想的效果。例如,我国《劳动合同法》设置了"双倍工资"条款,只要用人单位未在规定时间内与劳动者签订书面劳动合同,劳动者就有权诉诸仲裁机构请求用人单位支付双倍工资,然而在实践中却很少有劳动者主动去行使这一权利,即使有,也是在离职后。这或者是因为劳动者缺乏权利意识,或者是因为劳动者对司法体制的不信任,或者是因为劳动者担心赢了官司而失去了工作。这种立法范式在本质上是将劳动权利视为可以分割的"物",或者是借助国家的分配而"享有",或者是通过劳资博弈去"占有",严重忽视了劳动基准法、个别劳动法和集体劳动法三者间的有机联系,从而无法根除自由主义法范式和福利法范式的固有弊端。〔25〕 现实国情决定了只有实现劳动法治共同体成员之间的交流与互助才能使广大劳动者参与到劳动关系治理中来,通过切身参与才能提升其支配权利的能力,也才能消除劳动者与国家、工会以及用人单位之间的隔阂,从而实现劳动基准法、个别劳动法和集体劳动法三者之间的有机关联,最终使广大劳动者能够自由支配、处分和享受权利。

(三)劳动权利体系的逻辑路径:明确劳动权利体系的结构安排

如何促进劳动者与劳动法治共同体的互动,从而使劳动者能够在劳动关系的动态调整中去实现自身的全面发展?这是一个既关涉劳动权利配置,又涉及劳动权利运行的问题。因此,劳动权利体系除了要从规范层面确认具有不同价值属性的劳动权利外,还要借助结构安排去明确劳动权利之间的互助关系。研究劳动权利体系的结构逻辑有利于借助劳动法已列举的劳动权利推导出符合我国国情的新权利,并且能够确认劳动权利可以在多大范围内以及借助何种方式完成实证化,这意味着劳动权利体系的结构内涵应当包含以下两个层次:一是对劳动权利分类的确认,二是确定不同种类的劳动权利之间的互助关系。劳动权利具有十分丰富的内涵,且和一国的政治、经济、文化发展密切相关,因此,依据不同的维度可以将劳动权利分成不同的种类,学界对劳动权利的分类也尚

〔25〕 参见[德]尤尔根·哈贝马斯:《在事实与规范之间——关于法律和民主法治国的商谈理论》,童世骏译,生活·读书·新知三联书店 2003 年版,第 519 页。

未达成共识。大多数学者在界定劳动权利内涵的基础上对劳动权利进行分类，且是以劳动权利的内容划分劳动权利的种类，缺乏对劳动权利在社会事实层面的关注，在某种程度上只发挥了观念宣示的作用，这种概念建构方法无法凸显我国劳动权利的特有内涵，也无法把握不同种类的劳动权利之间的逻辑关联。只有将劳动权利的分类与劳动权利体系在中国劳动法治中所承载的价值与目标联系起来，才能把握劳动权利之间的互助关系，使劳动权利的分类更具有现实意义。我国劳动权利体系的逻辑目标是实现劳动者与劳动法治共同体之间的交流与互动，这直接意味着劳动权利并不只是一系列静止的权利，而是具有前后相连关系的权利，也就是说，当前面的权利被侵害或无法实现时将转化为后面的权利。据此，可以从纵向和横向两个维度去划分劳动权利的种类。

首先，在纵向维度将劳动权利划分为原权利和救济权，这一划分是建构中国劳动权利体系结构的逻辑起点，具有深远的现实价值。究其原因在于我国是一个重实体权利轻救济权利的国度。以劳动法治为例，国家出台了很多实体法以保护劳动者的实体性劳动权利，但有关救济权利的法律法规却可谓是寥寥无几，仅有的劳动法律就是《劳动争议调解仲裁法》，虽然该部法律明确了劳动者享有请求调解、仲裁和诉讼的救济权，但由于调解的自愿性以及仲裁的前置性特质，劳动者享有的唯一的救济权就是提请仲裁权。然而，我国广大劳动者往往因缺乏支配权利的能力而无勇气提起仲裁，再加上绝大多数劳动者还有厌诉的心理，这注定了规范性劳动权利将很难转化为现实性劳动权利。因此，积极探索除诉权以外的救济权是进一步完善劳动权利的必然选择。在此方面，德国劳动法的相关理论和制度给我们提供了有益的启示。德国《企业组织法》第84～86条规定，如果1名雇员感到自己被歧视或受到不公正的对待或者因其他原因被雇主或其他雇员置于不利处境，他可以采取以下措施：他可以自己单独或在企业委员会成员的帮助下向公司负责人投诉，也可以向企业委员会投诉，在投诉有正当理由的情况下，企业委员会应利用自己对雇主的影响力要求采取补救措施，若投诉涉及权利冲突，雇员也可以向劳动法院起诉。[26] 从上述规定可以看出，德国雇员享有的救济权不仅有起诉权，还有投诉权。从实践效果来看，投诉权深受德国广大雇员的认可，因为投诉程序不仅能够解决权利冲突，而

〔26〕 参见［德］曼弗雷德·魏斯、马琳·施米特：《德国劳动法与劳资关系》，倪斐译，商务印书馆2012年版，第177页。

且还能够促进雇主、雇员、企业委员会之间的交流与互动,从而提升广大雇员支配、处分权利的能力。

其次,劳动权利在横向层面可以分别将原权利和救济权划分不同的种类,具体如何划分,这将是理论界必须突破的一个难题。虽然这种分类很难在短期内达成共识,但分类的基本原则应该是明确的,那就是必须确保不同种类的劳动权利之间存在相互促进的关系。在此方面,可以参考其他国家的立法经验。例如,德国劳动法将劳动权利划分为个别劳动权利和集体劳动权利,集体劳动权利对个别劳动权利的创设与实现都具有非常重要的意义。〔27〕 日本劳动法同样明确了集体劳动权利与个别劳动权利之间的互助关系,其规定劳资集体协议的内容除了劳动条件的基准以外,还包括工会与雇主之间的议事规则,并且还通过设置人事协议条款或经营协议条款,为劳动者参与企业经营的规则作出了约定。〔28〕

四、新时代中国劳动权利体系的构成

马克思主义法理学是对法律现象的多方面的研究,特别是在价值层面、规范层面和事实层面的综合认识为分析劳动权利体系的构成提供了方法论基础。这意味着劳动权利体系的构成应当包含价值、规范和事实三个层次,结合我国劳动权利体系的内在逻辑,劳动权利体系应当是由劳动权利价值体系、劳动权利规范体系和劳动权利运行体系三个构成要素所构成。劳动权利体系的三个构成要素独立存在,但又存在相互关联和相互促进的关系,劳动权利价值体系的意义在于以实现劳动者全面发展为逻辑起点,将现实生活中广大劳动者的权利诉求纳入劳动权利规范体系,劳动权利规范体系的宗旨是借助一系列的权利和义务规范去促进劳动者与劳动法治共同体的交流与互动,劳动权利运行体系则是通过结构安排去明确各个权利之间的互助关系,使劳动权利能够从文本转化为现实。

---

〔27〕 参见[德]曼弗雷德 · 魏斯、马琳 · 施米特:《德国劳动法与劳资关系》,倪斐译,商务印书馆 2012 年版,第 14 页。

〔28〕 参见田思路、贾秀芬:《日本劳动法研究》,社会科学出版社 2013 年版,第 249 页。

(一)劳动权利价值体系

从哲学上看,价值在本质上体现为主客体之间的实践关系,任何价值都存在于人和客体的互动中。[29] 由于劳动权利在本质上体现为劳动者参与劳动法治共同体各项活动的一种资格和利益,因此,劳动权利和价值存在天然的联系,价值内含于劳动权利之中。劳动权利及其体系的价值隐含于劳动者与其赖以生存的劳动法治共同体的价值关系之中,并与劳动法治共同体的当下生活紧密关联,更进一步讲,劳动权利及其体系的价值在本质上关涉劳动法治共同体利益分配的问题。由于个人进步和共同体发展具有高度的一致性,因此,劳动权利的根本价值就在于尊重劳动法治共同体全体成员的利益。具体来讲,在建构劳动权利体系的过程中,必须综合考量我国特有的政治、经济、社会、文化发展现状,兼顾国家、用人单位、劳动者、工会等劳动法治共同体所有成员的发展利益,借助劳动法治共同体的发展去促进劳动者的全面发展。由于劳动法治共同体资源的有限性,劳动法治共同体成员之间的冲突在所难免,劳动权利也因此处在动荡中。对此,劳动权利价值体系必须为劳动法治共同体的存续和发展提供一个最基本的道德标准,并且要将这个道德标准上升为劳动法的基本原则,为劳动权利规范体系的建构与运行提供基本的方向,也为劳动法治共同体成员之间的信任与合作提供必要的基础。

在这个道德标准上,学界一直存在"劳资对抗"与"劳资合作"两种观点。由于"劳资对抗"理念在强调劳动者利益的同时忽略了国家、用人单位的利益,因此其不利于劳动法治共同体的整体发展。至于"劳资合作"理念,其应当成为我国劳动权利价值体系的理想目标,但当下的中国普遍存在劳资双方理性精神缺失的问题,这从根本上注定了"劳资合作"尚停留在理想层面。劳动权利价值体系必须契合当今中国的国情才能使劳动权利体系能够同时兼顾劳动法治共同体所有成员的利益。当今中国劳动法治最紧迫的任务是实现"生产力的发展"和"人的全面发展";[30] 这两个任务既相互联系又相互促进,只有提高生产力才能实现劳动法治共同体成员的全面发展,反过来,只有提升劳动法治共同

---

〔29〕 参见[美]乔治·霍兰萨拜因:《政治学说史》,盛葵阳等译,商务印书馆1990年版,第1页。

〔30〕 参见刘茂林、秦小建:《论宪法权利体系及其构成》,载《法制与社会发展》2013年第1期。

体成员的发展能力才能推动生产力的发展。因此,当前中国劳动权利体系承载着促进"生产力的发展"和"人的全面发展"的双重使命,劳动权利价值体系的目标就是能够将实现这一使命的权利诉求纳入劳动权利规范体系。劳动权利价值体系如何实现这一目标?根据邓洛普的系统论[31]可以得知,劳动权利体系与政治、经济、社会、文化等系统之间存在能量交换关系,通过能量交换,社会改革发展的成果可以输入劳动权利体系;反过来,劳动权利体系的诸多能量也能够传送到社会各领域中去,从而能够促进社会的发展。这意味着劳动权利必须实现社会化,通过社会化使广大劳动者参与到劳动法治共同体的生活中来,借助参与和互动去促进劳动者的全面发展,以此去提高劳动者支配、处分权利的能力,劳动权利价值体系的任务就是将这些具有社会化特质的劳动权利纳入劳动权利规范体系。

(二)劳动权利规范体系

劳动权利规范体系是劳动权利价值体系的规范载体,其承载了由应有劳动权利向法定劳动权利转变的使命。实证主义法学大师凯尔森认为,只有借助实在的法律规范体系去调整人的行为,权利才有存在的可能。[32] 因此,只有通过规范明确劳动法治共同体所有成员的权利和义务,劳动权利才能落到实处。由于权利与义务表现的是同一行为,对一方当事人来讲是权利,对另一方当事人来讲则是义务,[33]因而劳动权利规范体系蕴含了权利和义务两方面的内容。正如哈特认为,权利的本质是对义务的控制和选择。[34] 从权利角度来看,劳动权利规范体系的首要任务是对劳动者根本性权利的列举,这些权利不仅仅只是实体性劳动权利,而且还包括程序性劳动权利,这些劳动权利既能够实现对劳动

[31] "系统论"在西方劳动关系研究中具有较强的影响力,其是由邓洛普首次正式提出。依据"系统论",劳动关系系统是一个独立的子系统,并且其与政治系统、经济系统、社会系统存在能量交换关系。参见[美]约翰·邓洛普:《劳动关系系统》,亨利·霍尔特公司1958年版,第45页。

[32] 参见[奥]凯尔森:《法与国家的一般理论》,沈宗灵译,中国大百科全书出版社1996年版,第89页。

[33] 参见朱景文主编:《法理学》,中国人民大学出版社2015年版,第309页。

[34] 参见[英]哈特:《法律的概念》,张文显等译,中国大百科全书出版社1996年版,第95页。

者最低限度的保护，而且还能够促进劳动法治共同体成员之间的交流与互动。因此，这些根本性劳动权利对劳动者来讲可谓是意义重大，对劳动法治共同体的发展也是不可或缺的。另外，劳动权利规范体系还应当明确劳动权利的分类以及不同种类劳动权利之间的关系。由于政治、经济、文化的不断发展以及立法技术本身的原因，劳动法不可能一一列举出劳动者应该享有的所有权利，必然存在“未列举的劳动权利”，显然，“未列举的劳动权利”也应当属于劳动权利规范体系的重要组成，这意味着劳动权利规范体系必须是一个开放的、动态的体系。只有借助规范去明确不同种类劳动权利之间的逻辑关系，才能根据已列举的劳动权利推导出“未列举的劳动权利”。

从义务角度来看，劳动权利规范体系必须针对劳动权利去明确相应主体的义务。诚如上文所讲，劳动权利既包括实体性劳动权利，也包括程序性劳动权利。其中，实体性劳动权利的实现需要同一法律关系中的相对方的尊重和满足，而程序性劳动权利的实现则需要劳动法治共同体所有成员的配合与互动。因此，义务主体不仅仅只是用人单位，还包括国家、工会等劳动法治共同体所有成员。根据义务所发挥的功能的不同可以将义务分为“工具性义务”与“内在义务”。〔35〕 在劳动法文本中，“工具性义务”是与实体性劳动权利的实现相关，是实体性劳动权利实现的工具和手段，履行这一义务的主体主要是用人单位，除此之外还有国家。传统劳动法中的义务主体主要是用人单位，国家所承担的义务往往是象征性的，很难在实证层面去落实。实际上，从劳动权利的性质来看，劳动权利应该是一种社会权，而不是特别私权，〔36〕因而劳动权利的实现不仅仅要依赖于用人单位，还需要国家履行相应的义务。“内在义务”与劳动法治共同体的存续和发展密切相关，旨在实现劳动者的程序性权利，其和“工具性义务”最大的不同是：“工具性义务”是同一法律关系中的相对方所承担的义务，而“内在义务”是劳动法治共同体所有成员为了共同体的存续和发展而应尽的一种义务，从某种意义上讲，共同体成员履行“内在义务”是共同体生活的一个重要组成部分，是共同体成员对共同体的义务。“内在义务”与“工具性义务”相对应，

---

〔35〕 参见马克思恩格斯：《马克思恩格斯选集》（第 1 卷），中共中央马克思恩格斯列宁斯大林著作编译局编译，人民出版社 1995 年版，第 52 页。

〔36〕 参见冯彦君：《劳动权的多重意蕴》，载《当代法学》2004 年第 2 期。

其存在是有内在价值的,即使不是最终的价值。[37] 例如,当劳动者实体性权利受到用人单位侵害时,劳动者有权借助程序性权利请求劳动法治共同体予以调查核实、调解、代为诉讼等,即使共同体成员的努力未实现劳动者实体性权利的保护,但这个过程能够促进包括劳动者和用人单位在内的所有劳动法治共同体成员之间的交流与互动,从而有利于广大劳动者理性精神的培育,为实现劳动者的全面发展奠定了坚实的基础。

(三)劳动权利运行体系

传统劳动法学理论认为,劳动权利运行就是劳动权利规范体系和劳动权利价值体系的实现过程,这一过程实现了从静态劳动权利向动态劳动权利的转换。这种观点实际上是将"劳动权利运行"视为"劳动权利实现",片面地将劳动权利运行视为从静态到动态、从规范到现实的"单向度"过程,忽视了动态劳动权利运行对静态劳动权利规范、现实劳动权利对文本中劳动权利的反向作用。受此种观念的影响,大多劳动法学者往往将劳动权利运行体系与劳动权利体系视为不同层次的问题。实际上,劳动权利的运行和劳动权利的实现是有质的区别的,后者侧重于劳动权利实现的"结果",而前者则强调劳动权利实现的"过程",其是对劳动权利体系的动态构成的揭示。将劳动权利运行体系作为劳动权利体系的组成部分,有助于实现劳动权利体系各构成元素之间的互动,从而有利于我们去把握劳动权利体系的内在逻辑。

作为劳动权利体系的重要组成部分,劳动权利运行体系的价值不仅仅体现在劳动权利规范体系和劳动权利价值体系的实现过程中,其还承载了塑造"劳动权利文化"的使命,在中国这个"权利文化"缺失的国度里,劳动权利运行体系尤其重要。通过劳动权利运行,使劳动法治共同体所有成员的行为与劳动权利规范相一致,从而形成统一的劳动权利价值观。劳动权利运行体系如何才能实现这一目标?一是通过结构安排来明确不同劳动权利之间的互助关系,使劳动者能够借助这种互助关系去实现权利,而并不是只能寻求司法救济。二是借助一系列的规范去明确劳动法治共同体各成员在劳动权利运行中的角色和义务,这些义务既包括用人单位的履行义务,还涉及劳动行政部门的劳动权利保障义务、工会以及其他社会力量的劳动关系协调义务。这一系列的规范能够引导广

---

〔37〕 参见[英]约瑟夫·拉兹:《自由的道德》,孙晓春等译,吉林人民出版社 2006 年版,第 214 页。

大劳动者依法行使权利,督促国家、用人单位、工会等劳动法治共同体成员自觉履行义务,并且能够使劳动法治共同体成员在劳动者权利受到侵害时聚集在一起进行理性的交流和沟通。这一过程不仅强调国家在劳动权利规范的执行和适用过程中的作用,而且还强调劳动关系当事人的自觉遵守对劳动权利规范的执行和适用的反向作用。因而劳动权利的运行有利于实现劳动法治共同体成员对劳动权利价值体系的认同,使劳动权利规范中的"目的律"转化为劳动法治共同体所有成员的自觉的行为,最终使劳动权利从文本走向现实。

五、结　　语

本文的研讨表明,劳动权利体系并非是对劳动权利的简单分类和组合,其是由诸多相互联系、相互作用的要素所组成。被西方现代劳动法作为劳动权利体系建构逻辑的"人权"概念并不是普适性的,必须结合我国的国情进行话语改造才能使劳动权利体系完成其所承载的使命。中国国情决定了新时代中国劳动权利体系的逻辑起点是实现劳动者的全面发展,逻辑目标是促进劳动者与劳动法治共同体的交往与互动,逻辑路径是明确劳动权利体系的结构安排,劳动权利体系的逻辑起点和目标决定了劳动权利体系的结构安排不仅是对具体劳动权利的确认,而且还要明确劳动权利之间的逻辑互动关系。遵循劳动权利体系的这一内在逻辑,中国劳动权利体系的构成元素不仅包括劳动权利规范体系,还应当包括劳动权利价值体系和劳动权利运行体系。劳动权利价值体系的意义在于将旨在促进劳动者全面发展的权利纳入到劳动权利规范体系中来,劳动权利规范体系的宗旨是借助一系列的权利和义务规范去明确劳动法治共同体成员的权利和义务,而劳动权利运行体系则是通过结构安排明确不同劳动权利之间的互助关系,以此促进劳动法治共同体成员之间的交流与互助。本文以整体主义方法论为分析工具来探究中国劳动权利体系的内在逻辑和构成,这只是劳动权利体系研究的一个起点,有关劳动权利的具体分类以及各权利之间的关系等极其复杂的问题还有待我们去探讨。

The Inherent Logic and Components of Chinese Labor Rights System in the New Era

Chen Yongfu

Abstract: The labor rights system is not a simple classification and combination of labor rights, it is based on the internal logic of the labor rights system of a country, and makes different types of labor rights form an organic whole. In the new era, China's labor rights system contains profound internal logic: realizing the all-round development of laborers is the logical starting point, promoting the interaction between laborers and labor law community is the logical goal, clearing the structural arrangement of labor rights system is the logical path. Following this internal logic, China's labor rights system should consist of three elements, namely, the value system of labor rights, the norm system of labor rights and the operation system of labor rights. The significance of the value system of labor rights lies in the integration of the right to promote the all-round development of workers into the system of labor rights, the norm system of labor rights system's purpose is to clear the rights and obligations of each member of the labor law community, and the function of the operation system of labor rights is to promote interaction of workers and labor law community.

Key words: Labor rights; Labor rights system; Internal logic; System composition

专题研讨二

环境刑法演进视角下的成员国刑事立法权让渡

焦艳鹏*

内容摘要：

通过刑法手段保护环境，是欧盟及欧洲主要国家的重要刑事政策。本文从欧盟立法及成员国国内立法两个层面对环境刑法在欧洲的发展进行了考察，系统梳理了欧盟环境刑事政策的形成过程及主要法律载体，对上述过程中成员国意志与欧盟意志的冲突及其解决机制进行了较为深入的分析。通过刑事立法手段保护环境在欧洲的实践，客观上促进了欧盟层面上刑事立法权的生成，并对欧洲法律的一体化产生了深远影响。但刑事立法权作为国家主权的重要组成部分，其不可让渡性仍然被成员国所坚守，成员国对刑事立法权让渡始终保持着高度警惕，并设置了有条件让渡的几项基本原则，以此来形成对欧盟层面上立法权吸收趋势的有效阻隔，力图实现成员国国家立法权的保留与欧盟立法权逐渐形成之间的适度均衡。实现刑事立法领域宽领域、深层次的一体化，对欧盟而言仍然是曲折连绵的未来之梦。

关键词：

刑事立法权　成员国　法律认同　环境保护　司法审查

通过刑法手段保护环境是欧洲各国的重要刑事政策。环境保护关乎公益，在一定程度上也是欧盟各成员国让渡本国主权从而形成欧盟层面上法律意志的最佳突破口。本文从环境刑法在欧洲的演进入手，尝试分析欧盟成员国在让渡本国刑事立法权过程中的考量因素，寻找成员国在刑事立法权上可让渡的边界，探究欧盟层面上共同立法权尤其是刑事立法权的生成机制，以期进一步加

---

* 天津大学法学院教授。

深我们对欧洲一体化过程中法律认同深层机理的认识。

一、欧盟成员国环境犯罪刑事立法权让渡的国内法基础

欧盟既是当今全球经济与政治版图的重要一极,也是全球法律文化、法律治理资源等的重要供给地。作为世界上最先进的法治区域,欧盟及其成员国在包括环境犯罪在内的诸多领域的法律治理方面都提供了颇具全球意义的借鉴范本。

(一)欧盟大多数成员国已具有通过刑法保护环境的刑事政策

资料表明,欧盟大多数成员国都已具有通过刑法保护环境的刑事政策,其重要表现即为这些国家的国内刑事立法中均具有关于环境犯罪的法律规定。由于法律传统及立法技术等的差异,欧盟成员国对环境犯罪的刑法规定显示出各自国家的特色。例如,奥地利在其《刑法典》第七章"危害公共安全和环境的应受刑法处罚的行为"中用6个条文规定了环境类犯罪,其中有3个条文涉及核能或者核材料,并且将影响生态环境的犯罪区分为故意犯罪与过失犯罪并用不同的条文进行了分别规定,[1]这在其他国家的环境犯罪立法中是不多见的。又如,荷兰在其《刑法典》中并无专章规定环境犯罪,但在其第七章"危害公众人身和公共财产安全的重罪"中用几个条文规定了与环境犯罪相关的几类犯罪,在一定程度上显示了环境犯罪所侵害的实质法益为公众的人身或公共财产的安全的法律本质。[2] 再如,瑞典在《刑法典》中对环境犯罪进行了专章立法,在《刑法典》第十三章"有关公共危险的犯罪"分别规定了"传播有毒、污染物质罪"与"过失传播有毒、污染物质罪"2个罪名,对犯罪主观因素中的故意与过失进行区分立法并规定具有较大差异的刑事责任,其在刑事责任分配方面的科学

[1] 《奥地利联邦共和国刑法典》,徐久生译,中国方正出版社2004年版,第74页。

[2] 其主要条款有:第161之5条"因过失或疏忽而致使人、动物、植物或财产暴露于致电离辐射、或使人、动物、植物、财产、土壤、水或者空气遭受放射性物质的污染",第173条"因过失或疏忽而在供公众使用、他人集体共同使用的井、泵、泉或饮用水设施中投入有毒物质的";第173a条"故意非法往土壤、空气或地表水中投入有害物质";第173b条"因过失或疏忽而往土壤、空气或地表水中投入有害物质"等。参见《荷兰刑法典》,颜九红、戈玉和译,北京大学出版社2008年版,第99~100页。

性颇具参考价值。[3]

(二)欧盟成员国国内的环境犯罪刑事立法达到了较高水平

欧盟成员国多数具有良好的法治传统且具有成文法立法经验。资料表明,多数欧盟成员国的国内法中关于环境犯罪的立法均达到了较高水平。如德国,《德国刑法典》在其第二十九章专章规定了"污染环境的犯罪",并用7个条文详细规定了各类污染环境与破坏生态的犯罪,其中污染环境的犯罪还具体区分为了空气污染犯罪、水域污染犯罪、土地污染犯罪、噪音污染犯罪、未经许可的垃圾处理犯罪、放射性污染犯罪、震动污染犯罪 7 个类别。在上述立法的第 330 条 b 款还规定了"真诚悔罪"的条款,[4]表现了对环境犯罪中行为人特点的细致关照。又如,丹麦在其《丹麦刑法典》第二十一章"引致公共损害之犯罪"的 4 个条文中用 1 个条文即第 196 条规定了污染环境犯罪,且将由于污染环境或存放、移动废物或者类似物质从而"引起重大环境损害的,或者具有引起环境损害之现实危险的"两类行为均纳入了刑法考量,[5]对环境犯罪既处罚实害犯又处罚具体危险犯,在对环境犯罪独特性的科学认知及其立法技术方面表现出较高水平。再如,瑞士虽然没有对环境犯罪进行专章立法,但在其《瑞士联邦刑法典》第七章"危害公共安全的重罪与轻罪"中规定了污染空气的犯罪,在其《瑞士联邦刑法典》第八章"针对大众健康的重罪与轻罪"中规定了污染饮用水的犯罪,且将前者规定为具体危险犯,而将后者规定为行为犯,表明了对大气污染犯

[3] 在主观要素为故意时,处罚标准为 6 年以下监禁,若犯罪严重的,"处 4 年以上 10 年以下监禁或终身监禁",而在主观要素为过失时,则"处罚金或 2 年以下监禁"。参见《瑞典刑法典》,陈琴译,北京大学出版社 2005 年版,第 22 页。

[4] 即"行为人在重大损失产生之前自动排除危险的,法院可依其裁量,减轻或者免除处罚","危险非因行为人的行为而排除的,只要其主动且真诚努力排除危险,减轻或免除其刑罚"。参见《德国刑法典》,徐久生、庄敬华译,中国法制出版社 2000 年版,第 224 页。

[5] 参见《丹麦刑法典与丹麦刑事执行法》,谢望原译,北京大学出版社 2005 年版,第 56 页。

罪与水污染犯罪不同特点的不同刑法处理,具有相当高的科学性。[6]

笔者要特别提到芬兰在环境犯罪方面的立法。芬兰于 1995 年在《芬兰刑法典》中即设置了环境犯罪专章规定污染环境犯罪,在此章中不仅规定了“损害环境罪”“加重损害环境罪”“环境侵害罪”“过失损害环境罪”“自然保护罪”5 个罪名,而且用 3 个条文专条规定了环境犯罪的刑事责任、法人的刑事责任、环境犯罪的法定时效等结合环境犯罪特点设计的刑法条款。2002 年芬兰在修订刑法时在上述第 48 章之后又增设了第 48a 章(冠名以“自然资源犯罪”),具体规定了“狩猎犯罪”“渔业犯罪”“林业犯罪”“隐藏偷猎的野生动物罪”4 个罪名,并在此章节中用 2 个条文规定了“起诉的权利”与对狩猎犯罪的“禁止令”。[7] 芬兰在环境犯罪上的如此细致立法在世界范围内是少有的。虽然芬兰并非欧盟的主导国家,也并非欧洲大陆传统的成文立法的典型,但芬兰的环境犯罪立法显示出的鲜明的成文主义,对污染环境类犯罪与破坏生态类犯罪所侵害的法益的类型的差别具有深刻认知,且对上述两类犯罪在刑事责任的承担上进行了有差别的设计,是当前欧盟成员国国内环境犯罪立法水平的典型代表。

二、欧盟力图实现具有欧洲意志的超越国家的环境刑事政策

在经济一体化已经取得显著进步的同时,欧盟也比较注重将法治领域的共识及时固定化与文本化,并力图在欧盟层面上形成超越成员国的在欧洲具有共同意志与普遍约束力的法律治理模式。考察欧盟法治历程可知,具有强烈公共性的生态环境领域在欧盟共同法律意志形成过程中发挥了重要作用,对其的分析具有重要的切片考察价值。

---

〔6〕 规定大气污染犯罪的为《瑞士联邦刑法典》第 225 条,即“行为人故意、但非以犯罪为目的,或者行为人过失地用爆炸物或有毒气体使他人的身体和生命或他人的财产处于危险之中的,处 5 年以下监禁刑”;规定水污染犯罪的为第 234 条,即“故意用对健康有害的物质污染人或家畜饮用水的,处 5 年以下重惩役或 1 个月以上监禁。行为人过失为上述行为的,处监禁刑或罚金刑”。参见《瑞士联邦刑法典》,徐久生、庄敬华译,中国方正出版社 2004 年版,第 69 页、第 72 页。

〔7〕 参见《芬兰刑法典》,于志刚译,中国方正出版社 2005 年版,第 186 ~ 192 页。

(一)欧盟成员国试图参与制定并签订关于通过刑法保护环境的公约

由文献研究可知,欧盟层面的环境刑事立法肇始于1998年由欧洲委员会[8]制定的《通过刑法保护环境公约》(Convention on the Protection of the Environment through Criminal Law)(以下简称《公约》)。《公约》文本体量适当,包括序言、术语的使用,国家应采取的措施,国际上应采取的措施,最后条款等总计共21条内容,对环境刑事的总政策,环境犯罪的形态(故意犯罪与过失犯罪),司法管辖,环境犯罪的处罚(自由刑、罚款和恢复环境),法人的责任,机构之间的合作,国际合作等也进行了较为详细的规定。[9]

有学者认为,《公约》不是环境刑事立法,仅具有环境刑事政策的意味,[10]对此笔者并不赞同。虽然《公约》最后并未生效,但其已远远超出《宣言》之类宣誓性文件的文义表述以及详细的约束条款(包括签署与生效、适用的领土范围、保留条款、争端的解决、退出公约的条件等)都使我们有理由相信,此《公约》表达出欧盟一些成员国试图通过缔结相关条约的方式达致各成员国在相关立法趋向一体化的目标,因此《公约》不是宣誓性的宣言,而是欧盟国家基于订立共同的法律文本而在环境刑事立法领域所作的重要努力。

虽然按照《公约》规定的生效方法该公约至今仍未生效,但在《公约》文本起草及公开供签署及后续过程中,公约的内容及理念还是对欧盟环境刑事立法的演进产生了重大影响,且成为欧盟刑事立法权形成过程中的重要载体与讨论标的。时至今日,公约仍在欧洲委员会的官方网站上开放供查询与参考。从环境刑法的立法理念来看,《公约》中关于环境犯罪的性质、环境犯罪的处罚方式、环境犯罪中恢复性司法方法的应用等都具有较好的示范性。《公约》的文本实

---

[8] 欧洲委员会(Council of Europe)是1949年由10个欧洲国家(法国、英国、荷兰、丹麦、意大利等)成立的国际组织。该委员会是欧洲整合进程中最早成立的机构,具有国际法地位。现有47个会员国,欧盟所有成员国均为其会员国。欧洲委员会自成立以来一直围绕欧洲的联合与合作工作,在推进区域刑事司法合作方面发挥了重要作用。

[9] Council of Europe, "Convention on the Protection of Environment through Criminal Law CETS No.:172", Accessed July 29, 2014. http://conventions.coe.int/Treaty/Commun/QueVoulezVous.asp? NT=172&CM=8&DF=29/07/2014&CL=ENG.

[10] 参见徐丰果、姜文:《论欧盟"通过刑法保护环境"的环境政策》,载《北京林业大学学报》(社会科学版)2009年第3期。

现了生态主义理念与刑法机制的较好结合,在 20 世纪 90 年代末期即达到此种水平在世界范围内是空前的。应当说,《公约》文本不仅为欧盟层面上后续的环境刑事立法奠定了基础,而且对欧盟成员国以及世界其他国家的环境刑事立法及环境刑事政策都提供了参考,在世界环境刑事立法发展中具有重要意义。

欧盟成员国为签订公约虽然付出了较大努力,但《公约》在 1998 年文本公布后并没有及时符合生效条件,其主要原因是公约的某些内容与成员国的国内法具有较为明显的冲突,导致公约签署后仅有一个国家批准了该公约,因此目前该公约还未正式生效。但这并不意味着欧盟国家的此种努力是失败的,更不能认为通过签订公约来对环境进行刑事保护的路径选择是错误的。毕竟对多数国家而言,刑事立法权的让渡涉及国家主权,且一体化的刑事立法后还需成员国国内的刑事司法的实际运作才有可能切实地预防与惩治环境犯罪,而成员国国内的刑事司法体制往往是具有较大差异的,因此《公约》从文本到实际施行是不可能一蹴而就的。

(二)欧盟环境刑事立法的载体引发争议并经司法审查途径得到平息

在上文所言具有普遍约束力的《公约》暂时不能生效的情形下,欧盟开始尝试通过其他有效方式开展欧盟层面上的环境刑事立法。按照欧盟的法律体系,除了作为一级立法(Primary rules)的成员国之间的公约之外,尚有“条例”(regulation)、“指令”(directive)、“决定”(decision)、“框架决定”(framework decision)等形式在内的二级立法(Secondary rules)方式可作为规制某些领域的立法形式而成为欧盟环境刑事立法可能的目标载体。研究表明,欧盟的环境刑事立法之路并不平坦,其立法载体之争在欧盟各机构之间持续多年并最终随欧洲法院的判决方得以平息。

在欧盟理事会 1999 年坦佩雷会议上提出应就包括环境犯罪在内的某些犯罪规制一致的犯罪构成及处罚机制后,2000 年 2 月丹麦以欧洲委员会《通过刑法保护环境公约》为蓝本向欧洲委员会提出一项名为“与严重环境犯罪做斗争的框架决定”的提案。[11] 欧盟理事会司法与内务理事会(Justice and Home Affairs Council)认为不应采取这样的“框架决定”,故其并没有向欧洲委员会提交上述提案而付诸讨论。2001 年 3 月欧洲委员会另行向欧盟理事会及欧洲议

[11] Initiative of the Kingdom of Denmark with a view to adopting a Council framework Decision on combating serious environmental crime, OJ C 39, 11.2.2000, pp. 4 – 7.

会提出了一项“通过刑法手段保护环境的指令”的提案。上述“框架决定”和“指令”均认识到刑法在环境治理中的不可或缺性并以建立和强化对环境违法和污染行为的刑事处罚为主要立法目的，但两者立法载体不同，在立法依据、规范内容、法律效力乃至立法表决机制等方面存有诸多差异。引发这些差异的最本质原因在于，欧洲理事会及欧盟委员会在环境刑事立法是应纳入欧盟政府间合作，还是在建立“更为一体化”的超国家的共同体的平台的态度上，有着截然不同的取向。

“与严重环境犯罪做斗争的框架决定”建基于作为欧盟第三支柱的“警务及刑事司法协助”的成员国政府间合作机制，主要以《欧盟条约》第 34 条第 2 款规定的有关可适用框架决定使成员国的法律及规定相互接近的规定为依据制定。丹麦提出的“框架决定”提案文本中除对严重环境违法行为应适用的刑事处罚、对环境犯罪的处罚、法人的责任等作了原则性规定外，同时着力于拓展包括刑事侦查、司法管辖、情报交流、诉讼移管、引渡、设立联络处等在内的刑事司法合作机制。该文本还明确要求各成员国应尽快签署欧洲委员会 1998 年《通过刑法保护环境公约》并推动该公约的批准。欧洲理事会认为“框架决定”可以作为欧盟环境刑事立法的目标载体，但在随后审议中对丹麦提出的提案内容作了较大幅度的修订，最终通过的文本浓缩了有关传统刑事司法合作的规范，删除了有关签署和批准《通过刑法保护环境公约》的条款，并细化了环境犯罪的形态（故意犯罪与过失犯罪）、对环境犯罪的处罚、法人的责任、自然人和法人的处罚措施等方面的条款。[12]

由于在欧盟法律体系中，“框架决定”对成员国的国内法并不产生任何直接效力，成员国政府在履行将其转化为国内法的义务时有权选择实施框架决定的具体措施与形式，因此无论是丹麦提出的“框架决定”提案还是欧盟理事会通过的最终文本，成员国在对环境违法行为进行制裁时可在刑事处罚措施和行政处罚措施之间作出适合国内法律的选择。基于第三支柱下的“框架决定”在性质上属“成员国政府之间主要通过欧洲理事会进行的合作”范畴，在立法程序上也遵循全体成员国一致同意的表决机制，显示其乃基于国家之间合意的合作，因此，“框架决定”不具有超国家法的效力而不能被视作真正意义上具有欧盟意志

〔12〕 Council Framework Decision 2003/80/JHA of 27 January 2003 on the protection of the environment through criminal law, Official Journal L 029, 05/02/2003, pp. 55 – 58.

的超国家的环境刑事立法。

与欧洲理事会态度不同的是,欧盟委员会认为,根据《建立欧共体条约》第 175 条的规定,要求成员国在环境犯罪构成及刑事处罚方面设置趋同的刑法规则,明显属于欧盟第一支柱"共同体"一体化的领域,能够也必须采用共同体法律为立法载体。因此,欧盟委员会提出了一项"通过刑法手段保护环境的指令"的提案,该指令要求成员国在环境刑事犯罪的构成和建立刑事处罚措施两个方面设置统一的刑法规则,不涉及国家间传统刑事司法合作的内容。"指令"与"框架决定"同样不具备直接的法律效力,各成员国须将指令的内容转化为本国国内法且在立法转化过程中也有一定的自由发挥空间,但"在实践中,一些指令对许多细节问题规定得非常详细,以至于各个成员国相关机构在进行转化立法的时候很难再有发挥余地",且"根据欧洲法院判例,指令在一些例外的情况下具有直接的适用效力"。上述"指令"提案要求欧盟成员国须承担对严重环境违法行为采取刑事处罚的义务而不享有在刑事处罚措施和行政处罚措施之间作出选择的自由裁量权。第一支柱下的"指令"遵循特定多数表决机制,即使一个或多个成员国反对也可获得通过,显示其超国家的法律特征。

欧盟委员会采取在第一支柱"共同体"下以具有超国家法效力的"指令"而非以第三支柱政府合作的形式来规制欧盟环境刑法,且明确要求各成员国以刑事处罚手段惩处严重环境违法行为的做法,是其力图实现具有欧盟意志的超国家的环境刑事政策和立法的重要体现,也正是在这个意义上,欧盟委员会在 2001 年提出的"与严重环境犯罪做斗争的指令"提案"理由说明"部分指出:"……因此,有必要在环境保护领域的共同体法律中就犯罪构成要素订立最低标准。为取得更佳及更和谐的成效,相对于成员国层面,这一目标由共同体实现更佳。"

但 2003 年 1 月在全体成员国的一致同意下,欧洲理事会还是通过了"与严重环境犯罪做斗争的框架决定",欧洲理事会还明确指出欧盟委员会 2001 年提出的"通过刑法手段保护环境的指令"超越了《欧盟条约》赋予"共同体"的权限,在通过"指令"的多数表决机制下,也未能在欧洲理事会取得指令获得通过所需的特定多数票数。[13] 欧盟委员会则坚持认为欧洲理事会通过的上述"框

---

〔13〕 "与严重环境犯罪做斗争的框架决定"前言部分(4)至(7),Council Framework Decision 2003/80/JHA of 27 January 2003 on the protection of the environment through criminal law,Official Journal L 029,05/02/2003,pp. 55 – 58.

架决定”不具备合法依据，并由此引发为一场前者作为原告、后者作为被告的本质为司法审查的诉讼。在上述编号为 C－176/03 的诉讼中，欧洲法院（European Court）于 2005 年 9 月作出判决，以“框架决定”的目的和主要内容为涉及共同体保护环境的共同政策因而须纳入共同体的立法范围为由废止了上述“框架决定”。[14] 同样性质的判决也发生在 2007 年：欧洲法院应欧盟委员会请求，在编号为 C－440/05 的司法审查诉讼中适用了与 C－176/03 案件相似的依据而撤销了“有关船舶污染的框架性决定”。[15]

根据欧洲法院判决，并考虑到欧盟环境立法的新发展，欧盟委员会撤回了 2001 年的“指令”提案并在 2007 年 2 月提出了一项新的“指令”提案。2008 年 11 月欧洲理事会与欧洲议会以特定多数的表决方式，通过了这项编号为 2008/99/EC 的“关于通过刑法保护环境的指令”。[16] 与前述两项“框架决定”和“指令”提案相比，这一指令扩大了环境犯罪的范围、增加了犯罪类型、加大了刑事处罚力度、使处罚手段更趋多元化、增加了合作打击跨国环境犯罪和有组织的环境违法行为等方面的具体规制，致力于推动共同体有效执行欧盟环境保护立法目标的刑法一体化进程。2009 年 10 月欧洲理事会与欧洲议会又通过了“关于船舶污染的指令”。根据上述两项“指令”的规定，欧盟各成员国须分别在 2010 年 12 月 26 日、2010 年 11 月 16 日前通过生效的法律、条例和行政措施以完成上述指令在国内法律的转化，以达到指令所要求的成员国在环境刑法领域的趋同和一体化目标。至此，欧盟在探索及形成具有欧盟意志的刑事环境政策及立法领域取得了具有标志意义的阶段性成果。

---

〔14〕 Judgment of the European Court of Justice of 13 September 2005 in Case C－176/03：Commission of the European Communities v Council of the European Union.

〔15〕 Judgment of the European Court of Court（Grand Chamber）of 23 October 2007 in case C－440/05：Commission of the European Communities v European Parliament.

〔16〕 Directive 2008/99/EC of the European Parliament and of the Council of 19 November 2008 on the protection of the environment through criminal law，OJ L 328，6. 12. 2008，pp. 28－37.

三、欧洲法院对欧盟环境刑事立法的司法审查

在欧共体和欧盟的建立与发展历史中,围绕共同体与成员国之间权力分配界限的斗争与妥协始终如影相随。[17] 欧洲理事会和欧盟委员会对欧盟第一支柱与第三支柱权限划分的分歧导致的对欧盟环境刑事立法的争议,实质上也凸显出这两个机构对共同体与成员国之间权力分配的不同观点。作为“共同体法律保护的卫士”,欧洲法院负责对共同体法律规范的适用与解释,[18] 并可以欧盟机构在采取措施时超越欧盟基本条约赋予其的权限为由而撤销该措施。欧洲法院基于诉讼对欧盟环境刑事立法进行司法审查后所作出的两项重要判决,结束了相关争议并确立了共同体在环境领域的刑事立法权。判决也清晰阐明了共同体环境刑事立法的目的并非对各成员国国内刑法的干预,而是以调整各成员国刑法在此领域的差异为手段,使成员国在应对严重违反欧盟环境保护法律行为方面逐步建立起趋同乃至一体化的刑事处罚机制,从而有效保障欧盟环境保护立法的实施。

(一)司法审查的背景:一体化背景下共同体刑事立法权的长期缺失

长期以来,欧盟成员国都坚持认为刑事立法权作为成员国主权的一部分并没有被让渡给体现超国家意志的共同体,在欧洲法院的判例中也找不到对共同体刑事立法权的直接支持。因此与刑法相关的立法只能以成员国的一致同意为前提,采用包括《马斯特里赫特条约》及《阿姆斯特丹条约》下作为第三支柱的“刑事司法合作”的方式进行成员国国家之间的合作。以提出“与严重环境犯罪做斗争的框架决定”提案的丹麦为例,丹麦一直坚持作为独立的主权国家,反对将司法及警务事宜的权限让渡予共同体,因此在此领域只能接纳及参与成员国之间而非超国家的合作形式。[19] 故此,虽然刑法在推动欧盟法律执行中的作

---

〔17〕 参见曾令良:《论欧洲联盟法中的从属原则》,载《武汉大学学报》(哲学社会科学版)1999年第2期。

〔18〕 参见[德]马迪亚斯·赫蒂根:《欧洲法》(第5版),张恩民译,法律出版社2003年版,第162~163页。

〔19〕 Trine Baumbach,“Danish criminal law and the EU”,*European Criminal Law Review* 3,2014,pp. 300 – 318.

用从来没有被忽视过，但共同体并不具备刑事立法权的现实还是导致了欧盟在刑法领域的一体化进程显得相对谨慎与缓慢。

欧盟法律的执行机制原则上依赖于各成员国国内法，各成员国有权选择民法、行政法、刑法以及其他性质的法律以实施欧盟法律。刑法基于其本身谦抑的特质在多数情况下只能作为“最后的手段”而被立法者选作执行欧盟法律的手段。[20] 更重要的是，刑事立法权在任何主权国家都属于国家主权的核心和高度敏感领域，当欧盟法律与成员国本国刑法体系发生冲突时，成员国政府出于保障国家主权和本国刑事立法权的目的，往往更倾向于维护本国刑法的体系稳定与有效适用。

自20世纪80年代起，欧盟法律一体化也逐渐延伸至刑法领域。欧洲法院以《共同体条约》中所规定的忠诚信守共同体法律的义务为基础，通过多个判例确立了成员国在执行共同体法律时保留选择具体执行方式的自由裁量权，但成员国有义务对违反共同体法律的行为制定“有效的、成比例的、具有威慑力的处罚制度”。[21] 这一原则在某些情况下可迫使成员国国内立法者使用刑事处罚手段，从而“间接地协调了（成员国）国内刑法和刑事诉讼法”。[22] 同时欧洲法院也通过判例确定，共同体法律亦为成员国的刑事立法权设定了边界，即成员国不能在国内刑法中设立任何违反共同体法律确立的基本自由的条款。上述共同体法律中存在的依据及相关判例成为共同体拓展其刑事立法权的基础条件。

1992年签署的《马斯特里赫特条约》通过开辟欧盟第三支柱“司法与内务”将成员国的刑事司法合作纳入了欧盟范围。虽然第三支柱的开辟代表着欧盟在政治一体化中取得了重要进展，但“司法与内务”在此阶段与第二支柱“外交与安全政策”仍然同属成员国不愿将相关权力让渡予共同体的范畴。在这两个

---

〔20〕 Douglas Husak, “Criminal law as a last resort”, *Oxford Journal of Legal Studies* 24, 2004, p. 209.

〔21〕 欧洲法院1989年关于“希腊玉米”案件的判决。Judgment of the European Court of Justice of 1989 in Case 68/88: Commission of the European Communities v Greece, ECR 1989 (2965).

〔22〕 参见［荷］约翰·A. E. 维瓦勒：《刑事法律的欧洲化与刑事法律领域的欧洲一体化》，廖明、季美君译，载《比较法研究》2005年第5期。

支柱与第一支柱“共同体”形成的欧盟三级“柱形”结构体制下,欧盟在刑法领域依然主要采用传统的但更为紧密的以刑事调查、控诉及判决方面的相互协助为主要内容的国家间合作形式。1997 年《阿姆斯特丹条约》的生效则为推动欧盟在某些刑事法律领域建立趋同乃至一体化的规则所具备的权能提供了直接的法律依据。《阿姆斯特丹条约》保留了第三支柱的框架并提出了构建欧盟“自由、安全与司法的区域”的理念,使欧盟在刑法领域的合作除原有的警务合作和司法合作外,更包括了“成员国刑事法律的相互接近”,并为此创立了一种第三支柱下的新的立法模式“框架决定”,〔23〕以建立有组织犯罪、恐怖主义、贩运毒品这 3 类犯罪“趋向一致的犯罪构成要件以及刑罚的最低标准”。“框架决定”的优势在于其相较传统公约而言更为灵活,无须成员国议会的审查即可生效,各成员国也可根据本国情况选择各自的转换模式。〔24〕 在随后的实际操作中,欧盟更借助“有组织犯罪”这一开放性概念,使包括环境犯罪在内的诸多犯罪类型都进入了欧盟刑事法律趋同及一体化的立法范围,欧盟理事会 2003 年通过的“与严重环境犯罪做斗争的框架决定”即是其中之一。

与此同时,《建立欧共体条约》也为欧盟在第一支柱“共同体”的平台上协调乃至统一刑事法律提供了法律依据。以法律相互接近为目标,欧盟委员会具有在包括有组织犯罪、恐怖主义、贩运毒品等犯罪领域提出立法动议的权限。第一支柱及第三支柱在刑事立法范畴的权力重叠和冲突由此产生。更为重要的是,面对欧盟大量立法的推行,包括欧盟委员会在内的欧盟机构开始意识到刑法在保障欧盟法律有效执行、落实共同体政策领域的不可或缺的作用。然而由于成员国在政治、法律与文化等多个层面都存有不同程度的差异,以致成员国之间传统、常规的刑事司法合作无法达到充分与最佳效果。这使代表成员国利益的欧洲理事会与代表共同体利益的欧盟委员会就第一支柱及第三支柱权

〔23〕 参见赵海峰:《试论欧洲刑法的现状和欧盟刑法的前景》,载《中国刑事法杂志》2006 年第 4 期。

〔24〕 有学者指出,根据《欧盟条约》,框架决定对于欧盟成员国仅具有目的约束力,因此对于特定的框架决定,成员国国内法须采取何种措施,或是国内法运用何种内容,各成员国之立法者在达成框架决定目的的原则下得自由形成法律。参见郑文中:《欧盟关于刑事犯罪上之警政与刑事司法合作初探——兼论欧洲拘捕令架构决议与内国法律转化》,载《台湾国际法季刊》2008 年第 4 期。

限划分产生分歧。由此,一个颇为重要的命题被提上讨论的日程,并对欧洲法律的一体化产生重要影响:在欧盟法律中设置刑法范畴的法律规范是否只能继续纳入彰显成员国国家意志的第三支柱下的国家间合作,抑或可被视作超国家意志的"共同体"的权限范围,从而赋予共同体一定的刑事立法权?

欧洲理事会及欧盟委员会在一定时期内曾就上述分歧达成不稳定的妥协:这两个机构可在其各自认定的权力范围内分别行使权限。[25] 在此期间,欧洲理事会通过了多项涉及刑事条款的"框架决定"。但欧盟一体化进程的深入扩大了共同体的影响力,随之而来的是第一支柱向第三支柱的逐渐渗透,欧盟委员会在欧盟环境刑事立法领域试图以"指令"取代"框架决定"从而要求成员国承担环境刑法领域一体化的义务,并进而使得共同体具有一定的刑事立法权,显示了其对上述阶段性妥协的持续挑战。当然,更为重要的是,欧盟委员会的上述进取立场在随后进行的诉讼中得到了欧洲议会的支持,并最终获得了欧洲法院的认可。

(二)司法审查的内容及结果:确立了欧盟环境刑事立法的载体与内容

对欧洲理事会通过的"与严重环境犯罪做斗争的框架决定""有关船舶污染的框架性决定",欧洲法院进行了司法审查。司法审查的主要内容是上述框架决定是否具备合法依据、共同体作为立法主体是否享有环境刑事立法领域的权力。

在涉及"与严重环境犯罪做斗争的框架决定"的诉讼中,欧盟委员会认为,欧洲理事会是无权限通过框架决定在其第 1 条至第 7 条中要求成员国在环境犯罪的形态(故意犯罪与过失犯罪)、对环境犯罪的处罚、法人的责任、对自然人和法人的处罚措施等方面设置趋同的规则的,对成员国设置上述义务的权限应属于共同体。按照《建立欧洲共同体条约》第 175 条的规定,共同体得基于共同利益的考虑,在法律上要求成员国对违反共同体环境保护法律的行为,在国内法中制定适当的刑事规则以确保共同体法律的有效执行。欧洲法院在判例中形成的有关执行欧盟法律须遵守的"制定实际有效的、成比例的、具有威慑力的执行制度"的原则,亦可成为欧盟在共同体层面上建立最低环境刑事立法要求的依据。"框架决定"使成员国可在应对严重环境违法行为时自行选择刑事或

---

〔25〕 参见马贺:《欧盟区域刑事合作进程中的制度缺陷与对策——从〈马斯特里赫特条约〉到〈里斯本条约〉》,载《犯罪研究》2010 年第 5 期。

其他性质的处罚方式的做法侵犯了共同体的立法权力。[26]

与欧盟委员会观点相对立的是,通过了上述“框架决定”的欧洲理事会则认为共同体的刑事立法权在欧盟法律上不存在依据,欧洲法院的判例亦没有暗示或明示地表达出共同体有权要求成员国实现共同体层面的刑事立法的相似和统一性。欧盟法律执行的原则也没有对成员国的具体立法形式作出约束,因此为应对严重违反欧盟环境保护法律的行为采取制裁措施时,成员国可以在刑事处罚和行政处罚措施中作出符合本国法律的选择。[27] 欧洲理事会的立场,获得了当时欧盟 15 个成员国中 11 个成员国的赞同。[28]

欧洲法院基本接纳了欧盟委员会的立场。欧洲法院的主要观点包括:认为“与严重环境犯罪做斗争的框架决定”第 1 条至第 7 条从其宗旨及内容来看均涉及环境保护这一共同体的共同政策,属共同体的立法权限范围。一般而言,“刑法本身不构成共同体的政策”,即共同体总体而言不具备刑事立法权,但为有效执行共同体的环境保护立法,共同体的立法者能够要求成员国采取与国内刑事法律有关的措施,从而使各成员国的有关当局适用“有效、合乎比例、有震慑力”的刑事处罚以应对严重环境违法行为。《欧盟条约》第 47 条也规定了当欧盟第一支柱“共同体”与第三支柱发生冲突时,第一支柱优先于第三支柱。因此,欧洲理事会根据《欧盟条约》第 34 条在第三支柱下通过的这一框架决定因不具备适当的立法依据,侵犯了共同体的立法权而应被废止。上述“框架决定”第 1 条至第 7 条内容应以《建立欧共体条约》第 175 条为立法依据采取由欧盟委员会提出动议、由欧洲议会和欧洲理事会共同通过的“指令”形式予以规范。[29]

欧洲法院的这项判决具有重要意义,它确立了共同体作为立法主体享有设置刑事性质的立法规范以保障共同体的环境保护法律得以实施的案例基础。

---

〔26〕 Case C 176/03 Summary published in Official Journal (OJ EC C135/21, 07/06/2003).

〔27〕 Case C 176/03 Summary published in Official Journal (OJ EC C135/21, 07/06/2003).

〔28〕 Michaela Aghenitei, “The Environmet through Criminal law in European Union”, *European Journal of Law* 19, 2013, pp. 189 – 194.

〔29〕 Paragraphs 47, 48, 51 and 53 of the European Court’s judgment in Case C 176/03.

此项判决表明，在立法形式上，不应以立法规范属非刑事或刑事性质来划分作为第一支柱"共同体"和第三支柱"刑事领域的警务及司法协助"权限的标准。只要相关立法是保障共同体的共同政策并为执行共同体法律所必需，共同体的立法者即可以《共同体条约》为法律依据行使设置刑法规则在内的立法权限。而在第三支柱下，可就尚未进入共同体一体化领域的广义的警务及刑事司法协助，包括相互承认判决、与执行共同体政策及基本自由无关的刑法趋同措施在内的事项进行立法。

欧洲法院在就环境刑事立法的第二项判决（"有关船舶污染的框架性决定"）中认为，上述框架决定的宗旨及主要内容与打击环境犯罪的刑事处罚措施存在必然联系且关乎海洋运输安全，《共同体条约》赋予了共同体在海洋运输领域具有广泛的立法权力，确保海洋运输安全也是共同体的共同政策之一，而环境保护是这一共同政策不可缺少的重要部分，共同体根据《建立共同体条约》具有在此领域的立法权。

欧洲法院就环境刑事立法的上述两项判决标志着共同体层面上环境刑事立法权的生成，其所带出的积极理念对促进欧盟法律一体化具有重要意义。在欧洲法院的上述第一项判决作出后，欧盟委员会还曾试图对此判决作扩张解释，认为环境保护是共同体重要但并非唯一的共同政策之一，共同体的刑事立法权应延伸至所有共同体的共同政策领域。[30] 上述欧盟委员会的"扩张性的解释"，虽不能"自动"适用于所有共同体的共同政策，但为提升欧盟的一体化程度有必要逐渐将欧盟第三支柱纳入第一支柱。[31] 欧洲法院在随后的第二项判决中未对欧盟委员会的这一"扩张性的解释"作评析。有学者认为，这源于欧洲法院以《建立共同体条约》为依据赋予第一支柱下共同体的环境立法权并非共同体"内在"的权限，而是作为共同体不具备刑事立法权原则的"例外"，而作为"例外"则不能扩张至共同体的所有共同政策领域。[32]

---

〔30〕 Communication from the Commission to the European Parliament and the Council on the implications of the European Court's judgment in Case C 176/03.

〔31〕 European Parliament resolution on the consequences of the European Court's judgment in Case C 176/03.

〔32〕 Norel Neagu, "Entrapment between Two Pillars: The European Court of Justice Rulings in Criminal Law", *European Law Journal* 15, 2009, pp. 536 – 551.

上述问题随着2009年12月《里斯本公约》的生效已得到较好解决。根据《里斯本公约》,欧盟原有的第三支柱被彻底纳入第一支柱成为欧盟一体化的组成部分。《里斯本公约》吸收了上述欧洲法院判决的主要内容,明确和扩大了欧盟在刑事领域的立法权限,根据其第69B条,如成员国国内刑法的趋同或一体化被证明能确保欧盟一体化领域内共同政策的有效执行,指令可设定相关领域内犯罪构成要素和处罚措施的最低标准。[33] 同时,环境领域成为欧盟与成员国11个共享权能范畴的其中一项,欧盟在共享权能可行使立法权并具有优先性,成员国只有在欧盟未行使或停止行使其权能的情况下方可行使共享权能。

四、成员国刑事立法权向欧盟让渡的基本原则

欧盟一体化过程中对共同政策的制定与执行,必然意味着成员国国家主权在一定程度范围内的让渡。但刑法作为国家机器的重要构成,历来是各国政府治理国家与社会的重要武器,"社会需要刑法的特殊力量去保护其基本价值","在此意义上,刑事政策及立法对一个族群的自我代表及在外部世界的投影具有重要意义",[34]因此欧盟成员国曾普遍坚持刑事立法权并未让渡予共同体的立场,并历来坚持"刑法领域的合作实质上仅应在国家政府层面进行"的基本态度。[35]

但毋庸置疑的是,横亘在无形疆界中的刑事法律和司法制度之间的差异给

---

[33] Article 69 B: If the approximation of criminal laws and regulations of the Member States proves essential to ensure the effective implementation of a Union policy in an area which has been subject to harmonization measures, directives may establish minimum rules with regard to the definition of criminal offences and sanctions in the area concerned. Such directives shall be adopted by the same ordinary or special legislative procedure as was followed for the adoption of the harmonization measures in question, without prejudice to Article 61 I.

[34] Massimo Fichera, "Criminal law beyond the States: the European Model", *European Law Journal* 19, 2013, pp. 174 -200.

[35] Bleddyn Daviens, "EU Criminal Law in National Courts: Breaking the Monopoly?", *Liverpool Law Review* 34, 2013, pp. 241 -259.

传统的刑事司法合作造成的障碍已影响到各成员国打击犯罪的效率,[36]为维护欧盟的基本价值和统一市场的可持续发展,有必要形成一体化语境下的超国家层面的刑法机制,为此欧盟付出了极大的努力,也取得了阶段性的成果。考察欧盟统一刑事立法权的形成过程,我们可以较为清晰地看到,成员国在将刑事立法权部分让渡给欧盟的过程中坚持了如下几条原则:

(一)必要性原则:以保障欧盟共同政策及法律在成员国的有效实施为限

考察欧洲法院有关欧盟环境刑法的判例以及《里斯本公约》的规定可见,成员国将刑事立法的部分主权让渡给共同体应当以保障共同体共同政策及法律的有效实施为前提,以便通过有效落实共同政策以更好地维护国家利益和主权,而这也正是欧盟成员国主权让渡与建立共同体的根本动因。

基于此,共同体应在遵守必要性原则的前提下行使刑事立法权,即共同体在行使刑事立法权时,必须以通过立法有效执行共同体共同政策及相关法律为前提。欧盟法律的实施原则上由成员国负责,但这不妨碍在"必要"情况下,共同体的相关立法可在遵守辅助性原则的前提下设置刑法方面的条款,从而对违反共同体法律的行为处以"有效、成比例的、具有威慑力"的刑事处罚措施。

必要性审查须按个案的具体情况分别进行。以环境刑事立法为例,在环境保护领域,面对日益突出的环境问题,欧盟采取了积极的环境保护政策和立法举措,以公约、条令、指令、决定等立法形式来力图实现污染的防治和环境的恢复。过去30余年来,欧盟通过的有关环境保护的指令多达200余项。但欧盟成员国在执行欧盟环境保护政策和法律中对严重环境违反行为的惩处仍被认为存在不足。[37] 欧盟委员会在2001年首次就"关于通过刑法保护环境的指令"提案进行必要性论证时就曾指出,在考察欧盟各成员国内法有关环境违法行为的处罚措施后,认为各成员国的处罚措施不仅不能够保障共同体环境保护政策的有效实施,甚至成员国国内自身的环境法律和政策也难以得到有效实施,主要症结在于多数成员国对环境违法行为的处罚仅限于行政罚款,即使给

〔36〕 参见廖明:《欧盟区域的刑事一体化研究》,载赵秉志主编:《刑法论丛》(2009年第2卷),法律出版社2009年版,第225~245页。

〔37〕 European Commission, "Environmental Crime", http://ec. europa. eu/environment/legal/crime/index. htm, August 20, 2015.

予刑事处罚也采用极低的罚金措施,且大多数刑事追诉案件被免予起诉或处罚。[38] 事隔多年之后,欧盟委员会在新的编号为 2008/99/EC 的"关于通过刑法保护环境的指令"前言部分也指出,跨境环境犯罪对环境的负面影响正在持续,各成员国的处罚措施仍然不足,通过刑法手段来显示对严重环境违法行为进行社会负面评价已经成为必经之路,只有这样才能落实欧盟在环境领域的共同政策和相关法律。[39]

(二)最低标准原则:建立欧盟层面上对相关犯罪进行处罚的最低标准

无论是欧洲法院关于欧盟环境刑法的判例,还是《里斯本公约》中成员国将部分刑事立法权让渡予共同体,在犯罪定义上其边界均为共同体对可订立的某些犯罪的处罚机制进行最低标准的设计,即共同体刑事立法设置的犯罪标准只是每个成员国都要遵守的最低标准。

按照这一原则,共同体只是将特定的严重违反欧盟法律的行为纳入定罪处罚的范围,并将此种刑事处罚设定一个最低标准,在此基础上成员国可以制定更为严厉的刑法机制。最低标准原则,一方面,可以使严重地违反共同体法律的行为纳入刑事处罚范围,避免违反者利用成员国之间法律上的差异逃避刑法制裁;另一方面,也能确保立法目标传达给成员国的同时,使成员国有较多的灵活处理的空间,在不影响其本国刑事法律体系整体和谐性的前提下选择适当的刑事处罚措施。[40] 应当说,最低标准原则是考虑到成员国与共同体双方利益的一种较好的折中方案,既可以体现共同体所追求的法律标准逐步统一的目的,又为成员国基于国内司法体制与司法文化等的法治国情差异的变通提供了可能,是比较科学性的。

最低标准原则的确立具有一定的必然性。虽然就全球范围内而言,欧盟各

---

〔38〕 Explanatory Memorandum of the Proposal for a Directive of the European Parliament and of the Council on the Protection of the Environment through Criminal Law, OJ C 180E, 26. 6. 2001, pp. 238 – 243.

〔39〕 Directive 2008/99/EC of the European Parliament and of the Council of 19 November 2008 on the protection of the environment through criminal law, OJ L 328, 6. 12. 2008, pp. 28 – 37.

〔40〕 参见徐丰果、姜文:《论欧盟"通过刑法保护环境"的环境政策》,载《北京林业大学学报》(社会科学版)2009 年第 3 期。

成员国经济与社会发展的水平差异不大,且具有较为接近的法治传统,但刑事立法活动毕竟为国家主权范围内之自主活动,且各成员国在立法技术方面也存在一定差异。为了保证各国刑事法治的统一性,有必要对各国刑法典之稳定性保持足够尊重,故不可以统一之犯罪构成标准与惩罚方式对整个欧盟区域内的污染环境犯罪做"一刀切"的刑事立法,如此定会应触及国内之法治稳定,而遭成员国之反对,故采取最低标准之原则是较为务实之做法,可达到既在欧盟层面的刑事立法上有所作为,又对成员国之刑事立法权保持审慎的尊重,以稳妥而又能够让成员国接受的方式逐步实现欧洲刑事法治的一体化。

最低标准原则的确立也体现出了一定的灵活性。环境污染的防治虽是欧盟各国面临的任务,但在各国也有不同的表现形态,因此各国之国内刑法对其所作出的应对也是与其国内需要相适应的路径与制度选择。最低标准原则具有如下两种基本功能,即一是使在欧盟范围内相关犯罪的入罪标准具有了法文本对照的可能。通过最低标准的确立,使对某类具有相当大通用性的犯罪(如环境犯罪)有了最低的入罪标准,符合上述标准的行为具有了被刑事法(欧盟刑事法或成员国刑事法)评价的可能,即便上述行为不违反成员国国内刑法,但符合欧盟相关刑事立法(如上述2008年之指令)所规定的犯罪构成,也将会被成员国进行刑事调查与刑事处罚,使得这类犯罪行为的刑法评价具有了法文本对照的标的。二是最低标准原则不会对成员国国内刑法的适用形成冲击。比如,若污染环境行为既符合上述欧盟指令所确立的最低标准,又符合成员国国内刑法所规定的犯罪构成,但若国内刑法所规定的入罪标准比欧盟指令所设置的入罪标准更容易实现入罪,则可以直接适用国内刑法而对污染行为进行是否入罪的判定。

(三)无涉司法原则:个案的刑事司法权由成员国保留而自由行使

通过上述欧洲环境刑法演进尤其是欧洲法院相关判决的研究,我们还可发现,在欧盟层面环境刑事立法权形成过程中,欧盟的刑事立法权被较为明确地限定在犯罪构成的示范化方面,即欧盟层面的刑事立法的路径主要是对一些具有普遍性的,在犯罪构成的标准上较少受到法治文化与传统影响的犯罪类型(如环境犯罪、毒品犯罪、恐怖犯罪)建立一个欧盟各成员国普遍可以接受的犯罪构成的标准体系,然后将这个犯罪构成的标准体系作为具有对成员国有约束力的法律形式予以颁布,进而通过成员国的直接适用或者以调整国内刑法中相关犯罪的犯罪构成标准为途径,从而实现成员国国内刑法在相关领域的逐步趋同。

当然,我们也需注意,在欧盟刑事立法权的形成过程中,除了具有示范意义的犯罪构成标准的趋同化之外,对是否要在刑事司法的过程中进行欧盟层面的指导也曾发生过争议,即便是作出判决的欧洲法院在不同的时期内也具有不同的态度。在前述第一项针对“与严重环境犯罪做斗争的框架决定”的判决(C-176/03)中,欧洲法院认为,共同体法律具有对哪些类型的违法行为构成犯罪,对这些犯罪应当适用哪些刑事处罚类型以及其他适当的刑法手段予以规范的权利。而在第 2 项针对“有关船舶污染的框架性决定”的判决(C-440/05)中,欧洲法院认为共同体立法只能涉及环境犯罪的构成,而不能规限刑事处罚的特定类型和等级,这方面的权限仍属于成员国。从欧洲理事会及欧洲议会通过的编号 2008/99/EC 的“关于通过刑法保护环境的指令”来看,欧盟在规制刑事规则中倾向于采纳欧洲法院上述第 2 项判决的观点,即在制裁措施方面,欧盟层面没有必要立法,成员国只要依据欧盟和本国的实体法在具体的司法过程中采取“有效、成比例的、具有威慑力的”处罚措施即可。

客观来讲,欧洲法院在第二个判决中的态度是较为冷静与符合实际情况的。刑事立法与刑事司法虽然紧密联系,但毕竟分属两个领域,且后者与国家的司法文化、司法体制等关涉更密。随着经济的一体化,虽然污染环境、贩卖毒品、暴力恐怖等犯罪活动的犯罪形态、危害后果、预防措施等在全球范围内呈现出相当大的趋同性,在犯罪构成的标准上也呈现出较大的一致性,从而使包括欧盟成员国在内的世界各国在对上述犯罪的惩治方面具有了合作的基础,并使在欧盟这样经济发展水平差异较小,法治文化源流接近的区域内具有了制定具有示范意义的犯罪构成的标准体系的可能,但毋庸置疑的是,包括刑事侦查、犯罪检控、法庭审理等在内的刑事司法与一国之司法体制、司法文化等紧密关联,关乎一国国内司法体系的微观运作,是较难通过超越国家层面的立法而进行的。也正是基于以上原因,欧洲法院在第二个判决中改变了试图在刑法与刑事司法两个领域均要纳入指令范畴的观念,而转由以犯罪构成标准体系为主来建立欧盟层面的刑事领域的示范立法,这是务实且冷静的做法,包括东南亚国家联盟等全球范围内的其他法治趋同化区域在这个问题上也应重视欧盟的这个做法与经验。

(四)紧急制动原则:成员国刑事立法权在紧急情态下仍可得到保留

鉴于不同成员国对欧盟一体化有着并非完全一致的利益诉求,[41]以承认差异性和保持灵活性为前提,在后《里斯本公约》时代,欧盟开始在刑法领域推行“有区别的一体化”的政策,这是需要引起我们关注的。根据《里斯本公约》设置的“紧急制动”(emergency brake)条款,某个或某些成员国可紧急阻止适用关乎其切身利益的敏感立法,而其他成员国仍然可以适用该法,这使成员国即使不能阻止其他国家采取一体化的行动,但也可不作参与以保护自己的主权。这表明,对于某些坚持刑事立法权为主权重要组成部分的成员国,也可采用“置身之外”(opt-out)的机制而不适用欧盟根据《里斯本公约》制定的刑事领域的立法。可见,欧盟在形成其超国家的刑事立法权的道路上仍存在诸多障碍,国家主权的核心地位虽然受到一定冲击,但国家权力与超国家权力之间的矛盾和斗争依然存在。这也表明,在推动刑事领域一体化的同时,“不应忽视成员国刑事多元化的现实局面,而应强调统一性和个别化的兼顾、一体化和多元化的协调”并“合理控制与引导欧洲的刑事立法和实践”,[42]唯其如此,才能保证成员国对包括法治一体化在内的欧洲一体化的持续支持。

五、结　　论

在考察过欧盟层面上刑事立法权的形成过程后,我们可以发现,成员国将一定范围内的刑事立法权让渡予共同体,实际上是以互让和共利为条件的。面对这一现实需要,欧盟以具有较强公共性的环境刑事立法为切入,以第三支柱下不涉及主权让渡的成员国之间的“警务及刑事司法合作”为起点,直至通过欧洲法院的判例将一定范围内的刑事立法权从第三支柱转移至以主权让渡为基础建立的第一支柱,并进而在《里斯本公约》生效后将原有的第三支柱的大部分事项“共同体化”,从而实现了成员国将刑事立法的部分国家权力向共同体机构让渡的重大突破,这不仅对欧洲的一体化具有重大意义,在世界法治逐步趋同化的背景下也是具有相当大的示范意义的。

---

〔41〕 参见马贺:《欧盟区域刑事合作进程中的制度缺陷与对策——从〈马斯特里赫特条约〉到〈里斯本条约〉》,载《犯罪研究》2010年第5期。

〔42〕 参见王娜:《论欧洲刑事政策的一体化》,载《华东政法大学学报》2013年第4期。

当然,我们也要注意到,在欧洲一体化进程中,成员国国家主权的让渡、合并和共享,是一体化产生和发展的必要前提。在此过程中,成员国与超国家权力之间的分歧与争端是不可避免的且持续冲突的。我们还需注意,欧盟成员国在将主权中最为敏感的刑事立法权让渡予共同体时始终保持着高度的警惕与谨慎的态势,主权的让渡范围被严格限制且设置了清晰的边界,这也在一定程度上表明,在全球化的浪潮下,传统国际法中的主权原则并未被否定,反而在某些领域得到了强化。欧洲版图上的和声演奏虽然已经初显美妙,但建立包括法治在内的超国家意志的"大欧洲"仍然是曲折不断的未来之梦。

The Transferring of Member Country's Criminal Legislative Rights from Environmental Criminal Evolution Perspective

Jiao Yanpeng

Abstract: It is an important criminal means that through criminal law to protect the environment for EU and major European countries. This article from the member states of EU and national legislation to research the development of European criminal law, main opinions including: from the view of criminal legislation to protect the environment practice in Europe, the objective to promote the generation of EU criminal legislative, and has had a profound impact for the integration of European law; As an important part of national sovereignty, the Member States still regarding that criminal legislative right is the role part of national sovereignty; the member states of EU maintain a high degree of vigilance and set up some basic principles for the transferring; It is a long road for EU to achieve wide-ranging, in-depth integration.

Key words: Exercising legislative power; Member States; Legal identity; Environmental protection; Judicial review

公共政策介入刑事法治实践研究：路径、判例与方法

李冠煜*

内容摘要：

公共政策介入刑事法治实践具有历史必然性，其介入路径有立法介入和司法介入，主要载体包括刑法规范、立法解释、司法解释和指导性案例，起到裁判根据和说理依据的作用。近年来发生的典型个案充分展现了公共政策的价值取向，应当深入研究其适用条件和应用方法。为了切实贯彻公共政策和全面践行刑事法治，必须在刑法教义学和刑法方法论上合理限制公共政策介入刑事法治实践的广度和深度。

关键词：

公共政策　刑事法治实践　介入路径　适用条件　应用方法

公共政策可被定义为：社会公共权威在特定情境中，为达到一定目标而制定的行动方案或准则。从其形式特征看，主要由党的政策、人大立法、行政决策和司法解释构成。[1] 它作为一种非正式法源在我国已得到普遍承认，[2] 但其

---

* 华中科技大学法学院副教授，博士生导师，法学博士。

[1] 参见谢明编：《公共政策导论》(第4版)，中国人民大学出版社2015年版，第6页、第31～34页。

[2] 参见苏力：《司法解释、公共政策和最高法院——从最高法院有关“奸淫幼女”的司法解释切入》，载《法学》2003年第8期；袁明圣：《公共政策在司法裁判中的定位与适用》，载《法律科学》2005年第1期；宋亚辉：《公共政策如何进入裁判过程——以最高人民法院的司法解释为例》，载《法商研究》2009年第6期；张红：《论国家政策作为民法法源》，载《中国社会科学》2015年第12期。

在刑事法治实践中的表现形式、适用条件和应用方法尚未引起足够重视。详言之,当前研究存在以下不足:第一,在研究视角上,大多关注刑事政策与刑法之间的关系,[3]没有站在公共政策指导刑事法治实践的高度进行探讨,忽视了没有转化为刑事政策的公共政策也会以某种特殊方式影响刑事法治实践。第二,在研究内容上,虽然基本明确了公共政策与刑事政策的区别,[4]但缺少对新中国成立以来公共政策介入刑事法治实践的宏观考察,对其介入路径、作用方式的研究不够全面。第三,与前两点相关,在研究方法上,实证研究有待进一步深入,特别是运用刑法方法论对典型个案予以微观剖析。

基于以上问题,本文将首先回顾新中国成立至今公共政策介入刑事法治实践的曲折历程,其次分析公共政策介入刑事法治实践的各种路径,最后通过解读典型个案来归纳其适用条件和应用方法。简言之,笔者注重公共政策在刑事司法实践中的具体运用和总结我国刑事法治建设的经验教训,以期有助于提高刑事立法质量和刑事司法水平。

一、公共政策介入刑事法治实践的历史回顾

纵观中华人民共和国成立以来刑事法治的发展历程,在整体把握不同历史时期政治、经济、社会等情况的基础上,重点着眼于政策与法律之间的结构关系,可以分为四个阶段。

(一)逐步扩展阶段(1949~1956年)

由于中国共产党刚刚开始全国执政,面临复杂的国内外形势,首要任务是稳定政权和进行社会主义改造,所以需要运用刑法武器。1949年2月中共中央《关于废除国民党的六法全书与确定解放区的司法原则的指示》要求:"人民的司法工作,不能再以国民党的六法全书为依据,而应该以人民的新的法律作依据。在人民新的法律还没有系统地发布以前,应该以共产党政策以及人民政府

[3] 参见卢建平:《刑事政策与刑法》,中国人民公安大学出版社2004年版,第1页;黎宏:《论"刑法的刑事政策化"思想及其实现》,载《清华大学学报》(哲学社会科学版)2004年第5期。

[4] 参见劳东燕:《公共政策与风险社会的刑法》,载《中国社会科学》2007年第3期;王立君:《刑事政策在刑事裁判中的法源性探析》,载《南京社会科学》2011年第5期。

与人民解放军所已发布的各种纲领、法律、条例、决议作依据。"于是,这一时期的基本任务和上述政治决策产生了一批单行刑法,如《惩治反革命条例》《惩治贪污条例》《关于宽大处理和安置城市残余反革命分子的决定》以及各大行政区军政委员会颁布的《惩治不法地主条例》等,为有效惩治部分犯罪提供了法律依据。

在本阶段,中国共产党从革命党向执政党的艰难转型,迫使其主要依赖政策作为国家治理的根据,延续并强化了以往的政策法传统,而法律仅仅是实现社会目标的工具,社会主义法制体系尚未成型。在刑事法领域,法治化程度较低,镇压与宽大相结合成为基本刑事政策,被鲜明地贯彻到处理反革命、贪污、盗窃、投机倒把等案件中。

(二)全面超越阶段(1957~1977年)

社会主义改造基本完成和镇压反革命的斗争取得胜利后,党中央认识到,目前阶级斗争的任务已经变为保护社会生产力的顺利发展,必须改变方法和健全法制。例如,1957年4月中共中央《关于整风运动的指示》以正确处理人民内部矛盾为主题,提出"惩前毖后、治病救人"的方针。1963年3月中共中央《关于厉行增产节约和反对贪污盗窃、反对投机倒把、反对铺张浪费、反对分散主义、反对官僚主义运动的指示》也将"健全制度,改进思想作风,克服和防止资本主义、修正主义的腐蚀,保证我国社会主义建设事业的顺利发展"作为"五反"运动的目标。然而,"无产阶级专政下继续革命"的错误思想延缓了社会主义建设的进程,否定了健全社会主义法制的主张,挤占了刑事法律变革的空间。

在本阶段,作为政策载体的最高领导人指示、党中央、国务院、中央军委等机构发布的决定、命令、通知等完全取代法律,以非法制方式治理国家,法律呈现虚无状态。社会主义法制体系遭受严重破坏,刑事法制发展陷入停滞,惩办与宽大相结合的刑事政策虽已确立,但其预期效果彻底被运动统治模式所抹杀。

(三)初步协调阶段(1978~2003年)

1978年12月党的十一届三中全会召开,不仅揭开了改革开放的序幕,而且打破了以往的政法治理格局。此次全会公报指出:"为了保障人民民主,必须加强社会主义法制,使民主制度化、法律化,使这种制度和法律具有稳定性、连续性和极大的权威,做到有法可依,有法必依,执法必严,违法必究。"这对于我国刑事法治的变革起到了巨大的推动作用。1979年7月中华人民共和国第一部

《刑法》诞生。这既是刑法史上的一座里程碑,也是贯彻国家政策的有力证明。此后,最高立法机关从 1981 年 6 月至 1995 年 10 月,陆续通过了《惩治军人违反职责罪暂行条例》《关于严惩严重危害社会治安的犯罪分子的决定》等 24 部单行刑法,对《刑法》进行完善。在此基础上,根据 1993 年 11 月通过的中共中央《关于建立社会主义市场经济体制若干问题的决定》,需要全面修订《刑法》,经过充分酝酿,1997 年 3 月新《刑法》正式颁布。随着社会的进步和形势的变化,最高立法机关又在较短时间内接连通过了 4 部刑法修正案。1997 年 9 月,党的"十五大"提出,依法治国,建设社会主义法治国家,是党领导人民治理国家的基本方略,首次在国家政策层面确立了以法治为核心的治理方式。

在此期间,最高司法机关也通过制定司法解释来保障《刑法》的有效施行。例如,《关于当前办理强奸案件中具体应用法律的若干问题的解答》(1984 年 4 月)、《关于执行〈全国人民代表大会常务委员会关于严惩拐卖、绑架妇女、儿童的犯罪分子的决定〉的若干问题的解答》(1992 年 12 月)、《关于审理骗购外汇、非法买卖外汇刑事案件具体应用法律若干问题的解释》(1998 年 9 月)、《关于审理非法采矿、破坏性采矿刑事案件具体应用法律若干问题的解释》(2003 年 5 月)等都对落实国家政策和统一法律适用发挥了积极功效。

必须指出的是,尽管改革开放战略的正确实施改善了政策与法律的关系,政策作为改革的先导,法律成为改革的保障,但"依法治国"方略刚刚成型,政策治理惯性依然存在,法治化进程不可避免地出现反复。惩办与宽大相结合的刑事政策并未得到切实贯彻,反而被"严打"政策所代替,〔5〕后者显著改变了我国刑事法治的前进方向,为其打上了"厉而不严""从重从快"的历史烙印。这一政策后来成为社会治安综合治理方针的重要组成部分,〔6〕"综治"方针也从这时开始成为主要的公共政策之一。

(四)深度融合阶段(2004 ~2017 年)

在走上依法治国的道路后,党中央和国务院持续深化这一政策。2004 年 9

〔5〕 1983 年 7 月,邓小平同志会见公安部负责人时指出,对严重刑事犯罪分子,必须给予严厉的法律制裁,必须依法从重从快集中打击,严才能治住。1983 年 8 月,中共中央《关于严厉打击刑事犯罪活动的决定》正式开始部署"严打"。

〔6〕 参见中共中央、国务院《关于加强社会治安综合治理的决定》(1991 年 2 月)、中共中央、国务院《关于进一步加强社会治安综合治理的意见》(2001 年 9 月)等有关文件。

月中共中央《关于加强党的执政能力建设的决定》在提出“科学发展观”之后,又强调“坚持党的领导、人民当家作主和依法治国的有机统一”。2006 年 10 月中共中央《关于构建社会主义和谐社会若干重大问题的决定》全面阐释了构建和谐社会要遵循的原则:必须坚持以人为本、科学发展、改革开放、民主法治、正确处理改革发展稳定的关系以及在党的领导下全社会共同建设。之后,2012 年 11 月召开的党的十八大要求全国各族人民坚定不移沿着中国特色社会主义道路前进,为全面建成小康社会而奋斗。为此,必须全面落实依法治国基本方略,基本建成法治政府,不断提高司法公信力,切实尊重和保障人权。2013 年 11 月中共中央《关于全面深化改革若干重大问题的决定》又将全面深化改革的总目标概括为“完善和发展中国特色社会主义制度,推进国家治理体系和治理能力现代化”,并要求“推进法治中国建设”,提出了逐步减少适用死刑罪名、废止劳动教养制度、健全社区矫正制度、健全惩治和预防腐败体系等具体任务。中共中央于 2014 年 10 月通过的《关于全面推进依法治国若干重大问题的决定》则是为落实全面深化改革这一顶层设计所做出的战略部署,以“坚持依法治国、依法执政、依法行政共同推进,坚持法治国家、法治政府、法治社会一体建设,实现科学立法、严格执法、公正司法、全民守法,促进国家治理体系和治理能力现代化”为目标,并明确了加快推进反腐败国家立法、完善惩治贪污贿赂犯罪法律制度、完善刑罚执行制度、加强和规范司法解释和案例指导等具体工作。而习近平同志在 2015 年 2 月系统阐述的“四个全面”战略布局,不仅彰显了社会主义核心价值观的精神统领作用,也将依法治国方略提升到了一个新的高度。2017 年 10 月 18 日召开的党的十九大也再次强调,全面依法治国是中国特色社会主义的本质要求和重要保障。为此,必须深化依法治国实践,坚持厉行法治,推进科学立法、严格执法、公正司法、全民守法。

根据以上政策理念,宽严相济刑事政策应运而生,[7]很快贯穿于刑事立法和刑事司法全过程。一方面,从《刑法修正案(五)》到《刑法修正案(九)》的相继生效,通过完善特殊群体的处罚原则,废除 22 个犯罪的死刑,修改、补充有关危害公共安全犯罪、经济犯罪、侵犯人身权利犯罪、网络犯罪等犯罪的罪刑规

[7] 2004 年 12 月,罗干同志在全国政法工作会议上首次提出要正确运用宽严相济的刑事政策,并在来年的全国政法工作会议上再次提及,将其确定为基本刑事政策。

范,加强了《刑法》的人权保障功能。[8] 另一方面,《关于审理抢劫、抢夺刑事案件适用法律若干问题的意见》(2005 年 6 月)、《关于贯彻宽严相济刑事政策的若干意见》(2010 年 2 月)、《关于办理贪污贿赂刑事案件适用法律若干问题的解释》(2016 年 3 月)、《关于涉以压缩气体为动力的枪支、气枪铅弹刑事案件定罪量刑问题的批复》(2018 年 3 月)等也积极回应了政策的需要。

值得注意的是,随着法治社会趋于常态,政策与法律的关系也在悄然转型,逐渐保持一致并实现良性互动。宽严相济基本刑事政策的确立表明,我国刑事法治建设取得了实质性突破,并以"刑事政策法律化"和"刑事法律政策化"的模式引领立法和司法,确定了未来刑事法治实践的发展方向。

二、公共政策介入刑事法治实践的各种路径

公共政策介入刑事法治实践具有历史必然性,其介入路径有立法介入和司法介入。根据我国《宪法》第 62 条和《立法法》第 8 条之规定,有关犯罪和刑罚的事项只能制定刑事法律。《关于裁判文书引用法律、法规等规范性法律文件的规定》第 3 条、第 6 条也表明,刑事裁判文书应当引用法律、法律解释或者司法解释。其他规范性文件,根据审理案件的需要,经审查认定为合法有效的,可以作为裁判说理的依据。所以,公共政策主要表现为裁判根据和说理依据,但也伴随着某些内在缺陷。

(一)立法介入

公共政策一般通过转化为刑法规范或者制定立法解释的方式进入刑事立法领域,成为完善刑法的目标,虽然不提供具体的裁判标准,却奠定了明确的价值取向。

第一,公共政策介入刑法典。例如,我国 1979 年《刑法》第 1 条明文规定,惩办与宽大相结合的政策是其制定依据。根据这项政策精神和实践经验,该法

[8] 此外,《关于案例指导工作的规定》(2010 年 11 月)、《社区矫正实施办法》(2012 年 1 月)、《关于废止有关劳动教养法律规定的决定》(2013 年 12 月)、《反恐怖主义法》(2015 年 12 月)等规范性文件的出台同样有利于该政策的实施。

针对犯罪的不同情况作了一系列区别对待的规定，使其具体化、条文化。[9] 再如，我国《刑法修正案(九)》第44条第4款增设终身监禁制度，意在进一步完善反腐败的制度规定，加大对腐败犯罪的惩处力度。[10] 其中，空白罪状的立法技术兼顾了刑法的通识性和行政法的专业性，确保了刑法典的简洁性和稳定性，搭建了公共政策通过行政法律、法规进入刑事法律规范的桥梁。例如，根据我国现行《刑法》第180条的规定，内幕信息、知情人员的范围，必须依照《证券法》《期货交易管理条例》等法律、法规确定，以实现国家对证券、期货市场的管控。又如，根据我国现行《刑法》第338条的规定，我国《环境保护法》《大气污染防治法》等法律、法规补充了污染环境罪的构成要件，以维护国家对环境保护的管理秩序。易言之，行政法规范作为独立的刑法法源正是为了满足国家特定管制的需要，[11] 公共政策的价值目标成为行政法规范和刑法规范的"连接点"。

第二，公共政策介入单行刑法。同样，作为"严打"政策直接产物的《关于严惩严重危害社会治安的犯罪分子的决定》贯彻了对其"只有坚决予以打击，才能震慑犯罪分子"的精神，[12] 从而加重了6种罪犯的法定最高刑，直至判处死刑。我国1997年《刑法》实施期间颁布的《关于惩治骗购外汇、逃汇和非法买卖外汇犯罪的决定》正是为了适应外汇体制改革的步伐，保持人民币汇率稳定，有效防范金融风险，[13] 才增加了骗购外汇罪，并扩充了逃汇罪、非法经营罪的犯罪

[9] 参见高铭暄：《中华人民共和国刑法的孕育诞生和发展完善》，北京大学出版社2012年版，第10~11页。

[10] 参见李适时：《关于〈中华人民共和国刑法修正案(九)(草案)〉的说明》，载中国人大网：http://www.npc.gov.cn/npc/lfzt/rlys/2014-11/03/content_1885123.htm，最后访问日期：2018年3月3日。

[11] 参见林学飞：《行政法规作为独立刑法法源的现状和问题》，载《中共浙江省委党校学报》2011年第2期。

[12] 参见王汉斌：《关于修改"人民法院组织法"、"人民检察院组织法"的决定和"关于严惩严重危害社会治安的犯罪分子的决定"等几个法律案的说明》，载中国人大网：http://www.npc.gov.cn/wxzl/gongbao/2000-12/17/content_5001455.htm，最后访问日期：2018年3月3日。

[13] 参见李文胜：《维护国家外汇管理制度的重大举措——〈关于惩治骗购外汇、逃汇和非法买卖外汇犯罪的决定〉立法背景》，载《中国外汇管理》1999年第5期。

构成。

第三,公共政策介入立法解释。《关于加强法律解释工作的决议》第1条赋予了最高立法机关法律解释权,用以明确法律界限或作补充规定,使立法解释具有立法性质,成为立法活动的延伸,[14]所以,也不可忽视公共政策对立法解释的渗透。如在《关于〈中华人民共和国刑法〉第二百九十四条第一款的解释》的背后,是国家有关部门通过区别黑社会性质的组织与一般犯罪集团,以准确打击具有黑社会性质的组织犯罪活动的政治考量,[15]故阐明了其特征。还有《关于〈中华人民共和国刑法〉第一百五十八条、第一百五十九条的解释》,如果不是为了与我国《公司法》的修改衔接,落实全面深化改革的要求,激发市场主体活力,[16]也不会将虚报注册资本罪等的犯罪主体限定为实行注册资本实缴登记制的公司。可是,《关于〈中华人民共和国刑法〉第九十三条第二款的解释》《关于〈中华人民共和国刑法〉第九章渎职罪主体适用问题的解释》因过度解读政策而有越权解释之嫌,即在从严惩治职务犯罪的目标指引下,通过法律拟制扩大了主体外延,超越了刑法规范,具有了补充立法的意味。[17]

(二)司法介入

公共政策往往通过细化为刑事司法政策,决定司法解释的变动,充实司法解释的内容,制约司法解释的效果。刑罚法规的抽象性、规范性、矛盾性等特点决定了司法解释存在的必要性,司法解释经常用来缓解社会变革和刑法稳定之间的紧张关系。作为公共政策进入刑事司法领域的主要载体之一,司法解释不可避免地存在政治考量,很大程度上是根据刑法规范所做出的政策性诠释,[18]经常使用的

---

[14] 参见李龙:《法理学》,武汉大学出版社1996年版,第371页。

[15] 参见胡康生:《对〈全国人民代表大会常务委员会关于《中华人民共和国刑法》第二百九十四条第一款的解释(草案)〉的说明》,载《全国人民代表大会常务委员会公报》2002年第3期。

[16] 参见新华社:《十二届全国人大常委会第八次会议举行审议刑法有关规定解释草案等》,载《北京晨报》2014年4月22日,第7版。

[17] 参见唐稷尧:《事实、价值与选择:关于我国刑法立法解释的思考》,载《中外法学》2009年第6期。

[18] 参见李翔:《论刑事司法政策司法解释过度化的弊端及其反思》,载《法治研究》2014年第8期。

"社会效果"一词也旨在落实公共政策。[19]

不仅如此,最高司法机关还通过颁布指导性案例,或创制规则,或宣示政策,或指导工作,[20]形成与司法解释并行的释法制度。《关于案例指导工作的规定》第2条规定了指导性案例的遴选条件,《〈关于案例指导工作的规定〉实施细则》第2条又进一步指出:"指导性案例应当是裁判已经发生法律效力,认定事实清楚,适用法律正确,裁判说理充分,法律效果和社会效果良好,对审理类似案件具有普遍指导意义的案例。"良好的法律效果和社会效果的目标设计,推动刑事指导性案例成为公共政策进入刑事司法领域的另一主要载体。

"公共政策—司法政策—司法解释—指导性案例"的介入路径决定了公共政策可能在不同场合起到不同作用,大致分为四种类型。

一是填补法律漏洞。不可否认,最高司法机关属于国家机关,通过诉讼活动决定公共利益的分配,具有公共政治功能。最高人民法院在利益的驱动下,有权制定和实施公共政策,要在传统政治体制和现代市场经济的双重压力下寻求权力运作的空间,[21]同样有着公共政策创制机能,其实现方式主要有两种:消极否定式和积极主动式。[22] 罪刑法定原则不允许最高人民法院主动创制公共政策,所以,它要么通过制定司法解释或发布指导性案例来创设规则、肯定既有政策,要么通过废止司法解释去宣告规则失效、否定过时政策。

在前一种情形中,尽管法律规范的创制适用的确弥补了处罚空隙,但也造成了司法权对立法权的僭越。例如,早在1962年6月印发的《关于检查和总结军人婚姻案件的通知》中,最高人民法院就强调,必须贯彻执行党和国家有关保护革命军人婚姻家庭的政策。这一精神后来被贯彻到《关于破坏军人婚姻罪的四个案例》中,但其中部分案例将被告人与现役军人配偶长期通奸的行为认定为破坏军人婚姻罪,无疑构成类推解释。又如,《关于当前办理强奸案件中具体

---

[19] 参见宋亚辉:《公共政策如何进入裁判过程——以最高人民法院的司法解释为例》,载《法商研究》2009年第6期。

[20] 参见陈兴良:《案例指导制度的规范考察》,载《法学评论》2012年第3期。

[21] 参见侯猛:《最高法院公共政策的运作:权力策略与信息选择》,载《北大法律评论》编辑委员会编:《北大法律评论》(2005年第1辑),北京大学出版社2005年版,第115页。

[22] 参见庞凌:《法院的公共政策功能分析》,载《当代法学》2003年第10期。

应用法律的若干问题的解答》第 2 条规定:“对于一贯利用职权奸淫妇女多人,情节恶劣的,可以流氓罪判处。”它将本应作为强奸罪处罚的行为定为流氓罪,为适应严厉打击犯罪的斗争政策而不当扩充了后者的外延。还如,《关于审理交通肇事刑事案件具体应用法律若干问题的解释》第 7 条规定:“单位主管人员、机动车辆所有人或者机动车辆承包人指使、强令他人违章驾驶造成重大交通事故,具有本解释第 2 条规定情形之一的,以交通肇事罪定罪处罚。”交通肇事罪共犯的规范化确立虽然有利于落实保护公共交通安全的政策,〔23〕却形成与我国《刑法》总则规定的正面抵触。再如,《关于对变造、倒卖变造邮票行为如何适用法律问题的解释》规定,对变造或者倒卖变造的邮票数额较大的,应当依照伪造、倒卖伪造的有价票证罪定罪处罚。这就在《刑法》本没有处罚变造、倒卖变造邮票行为的情况下,基于维护市场经济秩序的政策考虑,将“变造”行为和“伪造”行为同等评价,以创设解释性规范的方式去填补法律漏洞。其后的《关于办理生产、销售伪劣商品刑事案件具体应用法律若干问题的解释》第 6 条第 4 款、《关于办理生产、销售假药、劣药刑事案件具体应用法律若干问题的解释》第 4 条等类推规则的设计,都是因为注重了社会法益的保护而轻视了个人自由的保障。〔24〕 另外,在迄今为止发布的 14 个刑事指导性案例中,指导案例 4 号“王某才故意杀人案”、12 号“李某故意杀人案”、13 号“王某成等非法买卖、储存危险物质案”、32 号“张某某、金某危险驾驶案”、61 号“马某利用未公开信息交易案”、62 号“王某明合同诈骗案”属于规则创制型,以“裁判要点”“裁判理由”的形式提炼说理依据,确认构建和谐社会、严格剧毒化学品管理等政策的合理性,从而明确规范适用条件,拓展规范适用范围,因此在创制具体规则的同时,填补了法律漏洞。

在后一种情形中,公共政策的终结必将导致司法解释的变化,旧司法解释的废除可能意味着原来的法律漏洞已不复存在。使司法解释失效来消灭法律漏洞,可谓“填补”法律漏洞的另类方式。截至 2015 年 1 月,最高人民法院共废止了十一批司法解释,其中,《对在管制期间的反革命分子犯一般刑事罪的论罪

---

〔23〕 参见孙军工:《正确适用法律 严惩交通肇事犯罪——〈关于审理交通肇事刑事案件具体应用法律若干问题的解释〉的理解与适用》,载《人民司法》2000 年第 12 期。

〔24〕 参见张明楷:《罪刑法定的中国实践》,载[德]埃里克 · 希尔根多夫、梁根林主编:《中德刑法学者的对话:罪刑法定与刑法解释》,北京大学出版社 2013 年版,第 99 页。

与刑罚执行问题的批复》《关于严厉打击危害公共安全犯罪活动的紧急通知》《关于配合公安机关开展除“六害”工作的通知》《关于贪污盗窃粮票油票等计划供应票证应如何处理问题的电话答复》《关于情节严重的传销或者变相传销行为如何定性问题的批复》《关于印发〈人民法院量刑指导意见(试行)〉通知》等规范均由于政策依据、社会形势或调整对象的变化而不再适用。可是,无论以何种理由废除这些司法解释,其根源都在于公共政策的变更或终止。

二是阐释刑法规范。《关于司法解释工作的规定》第 2 条指出,司法解释用于解决人民法院在审判工作中具体应用法律的问题,主要作用就是阐释刑法规范。尽管目的性扩张和目的性限缩是填补法律漏洞的两种主要方法,[25] 罪刑法定原则拒绝公共政策全面覆盖法律漏洞,但并不排斥运用目的性限缩予以补充,所以,司法解释应该划清政治选择和法律判断、目的性扩张和扩大解释、目的性限缩和缩小解释的界限。例如,2004 年 8 月,国务院办公厅印发《保护知识产权专项行动方案》,旨在有效遏制侵犯知识产权行为,促进科技创新,营造发展高新技术产业的良好环境,规范市场经济秩序。作为加强知识产权司法保护的具体措施,《关于办理侵犯知识产权刑事案件具体应用法律若干问题的解释》被通过,其第 8 条将“相同的商标”扩大解释为“与被假冒的注册商标完全相同,或者与被假冒的注册商标在视觉上基本无差别、足以对公众产生误导的商标”,并未超越文义地添加规范目的所不能涵盖的对象,不是目的性扩张。又如,鉴于近年来制售假药、劣药违法犯罪活动猖獗,严重破坏了市场经济秩序和侵害了人民身体健康、生命安全,《关于办理危害药品安全刑事案件适用法律若干问题的解释》被制定,其第 11 条第 2 款将“销售”行为缩小解释为不包括“销售少量根据民间传统配方私自加工的药品,或者销售少量未经批准进口的国外、境外药品,没有造成他人伤害后果或者延误诊治,情节显著轻微危害不大的”行为,并非脱离文义地剔除规范目的所不应涵盖的类型,不是目的性限缩。

三是明确适用标准。为解决具体应用法律的问题,司法解释还需统一定罪量刑标准。当然,公共政策的阶段性、复杂性和层次性支配着法律适用标准的变化。例如,在 20 世纪 80 年代,为保障对外开放、对内搞活经济和经济体制改革的顺利进行,最高司法机关作出了《关于当前办理经济犯罪案件中具体应用法律的若干问题的解答(试行)》,规定了投机倒把罪“情节严重”的数额标准以

---

〔25〕 参见杨仁寿:《法学方法论》,中国政法大学出版社 1999 年版,第 202 ~ 209 页。

及贪污罪、受贿罪、诈骗罪的定罪标准。进入废除劳动教养制度的新时期后,《关于办理盗窃刑事案件适用法律若干问题的解释》《关于办理敲诈勒索刑事案件适用法律若干问题的解释》《关于办理抢夺刑事案件适用法律若干问题的解释》中的相关条文针对部分行为人降低了"数额较大"标准,借助司法上的犯罪化来处理原来适用于劳动教养的行为,〔26〕正确地执行了中央政策。在量刑规范化工作正式实施之际,《关于常见犯罪的量刑指导意见》从落实司法为民公正司法、提高司法透明度和公信力的高度,将定量分析引入量刑机制,规范了 15 种常见犯罪的量刑方法。随着量刑规范化改革的不断深入,罪名、刑种的适用范围会逐渐扩大,量刑标准将更加可行。

四是解决规范冲突。刑法条文数量众多,难免不产生冲突,其中,一般法和特别法之间、新法和旧法之间的矛盾尤为常见。前者如我国《刑法》第 65 条规定了一般累犯,第 356 条规定了特别再犯,但对于同时符合累犯条件和再犯条件的行为人是选择适用还是并列适用,则不无疑问。对此,前年颁布的《全国法院毒品犯罪审判工作座谈会纪要》规定:"对于因同一毒品犯罪前科同时构成累犯和毒品再犯的被告人,在裁判文书中应当同时引用刑法关于累犯和毒品再犯的条款,但在量刑时不得重复予以从重处罚。对于因不同犯罪前科同时构成累犯和毒品再犯的被告人,量刑时的从重处罚幅度一般应大于前述情形。"这不仅体现了"厉行禁毒"这一党和政府的一贯主张,而且蕴含区别对待的政策精神。后者如《刑法修正案(八)》增设了限制减刑制度后,为了解决 2011 年 4 月 30 日以前某些犯罪的时间效力问题,《关于〈中华人民共和国刑法修正案(八)〉时间效力问题的解释》第 2 条强调,当适用修正前《刑法》不能体现罪刑相适应原则时,应适用修正后我国《刑法》第 50 条第 2 款的规定。对此,最高人民法院的理由为:"此种情形下,适用修正后刑法,有利于控制死刑立即执行的适用,对被告人有利,符合'从旧兼从轻'原则。"〔27〕

---

〔26〕 参见张明楷:《简评近年来的刑事司法解释》,载《清华法学》2014 年第 1 期。

〔27〕 张军:《认真学习刑法修正案(八)促进经济社会科学发展》,载《人民法院报》2011 年 5 月 4 日,第 5 版。然而,"有利于控制死刑立即执行的适用"并非增设限制减刑制度的目的,而是当初设计死缓制度的初衷。所以,该条规定在没有改变死缓判决的情况下,明显延长了羁押时间,违反从旧兼从轻原则。

三、公共政策介入刑事法治实践的典型个案

不论公共政策是介入刑事立法还是介入刑事司法,最终都会体现在个案判决中。以个案涉及的法律关系为标准,主要分为六种类型。

(一)公共政策在危害公共安全案件中的具体适用

以"孙某铭以危险方法危害公共安全案"为例,二审法院认为,被告人在醉酒驾车发生交通事故后,继续驾车超限速行驶,冲撞多辆车辆,造成数人伤亡的严重后果,遂根据相关情节认定其犯以危险方法危害公共安全罪,判处无期徒刑。[28] 由于交通肇事罪的制裁强度不足,对保护公民生命健康安全的重视提升了结果不法在社会危害性评价中的分量,导致为了迎合社会心理而助长重刑倾向,明显带有政策作用的痕迹。[29] 《关于醉酒驾车犯罪法律适用问题的意见》的出台就是出于维护交通运输安全的政策选择。此后不久,最高人民法院有关负责人也强调:"对于疑难案件的处理,在定性存在争议、难以确定的情况下,要善于依据刑事政策,从服务大局的角度出发来考虑处理问题,追求法律效果与社会效果的统一。社会效果是评判案件裁判最终效果的标准,是确保刑罚功能发挥的基础,必须努力兼顾两个效果,努力追求积极的案结事了。"[30]

类似案件并不鲜见,如"肖某灵以危险方法危害公共安全案"[31]"黎某全以危险方法危害公共安全案"[32]"张某军以危险方法危害公共安全案"[33]"赵某

〔28〕 参见四川省高级人民法院(2009)川刑终字第690号刑事判决书。

〔29〕 参见孙万怀:《以危险方法危害公共安全罪何以成为口袋罪》,载《现代法学》2010年第5期。

〔30〕 张军:《落实宽严相济刑事政策 切实保障案件质量》,载新华网:http://news.xinhuanet.com/legal/2009-10/26/content_12329114.htm,最后访问日期:2018年3月15日。有疑问的是,难道社会效果就是公共政策的同义词吗?社会效果和法律效果真的处于同一位阶吗?追求社会效果不会损害政策标准的确定性吗?考察社会效果能够离开政策指导和规范约束吗?

〔31〕 参见上海市第二中级人民法院(2001)沪二中刑初字第132号刑事判决书。

〔32〕 参见广东省高级人民法院(2007)粤高法刑一终字第131-1号刑事判决书。

〔33〕 参见河北省石家庄市中级人民法院(2008)石刑初字第353号刑事判决书。

华非法持有枪支案"[34]等。这些案件的共同点是,均将社会利益置于个人自由之上。其根本原因在于,目前司法观念、环境等方面的缺憾,导致司法机关往往受政策因素、社会效果因素的影响,无视罪名打击半径的固定长度,对于某些行为进行扩大解释甚至类推解释来满足定罪量刑的需求。[35]

(二)公共政策在破坏社会主义市场经济秩序案件中的具体适用

虽然"田文华等生产、销售伪劣产品案"[36]"吴英集资诈骗案"[37]等社会高度关注的案件在权衡国家产品质量管理秩序、金融管理秩序和公民合法经营权、契约自由之后,作出了维护制度利益的价值判断,对相关被告处以重刑,但仍有少数案件给予了相反的政策决断。例如,在"彭某走私弹药案"中,一审法院认为,被告人从境外购买气枪铅弹1300发,逃避海关监管运输入境,已构成走私弹药罪。其虽不具有法定减轻处罚情节,但鉴于主观恶性不大,走私物品案值小且全部被查获,未造成其他危害后果。此外,他归案后的各种表现符合宣告缓刑的条件,故对其在法定刑以下判处有期徒刑3年,缓刑3年。该案不仅体现了宽严相济的刑事政策,取得了良好的社会效果,而且体现了法官尊重公民个人爱好的价值取向,能够创造性适用法律的审判艺术。[38] 再如,对于"陆某销售假药、妨害信用卡管理案"之所以不作为犯罪处理,是因为保护人的生命权、健康权是销售假药罪立法的核心意旨,其行为虽有违反国家药品管理法规定的地方,但实质上没有侵犯他人的生命权、健康权。这样认定恰好顺应了人权保障和社会保护的刑事司法价值观,而对社会秩序的保护从根本上讲也

---

〔34〕 参见天津市第一中级人民法院(2017)津01刑终41号刑事判决书。

〔35〕 参见于志刚:《口袋罪的时代变迁、当前乱象与消减思路》,载《法学家》2013年第3期。

〔36〕 参见《石家庄三鹿集团股份有限公司及相关责任人员生产、销售伪劣产品案》,载《最高人民检察院公报》2009年第4期。

〔37〕 参见浙江省高级人民法院(2010)浙刑二终字第27号刑事裁定书。

〔38〕 参见余皓:《枪迷邮购1300发铅弹面临死刑》,载《楚天都市报》2013年11月15日。

是维护人民的共同利益需求。[39] 所以,当某种行为有利于保护他人的生命权、健康权时,即使侵害了制药企业的专利权并因而破坏了国家药品管理制度,也必须彰显对弱势群体的人文关怀。

以上案件带来的启示是,公共政策旨在实现公共利益,法益衡量是一种特殊的价值判断,不同的法益观必将推导出不同的结论。基于非犯罪化的考虑,运用适当的刑法解释方法,可以缓解法律逻辑与价值判断之间的紧张状况,[40]在经济秩序和经济自由之间做出适当取舍。

(三)公共政策在侵犯人身权利案件中的具体适用

故意杀人案是最严重的刑事案件,能够最为鲜明地反映公共政策的适用状况。在最高人民法院颁布的指导性案例中,“王某才故意杀人案”和“李某故意杀人案”便是如此。前者的重审法院认为,被告人已构成故意杀人罪,罪行极其严重,论罪应当判处死刑。鉴于本案系因婚恋纠纷引发,归案后坦白悔罪,积极赔偿被害方经济损失,且平时表现较好,故对其判处死刑,可不立即执行。同时考虑到其杀人手段特别残忍,被害人亲属不予谅解,要求依法从严惩处,为有效化解社会矛盾,遂判处死刑缓期 2 年执行,同时决定对其限制减刑。[41] 后者的重审法院则指出,被告人已构成故意杀人罪,罪行极其严重,论罪应当判处死刑。本案系因民间矛盾引发的犯罪,其案发后坦白,认罪态度好,并由母亲代为赔偿被害方经济损失,虽系累犯,但此前所犯盗窃罪的情节较轻。综合考虑上述情节,故对其不判处死刑立即执行,但鉴于其杀人手段残忍,又系累犯,且被害人亲属不予谅解,遂依法判处死刑缓期 2 年执行,同时决定对其限制减刑。[42]

这两个案例都在构建和谐社会的政策指引下,通过创设死缓限制减刑的适

---

〔39〕 参见沅江市人民检察院:《关于对陆某妨害信用卡管理和销售假药案决定不起诉的释法说理书》,载湖南省人民检察院:http://www.hn.jcy.gov.cn/xwfb/qwfb/gg/2015/content_47624.html,最后访问日期:2018 年 3 月 16 日。同样,“王力军非法经营案”从一审法院的缓刑判决到再审法院的无罪改判也体现了司法机关在法益保护选择上的举棋不定[内蒙古自治区巴彦淖尔市中级人民法院(2017)内 08 刑再 1 号刑事判决书]。

〔40〕 参见劳东燕:《价值判断与刑法解释:对陆勇案的刑法困境与出路的思考》,载《清华法律评论》2016 年第 1 期。

〔41〕 参见山东省高级人民法院(2010)鲁刑四终字第 2-1 号刑事判决书。

〔42〕 参见黑龙江省高级人民法院(2011)黑刑三终字第 63 号刑事判决书。

用标准丰富了死刑政策的内容,在某种意义上,也可以说创制了新的死刑政策。换言之,从犯罪原因、罪行轻重、其他情节来看,即使是民间矛盾引发的严重故意杀人案件,只要被害人亲属不予谅解,就可在判处死缓时决定对其限制减刑。这就认可了"被害人亲属不予谅解"的加重刑罚效果,〔43〕并为取得良好的社会效果而不惜放宽死刑适用标准。

(四)公共政策在侵犯财产权利案件中的具体适用

作为发案率最高的财产犯罪之一,"许霆盗窃案"和"于德水盗窃案"的判决结果无疑是公共政策介入刑事司法实践的成功范例。仅就思维方式而言,两起案件的共同之处在于,法官根据罪刑法定原则和罪责刑相适应原则,以盗窃罪构成要件事实的形式推理为主,以其他酌定量刑情节的实质推理为辅,在保护金融机构财产和保障公民取款自由之间取得平衡,对2被告均在法定刑以下量刑。而两起案件的区别之处在于,法官在前案中自始至终以"充分体现法律效果和社会效果的统一"为目标,〔44〕在后案中则强调价值多元化对实现个案正义的障碍。〔45〕

与公共政策介入破坏社会主义市场经济秩序案件的场合相似,公共机构财产保护与公民个人财产保障之间的政策冲突容易产生犯罪事实清楚、法律适用模糊的难办案件。即使教义分析和法律技能仍然发挥重大作用,但它们独自不足以有效回应。包括理解和吸纳民意的政治性判断和政策考量不可避免,在难办案件处理中起支配或指导作用。〔46〕

---

〔43〕 当只需对行为人处以无期徒刑时,可能因为考虑这一情节而判处死缓;当不应对其决定限制减刑时,可能因为考虑这一情节而决定限制减刑,参见黎宏:《死缓限制减刑及其适用——以最高人民法院发布的两个指导案例为切入点》,载《法学研究》2013年第5期。其他案件如"崔某杰故意杀人案"[北京市第一中级人民法院(2006)一中刑初字第3500号刑事判决书]、"邓某娇故意杀人案"[湖北省巴东县人民法院(2009)巴刑初字第82号刑事判决书]无不掺杂着被害人亲属强烈的处罚感情,但在考虑具体情节后又表现出对弱势群体的关怀。

〔44〕 参见广东省高级人民法院(2008)粤高法刑一终字第170号刑事裁定书。

〔45〕 参见广东省惠州市惠阳区人民法院(2014)惠阳法刑二初字第83号刑事判决书。

〔46〕 参见苏力:《法条主义、民意与难办案件》,载《中外法学》2009年第1期。

(五)公共政策在妨害社会管理秩序案件中的具体适用

一直以来,“刘某组织、领导黑社会性质组织案”[47]“李某组织卖淫案”[48]“冯某洋等嫖宿幼女案”[49]“李某伪造证据、妨害作证案”[50]“马某等聚众淫乱案”[51]“颜某寻衅滋事案”[52]等争议案件不时触动着公众敏感的神经,持续检验着公共政策介入社会管理的程度,有效推动着对行政权和司法权不当膨胀的限制。社会秩序是一种重要的公共利益,妨害社会管理秩序罪作为一种主要的行政犯罪以实现行政管理目标为己任。尽管加强维护社会生活秩序、经济秩序、伦理秩序、司法秩序、公共秩序具有相当的合理性,但不可因此而漠视对公民权益的保护以及对被告人权的保障。前3起案件因为量刑畸轻、不敢扩大解释、没有厘清相似犯罪的本质区别而对社会法益保护不够,受到广泛质疑;后3起案件则因为定性失当、干涉成年人性自主权、进行类推解释而侵犯个人自由和尊严,引起普遍关注。毫无疑问,国家面对日益增长的社会福利需求所采取的政治方略与公民遵从逐渐强烈的个人自治呼声所从事的理性行动之间总是存在难以弥合的缝隙,作为社会治理重要手段的刑法应当保持谦抑性,在追求防控犯罪这一公共利益最大化的同时,不得借口推行公共政策而危及公民自由,不能蜕变为“社会管理法”,[53]所以,取缔黑社会性质组织的政策、严禁卖淫嫖娼的政策、维护公共秩序的政策就不应该遍布社会生活的各个角落。

从公共政策学和刑法学的关系来看,必须固守公共政策的最小刑法化,防止社会治理的过度刑法化;从公共政策学和犯罪学的关系来看,必须寻找犯罪

---

〔47〕 参见最高人民法院(2003)刑提字第5号刑事判决书。

〔48〕 参见江苏省南京市中级人民法院(2004)宁刑终字第122号刑事裁定书。

〔49〕 参见徐琛:《冯某洋等嫖宿幼女案》,载熊选国主编,最高人民法院刑事审判第一、二、三、四、五庭主办:《刑事审判参考》(总第71集),法律出版社2010年版,第22~29页。

〔50〕 参见重庆市第一中级人民法院(2010)渝一中法刑终字第13号刑事判决书。

〔51〕 参见张翔、田伟:《“副教授聚众淫乱案”判决的合宪性分析》,载王利明主编:《判解研究》(总第56辑),人民法院出版社2011年版,第170~192页。

〔52〕 参见刘宪权、周舟:《虐童不应定“寻衅滋事”》,载《上海法治报》2012年11月7日。

〔53〕 参见何荣功:《社会治理“过度刑法化”的法哲学批判》,载《中外法学》2015年第2期。

发生的深层次原因,制定标本兼治的刑事对策。个案样本的细致解读,正是出于对治本之策的期盼而对治标之策的探索。因为,宏大的社会改造工程并非短期可以完成,若将希望寄托于此,那么,这些具有"深刻"理论外观的"治本之策"恐怕也就意味着对社会问题具体应对策略的放弃,其实际效果可想而知。[54]

(六)公共政策在贪污受贿案件中的具体适用

10余年审结前的"胡某清受贿案"[55]"成某杰受贿案"[56]通过死刑判决已经彰显了我国深入开展反腐败斗争的坚定决心,随后的"王某忠受贿、巨额财产来源不明案"[57]"郑某萸受贿案"[58]也延续了这一政策精神。而且,近几年发布的指导案例3号"潘某梅、陈某受贿案"[59]和11号"杨某虎等贪污案"[60]表明,最高人民法院意欲以此来实现一般预防,表达国家的基本立场以及反腐败的公共政策。[61] 但是,反腐败刑罚资源投入和腐败犯罪立案数量之间却呈现出螺旋上升态势,这迫使国家及时调整反腐败战略重心,并在新时期借助"薄熙来受贿、贪污案"[62]"周永康受贿案"[63]"白恩培受贿、巨额财产来源不明案"[64]等一系列大案、要案展示了定罪量刑标准、酌定情节评价、死刑执行门槛等具体制度的变化。

反腐败政策的核心利益在于,造就良好的政治生态,增强党的凝聚力,提高

---

〔54〕 参见赵军:《边缘的权利——女性性工作者被害问题经验研究》,中国法制出版社2011年版,第7页。

〔55〕 参见江西省高级人民法院(2000)赣刑二终字第02号刑事裁定书。

〔56〕 参见北京市高级人民法院(2000)高刑终字第434号刑事裁定书。

〔57〕 参见山东省高级人民法院(2004)鲁刑二终字第6号刑事裁定书。

〔58〕 参见北京市高级人民法院(2007)高刑终字第320号刑事裁定书。

〔59〕 参见江苏省高级人民法院(2009)苏刑二终字第0028号刑事裁定书。

〔60〕 参见浙江省高级人民法院(2009)浙刑二终字第34号刑事裁定书。

〔61〕 参见周光权:《刑事案例指导制度:难题与前景》,载《中外法学》2013年第3期。

〔62〕 参见山东省济南市中级人民法院(2013)济刑二初字第8号刑事判决书。

〔63〕 参见天津市第一中级人民法院(2015)一中刑初字第40号刑事判决书。

〔64〕 参见赵秉志:《终身监禁第一案之观察》,载《人民法院报》2016年10月10日,第2~3版。

综合国力。因此,倡导以预防为导向的积极治理理念,确立"国家法"与"党内法规"的"二元法"反腐体系,[65]推动刑事制裁和纪律处分的配合适用,节约刑罚成本以应对重特大腐败犯罪,是我国反腐败政策的必然选择,而这一切都有赖于反腐刑事政策和其他反腐政策的明确区分。

四、公共政策介入刑事法治实践的适用条件

立足于法律逻辑学和刑法教义学的互动关系,在体系构造方面,刑事立法缺位、规范含义模糊、法律之间冲突是公共政策介入刑事法治实践的前提条件;区分政策类别、进行利益衡量、强化案例指导是其关键条件;政策合法有效、恪守法治原则、维护公平正义是其限度条件。

(一)前提条件

政策与法律的联系表明,二者的经济基础、阶级本质、指导思想和历史使命相同,都反映了人类对自由、平等、公正等核心价值的向往。当作为正式法源的刑事立法出现缺陷时,作为非正式法源的公共政策借助司法解释或指导性案例的身份进入裁判过程,通过及时而妥善地处理典型案件,成为内化于法律的社会治理工具。在此意义上,具备一定的行为规范要素并符合普遍公共价值观的公共政策,在法律渊源体系中就可以占有一席之地,成为实在法之外的"活法"和"软法"。[66] 正如1979年9月中共中央《关于坚决保证刑法、刑事诉讼法切实实施的指示》所强调的:"执行法律和贯彻执行党的路线、方针、政策是一致的。"因此,深刻认识立法不足,以此为前提紧密结合公共政策与刑事司法,促进二者协调统一,将决定公共政策介入司法实践的关键条件和限度条件。

(二)关键条件

前文提及,应当区分公共政策和刑事政策,并非所有的公共政策都会转化为刑事政策,没有转化为刑事政策的公共政策也能影响刑事司法实践。在内容上,公共政策体现了国家有权部门依据特定目标,整合公共资源,平衡社会利益

---

〔65〕 参见刘艳红:《中国反腐败立法的战略转型及其体系化构建》,载《中国法学》2016年第4期。

〔66〕 参见周永军:《公共政策的法律理解与司法运用》,载南京师范大学法学院、《金陵法律评论》编辑部编:《金陵法律评论》(春季卷),法律出版社2012年版,第46页。

的管理活动。这种制度安排涵括了有利于社会整体发展的所有系统,不一定与惩罚、预防犯罪直接相关。在形式上,公共政策明显超越实体刑法,遍及经济、社会、文化、自然等各个方面,既保护法益也维护单纯的行政利益。广义的刑事政策模式可能导致刑事政策的泛政治化,模糊政策与法律的界限,造成立法上和司法上不必要的犯罪化,特别是在处理危害公共安全案件、破坏社会主义市场经济秩序案件和妨害社会管理秩序案件时。实际上,就连广义模式的主张者也承认:"社会政策的使命是消除或限制产生犯罪的社会条件;而刑事政策首先是通过对犯罪人个体的影响来与犯罪作斗争的……清楚地和明确地划分政策与法律的界限是我们的义务……迄今为止我们还没有很好地履行该义务。"[67]

公共政策旨在实现某种公共利益,必须平衡各方利益,而法律的性质在于权利界定,需要进行利益分配。换言之,公共政策解决社会领域的价值判断和取舍,价值问题构成了现代公共政策的基石。[68] 同样,法律只有在涉及价值的立场框架中才可能被理解。它是一种文化现象,是一种涉及价值的事物。[69] 司法裁判不可能离开价值判断和利益衡量,否则就会陷入价值虚无主义和利益绝对主义。以上各案充分说明,法官在审判过程中一直在进行价值权衡和利益考量。由于法律制度是理性构建的产物,也是利益平衡的产物,所以其所追求的或所凝固的制度利益是其核心价值,深刻地影响着它的生存和发展。那么,厘清该制度的核心利益,对有关具体利益作广泛的"铺陈"和"罗列",[70] 就成为利益衡量论的中心。一般而言,刑事法律的核心利益包括国家法益、社会法益和个人法益,属于犯罪侵犯的主要客体;刑事法律的普通利益与核心利益有关,属于犯罪侵犯的次要客体或随机客体。当二者产生冲突时,原则上应当保护核心利益,但也不可一概而论,尤其是关涉生命保护、弱势群体维权、公权滥用等争议案件时。因此,刑法教义学必须向当今价值多元的社会开放,通过提炼教义

---

〔67〕 [德]冯·李斯特:《德国刑法教科书》,徐久生译,法律出版社2000年版,第13页;[德]冯·李斯特:《论犯罪、刑罚与刑事政策》,徐久生译,北京大学出版社2016年版,第140页。

〔68〕 参见吴学艇:《公共政策视野下的起诉裁量权》,载《中国刑事法杂志》2004年第6期。

〔69〕 [德]G.拉德布鲁赫:《法哲学》,王朴译,法律出版社2005年版,第4页。

〔70〕 参见梁上上:《制度利益衡量的逻辑》,载《中国法学》2012年第4期。

规则来反映价值选择——要么维护传统价值观,要么吸收现代价值观[71]——从而在容忍针对利益分歧的多种解决方案中,作出最佳选择。

刑事指导性案例拓宽了公共政策的介入路径,改变了司法解释统治实践的整体格局,既能创制规则,又能宣示政策。可是,回应公共议题只能是其附带功能,[72]否则,就有违指导性案例的事物本质及其预期目的。其实,案例指导制度的诞生就是类型思维的体现。事物本质是一种特殊中的普遍,事实中的价值的现象。它是指向类型的,从其产生的思维是类型式思维。而类型构成普遍与特殊之中点,比较地说来它是一个具体者、一个特殊中的普遍者。[73] 假如只是重复司法解释或宣传既定方针,就不具有对将来同类型案件的普遍指导作用,就无法区分指导性案例和公共政策、司法解释,就抹杀了推行该制度的创新意义。所以,只有扩大案例选材范围,挑选类型化的疑难案件,[74]允许在有利于被告的方向上填补法律漏洞,认可在说明规范意义、明确裁判标准、解决条文冲突的情况下解释刑罚法规,才会发挥其名副其实的指导功能。

(三)限度条件

公共政策的合法性,一方面源于决策主体、程序、内容与宪法、法律的一致性;另一方面源于社会公众对其道义性的认可度。只有获得合法授权的公共组织依照专门决策程序制定的符合公众利益诉求、以实现公共利益为目标的政策,才是重视民意表达的体现,才是决策科学化、民主化的要求,才会取得法律效果和社会效果的统一。本文第一部分的历史回顾已经表明,随着政策与法律结构关系的逐步改善、良性互动,公共政策往往以目标、导向、指导、措施、支持、

---

〔71〕 参见劳东燕:《刑事政策与刑法解释中的价值判断——兼论解释论上的“以刑制罪”现象》,载《政法论坛》2012年第4期。

〔72〕 参见黄京平:《刑事指导性案例中的公共议题刍议》,载《国家检察官学院学报》2012年第1期。

〔73〕 参见[德]亚图·考夫曼:《类推与事物本质——兼论类型理论》,吴从周译,学林文化事业有限公司1999年版,第39~40页。

〔74〕 参见林维:《刑事案例指导制度:价值、困境与完善》,载《中外法学》2013年第3期。

试验、环境等形式发挥作用,[75]并有力制约着刑事法治实践及其成效。

政策功能的适度发挥有益于制定科学的、和谐的、人本的刑事立法,[76]必须把握刑事立法回应公共政策的限度,不能暗自违背刑法基本原则,警惕公众对安全价值的政治渴求、积极刑法立法观的已然确立、[77]预防型刑法的机能转向对人权造成的潜在侵害。

政策功能的有效行使也有益于开展公正的、高效的、权威的刑事司法,必须严守刑事司法落实公共政策的底线,不得随意突破刑法基本原则,理性看待法益保护目的的优先性,慎重适用实质解释法,谨慎发动重刑裁量权。

五、公共政策介入刑事法治实践的应用方法

立足于法律逻辑学和刑法方法论的互动关系,在操作技巧方面,案件事实的认定方法、刑法规范的发现方法和裁判结论的确定方法都是公共政策介入刑事法治实践的应用方法。

第一步,在案件事实的认定阶段,法官要在犯罪构成的指导下对案件事实进行识别,划定事实范围,关注核心事实,确定案件性质。

作为陈述的案件事实并非自始"既存地"显现给判断者,毋宁必须一方面考量已知的事实,另一方面考虑个别事实在法律上的重要性,以此二者为基础,才能形成案件事实。[78] 可见,案件事实的认定就是法律判断的过程。案件事实有别于客观事实,它是法律推理的小前提。正确认定案件事实,需要各种有效资源,其中既有犯罪构成,也有公共政策。

例如,我国《刑法》第 37 条规定,对于犯罪情节轻微不需要判处刑罚的,可以免予刑事处罚,但是可以根据案件的不同情况,适用非刑罚处理方法。该法

---

〔75〕 参见何啸:《改革进程:中国共产党政策与法律关系结构的历史转型》,中共中央党校 2014 年博士学位论文,第 97 ~ 102 页。

〔76〕 参见高铭暄、孙晓:《论国家政治决策与刑法的变革》,载《法学杂志》2009 年第 1 期。

〔77〕 参见周光权:《积极刑法立法观在中国的确立》,载《法学研究》2016 年第 4 期。

〔78〕 参见[德]卡尔 · 拉伦茨:《法学方法论》,陈爱娥译,商务印书馆 2003 年版,第 160 页。

第63条第2款规定,犯罪分子虽然不具有法定减轻处罚情节,但是根据案件的特殊情况,也可以减轻处罚。这里的"案件"就是把以犯罪构成要件为指导形象的实体形成过程看作一种物体。在刑事案件中,这种实体就不能不是刑事性质的,必须受到刑罚法规的适用的东西,而且还必须是具体的、特殊的东西。[79] 即犯罪构成本来就是对多姿多彩的案件事实的抽象,进而被立法者类型化为特殊的行为类型。认定案件事实以犯罪构成为指导,目的在于筛选定罪事实。只有这些事实,才能反映行为的社会危害性。此时,客观事实是否应受法律的调整,表面看来依赖于法官的取舍,实际却可能受制于政策,政策反映了一定社会的公共制度取向。[80] 这种制度取向通常由立法者借助犯罪构成灌输给全体公民,但法官在刑法缺漏时也可将其作为事实认定的补充资料。前述"孙某铭以危险方法危害公共安全案""马某等聚众淫乱案""颜某寻衅滋事案"均在事实认定有分歧时,通过考察公共政策的利益取向,在法益和现实之间建立了联系,使体现事物本质的规范目的成为比较者,[81] 从而明确了争议焦点。

第二步,在刑法规范的发现阶段,法官要在多元规范体系内,检索包括社会因素、个人因素的各种变量,选择适当的刑法解释方法,获取相匹配的刑法规范群的真实含义。

"一旦有人适用一部法典的一个条文,他就是在适用整个法典。"[82] 这既道出了法律发现的重要性,又揭示了其整体性。法官在面对常规案件时,习惯于在统一法秩序的框架内找法,可一旦出现疑难案件,就不得不跳出实在法的局限,将视野扩大到政策、判例等非成文法上,客观上形成了多元规范并存和竞争的局面。他在参照公共政策的原则、精神、价值去过滤规范的过程中,会经受舆论、传统、民意、信念、经验、情感等各方面的压力。这会左右法官的价值判断和利益取舍,决定其选出的规范群及其意义。

显然,政策性解释的过程也是利益衡量的过程。利益衡量需要结合社会环

[79] 参见[日]小野清一郎:《犯罪构成要件理论》,王泰译,中国人民公安大学出版社2004年版,第208页。

[80] 参见陈金钊、熊明辉主编:《法律逻辑学》,中国人民大学出版社2012年版,第254页。

[81] 参见张明楷:《案件事实的认定方法》,载《法学杂志》2006年第2期。

[82] [德]卡尔·恩吉施:《法律思维导论》,郑永流译,法律出版社2004年版,第73页。

境、经济状况、价值观念等具体情形,对各种利益进行比较,具有妥协性、主观性、相对性,而利益的层次结构是首要难题。[83] 法官能够在基本利益的位阶问题上达成共识(如"陆某销售假药、妨害信用卡管理案"),但往往在不同类型的利益之间、不同主体的利益之间产生争论(如"李庄伪造证据、妨害作证案""王志才故意杀人案")。不过,法律关系实质上也是一种权威化了的利益关系,无论是什么利益,只要经过平衡并被凝固在法律制度之中,就会通过制度利益表现出来。[84] 一是要科学确定刑法规范内含的制度利益。"在任何时候,刑法解释都要首先考虑到揭示立法原意,只有在绝对必要的情况下,才可以超越立法原意,将刑法规定的含义解释为条文文字客观上体现出的意思。"[85] 立法意图反映了当时的社会形势,并通过法律草案及其说明、立法委员会报告、最终文本、修正案等形式固定了规范目的。二是要正确运用有关刑法解释方法。如果刑罚法规含义明确,就采取形式解释将其作为法律推理的大前提;除非刑罚法规存在漏洞,才在实质解释的价值填充后作为法律推理的大前提。因此,形式解释优先于实质解释,只有当形式解释的初步结论不适当时,才通过实质解释进行修正或替代。[86] 三是要合理比较公共政策和拟适用的规范。在公共利益高于制度利益且存在刑法漏洞的场合,只允许进行有利于被告的目的性扩张或限缩,否则就是无节制地适用利益衡量,会危及刑法的稳定性。而且,不可简单地认为社会法益高于个人法益,因为个人法益的集合就是社会法益,保护个人法益对维持社会秩序而言是不可欠缺的。[87] 由于公共利益的不确定性,在进行利益衡量时也要对其充分铺陈,导入制度利益作为过渡,密切公共利益和个人利益的联系。[88] 四是要准确选取可供适用的刑法规范。刑法解释是一项复杂的工作,也是一个重复的过程。法官也许经过对各方利益的多次比较,才能

---

[83] 参见陈金钊主编:《法律方法论》,北京大学出版社2013年版,第178页以下。

[84] 参见梁上上:《利益的层次结构与利益衡量的展开——兼评加藤一郎的利益衡量论》,载《法学研究》2002年第1期。

[85] 李希慧:《刑法解释论》,中国人民公安大学出版社1995年版,第81~82页。

[86] 参见逄锦温等主编:《刑事法治的理想》,人民法院出版社2016年版,第157~159页。

[87] 参见[日]大谷实:《刑法讲义总论》(新版第4版),成文堂2012年版,第8页。

[88] 参见梁上上:《公共利益与利益衡量》,载《政法论坛》2016年第6期。

从最早框定的规范群中逐步排除不合适的条文,直至保留与事实最为对应的条文。

第三步,在裁判结论的确定阶段,法官要根据罪刑法定原则,综合运用形式推理和实质推理予以定罪量刑,力求法律效果和社会效果的统一,形式法治和实质法治的统一。

案件事实和刑法规范是法律思维的两个极点,借由一定的逻辑规则连接起来。详言之,规范与事实之间能够"推论",是以存在涵摄关系为前提的;规范与事实之间能够"等置",是以存在归类之可能为前提的;而"评价"始终伴随、渗透于涵摄—推论关系与归类—等置关系的建构过程中。[89] 在常规案件中,定罪是一个三段论的涵摄思维、演绎推理过程,关注案件事实、刑法规范和裁判结论之间的逻辑关联性。而在疑难案件中,定罪并不只是一种形式推理,还需重视可以削弱、排斥以上权威性依据的法外因素。前者根据前提与结论之间的形式联系进行推断,而后者根据前提与结论之间的历史的、社会的、政治的、价值的等实质联系进行推断。[90] 这里的权威性依据或实质联系包括公共政策,在某些场合成为罪与非罪的决定要素(如"李某组织卖淫案")。由于常规案件或疑难案件都可能成为指导性案例,其裁判要点中隐含的公共政策观会以合法方式传递给同类案件,充实其论证过程(如"潘某梅、陈某受贿案"),甚至增补额外的适用标准(如"李某故意杀人案")。这就是政策导向下的类型思维、类比推理的具体运用。

量刑活动也无法拒绝公共政策的进入,特别是在社会影响重大的案件中,公共政策经常借助民意的渠道释放出来,对行为的社会危害性和行为人的人身危险性评价起到直接或间接的反映、揭示作用。[91] 前述"彭某走私弹药案""许某盗窃案"的一波三折,正好体现了公共政策对酌定量刑情节从宽幅度的实质影响。相反,"成某杰受贿案""郑某萸受贿案"或许是考虑到极为恶劣的社会

[89] 参见张心向:《在遵从与超越之间——社会学视域下刑法裁判规范实践建构研究》,法律出版社 2012 年版,第 390 页。

[90] 参见[英]P. S. 阿蒂亚、R. S. 萨默斯:《英美法中的形式与实质》,金敏等译,中国政法大学出版社 2005 年版,第 1 页以下。

[91] 参见周振杰:《刑事法治视野中的民意分析》,知识产权出版社 2008 年版,第 180 ~ 184 页。

影响而判处死刑,反映出公共政策的加重刑罚功能,破坏了刑事法治原则。

A Study on How Public Policies Intervene the Practice of Criminal Rule by Law: Path, Case and Method

Li Guanyu

Abstract: The intervention in the practice of criminal rule by law by public policies has historical inevitability, and their paths are legislative intervention and judicial intervention. The main carriers include criminal norms, legislative interpretations, judicial interpretations and guiding cases, above of them play the role of juridical foundations and reasonable basis. In recent years, typical cases fully exhibit value orientation of public policies, so it ought to do deep research on the intervenient conditions and methods. It must be pointed out that the breadth and depth of intervention in the practice of criminal rule by law by public policies are rationally limited by criminal dogmatic and methodology in order to implement public policies well and conduct criminal rule by law comprehensively.

Key words: Public policies; Practice of criminal rule by law; Intervenient paths; Application conditions; Practical methods

民间借贷、不法给付与刑法规制

——以“于欢案”二审判决为切入点

陈少青*

内容摘要：

《关于审理民间借贷案件适用法律若干问题的规定》通过年利率24%和36%将民间借贷分为“两线三区”。凡是年利率超过24%的借贷均属于高利贷，其分为两种类型：年利率大于24%小于等于36%的债务是“不受保护的高利贷”，利息支付属于不法原因给付，根据拒绝保护原则，借款人对该区间的利息不具有返还请求权，其反射效果是法律消极承认贷款人对该利息具有金额所有权，贷款人使用暴力、拘禁等手段非法索债，没有侵犯借款人的财产权；年利率超过36%的债务是“绝对禁止的高利贷”，利息支付适用不法原因给付的但书条款，借款人即使支付该利息，也依然具有不当得利返还请求权，贷款人使用暴力、拘禁等手段非法索债，构成抢劫罪或绑架罪，借款人对非法索债行为进行反抗，造成人身伤亡，成立特殊防卫，不以犯罪论处。

关键词：

高利贷　不法原因给付　不当得利　财产犯罪　特殊防卫

由于我国民间企业融资路径受限，民间借贷已经成为中小企业获取资金的重要途径。民间借贷作为社会信用形式与正规金融的补充，对我国市场经济的发展具有重要作用，但与此同时，民间借贷缺乏监管，具有高利率性、隐蔽性、不规范性等特征。如果当事人之间产生纠纷，贷款人多通过“私力手段”，迫使借款人不得不偿还债务，这些手段既可能完全合法，也可能游走于法律边缘，甚至属于暴力、胁迫等法律严令禁止的方法。借款人面对非法催债，可否拒绝还款；在争

---

* 清华大学法学院博士后研究人员，刑法学博士。

执过程中,对催债人的不法侵犯进行反抗可否成立正当防卫,并适用我国《刑法》第20条第3款规定的特殊防卫条款。这些问题在"于欢案"中得到凸显。

一、非法拘禁还是抢劫,不法侵害的定性之争

在于欢案中,被害人杜某浩等人在对于欢、苏某霞进行暴力催债期间,实施了长达6小时限制人身自由的非法拘禁行为,并伴有极端侮辱(如将苏某霞头部按入坐便器)和暴力(如卡于欢脖子)。对此,于欢的辩护人主张:"在苏某霞按书面合同约定利息还清借款后,讨债人员仍然以暴力方式讨债,根据《最高人民检察院关于强迫借贷行为适用法律问题的批复》,构成抢劫罪,于欢捅刺抢劫者的行为属特殊防卫,不构成犯罪。"但二审法官认为:"苏某霞、于某明系主动通过他人协调、担保,向吴某占借贷,自愿接受吴某占所提10%的月息。既不存在苏某霞、于某明被强迫向吴某占高息借贷的事实,也不存在吴某占强迫苏某霞、于某明借贷的事实,与司法解释有关强迫借贷按抢劫罪论处的规定不符。"[1]因此,于欢的防卫行为不能适用我国《刑法》第20条第3款,其导致1人死亡、2人重伤、1人轻伤的结果明显超过必要限度,成立防卫过当。

与之相对,部分刑法学者主张于欢行为成立正当防卫,适用我国《刑法》第20条第1款(一般正当防卫)。例如,陈兴良教授认为,于欢"如果在当时的情况下,只能采取一定强度的反击措施,即使造成了一定的伤亡结果,也不能认为超过了正当防卫必要限度。因为在这种情况下,死伤的防卫结果具有难以避免性。对防卫过当的判断,不应苛求被告人,而应当设身处地的考虑"。[2] 周光权教授主张,"在不法侵害持续发生的场合,即便反击结果造成对方死伤的,也应该承认行为的防卫性质,并且要特别考虑'累积升高'的不法侵害对防卫相当性的特殊影响,不能轻言防卫行为'明显超过必要限度'"。[3]

诚然,将于欢的行为认定为一般正当防卫,对于消除我国司法实践中适用正当防卫条款时存在的误区具有重要意义,不能认为只要不法侵害不属于我国

---

[1] 山东省高级人民法院刑事附带民事判决书,(2017)鲁刑终151号。

[2] 陈兴良:《正当防卫如何才能避免沦为僵尸条款——以于欢故意伤害案一审判决为例的刑法教义学分析》,载《法学家》2017年第5期。

[3] 周光权:《论持续侵害与正当防卫的关系》,载《法学》2017年第4期。

《刑法》第 20 条第 3 款规定的几种特定行为，防卫造成不法侵害者伤亡，就一定不适用我国《刑法》第 20 条第 1 款，[4] 笔者对此持赞同态度。不过，如果于欢的行为成立特殊防卫，则应当优先适用《刑法》第 20 条第 3 款，如果被害人的行为属于行凶、杀人、抢劫、强奸、绑架以及其他严重危及人身安全的暴力犯罪，则于欢造成的伤亡结果并不过当。但是，学者一般认为，被害人杜某浩等是为讨债而来，其行为目的是实现债权，因此仅构成非法拘禁罪。[5] 这一点与二审判决如出一辙。

二审法院与不少学者之所以"顺理成章"地将暴力讨债行为认定为非法拘禁罪，其直接依据为 2000 年最高人民法院《关于对为索取法律不予保护的债务非法拘禁他人行为如何定罪问题的解释》(以下简称《非法拘禁罪解释》)，该解释规定："行为人为索取高利贷、赌债等法律不予保护的债务，非法扣押、拘禁他人的，依照刑法第二百三十八条的规定定罪处罚。"既然催债人采用非法拘禁等手段并不成立绑架罪，也就意味着其行为并未侵犯被害人的财产权；同理，当催债人以非法拘禁、侮辱等手段胁迫欠款人偿还债务，也只能成立侵犯人身权利的非法拘禁罪、侮辱罪、强制猥亵妇女罪等，并不构成抢劫罪。

根据《非法拘禁罪解释》的规定不难得出，无论债务是否受法律保护，只要其真实存在，即便权利行使行为超出公民一般容忍的界限，也不侵犯对方的财产权，至多只能就行使手段本身的违法性予以评价。不过，在通常情况下，权利人只有在为实现法律保护的债权(合法债权)，采取暴力、胁迫等方法时，才存在否定成立财产罪的可能：因为债权人通过非法手段实现债权，不属于非法占有他人财物；债务人履行了其本应履行的交付财物的义务，也不存在财产损害，所以没有侵犯债务人的所有权。[6] 因此，"在自己取得本就具有权利的财物或财产性利益的场合，行为实现财产权，即便是通过窃取、强取或者骗取、恐吓等手段取得的，也不成立财产犯。但是，在其手段符合其他犯罪的时候，仅就这一部

---

[4] 参见张明楷：《刑法学》(上)，法律出版社 2016 年版，第 209 页。

[5] 参见杨兴培：《刺杀辱母者案的刑法理论分析与技术操作》，载《东方法学》2017 年第 3 期；陈兴良：《正当防卫如何才能避免沦为僵尸条款——以于欢故意伤害案一审判决为例的刑法教义学分析》，载《法学家》2017 年第 5 期。

[6] 参见刘明祥：《财产罪比较研究》，中国政法大学出版社 2001 年版，第 106 ~ 107 页。

分施加处罚”。[7] 换言之,此时的手段与结果的意义应分别予以评价。通过胁迫等不法手段行使权利的行为入罪,只是针对手段不法进行的单独评价;对于结果层面的被害者利益是否受到侵害,依然持否定态度。[8] 如果仅以财物的交付便直接得出财产损害,将导致损害概念的过度形骸化。[9]

问题是,《非法拘禁罪解释》将权利内容直接扩张到不受法律保护的债权,上述论证是否还可以当然适用呢?对此,2014 年最高人民检察院《关于强迫借贷行为适用法律问题的批复》(以下简称《强迫借贷批复》)规定:“以非法占有为目的,以借贷为名采用暴力、胁迫手段获取他人财物,符合刑法第二百六十三条或者第二百七十四条规定的,以抢劫罪或者敲诈勒索罪追究刑事责任。”因此,行为人在索取高利贷过程中,采取暴力、胁迫等手段同样可能成立财产犯罪。那么《非法拘禁罪解释》与《强迫借贷批复》两个司法解释应如何协调,“法律不予保护”和“以借贷为名”的区分标准是什么,在讨债(高利贷)过程中采取暴力、胁迫等手段,何时成立抢劫罪,何时仅成立非法拘禁罪。对此,需要就“为何债权人实现法律不予保护的债务不成立财产罪”这一问题进行深入分析。

二、民间借贷与不法原因给付

事实上,在《非法拘禁罪解释》公布后,不少学者对该司法解释的合理性提出质疑,[10] 例如有学者主张,应对“不予保护的债务”进行推敲,法律不予保护

---

[7] [日]江家义男:《刑法各论》,青林书院新社 1962 年版,第 280 ~ 281 页。

[8] 参见[日]香川达夫:《刑法讲义》(各论),成文堂 1996 年版,第 502 页。

[9] 参见[日]西田典之:《刑法各论》,弘文堂 2012 年版,第 228 页。但是,反对说认为:“即便是权利的行使,也不允许使用违法的手段,在权利人因欺诈的手段取得财物或利益的场合,同样难免违法。因此,虽然权利属于受领之财物或取得之利益当中的正当的部分,但应就其全部的部分成立诈骗罪……即便是权利的行使,以违反公序良俗的方法实施也不被法律所允许。那么恐吓手段本身达到违反公序良俗的程度的场合,其用来作为权利实行的手段,应该成立恐吓罪。”[日]木村龟二:《刑法各论》,法文社 1967 年版,第 135 页、第 141 页。

[10] 参见武良军:《暴力、胁迫行使债权行为的刑法评价——以司法案例为中心展开分析》,载《政治与法律》2011 年第 10 期。

的债务包括非法债务和自然债务，后者指债权债务关系仅有事实根据而无法律根据（如诉讼时效届满的债务），只有对自然债务的权利行使才可能不成立财产犯罪。[11] 不过，笔者看来，司法解释将高利贷定性为"法律不予保护的债务"这一表述具有一定的合理性；在民间借贷中，行为人不法索取高利贷之所以可能并不侵犯借款人的财产权利，与高利贷的法律性质存在密切关联，笔者首先就民间借贷的处理原则与法律效果进行分析，明确高额利息的权利归属，在此基础上重新审视《非法拘禁罪解释》的规制范围与认定依据。

（一）高利贷的不法性与拒绝保护原则

根据2002年中国人民银行《关于取缔地下钱庄及打击高利贷行为的通知》（以下简称《打击高利贷通知》）的规定，"民间个人借贷利率由借贷双方协商确定，但双方协商的利率不得超过中国人民银行公布的金融机构同期、同档次贷款利率（不含浮动）的4倍。超过上述标准的，应界定为高利借贷行为"；"高利借贷现象……破坏正常的金融秩序，影响社会安定……广大群众增强风险防范意识，自觉抵制高利贷活动"。而早在1991年最高人民法院《关于人民法院审理借贷案件的若干意见》（以下简称《借贷案件若干意见》）第6条规定："民间借贷的利率可以适当高于银行的利率，各地人民法院可根据本地区的实际情况具体掌握，但最高不得超过银行同类贷款利率的四倍（包含利率本数）。超出此限度的，超出部分的利息不予保护。"当借贷利息超出"四倍红线"时，成立高利贷，其作为非法的金融活动，严重影响社会经济秩序的稳定。[12] 无论是贷款人还是借款人，只要其从事高利贷活动，便对现有的金融秩序产生冲击和破坏，因此双方都具有可谴责性。如果高利贷中出现纠纷——例如，贷款人请求借款人支付高额利息，或者借款人支付高额利息后反悔，请求贷款人返还，一方当事人提起诉讼，法院应作何处理：如果支持贷款人的诉讼请求，则无异于变相肯定高利贷活动的合法性；如果支持借款人的诉讼请求，则意味着其凭借自己之前的不法行为来获利（诉讼过程中借款人请求返还高额利息的依据是，之前的借款和还款行为因为违法而无效）。这种两难处境源于在整个借贷、还款过程中，贷

---

〔11〕 参见杨绪峰：《权利行使在财产犯罪中的类型化解读——以取回所有物和实现债权二分为视角》，载《政治与法律》2014年第11期。

〔12〕 需要注意的是，在2015年最高人民法院《关于审理民间借贷案件适用法律若干问题的规定》颁布后，"四倍红线"已经被"两线三区"取代，年利率超出24%的，属于高利贷。

款人与借款人均带有不法之特征,法院无论支持谁的诉讼请求,都不可避免地对其之前的不法予以纵容。

为解决这一难题,许多国家和地区专门设立不法原因给付制度。例如,《德国民法典》第 817 条规定:“给付的目的约定使受益人因受领而违反法律的禁止规定或者善良风俗的,受益人应负返还义务。如果给付人对此种违反行为也应负有责任,不得要求返还。”《日本民法典》第 708 条规定:“因不法原因而给付的行为人,不得请求返还。但是,不法原因仅存在于受领人一方的时候,不在此限。”[13] 如果给付人违反法律规定,不法地向受领人交付财物,那么其无权向法院提起诉讼,请求返还给付物;此时法律强行阻断给付人通过国家寻求救济的途径,法院不得为其提供相应保护(此为不法原因给付的一般条款)。该制度的规范目的可表述为“拒绝保护”原则,其来自于洁净之手(clean hands)的理念——寻求衡平法上救济的人,需要以其手未被污染为前提。“任何人不得主张自己本应羞耻的行为。”“硬要实施不被法律认可的行为之人,自行放弃法律的保护。”[14] 当不法给付人向法院请求返还给付物时,其依据是之前自己的违法行为无效,如果法院支持,无疑是肯定其可以凭借自己之前的“丑行”寻求法律秩序的保护,这显然是对诉权的滥用。[15] 给付人不得请求返还的原因可以归纳为两点:(1)给付人主动实施不法行为,违反法律的基本趣旨,被法律放逐,不

〔13〕 我国尚未规定不法原因给付条款,但很多民法学者主张有必要借鉴其他国家和地区的不法原因给付制度,作为不当得利返还请求权的排除事由加以规定。参见崔建远:《债法总论》,法律出版社 2013 年版,第 290 ~ 291 页;王利明:《债法总则研究》,中国人民大学出版社 2015 年版,第 493 页以下。另外,我国的司法实务中存在大量“灵活贯彻”不法原因给付制度的规范目的的案例,法官通常以行为“属于不法之债,由此形成的债权不属于合法的民事权益,不应受到法律保护”为由,否定原告的给付请求权。相关判例参见江苏省泰兴市人民法院民事判决书,(2014)泰河民初字第 0596 号;广东省中山市中级人民法院民事判决书,(2014)中中法民二终字第 598 号;江苏省无锡市中级人民法院民事判决书,(2014)锡民终字第 0464 号;安徽省合肥市中级人民法院民事判决书,(2016)皖 01 民终 971 号;甘肃省兰州市中级人民法院民事判决书,(2016)甘 01 民终 210 号。

〔14〕 [日]四宫和夫:《事务管理 · 不当得利 · 不法行为》(上),青林书院新社 1981 年版,第 157 页。

〔15〕 参见谭启平:《不法原因给付及其制度构建》,载《现代法学》2004 年第 3 期。

应受到保护;(2)法律对给付人实施不法行为进行否定性评价,[16]作为制裁不允许给付人复归至未受损害的状态。[17]

拒绝保护原则使法院在不法原因给付的纠纷中抽离出来,既可以避免其陷入两难的处境,也能节约稀缺的司法资源。既然不法原因给付中的活动双方都是不法的,无论如何判决都会放纵一方的不法,那么法院就置身事外,对当事人实施“放逐”,不再对之予以关注和保护。所以,不法原因给付人不得请求返还“实质是对诉权的否定”。[18] 需要进一步考虑的是,对于诉权的否定是否进一步导致给付人失去给付物的所有权呢?对此学界存在两种观点。少数学者主张,不法原因给付制度不涉及实体法上的权利归属,只是对程序权的否定;[19]给付人没有诉权仅失去“执行上的保护”,其所有权依然存在。[20] 该观点割裂了程序权与实体权之间的有机关联,忽视了程序权(诉讼途径)对实体权的确定具有的重要意义,不具有合理性。因此,多数学者认为,法律否定给付人的返还请求权,同时导致其所有权等实体权利的丧失;基于不得请求返还的规定,所有权在法律上发生转移是合理的,不法原因给付物终局地归属受领人。[21] “对于自己实施反社会行为的人,不允许其请求将行为的结果复归,给付人基于不当得

---

〔16〕 参见王利明:《债法总则研究》,中国人民大学出版社 2015 年版,第 494 页。

〔17〕 参见[日]谷口知平:《不法原因给付研究》,有斐阁 1970 年版,第 164 页。需要指出的是,也有学者从“一般预防”的角度论证不法原因给付制度的规范目的。对给付人的惩戒,揭发其反规范性,可以扬善改过,令世人警醒。参见[日]中川毅:《原因给付与信义衡平规则》,有斐阁 1968 年版,第 3 页。例外地否定给付者的返还请求权,彰显法秩序对给付行为的否定性价值评价,以此强化国民对公共秩序的关注和善良风俗的观念,增强公民的法律意识和道德意识;与此同时增加给付者的经济风险,可以喝阻潜在的不法给付行为。参见王钢:《不法原因给付与侵占罪》,载《中外法学》2016 年第 4 期。笔者认为,“一般预防”不能直接体现目的性解释的必要,忽视了后文提到的拒绝保护原则的适用限制,弱化其与公平原则之间的关联。因此,笔者支持“拒绝保护说”。

〔18〕 [日]有泉亨:《关于不法原因給付》(三),载《法学协会杂志》第 53 卷(1935),第 682 页。

〔19〕 参见[日]香川达夫:《刑法讲义》(各论),成文堂 1996 年版,第 504 页。

〔20〕 参见[日]盐见淳:《不法原因给付与诈欺罪·横领罪》,载《法学教室》2013 年 1 月号,第 90 页。

〔21〕 [日]我妻荣:《债权各论》(下卷一),岩波书店 1972 年版,第 1156 页。

利的返还请求权不被允许,也不能以自己拥有目的物的所有权为由请求返还给付物……作为其反射效果,目的物的所有权脱离赠与者之手而归属受赠者,这种理解最符合事物的本质,并且明确了法律关系。”[22]

在高利贷活动中,给付人(包括贷款人和借款人)的返还请求权受到限制,当其希望通过诉讼手段寻求法律的救济时,法院拒绝对其予以保护,此时与给付物相关的实体权应当归受领人所有。不过,拒绝保护原则在适用于高利贷产生的财产纠纷时,需要注意以几点:

第一,该原则的适用不是对受领人不法的刻意放纵,而是为了维护财产秩序稳定的必然选择。虽然从最终效果上看,受领人获得了给付物的财产权,但这并非法律积极赋予受领人相应的实体权利,而只是对现有财产状态的消极承认(固化)。对于不法原因给付过程中产生的财产纠纷,法律虽然不再介入,拒绝为当事人提供救济途径,但这种“法律放逐”不应影响第三人的经济活动,为了确保交易的安全和财产秩序的稳定,给付物实体权利的归属必须予以确定:既然给付物被受领人现实支配,而给付人没有其他手段“取回”给付物,那么法律就将现有的财产状态固定化,对财物能够持续稳定占有的受领人取得(包括所有权在内的)财产权。这可视作“占有即所有原则”的“另类”适用。

第二,该原则的适用要求受领人已经持续稳定占有给付物,如果财产尚处在变动状态,则不能固化财产权利。[23] 不法原因给付制度将财产权归属受领人是固化已经稳定的财产状态的需要;如果财产状态没有最终确定,财物的转移占有依然可能,就不能终局性地确定权利归属。这一点在高利贷活动中体现的尤为明显。贷款人与借款人之间可能存在多次的财物往来,不能认为只要发生了第一次的不法原因给付,财产权利就立即固化。例如,借款人甲以年利率30%向贷款人乙借款100万元,1年后甲向乙还款127万元,如果此时甲的支付彻底完结,则权利状态固化;如果之后甲继续支付利息3万元或者乙返还利息3万元,则应当将支付或返还之后的权利状态固化。

---

〔22〕 最大判昭和45年10月21日(民集24卷11号1560页)。

〔23〕 受领人稳定占有给付物是给付“终局性”的要求,只有在受领人(债权人)能够不借助国家的助力获得给付物(实现债权),才成立不法原因给付中的“给付”。参见[德]奥托·帕朗特:《德国民法典》(Otto Palandt, *Bürgerliches Gesetzbuch*, 60 Aufl., 2001, § 817 Rdn. 16,17)。

第三,该原则的适用受到公平原则的限制。[24] 不法原因给付制度将财产权归属受领人的客观效果是,给付人较之受领人处在更为不利的境遇;虽然这并非不法原因给付制度的刻意追求,只是法律放逐的“反射效果”,但当受领人的不法性较之给付人更为严重时,如果仍将财产权归属不法程度更大的一方,显失公平,故应当肯定给付人的返还请求权,此为不法原因给付的但书条款。[25] 在高利贷活动中,贷款人趁借款人的困境,迫使其接受超出限制、极其高额的利率(例如,年利率100%),即便借款人已经支付了高额的利息,当其向法院请求返还部分利息时,法院应当予以支持和保护。[26]

(二)民间借贷的三种类型

在高利贷活动中,借款人向贷款人支付高额利息属于不法原因给付;如果二者对此产生纠纷,双方的财产权应根据不法原因给付的制度内容进行划分。需要注意的是,如果借款人请求返还已支付的部分高额利息,法院不能当然地否定其对给付物的返还请求权,而是应当确定支付利息的行为是适用不法原因给付的一般条款还是但书条款。因此,根据适用条款的不同,高利贷应分为两种不同类型,再加上合法借贷,民间借贷活动可以细分为三种情形。

对此,2015年最高人民法院《关于审理民间借贷案件适用法律若干问题的规定》(以下简称《借贷案件若干规定》)第26条规定:“借贷双方约定的利率未超过年利率24%,出借人请求借款人按照约定的利率支付利息的,人民法院应予支持。借贷双方约定的利率超过年利率36%,超过部分的利息约定无效。借款人请求出借人返还已支付的超过年利率36%部分的利息的,人民法院应予支

---

〔24〕 参见[日]四宫和夫:《事务管理·不当得利·不法行为》(上),青林书院新社1981年版,第160页。

〔25〕 但书条款的核心是受领人的不法高于给付人的不法,其主要存在于以下场合:(1)给付人的不法目的来自受领人的积极劝诱、提倡;(2)暴利的场合,贷款人利用借款人的困境过度榨取;(3)给付人提供金钱是为了打消受领人的犯罪念头。参见[日]我妻荣:《债权各论》(下卷一),岩波书店1972年版,第1171页以下。此外需要注意的是,日本民法708条以及我国台湾地区“民法”第180条等均将但书条款表述为“不法原因仅于受领人一方存在”,但在具体解释时,学者多将其扩大解释为不法原因仅存在于受领人和受领人的不法性比给付人更大两种情形。

〔26〕 参见[日]谷口知平:《不法原因给付研究》,有斐阁1970年版,第210~211页。

持。"该规定取代《打击高利贷的通知》设立的"四倍红线",通过年利率 24% 和 36%,将民间借贷划分为三个区域,即"两线三区"。[27] 如果借款人支付利息的年利率未超过 24%(区间一),则支付利息合法有效,此为合法的债权债务关系;如果借款人支付利息的年利率在 24% ~36%,出借人主张超出年利率 24% 部分的利息(区间二),法院不予支持,如果借款人支付利息后请求返还超出 24% 的部分,法院同样不予支持;如果借款人支付利息的年利率超过 36%(区间三),则超出部分借款人可以不当得利为由请求返还。至此,高利贷的范围从超出"四倍红线"转为超出年利率 24%,区间二和区间三都属于高利贷的范畴,其中区间三中的法律关系争议不大,对于超出 36% 部分的利息,借款人基于不当得利具有返还请求权;但是对于区间二中出现的法律关系,则需要进一步研究。[28]

(三)自然债务与不法原因给付

不少学者主张,区间二的利息属于自然债务(或不完全债权)。[29] 自然之债是不能诉请履行,不受诉权保护的债务;[30] 虽然债权实现难以寻求法律保护,但在债务履行后,法律也予以认可;换言之自然债务欠缺强制执行效力,但是其仍然可以履行,债务人自愿履行的,债权人仍有权受领。[31] 借款人与贷款人之间的(区间二)利息约定属于自然债务的"债因",而非不当得利,只不过债因较弱无法上升到法定之债的地位;[32] 对于区间二的利息,如果尚未支付,贷款人不

---

〔27〕 参见罗书臻:《统一裁判标准 正确适用法律 规范民间借贷——杜万华详解〈关于审理民间借贷案件适用法律若干问题的规定〉》,载《人民法院报》2015 年 8 月 7 日,第 1 版。

〔28〕 在《借贷案件若干规定》出台之前,高利贷的认定只判断是否超出"四倍红线"。有种观点认为,只要利息超过四倍红线,该债务自始不存在,借款人支付该部分利息后可以根据不当得利要求出借人返还。参见刘振、李道丽:《民间借贷纠纷案件的审理难点及破解》,载《人民司法》2011 年第 23 期。这一观点可以解释区间三中的法律关系问题,但显然不适用于区间二的利息支付。

〔29〕 参见郑玉波:《民法债编总论》,陈荣隆修订,中国政法大学出版社 2004 年版,第 8 页。

〔30〕 参见周枏:《罗马法原论》(下册),商务印书馆 1994 年版,第 634 页。

〔31〕 参见王利明:《债法总则研究》,中国人民大学出版社 2015 年版,第 567 页。

〔32〕 参见李永军:《以自然之债理论对最高法院关于民间借贷司法解释的解读》,载《中国政法大学学报》2016 年第 1 期。

能向法院请求借款人支付该部分利息,如果已经支付,借款人不得向法院请求返还,这与自然债务的效果相一致。[33]

显然,自然之债的特征是对债的诉权的否定,但如果债务被履行,法律也予以认可和保护。如果仅从结果上讲,支付区间二的利息的法律效果与履行自然债务相一致;但是将前者理解为不法原因给付,同样不存在问题。德国学者将高利贷行为作为典型的不法原因给付,适用《德国民法典》第817条。[34] 如果借款人未支付区间二的利息,贷款人无权要求支付——因为以"暴利"为目的出借金钱的行为本身即不法原因给付,[35]贷款人向法院请求借款人支付利息,法院不予支持(诉权被否定);如果借款人已经支付利息,不法原因给付否定借款人的返还请求权,但并不禁止贷款人的自愿返还;在自愿返还(贷款人的不法原因给付)后,其不能通过诉讼请求借款人重新支付利息。虽然自然债务与不法原因给付都可以解释区间二的利息支付的法律效果,但是两种理论存在本质不同。笔者主张将区间二的利息支付理解为不法原因给付,其并非自然债务履行。

第一,只有将区间二的利息支付理解为不法原因给付,才能正确评价高利贷的不法性。虽然不法原因给付和自然债务均否定诉权,但法律对二者的评价截然不同;前者因为给付人与受领人均具有明显的不法特征,法律为了对之予以惩罚而拒绝提供保护,财产权归受领人只不过是权利固化过程中迫不得已地消极承认;后者不同于违法债务——"违法的债务并不是自然债务,因为当事人设立此种债的行为因违反法律的强制性规定或公序良俗而应当认定为无效,所以,当事人之间并不存在债的关系",[36]虽然其欠缺强制执行力,但债务本身真

---

〔33〕 参见姚辉:《关于民间借贷若干法律问题思考》,载《政治与法律》2013年第12期;高圣平、申晨:《民间借贷中利率上限规定的司法适用》,载《政治与法律》2013年第12期。

〔34〕 参见[德]迪特尔·梅迪库斯:《德国债法分论》,杜景林、卢谌译,法律出版社2007年版,第539页。

〔35〕 但是对于本金,债权人可以请求返还。德国法院从终局性(Endglütig)的角度认为,在暴利行为的场合,不法原因给付的对象是对本金的利用而并非本金本身,本金没有终局地归属于借款人[RGZ161,52,56(1936)]。我国司法解释将利息细化为三部分,除了本金,对于区间一的利息债权人同样可以请求返还的规定更具有合理性。

〔36〕 王利明:《债法总则研究》,中国人民大学出版社2015年版,第566页。

实存在,债务人自愿履行对社会有益,法院应积极予以认可。[37] 根据《打击高利贷通知》的规定,高利贷破坏金融秩序,威胁社会稳定,是严重违法行为,公民对此应自觉抵制。借款人支付区间二的利息作为高利贷活动的一部分,具有明显的违法特征,不法原因给付正是立足于不法性否定当事人的诉权;如果将其认定为自然债务,反而会给民众造成支付利息对社会有益,符合道德观念的误解。

第二,只有将区间二的利息支付理解为不法原因给付,才能协调不同法律文件的规制范围。《非法拘禁罪解释》将高利贷和赌债并称为不受法律保护的债务,而在司法实务中,对追讨毒资、传销款等行为的法律评价,也广泛适用该司法解释。[38] 无论是赌博、毒品交易还是参与传销,都属于严重违法甚至构成犯罪的行为,[39] 当事人之间的财产交付显然不属于自然债务履行;《非法拘禁罪解释》将高利贷与上述活动等同视之,也就否定将区间二的利息视为自然债务的可能。此外,该司法解释将高利贷、赌债等定性为"不受法律保护",也与不

---

〔37〕 事实上,自然债务的涉及的领域较为繁杂,"有时用于不能依诉请求的给付义务(如消灭时效的债务);有时指基于道德上义务而生的'债务';有时指因不法原因而生的'债务';有时更不加区别,兼指诸此各种情形而言。用语分歧,殊失原义,实不宜再为使用"。王泽鉴:《债法原理》,中国政法大学出版社 2001 年版,第 25~26 页。虽然自然债务也包括因不法原因产生的债务,但此处的债务履行被理解为不法原因给付,参见郑玉波:《民法债编总论》,中国政法大学出版社 2004 年版,第 8 页。笔者认为,自然债务的范围应当作严格限定,其主要包含诉讼时效届满后的债务和道德债务两种,因不法原因产生的债务应直接理解为不法原因给付,二者不能混同。

〔38〕 为追讨毒资,扣押、拘禁的判决,可参见湖南省郴州市苏仙区人民法院刑事判决书,(2011)苏刑初字第 116 号;湖北省孝感市中级人民法院刑事裁定书,(2014)鄂孝感中刑终字第 00056 号。为追讨传销款,扣押、拘禁他人的判决,可参见安徽省阜阳市颍州区人民法院刑事判决书,(2012)州刑初字第 00282 号;宁夏回族自治区银川市中级人民法院刑事裁定书,(2015)银刑终字第 177 号。

〔39〕 需要注意的是,许多学者在论述自然债务时,将赌债作为其中一种,这样似乎可以将《非法拘禁罪解释》中所列举的高利贷和赌债均定性为自然债务。但是,学者之所以将赌博理解为自然债务,是因为西方国家通常认为赌博不具有违法性;与之相对,在日本等国家和地区,赌博原则上违反善良风俗,被法令所禁止,成立不法原因给付。参见[日]有泉亨:《关于不法原因给付(三)》,载《法学协会杂志》53 卷(1935),第 692 页。我国学者同样主张,当事人之间清偿赌债,是不法原因给付,赌债本身的内容具有不法性,不宜适用自然债务的规定。参见王利明:《债法总则研究》,中国人民大学出版社 2015 年版,第 566~567 页。

法原因给付制度的拒绝保护原则高度一致。所以将区间二的利息支付理解为不法原因给付可以有效保证《非法拘禁罪解释》与《借贷案件若干规定》等法律文件在评价和解决高利贷案件时立场统一,避免法律评价出现矛盾冲突。

第三,只有将区间二的利息支付理解为不法原因给付,才能整体把握区间二与区间三之间的关系。如果将区间二的利息理解为自然债务,则两线三区分别为合法债权、自然债权和违法债权。[40] 在形式层面,三种"债权"的法律效力依次递减,逻辑合理;但是自然债权和违法债权有着本质不同,前者依然保有债的实体性权利(只是缺少诉权),后者完全不存在任何权利;将两种缺乏有机关联的"债权"置于高利贷项下,导致高利贷内部的不协调。

笔者认为,既然区间二与区间三的利息均属于高利贷的范畴,那么二者的法律性质必须具有共通性,对此可以通过不法原因给付原理解决所有的高利贷问题:区间二的利息为不受保护的高利贷,适用不法原因给付的一般条款,如果借款人已经支付该部分利息,将不具有返还请求权,其向法院提起诉讼,法院不予支持;区间三的利息为绝对禁止的高利贷,适用不法原因给付的但书条款,年利率超过36%证明贷款人利用借款人的现实困境,迫使其接受过高的利率,此时贷款人的不法程度高于借款人(当年利率为24% ~36%时,二者的不法程度难分高低),如果借款人已经支付该部分利息,可以基于不当得利请求贷款人返还。[41] 因此,虽然区间二与区间三的利息的法律效果具有明显差异,但均属于不法原因给付制度的规制领域,将二者统一认定为高利贷具有形式和实质的合理性。[42]

如果将高利贷活动认定为不法原因给付,那么两线三区的利息支付的法律

---

[40] 参见熊进光、王奕刚:《我国民间借贷最高利率限额制度的变迁及优化路径》,载《甘肃社会科学》2016年第3期。

[41] 这一点在日本判例中较为常见。例如,日本法院认为,对于本金5万月利率3成,偿还日期是一个月后的借款契约,利息的合意超过每月1.5成的部分违反公序良俗而无效,因为高利契约的不法性更多地存在于借款人,借款人能够取回已经支付的超过部分。札幌高判昭和27年5月21日(高民集5卷5号194页)。

[42] 各国民法均将不法原因给付设立在不当得利的规定中,作为不当得利返还请求权的排除事由(但书条款),那么不法原因给付的但书条款属于不当得利返还请求权的否定之否定,进而肯定该请求权的存在。所以《借贷案件若干规定》第31条规定,借款人可以不当得利为由要求返还超过年利率36%部分的利息,属于对不法原因给付的但书条款的适用。

性质与法律效果如表 1 所示。

表 1　两线三区的利息支付的法律性质与法律效果

民间借贷	合法借贷	不受保护的高利贷	绝对禁止的高利贷
年利率	小于等于 24%	大于 24% 小于等于 36%	大于 36%
法律性质	合法债务关系	不法原因给付(一般条款)	不法原因给付(但书条款)
法律效果	正当债务履行	无财产返还请求权	不当得利返还请求权

三、非法索取高利贷行为的刑法规制

高利贷属于不法原因给付,不受法律保护;如果贷款人为了索取高利贷使用暴力、威胁等手段非法拘禁、扣押他人的,是否成立抢劫罪、绑架罪等犯罪存在争议。《非法拘禁罪解释》认为,此时行为仅侵犯借款人的人身权,并不存在勒索财物,对此学界存在较大争议。支持该解释的学者认为,为了讨还赌债、高利贷等法律不予保护的债务,非法扣押、拘禁他人的行为目的是索回赌债或高利贷形成的现实中的某种债务,此乃"事出有因"。[43] 与之相对,有学者指出,"事出有因"的"因",必须要受到法律的积极评价才能取得法律上的"名分",从而具有法律上的正面价值;如果为索取高利贷,非法扣押、拘禁或绑架他人的,不成立财产性犯罪,"实际上认可了索取高利贷、赌债等不受法律保护的债务不具有非法占有的目的,当这些行为又不属于法律认可的失范性行为时,只能得出这也属于一种合法的占有。这种法律规定的导向反作用肯定是不为我们这个社会所认可的"。[44]

---

〔43〕 参见高铭暄、马克昌主编:《中国刑法解释》(下),中国社会科学出版社 2005 年版,第 1630 页;刘宪权、钱晓峰:《关于绑架、拘禁索债型犯罪定性若干问题研究》,载《法学》2001 年第 9 期。也有学者认为:"立法对绑架罪规定了极为严厉的法定刑尤其是法定最低刑。受其制约,对绑架罪的构成要件应当尽量作限制性的解释,使绑架罪的认定与严厉的法定刑相称。"阮齐林:《绑架罪的法定刑对绑架罪认定的制约》,载《法学研究》2002 年第 2 期。不过《刑法修正案(七)》将绑架罪的最低刑降至 5 年,因此这一论点已经难以成立。

〔44〕 杨兴培:《索取非法"债务"拘押他人的刑法定性》,载《华东政法大学学报》2013 年第 2 期。

笔者认为,上述争论更多地从事实层面寻找依据,支持者主张索债"事出有因",质疑者认为该解释承认了贷款人通过不法手段合法占有财物,与公众道德认知不符。诚然,法律解释应尽量不与公众道德相抵触,"法律是规范,规范本身并非以合法性为满足,因为规范所要求的是道德性"。[45] 不过,《非法拘禁罪解释》是否真违反公民认知,需要考虑规范本身的规范目的,即肯定贷款人对所得债款的财产权是否合乎法秩序的整体诉求;"事出有因"不具有规范意义,贷款人索债行为是否构成财产性犯罪,应当以是否侵犯借款人的财产权为标准。因此,高利贷活动中利息的权利归属,才是判断是否成立财产性犯罪的核心内容。[46]

(一)类型区分:利息的权利归属

以年利率36%为界限,高利贷中利息支付行为的法律性质、处理原则以及法律效果存在不同;贷款人以非法手段索取高利贷,是否侵犯财产权,需要针对不同的利息区间分别予以探讨。

1.非法索取区间二的利息

当高利贷利息的年利率处为24% ~36%时,利息支付属于不法原因给付,根据拒绝保护原则,如果借款人自愿支付超过24%的利息,则支付后不得请求

〔45〕 Arthur Kaufmann, *Rechtsphilosophie*, 1997, S. 219.

〔46〕 利息的权利归属与财产犯罪的认定之间的关系的背后体现出刑事违法性的判断是否以民法规定为依据这一难题。如果认为法律命令精神具有单一性,命令之间虽然可能存在矛盾,但以民族共同体的力量和高度作为目标,将散落在各个方向的追求和思想加以集中,进而得出违法单一性理论,那么刑事违法必须与民事违法完全一致。参见[德]卡尔·恩吉施:《法律秩序的统一》,温特(C. Winter)出版社1935年版,第93 ~94页。如果认为"各个法领域的日的和法的效果不同,作为导出效果要件的违法性自然也有所差异,各个法领域实现独立发展,产生新的手段和效果,甚至产生新的法领域……在论证是否应当处罚的刑法解释中,只常常个别性考虑'法秩序全体的一般的违法性'的做法缺乏实际意义……刑法的违法性必须以值得处罚程度的法益侵害性为中心独自进行判断"。[日]前田雅英:《刑法总论讲义》,东京大学出版会2015年版,第29页。那么财产罪的认定完全可以不去考虑利息的民事权利归属。笔者认为,刑事与民法的规范目的各有侧重,如刑法关注分配的正义,民法侧重平均的正义。参见Werner Niese, *Die modern Strafrechtsdogmatik und das Zivilrecht*, 1956, S. 464。不能僵硬地认为民事违法与刑事违法必须严格一致,刑事违法性的判断具有相对性。但是,财产权的分配对犯罪认定具有决定作用,当刑民的评价对象完全一致时,应当肯定民法规定对犯罪认定的决定意义。对于刑事违法判断的相对性的问题,笔者另行撰文进行探讨。

返还超额利息,其“反射效果”是贷款人享有该利息的完整财产权。

问题是,如果并非借款人自愿支付,而是贷款人采取拘禁、暴力等手段迫使借款人支付区间二的利息,是否还能认定贷款人享有该利息的财产权呢?笔者对此持肯定态度。不法原因给付制度的核心是对不法原因给付活动拒绝提供保护,法院不去介入当事人之间的纠纷,无意对二者之间的纠葛提供帮助,只是待一方能够稳定持续占有给付物时,基于市场稳定的需要,消极确认占有人的财产权。换言之,法律在拒绝提供救济的同时,并没有完全否定私下救济的可能,只要贷款人通过某种方法(如苦苦哀求、言语威胁甚至暴力手段等)最终稳定获得超额利息(这也说明在此之前借款人对该利息没有做到持续稳定占有),法院就应消极地肯定其对超额利息的(金额)所有权;[47]换言之,贷款人在实现法律不予保护的高利贷时,没有非法占有之目的。所以,即便超额利息的支付源于贷款人的非法索取,贷款人只要最终持续稳定占有该利息,就同时取得所有权,[48]这是拒绝保护原则适用的反射效果,体现了不法原因给付制度的目的

〔47〕 在民法上,金钱一般适用“占有即所有”的原则,按此理解,贷款人取得利息自然获得其所有权,并不需要法院的消极确权。但是,犯罪的认定不能简单遵循“占有即所有”原则。因为“占有即所有原则被民法领采用,是将保护多数人之间流通金钱的‘动’的交易安全作为目的,但刑法却着眼于保护给付人与受领人之间‘静’的安全,前者不能为后者提供适用依据。”[日]伊东研祐:《现代社会与刑法各论》,成文堂2002年版,第265页。在给付物是金钱时,必须具体分析此时的金钱只是特定物,还是依然保有流通性或高度替代性。对此可以分为三种情形:(1)金钱与普通动产相同,属于特定物,其不仅具有特定用途,外在形态也被固定(如将金钱装入密闭的信封中);(2)金钱具有高度替代性,但用途被确定,流通受限;(3)金钱兼具高度替代性与流通性,占有与所有相一致。参见[日]西田典之:《使途を定めて寄託された金銭の他人性》,载平野龙一、松尾浩也编:《刑法判例百选各论》,有斐阁1984年版,第112页。当金钱具有特定用途时,虽然具体货币可以被替代,但用途的限定使流通性变得稀薄,此时货币不是特定的,但金额是特定的,给付人对金额已然可能享有所有权。参见[日]藤木英雄:《刑法各论》,有斐阁1972年版,第53~54页。所以,在高利贷活动中,即便贷款人非法取得超额利息,但金钱作为利息具有特定用途使借款人并不当然地失去金额的所有权。

〔48〕 “是否稳定持续占有”的判断是动态的,需要结合具体案件分析贷款人是否放弃取得利息,以及借款人是否还想自愿支付利息等;而且在借款人支付后,如果其希望通过某种手段(包括不法手段)要求贷款人返还超额利息,并最终取回该利息时,也不能认为之前的贷款人已经稳定占有了支付利息。

诉求。既然贷款人获得利息的所有权与借款人失去其所有权被法秩序消极认可,那么贷款人并未侵犯借款人的财产权,不成立财产犯罪。但是,法律在消极认可静态的财产状态的同时,依然需要积极否定动态的讨债过程,如果手段行为严重不法,则成立非法拘禁罪、故意伤害罪等侵犯人身权利的犯罪。

2. 非法索取区间三的利息

当高利贷的年利率超过36%时,借款人支付超额利息虽然属于不法原因给付,但因为贷款人利用借款人的困境,迫使其接受过高的利率,贷款人的不法性高于借款人,所以适用不法原因给付的但书条款,借款人能够基于不当得利请求贷款人返还该区间的利息。

对于区间三的利息支付,借款人不仅没有义务履行,而且受法律保护。如果贷款人使用非法手段强迫借款人支付,并且稳定持续占有该利息,法律对之不仅不予认可,反而严令禁止,赋予借款人不当得利返还请求权。贷款人取得区间三的利息的行为,属于非法占有他人财产,如果使用非法拘禁、暴力、胁迫等手段,则与一般的财产犯罪没有任何区别。

(二)犯罪性质:《非法拘禁罪解释》的适用区间

虽然《非法拘禁罪解释》规定,行为人索取高利贷等法律不予保护的债务,没有侵犯借款人的财产,仅成立非法拘禁罪;但是通过上文论证不难发现,只有贷款人使用不法手段索取区间二的利息,才不构成财产性犯罪,如果贷款人为了索取超过年利率36%的利息,使用暴力、胁迫、非法拘禁等手段,应当构成抢劫罪或绑架罪。不过,这一区分并不否定《非法拘禁罪解释》的合理性,因为该司法解释仅针对作为“法律不予保护的债务”的高利贷,不予保护即拒绝保护,其所指向的债务被迫履行是不法原因给付(一般条款),只有区间二的高利贷才属于法律不予保护的债务;与之相对,区间三的利息是法律绝对禁止的高利贷,贷款人索取该部分利息应理解为“以借贷为名”,如果采用暴力、胁迫、拘禁等手段非法索债,应适用《强迫借贷批复》,构成抢劫罪敲诈勒索罪或者绑架罪。

因此,在评价高利贷活动中的非法索债行为时,不能以存在债务为由,当然地适用《非法拘禁罪解释》,以非法拘禁罪论处;现实生活中,许多高利贷的年利率远高于36%,如果一律认定为非法拘禁罪,不仅与《借贷案件若干规定》相违背,还否定了借款人在面临暴力、胁迫或拘禁时,采取特殊防卫的可能,不利于其有效保护人身权和财产权。但是司法实务中,只要高利贷真实存在,无论索债金额多少,法官均适用《非法拘禁罪解释》,仅以非法拘禁罪论处。例如,2013年10月,被害人王某向被告人刘某借款5400元(月利率10%),到2014年4月王某总共向刘某还款6500元,2015年4月刘某以王某未还清借款的利息为由,强行将王某押上面包车带走,对王某实施殴打,逼迫其在自动取款机上取款9500元,同时写下3000元欠条。公诉机关指控刘某的行为构成抢劫罪,但法院根据《非法拘禁罪解释》,认定其仅成立非法拘禁罪。[49] 本案中,借款年利率120%远高于36%,以年利率36%(月利率3%)计算,到2015年4月王某最多只需还款6372(5400+5400×3%×6)元,所以当王某还款6500元时,其不仅已经还清所有债务,还能向刘某请求返还128元。之后,刘某在没有任何债权的情况下使用暴力、胁迫等手段强迫王某还款,属于"以借贷为名",应适用《强迫借贷批复》,构成抢劫罪。

需要注意的是,在高利贷活动中,贷款人非法索债的情况和手段颇为复杂,法官需要根据具体的案件情况认真判断借款人是否已经支付完区间二的利息,在支付完成后贷款人依然使用暴力、胁迫或者拘禁等方法继续索取财物,构成抢劫罪或绑架罪。例如,被害人穆某于2015年9月30日向被告人李某贷款7千元(约定5日后还款1万元),10月5日,因穆某暂时无力偿还受李某逼迫出具3.6万元欠条,10月10日穆某向李某还款2.2万元。从10月11日开始,李某将穆某拘禁在当铺中,又以欠款未还清为由迫使穆某总共出具16.8万元的欠条,其间穆某多次遭受侮辱和殴打,10月21日穆某在李某的"陪同"下将穆某哥哥的车交给李某。[50] 二审法院适用《非法拘禁罪解释》,认定李某构成非法拘禁罪。笔者认为,虽然形式上李某交付的2.2万元尚不足以"还清"3.6万元"欠款",之后李某的拘禁行为是为了索取1.4万元"欠款",但债权债务的认定不能过仅以欠条为依据作形式化分析,而应实质地判断借款人是否还清本金和年利率为36%的利息,穆某还款2.2万元已经远高于其需要偿还的本金和利息,此时其不仅已经完全债务履行,还对李某具有不当得利返还请求权;之后李某凭借欠条实施的暴力、胁迫和拘禁等"索债"行为属于"以借贷为名",构成抢劫罪。

如果借款人只需要偿还少量欠款,贷款人使用暴力、拘禁等手段胁迫其支

---

[49] 云南省曲靖市中级人民法院刑事附带民事判决书,(2016)云03刑初1号。

[50] 山西省吕梁市中级人民法院刑事裁定书,(2016)晋11刑终441号。

付巨额"欠款",构成抢劫罪或绑架罪;尤其在借款人向贷款人多次贷款(约定年利率高于36%)时,借款人对第一笔贷款的清偿包含本金和区间二的利息后,贷款人不能以第一笔贷款尚未还清为由强行将之后的债务偿还认定为对第一笔贷款的债务履行。在于欢案中,2014年7月28日于欢的母亲苏某霞向吴某占、赵某荣借款100万元,双方口头约定月息10%。至2015年10月20日苏某霞共计还款154万元。2015年11月1日苏某霞再向吴某占、赵某荣借款35万元。其中10万元,双方口头约定月息10%;另外25万元,通过签订房屋买卖合同,用苏某霞丈夫名下的一套住房作为抵押,双方约定如逾期还款,则将该住房过户给赵某荣。2015年11月2日至2016年1月6日,苏某霞共计向赵某荣还款29.8万元。吴某占、赵某荣认为该29.8万元属于偿还第一笔100万元借款的利息,而苏某霞认为是用于偿还第二笔借款,并且其中25万元是房款。[51] 笔者认为,苏某霞还款的29.8万元只能认定为是在偿还第二笔借款,因为在第一笔贷款中,苏某霞偿还的154万元高于其最多需偿还的145(100+100×3%×15)万元。此时仅就第二笔贷款而言,苏某霞最多只需要向吴某占等人支付6万多元。[52] 但本案中,赵某荣、杜某浩等人采用非法拘禁、暴力、侮辱等手段胁迫苏彩霞履行巨额债务(包括30万元和1套住房),其数额远高于6万元。因此,杜某浩等人的行为已经构成抢劫罪,于欢具有特殊防卫权,其造成讨债人死

---

〔51〕 山东省高级人民法院刑事附带民事判决书,(2017)鲁刑终151号。

〔52〕 到2016年4月30日,苏某霞对于10万元借款最多需支付11.8(10+10×3%×6)万元,因为之前已经还款29.8万元,除去房款25万元,还需支付7万元。本案发生在2016年4月14日,案发当天苏某霞所需还款不足7万元。另外,本案中,苏某霞对于第一笔借款享有9万元的不当得利返还请求权,但现有证据无法证明苏某霞曾主张债权债务的抵销,所以不能直接认为苏某霞对吴某占等人已经清偿全部债务。

伤的行为适用《刑法》第20条第3款,不以犯罪论处。[53]

通过上述分析,在不法催讨高利贷的案件中,讨债人是构成非法拘禁罪,还是构成抢劫罪或绑架罪,不能仅根据是否"事出有因"(当事人自愿达成高利贷协议),而应以讨债金额所属的利息区间为标准。《非法拘禁罪解释》只能适用于贷款人催讨区间二的利息,讨债人即便通过不法手段索取欠款,作为拒绝保护的反射效果,也合法具有财物的所有权。如果索要"欠款"属于区间三的利息,则应根据《强迫借贷批复》,成立抢劫罪,此时借款人面对暴力、胁迫具有特殊防卫权,即便造成讨债人死伤,也属于正当防卫。

四、结　语

在高利贷活动中,贷款人非法索债是否侵犯借款人的财产权必须结合不法原因给付制度的规范目的和法律效果进行分析。借款人偿还利息最高不能超过年利率36%,如果贷款人索债未超出该限度,则仅成立非法拘禁罪等侵犯人身权利的犯罪;如果超出该限度,则可能构成抢劫罪或绑架罪,此时借款人享有特殊防卫权。因此,刑法评价的核心应当从是否具有事实层面的"债",转移到索取债务是否超出规范允许的上限,借款人最高需要支付的欠款成为犯罪认定的决定性标准。在此过程中,法官需要通过一些较为复杂的运算来精确数额,决定借款人是否能够特殊防卫,这看似有些斤斤计较,但对公民而言,既是对讨债人的直接约束和威慑,也是对借款人财产的基本保护和尊重。

〔53〕 如果借款人在支付超出区间二的利息后,通过暴力、拘禁等手段取回超额利息的,不成立财产性犯罪,此时借款人享有不当得利返还请求权,属于"合法权利的过度行使",无需适用《非法拘禁罪解释》。与之相类似,如果行为人为了追讨传销款,扣押、拘禁、胁迫传销活动的上线,不成立抢劫罪或绑架罪,而仅成立非法拘禁罪;不过其依据并非《非法拘禁罪解释》,因为讨要传销款的行为适用不法原因给付的但书条款,行为人基于不当得利具有返还请求权,此时的债权是合法的,权利的过度行使不成立财产性犯罪而只能构成非法拘禁罪。不过,司法实务中,对于追讨传销款的案件,法院均将《非法拘禁罪解释》作为裁判依据实属对司法解释的误用。相关判决可参见,安徽省阜阳市颍州区人民法院刑事判决书,(2012)州刑初字第00282号;宁夏回族自治区银川市中级人民法院刑事裁定书,(2015)银刑终字第177号。

Private Lending, Illegal Reason Payments and Criminal Law Regulation
—Taking the Second Trial of Yu Huan Case as the Starting Point

Chen Shaoqing

Abstract: According to About The Regulation of Legal Queries Applied to Judging Private Lending Cases, annual interest rate of 24% and 36% divides private lending into "two lines and three areas". Annual interest rate in excess of 24% is usury, which includes two types. When annual interest rate of obligations is more than 24% and less or equal than 36%, which is "unprotected usury", in which of the situation, interest payment is illegal reason payments. According to resisting protection principles, borrower has no right of the claim of restitution for interest in this rang. The effect is that the law negatively recognizes the lender has the interest ownership. If the lender uses violence, illegal detainment and other methods to carry out debt collection, the lender dose not infringe on borrower's property right. When annual interest rate of obligations is more than 36%, which is "intolerable illegal usury". Interest payment is applied to illegal reason payments proviso. Even if borrower pays the interest, the borrower has the right of the claim of restitution of unjust enrichment. If the lender uses violence, illegal detainment and other methods for debt, the crime of robbery and/or the crime of kidnapping are convicted. If the borrower rebels against illegal debt-claim, causing injury, then a special defense is set up, not to criminalize.

Key words: Usury; Illegal reason payments; Unjust enrichment; Property crime; Special defense

论　　文

将民法视为文本:寓意、问题和启示

侯佳儒*

内容摘要:

把民法视为一个文本,民法学话语即是一个理解和阐释民法文本的活动和过程,民法学者即是一个从事理解的阅读者和从事阐释的翻译者;根据文本解释学理论,这进一步引申出将民法视为何种文本、民法意义归属以及如何对民法文本进行阅读、理解和阐释的方法问题。对这些问题,本文提出,应从"意思自治是民法学基本原理"这一经典命题出发,民法学研究应唤醒文化自觉,在中国特殊的历史、文化语境下,以"意思自治"作为民法文本的基本要义,重新阐释民法文本,重新梳理既有的民法学话语,重新言说民法。

关键词:

民法　意思自治　文本　解释学　科学主义

对语言的关注,研究范式的"语言学转向"是20世纪西方文学、哲学和社会学发展的重要特点。语言作为交流思想、描述世界和理论研讨的工具,其重要性已经引起不同学科领域的广泛关注。[1] 法学家多被说成是语言专家,法律职业就是把口头语言和书面语言运用作为日常主要业务的工作,[2]因此当代西方法学发展也明显受到了"语言学转向"的影响,语义分析法学、新修辞学法学、法律解释学、结构主义符号法学等学术派别的出现,正在不断质疑、解构和重构传

---

* 中国政法大学教授,法学博士。

〔1〕 参见[英]P. H. 马修斯:《牛津通识读本:缤纷的语言学》,戚焱译,译林出版社2013年版;胡壮麟主编:《语言学教程》(第4版),北京大学出版社2013年版。

〔2〕 参见[英]沙龙·汉森:《法律方法与法律推理》,李桂林译,武汉大学出版社2010年版,第18页。

统法学理论中的法律语言观。[3] 但这一问题在我国并未引起足够重视,尤其是语言问题基本处于部门法学研究者的视域之外。[4] 但法学研究应加强对语言问题的关注,我们不仅应在学习法律规则、解释法律条文时关注语言的力量,还应在法学的理论研究过程中,在法学问题的分析、阐释和论辩过程中关注语言的作用,这样不仅为了分析法律规则本身,还为了明确语言"以何种方式(如果有的话)对法律的建构者、适用者和解释者产生强大影响"。[5] 可以预见,将语言学的知识、原理引介到法学研究当中,新的理论视角必将给法学带来新的观点和洞见。对这些问题的研究,有待在一般性的意义上追问法学、法律与文本的关系,不过笔者的兴趣点只是在民法领域内的展开初步探索。

在这里,首先提出一个隐喻,即将民法视为一个文本——其实,这是一个笔者不断在重申和阐释的观点,所谓"意思自治是私法的精髓和要义",就隐含着将民法比作文本,将意思自治视为民法这个文本的主旨、内容和思想内核的观点,"意思自治是私法的精髓和要义"这种表述自身已经包含一种文本解释学或阐释学的观念。[6] 如果把民法想象为一个文本,那么民法学话语就牵扯如何对民法这个文本进行阅读,这意味着民法学话语其实是一种解释行为,作为文本

〔3〕 参见舒国滢:《战后德国法哲学的发展路向》,载《比较法研究》1995 年第 4 期;谢晖:《科学与诠释:法哲学研究的两种理路》,载《法律科学》(西北政法学院学报)2003 年第 1 期;杜宴林、张文显:《后现代方法与法学研究范式的转向》,载《吉林大学社会科学学报》2001 年第 3 期;常安、朱明新:《"法学的语言学转向"及其对我国法律语言学研究的方法论启示》,载《琼州大学学报》2003 年第 3 期;董晓波:《语言与法律——谈西方法律语言研究方法的嬗变》,载《社会科学战线》2006 年第 2 期;董晓波:《对西方法学"语言学转向"的解读》,载《湖北法学》2007 年第 1 期。

〔4〕 以"语言学"为关键词检索,在法学科目项下仅有 72 篇文章,且仅局限于法史、法理两个学科,在部门法研究中,涉及语言学的成果极为少见;而有关内容,主要是局限在法律解释学、法律语言分析等内容,主要是在法律技术层面进行探讨。考察法学理论建构与语言学的关系,考察修辞之于法学理论的意义,这些问题少有关注。在目前的各种法理学书中,涉及语言与法律之探讨的,主要见于一些译著,如[英]沙龙 · 汉森:《法律方法与法律推理》,李桂林译,武汉大学出版社 2010 年版。

〔5〕 同上书,第 33 页。

〔6〕 参见侯佳儒:《意思自治之为民法学基本原理——基于语义分析的建构性理解与诠释》,载《江海学刊》2010 年第 6 期。

的民法是由符号系统构成,符号系统必须加以解释才能获得意义,符号系统必须经过阐释才能传达和交流。也就是说,民法学话语可以被看作一个理解和阐释民法这个符号系统的活动和过程,民法学者就是一个从事理解的阅读者和从事阐释的翻译者;由此,还会进一步引申出将民法视为何种文本、民法这个文本具有何种特征以及对这个文本如何进行阅读、理解和阐释的方法问题。可见,将民法视为一个文本,这个隐喻能清晰地提醒我们自己所处的或为读者或为阐释者的处境。视民法为文本,具有丰富的寓意,能给我们带来新的启示,同样也会给我们提出新的问题。

一、作为文本的民法:载体、边界与特征

将民法视为文本,那么,何为文本?追根溯源,文本的英文是"text",源自拉丁文的"*texere*",本义是"波动、联结、交织、编织",并衍生出"构建、构成、建造、制造"等意义。一般说来,文本是语言的实际运用形态,而在本文语境中,文本概念被限定为书写出来的话语,或者借用保罗·利科(Paul Ricoeur)的说法,文本即"由书写而确定了的话语"。[7] 就民法文本而言,或许可以借用一个极为省事的定义,可以将民法文本等同于我们得以发现民法的各种"民法渊源"。

在民法学研究中,对于作为研究对象的"民法",人们会想当然地把它当作一个清晰、明确、现成的实存客体。当人们提出"民法是什么"这个问题时,似乎也在指向一个具体而明确的对象。但这并不是事实。我们所面对的"民法"并不是一个实存的、给定的、具体而清晰的实体,这个"民法"无法通过我们直观地观察即得显现,"民法"这一文本所具有的客观性和真实性,必须通过我们的思维进行详查、拼凑、组合、分类、编辑、梳理才能获得。如果把民法比作文本,这是一个极其复杂的文本。

民法文本第一个显著的特征,就是它具有跨越地域、跨越文化、跨越历史的特点,这是一个在人类广袤而漫长的时空中不断展开、重写的文本。大陆法系的民法历史回溯通常都会把罗马法作为其发端,则若以公元前753年罗马建城作为罗马民法的建城作为罗马民法的发端,迄今民法已有近2800年的历史。

---

〔7〕 [法]保罗·利科:《诠释学与人文科学》,J. B. 汤普森编译,孔明安、张剑、李西祥译,中国人民大学出版社2012年版,第107页。

在这 2800 年的漫长时间里,历经罗马民法、日耳曼民法、中世纪民法、近代民法、现代民法再到当代民法,罗马人凭借罗马法在法律领域完成了其最为出色的“第三次征服世界”,〔8〕罗马民法跨越了种族、地域、文化的隔阂,不但成为欧洲法律文化的基础,也成为世界性的法律语言。〔9〕 在民法得以彰显其价值的诸国家中,存在着意识形态、政治制度、社会制度、宗教信仰等方面的差异。民法文本的这一特征表明,民法文本所蕴含的理念和思想,具有超越历史、超越种族、超越地域的恒久品质,它蕴含着超越时间和地域的普适性价值。民法文本的这一特征提醒我们,解读民法文本最根本的出发点,应该存在某种超脱于历史、种族、地域、文化等层面因素的视角,解读民法文本的根本出发点应该、也只能回归到人,回归到普遍的人性需求上来。

民法文本的第二个特征,民法文本具有多层次性,文本之间存在差别,边界具有模糊性,它具有复杂的表现形式,各国一般都会通过对民法渊源的承认,确认其在一国法律领域内民法文本的具体范围,它包括成文法、习惯法、判例和学说四个内容。成文法是民法文本最为重要的表现形式,在民法历史上具有里程碑意义的法典就包括罗马民法时期的《十二表法》《优士丁尼法典》《法学阶梯》《新律》,近代的《拿破仑法典》《德国民法》《瑞士民法》等。习惯法是民法文本的第二个表现形式,在民俗与法律之间,各国立法凭借“善良风俗原则”条款,在一个社会的民俗习惯、道德规范和法律规范之间建立通道和接口,使民俗习惯、道德规范得以向法律规范转化。〔10〕 判例是民法文本的第三种形式。判例在不

〔8〕 耶林谓:“罗马曾三次征服世界、统一了诸民族:第一次是在罗马民族尚强健有力之时,使诸民族有国家之统一;第二次是在罗马民族业已衰败之后,使诸民族有教会之统一;第三次则是由于中世纪对罗马法的继受,使诸民族有法之统一。武力因罗马帝国的灭亡而消灭,宗教随着民众觉悟之提高、科学的发展而减少了影响,惟有法律对世界的征服是最为持久的。”[德]鲁道夫 · 耶林:《罗马法在其不同发展阶段的精神》,载费安玲主编:《罗马私法学》,中国政法大学出版社 2009 年版,第 1 页。

〔9〕 参见陈华彬:《民法总论》,中国法制出版社 2011 年版,第 93 页。

〔10〕 参见侯佳儒:《民法基本原则解释:意思自治原理及其展开》,载《环球法律评论》2014 年第 4 期。

同时代有不同的定义,[11]判例在不同法律体系下——如大陆法系和英美法系也有不同的地位,[12]但判例仍然是以特殊的形式叙述了民法文本的内容。学说是民法文本的第四个形式。早期的学说主要是指法学家的著作、权威的解释、学说、法律解答,早在罗马民法时代,《学说汇编》就是法学家编撰的学说法的集大成者;晚近的学说由“公众发表的观点所组成”,但主要是大学教授、法官和法律实务者这些群体。[13] 可以看出,在这多种文本形式中,再加上第一个特征中提及的广袤时空范围,民法文本的范围何其广阔,何其丰富,在一定意义上来讲——个人可能阅读之范围界限——民法文本没有清晰的界限或者边缘。种种民法文本形式之间,存在不断重写的部分——可以表述为模仿、继承、完全的复制,但也可能含有冲突、歧义、对立的内容。有些文本内容在一定历史时期,极为重要,但有些内容可能失去其历史土壤,早无意义。

第三,民法文本内在的具有某种自身不断生成、不断生长、不断扩展的机制。民法如同一枝花,历史的镜头通常回溯到罗马法中,在那里人们发现了它最初的种子,然后民法就开始生长,在广袤的人类时空中,不停生长着、绽放着。民法文本不断地被书写,不断地被重述,不断地在其内在的体系内自我繁殖与再繁殖,不断被解释与再解释。民法文本内在具有一种结构和体系,内在具有一种自我生成、自我治疗、自我修复的功能,既不断接纳新的因素,又在消化过程中不断排除异质的因素。民法文本的这一特征,或许可以按照哈耶克的观点,表述为其具有某种“内在的秩序”。在澳大利亚学者眼中,这是“私法自我理解”的属性。

---

[11] “判例的定义因时代不同而有所不同。在古老意义上,它指的是法律科学,更确切的讲是法的实践科学。因此,在罗马,判例没有现在的司法先例的意思,而是指法学家的活动,指他们作为法律实践者和学者进行的活动的方法。渐渐地,法的创造权就转移到了大法官手中。今天,判例与法官的职能紧密相连。”参见[法]雅克·盖斯坦、吉勒·古博:《法国民法总论》,陈鹏等译,法律出版社 2004 年版,第 369 页。

[12] 这里虽然以大陆法系民法作为范本来考察民法文本,但考察结论也应适用于英美法系。大陆法系和英美法系的区别在一定意义上是有意义的,但在纯粹的私法规范内容层面,仍然是比较切近的。

[13] 参见[法]雅克·盖斯坦、吉勒·古博:《法国民法总论》,陈鹏等译,法律出版社 2004 年版,第 500 页。

第四,对民法文本的解读,不应限于民法文本。事实上,有关民法的各种理论、学说——如后文所界定的“民法学话语”——也是我们解读民法文本应予解读的对象。在特定的历史时期,在特定文化和国家,法学家论述甚至就被视为民法文本的重要构成之一。因此,也可以说,民法文本除了指那些重要的民法典外,还有原文、正文、本文、版本、课文的区分。这些民法文本还包括不同的版本。在这些版本之间,有相同的内容,有不同的内容,有交叉的内容,也有矛盾的内容。这些民法的不同版本之间,形成了某种关联,常常互相比照,具有互文特征。对这个复杂文本的解读,文本自身的边界无法确定、内容缺乏一致、有内在冲突的部分,因此,这些民法文本与其说是内容统一、主题一致、脉络单一、血统纯正,不如说仍然是一堆有待加工的材质,在阅读这一民法文本过程中,阅读者仍然在以主观的意图选择性地挑选佐证材料。民法文本不会自我呈现出语义,任何通过对民法文本某一形式的剪裁、取舍以佐证民法文本语义,都只是断章取句、断章取义。问题的关键在于,如何把握这一主观性因素。在本书的框架内,选择意思自治作为线索,挑选、组织、编辑、填补民法文本素材,使之达意。这其实恰巧也是本文的研究目的和研究内容。

二、民法文本的阅读取向:“规律”抑或“意义”?

把民法视为文本,就涉及对这一文本的阅读取向与阅读目标的问题。我们目前的法学文本阅读方式,其实质是一种“格物致知”式的、以实证主义为研究导向的,这种思路就体现在我们对法学、民法学的概念界定当中,我们一直在主张和申明,法学(或民法学)是以法律现象(民法现象)为研究对象,法学(民法学)的研究目标是探究法律(民法)现象内在的本质、规律。这是一种类似自然科学的研究取向。

后现代思想家彼德·科斯洛夫斯基(Peter Kozlovskiy)从文化的角度切入对科学的研究,对意在格物致知的“科学取向”和意在探究文本意义的“阐释学取向”作了区分。他认为,在后现代中科学丧失了它构造世界图像的功能,科学的范式也失去了确定性的根基:“现代曾经从一种统一的科学方法出发,这就是对所有科学都有效的因果分析方法……而今,后现代科学的出发点是确认方法论的多元性和解释、理解方法的差异性、互补性。自然科学中用各种规律来解释事物的客观化倾向正为人文科学中理解精神表现的各种准则

所补充。”〔14〕对现代科学和后现代科学范式的详细列表如表 1 所示。〔15〕

表 1 科学文化

	现代	后现代
科学理解	科学主义，构造世界图像	批判性的和工具性的
科学方法	客观化的解释	理解与解释
与形而上学的关系	“非形而上学的”	承认科学的形而上学内核
知识形式	科学形式主义	应用知识、教育知识与宗教知识的多元化

这种对“科学取向”和“阐释学取向”研究范式的区分，在后现代思想家齐格蒙特·鲍曼这里，通过“立法者”与“阐释者”两个概念和隐喻进一步得到阐释。齐格蒙特·鲍曼是 1 位致力于解决现代社会学理论争议并努力辨别现代社会学以及后现代性社会学的一位分析者。针对现代和后现代社会学之间的差异，他通过知识分子的两种类型——立法者和阐释者——出发，通过列举两类知识分子的特征，表明现代社会学理论和后现代社会学理论的区别。鲍曼列举了立法者的特征。

当存在意见分歧时，立法者的权威性论述可以作出裁断。

这种权威性论述引导人们对意见的选择，因为它们受立法者的支持，被认为是正确和有约束力的。

仲裁者的权威性来源于立法者的更高层的知识基础。

知识分子比非知识分子拥有更好地接近这些知识的方法。

知识分子的这种优势“应该归功于一些程序性规则，这些程序性规则确保了真理的获得、道德判断的形成和适当艺术趣味的选择。因为这些程序性规则具有普遍有效性，运用这种规则所导致的产品因而也就具备了普遍

〔14〕［德］彼得·科斯洛夫斯基：《后现代文化：技术发展的社会文化后果》（第 2 版），毛怡红译，中央编译出版社 2006 年版，第 39～40 页。

〔15〕同上书，第 41 页。

有效性”。[16]

结果,运用这些程序性规则的那些人(如在科学等知识行业中工作的人)就变成了其所创造的那些知识的集体拥有者。

结果,那些知识被认为是“与社会秩序的维护和完善有着直接的和决定性的关联”。[17]

这些全都依赖于其他一些知识分子的工作,这些知识分子阐明这些程序性规则,并对它们的正确运用保持控制。

知识分子和他们创造的知识一样,“不受地域和社区性传统的限制”。[18]

因为他们不受任何特殊地域的限制,知识分子就有了判断和宣称各种地域性观念有效或无效的权力。因此他们就能够证伪(或削弱)地方性观念。

与阐释法者相联系的是如下特征:

阐释者对与某一共同体传统相关的观念进行翻译,以便它们能够被其他共同体的观念理解。阐释者并不是以选择最佳观念为取向,他们的目标仅是促进各个自治共同体之间的沟通。

阐释者试图防止在沟通过程中发生意义的曲解。

为了达到这种目的,阐释者必须发展出一种对被解释的知识系统的深层理解。

另外,阐释者“需要维持两个正直进行对话的传统之间的微妙平衡,这种微妙平衡对于信息不被误解(就传送者所传递的意义而言)和正确理解(从接受者的角度而言)是必须的”。[19]

需要特别指出的是,针对两种学者类型,鲍曼特别认为,我们绝不应该认为阐释者将在某种线形的历史发展中取代立法者;相反,正在出现的事情只不过

[16] Zygmunt Bauman, *Legislators and Interpreters: On Modernity Post-Modernity and Intellectuals*, John Wiley & Sons Inc., 2013, pp. 4 – 5.

[17] Ibid.

[18] Ibid.

[19] Ibid.

是它们二者的重要性在发生变化而已。[20]

回到民法文本上来。当我们把民法视为文本,对我们目前的民法学研究带来的第一个重要启示,就是民法解读的目标应为"意义"而非"规律",民法学的研究应该是解释学取向的,而非科学主义取向的,民法学话语也应该从"立法者"语言向"阐释者"语言转向。传统民法学意在"格物致知",具有彼德·科斯洛夫斯基所谓的"科学主义"的特征,将民法视为"客观的对象"予以把握,意在探究民法这一研究对象内在的本质、规律,这即具有齐格蒙特·鲍曼所谓的"立法者"话语的语调特征;但采取解释学取向的民法学话语,对民法本文的解读则同时关注民法文本和阐释者,民法文本的意义生成于文本与阐释者之间。还要看到,科学主义取向的研究,相信本质单一、本质一元,而解释学取向的文本阅读则具有开放性,文本具有多元的意义世界。从这一点看,文本解释学理论可以解放我们对民法解读的思维和视角,对民法文本采取解释学取向的意义解读,这昭示着民法解读将使我们步入一个多彩纷呈的意义世界。

三、民法文本的归属:作者? 读者? 文本?

把民法视为一个文本,阅读活动是间接的交际行为,就存在作者、文本、读者三极,那么,接下来就会涉及民法文本阅读的意义归属问题。在文学理论中,特里·伊格尔顿(Terry Eagleton)把西方文学理论研究总趋势分为三个阶段:全神贯注于作者的阶段(以19世纪的浪漫主义为代表),专注于文本的阶段(以新批评为代表),明显的注意力向读者转移的阶段,这是近几年的事情。他这一观点概括了西方文学理论的发展史,这里涉及对文学阅读中对作者、读者和文本三者关系和地位问题的不同看法,其历史划分与哲学解释学上的流派划分基本类似。在文本意义归属上,或以文本,或以读者,或以作者为重点,通说认为解释学上形成了"作者中心论""读者中心论""文本中心论"3个派别,它们分别以"作者意图论""读者意图论""文本意图论"来建构解释有效性的研究基础。

---

[20] 参见[美]乔治·瑞泽尔:《后现代社会理论》,谢立中译,华夏出版社2004年版,第216~217页。

“作者中心论”的观点认为,既然作者创造了作品,作者则对作品的意义拥有绝对的解释权,因此所谓的理解和解释都是“读者追随作者意愿的过程”。“作者中心论”是西方传统解释学的基本观念,其现代的代表主要有施莱尔马赫(Friedrich Daniel Ernst Schleiermacher)的“一般诠释学”和狄尔泰(Wilhelm Dilthey)的“体验诠释学”。施莱尔马赫指出“在解释的问题上,根本的问题是要善于避免解释者本人观点的干扰,以便把握作者的观点”,[21] 而考察解释有效性的标准,就在于解释者对文本解释的意义是否符合作者的原初意图,解释的方法主要依赖于语义解释方法和心理学解释方法,“理解是在分析词义的同时,进行心理上转换或成功地进入他人意境”。[22] 在此基础上,施莱尔马赫开始思考正确的理解与诠释途径,试图探寻具有可操作性的诠释方法,他还对诠释的规则(canon)作出了有条理的阐释和例证。[23] 施莱尔马赫的解释学观点容易陷入主观性的泥潭,另一位“作者中心论”的代表者狄尔泰力图将解释学奠基于一种客观主义的立场上,认为理解不在于解释者的心理移情,而应落在解释者历史性的生活状态之中,“持续和固定化的生活形式存在于理解力之中,以致理解力可以不断地返复到回归到生活方式中。我们把那些不断地固定着生活方式的、类似于艺术的、‘理解’称为解释”。[24] 狄尔泰还通过“说明”(Erklaeren)和“解释”(Auslegen)两个概念区别了自然科学的方法和精神科学的方法:“指向自然科学的‘说明’,被说明的对象乃是直接裸露在主体面前,是主体可以直观到的对象;而指向精神现象的‘解释’,对象并不直接呈现在主体面前,它更像一幅卷起来的画卷,解释过程就是将画卷打开的过程,就如 Auslegen 这个词原初含义所表明的:展开、铺放。”[25]

“读者中心论”的开启者是伽达默尔(Hans-Georg Gadamer),他认为,人首先不是使用语言去描述世界的,世界体现在语言之中。所谓“理解”,其本质是“视域融合”,即作为文本(一切历史流传物)赖以产生的历史视界与理解主体

---

[21] 高宣扬:《解释学简论》,三联书店1988年版,第17页。

[22] 殷鼎:《理解的命运》,三联书店1988年版,第6页。

[23] 具体分为语法部分解释规则和心理学部分解释规则,非常具有启发性,参见潘德荣:《西方诠释学史》,北京大学出版社2013年版,第265~266页。

[24] 高宣扬:《解释学简论》,三联书店1988年版,第17页。

[25] 潘德荣:《西方诠释学史》,北京大学出版社2013年版,第288页。

自身的"视界"(当今视界)的意义融合;在这一"理解"过程中,文本作为"历史的产物,携带者它固有的历史性进入了读者的当今视界,并在读者的视界中获得了现实的意义";因此,"人们所能理解到的既非作者原意,亦非所谓文本自身的原意,而是在读者的视界与作者(文本以及历史)的视界之融合的基础上所展现的新的意义,文本的意义之所以会增长的秘密就在于此"。[26] 基于理解的本质系视域融合,因此,任何理解和阐释的有效性都是一种历史性的有效性,"真正的历史对象根本就不是对象,而是自己和他者的统一体,或一种关系,在这种关系中同时存在着历史的实在以及历史理解的实在。一种名副其实的诠释学必须在理解本身中现实历史的实在性。因此,我就把所需要的这样一种东西称为'效果历史'。理解按其本性乃是一种效果历史事件"。[27] 伽达默尔还认为,传统解释学对"理解""解释""应用"三个概念进行严格区分,但这种方法带来文本的解释和文本的意义之间出现紧张对立关系。伽达默尔倡导一种理解、解释和应用"三位一体"的诠释学。

"文本中心论"的观点坚持文本具有独立性和文本意义具有客观性,认为作品与作者没有关系,文本的意义就在文本自身的语言结构之中。在文学领域,法国文论家罗兰·巴特(Roland Barthes)宣称,"作品一旦产生,作者就死了",一个文本的意义是读者解释的结果,而不是作者意图的产物,文本并未提供恒定的信息,符号可以从多维角度进行解释,读者的诞生不得不以作者的死亡为代价。[28] 在解释学领域,"文本中心论"的代表人物主要是贝蒂(Emilio Betti)和保罗·利科。贝蒂认为以伽达默尔为代表的"读者中心论"导致了解释的主观主义和历史相对主义:"我认为,伽达默尔提出的诠释学方法具有的明显困难在于,虽然它为本文与读者之间,即本文表面容易接近的意义和读者的主观想法之间取得内容一致性提供了可能,但并不保证理解的正确性;因为理解必须达到与作为心灵客观化的本文所根深的意义完全符合。只有这样,结论的客观

---

〔26〕 潘德荣:《西方诠释学史》,北京大学出版社 2013 年版,第 7 页。

〔27〕 [德]伽达默尔:《真理与方法》(上),洪汉鼎译,上海译文出版社 2004 年版,第 387 页。

〔28〕 参见陈立旭:《文化研究的两种范式:文本中心论与相关性》,载《浙江社会科学》2011 年第 4 期。

性才被保证是基于可靠的理解过程。”[29] 保罗 · 利科认为,文本是“由书写而确定了的话语”,话语一经固定下来,就远离了其赖以产生的语境和言谈对象,“意义”因此远离了话语事件本身及其主体(间距化),文本的客观意义也不再由作者的主观意向及其言谈语境所规定,文本自身展示的视界构成文本的语境。

“作者中心论”“读者中心论”“文本中心论”的划分表明了诠释学研究的大致线索和主要倾向。作者原意、读者接受和文本原意构成了解释学的三大要素,如何在三者之间寻求支撑点,成为不同解释学的核心问题和厘分界限。

实际上,想在文本解读中排除个人的影响,绝无可能。文学评论家伊格尔顿认为,截然区分“文本所意谓的”与“文本对我所意谓的”根本不可能:“我对于《麦克白》在它的时代的文化环境中可能意义的解释仍然是我的解释,这一解释必然受到我自己的语言和文化参考框架的影响。我绝不能用我自己的鞋带把自己从这一切中提起来,从而以某种绝对客观的方式来了解莎士比亚心中实际想到什么。任何一种有关这样的绝对客观性的观念都是幻想。”[30] 在文本解读中,排除读者的接受也断不可能,理解首先是读者的理解。文本的解读更不可能脱离文本去解读。

回到民法问题上来。如果把民法作为文本,那么,在民法文本的解读过程中,何为作者原意?如何理解读者的接受?民法文本是否具有原义?作者原意、读者接受和文本原义这三者应具有何种关系?

第一,民法是一个没有“作者”的文本,至多只有一些“编者”。关于法律的形成,传统法学都假设在这一民法文本中存在“立法者的原意”,法律解释的目标也在于回溯立法者立法的最终意图。但这种预设并非正确,“私法是一种集体的智慧——‘无数庄重和睿智之人的精炼和再精炼’——精心设计出一些基础从而证明某些结果合法”。[31] 回顾一下历史上的各种民法法典,可以发现都无理想中那个意图明确的立法者。

---

[29] [意]埃米利奥 · 贝蒂:《作为精神科学一般方法论的诠释学》,洪汉鼎译,载洪汉鼎主编:《理解与诠释——诠释学经典文选》,东方出版社 2001 年版,第 154 页。

[30] [英]特雷 · 伊格尔顿:《二十世纪西方文学理论》,伍晓明译,北京大学出版社 2007 年版,第 68 页。

[31] [加]欧内斯特 · J. 温里布:《私法的理念》,徐爱国译,北京大学出版社 2007 年版,第 13 页。

《优士丁尼民法大全》是公元 528 ~ 565 年优士丁尼(Flavius Petrus Sabbatius Justinianus)任命的法典编撰委员会经过 37 年努力,编撰出来的成果,其中,《法典》的内容是经过删除、整理的帝国立法汇集,《学说汇纂》虽然具有法律效力,但其内容其实是历代法学家的著述摘编,《法学阶梯》只是一部法律教科书,《新律》是优士丁尼颁布的新法令汇集,因此在《优士丁尼民法大全》中找不到作者。《法国民法典》同样没有"作者",民法典主要起草者中的 2 名来自习惯法地区,2 名来自成文法地区,"委员会成员的如此任选已经反映出巴拿马的意图:要编纂一部实用的法典——所有委员会成员都是精通旧法的法律实务者;要体现大革命的精神——四位起草人都曾参与大革命的代表机构,同时要兼顾习惯法地区和成文法地区的传统"。[32] 可以看出,《法国民法典》的起草者至多也就算是"编者"。《德国民法典》也是如此。民法传入我国,也是如此。在中华固有习惯法和舶来的民法制度之间,也是只有"编者",没有"作者"。作者和编者的区别,编者只是在推度和揣测作者原意,并且主要是在做编辑、撰写的工作。如果一定要为民法找一个作者,笔者倾向于从人类学或法律文化研究者的视角,借用一个隐喻给出这样一个结论:民法是一种文化产品,民法是一种文化对人自身的承诺,民法的作者就是这种文化本身。

第二,民法的理解和阐释应关注民法文本自身,这方面应多吸收"文本中心主义"的见解。我们首先应该把民法视作一个语义明确、具有"客观"[33]文义的系统。现代社会的民法,主要是通过成文法形式得以体现,因而民法文本具有多个不同的"版本"——法国的、德国的、日本的,抑或中国的。成文法要求体系清晰,结构严谨,内在无冲突、无矛盾——这是德国法典化的一个重要成果——按照哲学系统论的思维考虑,成文的民法文本自身就是一个"系统"(英文的系统和体系本为一个词汇——system),因此这个系统必然输出"功能"——也就是这个民法文本必然是具有"意义"的,只不过民法文本究竟具有何种意义,还

〔32〕 [法]雅克·盖斯坦、吉勒·古博:《法国民法总论》,陈鹏等译,法律出版社 2004 年版,第 96 页。

〔33〕 这里用"客观"一词本身就具有风险。这里仅强调,民法文本自身具有一定稳定性。

要取决于解读者的视野。[34] 其次,民法应被视作一个“自我理解的系统”,其具有“内在的可理解性”,尤其是在目前“功能主义研究方法”盛行的时代,重视私法的这一特性有特殊意义——这一观点是由加拿大学者欧内斯特·J. 温里布(Ernest J. Weinrib)提出的,在他看来,“内在可理解性的双重概念——对私法和对它本身的内在理解——意味着,私法是一个解释的对象,与此同时本身又是一种解释,既是理解的客体,又是理解的模式。作为理解的客体,私法呈现了一组特征,这些特征是智力工作的焦点。作为理解的模式,私法是建构性特征的内在秩序。根据理解行为及其被理解的事物的统一性,我们可以说,私法是一个自我理解的事业。私法的概念同时是产品和这种自我理解的通道”。[35] 温里布的这一观点充满洞见。本书通过意思自治阐释民法,同时开篇即提出民法文本内在各种具体制度具有“互文”特征,可以说是对温里布的观点作出了新的注释。[36]

第三,在民法文本的解读中,“读者”不应是消极的、被动的接受者,应肯定和张扬其对民法文本解读的创造性权力。由于目前我们对民法采取的是一种“规律探求”取向的研究态度,因此,在民法作为文本的解读过程中,我们其实内在地假设和要求,民法现象体现的“规律”,容不下认识主体自身任何主观性因素的介入及其可能性。但这只是我们思想中的幻象和“一厢情愿”的想法。民法不是客观的实体和作为实存的事物,对民法的认识和理解都包含着“认识主

[34] 从这个角度看,笔者虽然赞同欧内斯特·J. 温里布提出的“从内部理解私法”的主张,但对其完全否定功能主义研究价值的观点并不赞同。因为,既然民法最终呈现为“体系”,就必然外在输出“功能”,我们只不过不能过分强调功能主义研究的价值。还要看到,缺乏任何功能主义导向的前理解,任何系统自身是无法理解的。参见[加]欧内斯特·J. 温里布:《私法的理念》,徐爱国译,北京大学出版社2007年版,第9~22页。

[35] [加]欧内斯特·J. 温里布:《私法的理念》,徐爱国译,北京大学出版社2007年版,第14~15页。

[36] 本文提出意思自治,意思自治也可视为民法这个体系的一个输出功能。与一般功能主义研究——如欧内斯特·J. 温里布批评的,经济功能主义等外在视角不同——本文提出的“意思自治”本身就应视为欧内斯特·J. 温里布所谓的民法自身的“语言”“制度”“结构”,因此,本文认为,这种通过意思自治阐释民法体系的方法也是“从内部理解私法”的手段,而且很可能是唯一手段。

体”或“读者”的主观考虑——从这个意义来说，民法是解读，探求的是“意义”。尤其要看到，民法与其他法律部门[37]不同，“它是一个公共的储藏所，把我们关于正义和个人责任的内在直觉包含其中”，它规范我们每个人的日常生活，它是我们每个人被法律所要求和塑造的生活方式。因此，对民法的理解尤其要强调意义阐释的价值，尤其要注重读者——在我们跨文化的背景下，东方读者对西方文本——意义的“理解”“曲解”“误解”，甚至是有目的的“理解”“曲解”“误解”和再创造。[38]

四、作为话语的中国民法学：新的可能（代结论）

从分析法学理路出发，从规范入手把握民法，追求规范体系的统一和自足，从法律适用和裁判中心的视角，是必要的方法，但从立法角度看，对法律规范背后深层合法性依据的论证上，却明显不足。法律实证主义永远存在这样的风险，即法律最终的效力依据要依靠国家强力来解释，法律之所以合理可能仅仅靠法律系由国家制定这一个理由就可以解决。规范分析的方法是必要的，但对于理解和阐释民法，却不是充分的。

以社会现象为中心考察民法，固然能从外部视角看到民法这个体系的大体模样、构造和格局，在更大的理论视野中，看到民法这个体系具有的地位、景观和功用。但这毕竟是外部视角，不是民法学体系内的视角，也不是法学家的视角，无论是民法的法经济分析、法社会学分析，还是伦理学分析、哲学分析，都是他者的眼光，并不是民法自我的语言阐释，这些观点从多元视角“旁观”民法，提出的观点是有意义的，却是远远不够的。就像财务师可以对工程的成本提出意见，材料专家可以就建筑材料提出意见，装修专家可以就专修设计提出意见，力学专家可以对建筑力学提出意见，景观设计师可以就房屋的外观设计提出意

[37] 法律部门本身是一个含糊而有问题的概念，这里只是作为学科分类意义上把握这一概念。有关法律部门概念的批评，可以参见侯佳儒：《环境法学与民法学的对话》，中国法制出版社 2009 年版。

[38] “新的文化承载者接受一些有持续性的因素，同时也导致它们的变异：每回历史上的相逢，都是有创意的误解。”[德]弗朗茨·维亚克尔：《近代私法史——以德意志的发展为观察重点》，陈爱娥、黄建辉译，上海三联书店 2006 年版，第 30 页。

见,但是建筑师的工作仍然只能由建筑师来做,只有建筑师需要按照建筑设计的原理设计建筑内在结构体系,最终完成整个建筑的最终设计。对民法来说,更重要的是内部眼光。按照欧内斯特·J.温里布的说法,应该从内部的视角理解私法,“私法本身是一项自我理解的事业”。

从自然法的理念出发,以法律实现的理想因素为中心考察民法,在理念阐释和价值宣扬上固有价值,但对于具体的制度分析和体系构建,却鲜有其用。即使人人皆知民法是“自由的法”“权利的法”“平等的法”,可是,借用那句时髦的话,当我们在谈论自由、平等和权利的时候,我们是否真的知道我们在说些什么呢?我们是否只是说了,而且仅是“说说而已”呢?有关民法是“自由的法”“权利的法”“平等的法”的说法,固然能增进我们对民法的“含混”而“平均”的理解,但在具体制度分析、案例裁判、学理研讨层面,却很难起到实际的作用,针对这些具体问题的理解,从理想角度分析民法,至少目前尚缺乏明确的、可操作的、体系化的方法论支撑。一句话,从法律实现的理想的角度考察民法,目前尚是“华而不实”。

(一)言说民法的“语境”及其基本问题

那么,我们如何“言说民法”?在这里,其实还有一个比如何“言说民法”更基本、更值得重视的问题,即我们是在何种语境下“言说民法”的?

这是个转型的时代。民法转型是当今时代潮流,但中国民法转型身处特别境遇。在我国,当代民法的转型具有双重维度:在时间维度上,当代民法驻足“现代”向“后现代”转向的路口,介于“近代民法”与“现代民法”之间,它经受现代主义和后现代主义双重思潮的侵蚀和蛊惑;在空间维度上,“当代民法”介于东、西方文明的交汇处,儒家文化与西方文化的交汇口,它时刻感受文明的冲突与“文化震撼”(culture shock)这种时空境遇。[39]

在当代中国语境下,应如何理解民法文本?或者说,根据前文有关语言学、文本解释学的分析,我们可以得到哪些启示?

首先,我们要解决的问题,是如何处理作者原意、读者接受和民法文本原意这三者的关系。对此我们要放下以往那种“科学主义”研究的方法论假设和理论,因为其不过是一种自欺其人的做法,我们应坦诚而自信地肯定“我们”——

---

〔39〕 参见侯佳儒:《近代民法危机及其后现代转向——兼论当代民法使命》,载《中国政法大学学报》2009年第2期。

作为读者——在理解和阐释民法这一文本的过程中,具有的主体性地位和享有的主导性权力;要肯定"我们"——作为理解和阐释的主体——在理解和阐释民法过程中,我们的生存境遇,我们自身的感受、激情、理性、需求、价值具有的优先地位。温里布提出,"探求私法性质不是探索一个未知的领域,而是造访一个我们熟悉的法律世界","私法理论的出发点——其他事物也一样——是经验"。[40] 这句话既提出个体经验对解读民法的重要性,也警示我们,民法应该被视为我们熟悉的法律世界,这要求法学家通过法学理论进行阐释——基于中国语境,基于我们自身的生存境遇,基于民法文本的结构——基于我们自身的生存体验,使看似陌生的民法变得熟悉,使民法的规范要求成为我们的生活事实。

其次,对民法文本的解读,应重视文本自身包含的文义。这种对民法文本内涵文义的理解和诠释,应奠基于法律语法、文义分析的基础上,顺应实证主义的规范法学分析理路。但对民法文本内涵文义的理解和诠释,同样也应面向开放性的理论阐释,应肯定作为理解和阐释主体的"读者"对民法文本多向度的"意义阐释"的合理性。但任何对民法文本意义的阐释,都应以与文本自身无冲突为解释标准,即在民法文本语言的"射程"之内进行意义阐释。目前存在的问题,是把民法这一文本内涵语义过度客观化,压抑了基于民法作为规范体系进行意义阐释的可能性。

再次,对民法这一文本"作者目的"的追求,应转向为对民法文本进行法律文化方面的阐释。从这个角度来看,目前对民法规范进行比较法研究,应加强从文化视角进行比较和阐释。任何一部民法法典都有其历史背景,从一定意义上来讲,这些民法法典只是民法文本的不同演绎版本,追求"作者原义",在民法学的框架内,应理解为从当下视野对这些不同民法文本历史语境的还原性解读。但对这种"作者目的"的追求,在民法文本解读的三要素中,地位应该是最低的。笔者主张,在与文本语义无冲突的前提下,更强调当下读者的地位。

最后,对民法文本的解读具有多重可能性。所谓的传统理论、经典理论都是一种解读,只不过在历史发展中,其影响力宏大而取得了权威性的地位。但

〔40〕 [加]欧内斯特·J.温里布:《私法的理念》,徐爱国译,北京大学出版社2007年版,第9页。

这种权威性的理论,不能理解为是对民法文本进行阐释的“唯一正确的”“绝对的”“规律性的”“真理性的”阐释。在不同的阐释框架下,理论具备多元的可能,历史潮流的推进和发展也会带来新兴话语的兴起。按照后现代主义思想家斯蒂芬 · 贝斯特(Steven Best)和道格拉斯 · 凯尔纳(Douglas Kellner)的观点,“理论话语可以解读为对历史危机所做出的反应,对动荡的经济和技术发展的反应,以及对先前稳定或熟悉的生活和思维模式的解体而引发的社会和知识骚乱的反应。新理论和新观念阐述了新的社会经验,因而,新兴话语的激增意味着社会和文化正在发生着重要的转变”。[41] 这个论点自然也适应于民法学理论。新时代来临会带来新问题,新问题需要我们对民法文本进行新阐释,需要树立新的经典(canon)。

(二)多元主义立场与避免相对主义:通过意思自治理解民法文本

说到这里,就会引出一个问题:承认对民法文本的多元阐释可能,如何避免民法学的阐释陷入主观相对主义,如何确立不同民法文本阐释的有效性?

笔者认为,民法文本自身仍然是检验法学阐释有效性的依据,民法文本的解释应以民法文本为中心展开,但民法文本的解释方法极为重要。在这里,笔者接受前文提及的贝蒂的观点。贝蒂主张解释应以文本为中心展开,同时还强调解释方法论的重要性,他还制定了一套诠释的四大规则:第一,“诠释学的对象自主性原则”,即文本的意义独立存在于其自身的结构之中,不依赖读者,不取决于作者;第二,“意义融贯性原则”(整体原则),即唯有通过对意义整体的预见,才可能对文本结构中的各单一要素形成理解,要素的理解须服从于文本的整体意向;第三,“理解的现实性规则”,即“解释者的任务是回溯创造过程,在自身之内重构创造过程,重新转换外来的他人思想,过去的一部分、一个记忆的事件于我们自己的生活现实之中”;[42] 第四,“诠释学的意义符合规则”,即解释主体个体经验与他人经验的符合和共鸣。[43]

回到民法文本阐释上来。根据“诠释学的对象自主性原则”,民法文本具有

---

[41] [美]斯蒂文 · 贝斯特、道格拉斯 · 凯尔纳:《后现代理论——批判性的质疑》,中央编译出版社 1999 年版,英文版前言,第 9 页。

[42] [意]埃米利奥 · 贝蒂:《作为精神科学一般方法论的诠释学》,洪汉鼎译,载洪汉鼎主编:《理解与诠释——诠释学经典文选》,东方出版社 2001 年版,第 134 ~ 135 页。

[43] 同上书,第 124 ~ 168 页。

内在于其自身的独立意义，或者如欧内斯特·J. 温里布所言，“私法是一个可以从内部理解的体系”。在笔者看来，这一独立的意义存系于我们对民法最朴素的理论表述和最原始的理论直觉当中，〔44〕存在于我们对“意思自治是民法学的基本原理”最基本的判断当中。〔45〕“意思自治是民法学的基本原理”，即包含了将意思自治视为民法这个文本的主旨、内容和思想内核的观点。

据此可以进一步追问，如何理解民法？所谓民法，即关于个人意思自治的文化承诺，这是从文化视角考察的结论；是关于个体行为自由的社会契约，这是从历史的角度、社会学角度的定义；是维护个人意思自治、旨在实现个人意思自治的规范体系。这个定义是从“意思自治是民法基本原理”这个命题出发，是从意思自治角度对民法进行的定义。

据此还可以看出，对于民法文本的理解和阐释，“意思自治是民法学的基本原理”表明，意思自治既是理解民法的“先导”，又是阐释民法的工具。这就表明对意思自治的阐释需要特殊的方法。笔者认为，可以借用庞德(Roscoe Pound)的语言，需要侧重“分析方法”和“哲理方法”的并用。通过意思自治阐释民法本文的研究理路、方法完全符合下述特征：

……这种方法所关注的是一种法律体系的结构、主旨和律令，以求通过分析而达致该法律体系赖以为逻辑前提的若干原则、理论和概念，并且在此一逻辑的基础上将司法和行政裁决的权威性材料组织起来。它假定了一套于逻辑上相互依凭的法律律令，或者视其为一种理想。这只是一种假设或一种理想，因为历史上从来就不曾有过相互依凭得这般完美的法律律令。但是，这种假设却不仅有助于使法律便于讲授和易于理解，而且也有助于使其具体律令符合理性……〔46〕

通过意思自治阐释民法本文的研究理路、方法还符合如下特征，如罗科

〔44〕 民法是权利的法，民法是自由的法，民法是意思自治的法等。

〔45〕 详细论述参见侯佳儒：《意思自治之为民法学基本原理——基于语义分析的建构性理解与诠释》，载《江海学刊》2009 年第 2 期。

〔46〕 [美]罗科斯·庞德：《法理学》(第 1 卷)，邓正来译，中国政法大学出版社 2004 年版，第 19 页。

斯·庞德谓：

> 这一方法所研究的乃是法律体系和制度准则的哲学基础以及这种体系中的理想要素。它力图构建起法律体系中的哲学牵涉并且力图通过哲学来理解和组合其理想要素。它假定了有关法律目的或法律秩序的目的的理想,而根据这些理想,人们便可以对法律制度、法律准则和法律律令做出评价和批判。[47]

"意思自治是民法学的基本原理",根据这一问题阐释民法文本,强调对民法文本的理解和阐释,应从当下历史视域与传统民法学视域的融合出发,从当下我们自身的处境、问题出发。对民法的理解,不仅要关注民法文本自身的原意,还要关注作为读者的我们(中国文化背景下的法学理论工作者)的接受、意图和动机,还要关注民法在原初文化语境下的含义——最终是在"意思自治"这一衡量解释的有效性的标准下,贯通民法文本原义、读者接受和原初文化的涵义三者关系。

根据意思自治阐释民法文本,超越了纯粹的规范法学分析的方法论基础,不同于一般的法社会学、法经济学、法伦理学等"他者"眼光的阐释。把意思自治视为民法的精髓的要义,也把意思自治作为民法文本内部的普遍性特征,把意思自治作为优先于民法文本自身的价值,[48]对民法文本进行体系性地理解和解释。这种解释,很大程度上就是要把对民法文本自身的关注,拉回到对我们自身当下存在状态的关注,拉回到对民法文本与当下我们自身存在的意义的关注。民法规范着我们现代人的每日生活,民法包含了我们现代人"关于正义和个人责任的内在直觉",因此,对民法的理解,我们首先应无须求助外物,民法所具有的精神、气质、情感、性格、理想、境界,应在我们每个现代人的自身、内心得到回响和共鸣。如果无法做到这一点,民法就是作为一种异质之物介入我们每个人的日常生活和精神世界,这种异质与我们每个人的自身形成冲突,这将是对民法为自由之法的原初理论假设形成矛盾。因此,属于每个现代

---

〔47〕 [美]罗科斯·庞德:《法理学》(第 1 卷),邓正来译,中国政法大学出版社 2004 年版,第 20 页。

〔48〕 详细论述参见侯佳儒:《意思自治之为民法学基本原理——基于语义分析的建构性理解与诠释》,载《江海学刊》2009 年第 2 期。

人真正精神表达的民法,就存在于我们每个人对自由、对正义、对法律和自身的理解当中——一句话,回到我们自身上来,回到我们每个人日常的生活体验中来!

Civil Law System as Text:Its Implied Meaning, Introduced Issues and Its Significance

Hou Jiaru

Abstract:If civil law system is seen as a text,the discourse of civil law theory is a process and an activity of comprehending and interpreting civil law text,and the civil law researchers are the readers and also interpreters of this civil law text. This will in turn raise many issues such as what the category is and who will attributed to of this text meaning,and the methodology of reading,comprehending and interpreting this text. The paper argues that the civil law text shall be comprehended and interpreted based upon the principle of autonomy in China's context,and Chinese civil law text shall be restated and its discourse shall be rebuilt.

Key words: Civil law system; Principle of autonomy; Text; Hermeneutic; Scientism

单位行贿罪和行贿罪比较实证研究*

文　姬**

内容摘要：

单位行贿罪的刑罚和行贿罪的刑罚之间的关系值得探讨。本文运用线性回归方法，通过对603个单位被告的单位罚金数额和250个个人被告的个人罚金数额的显著影响因素和基准刑进行对比实证研究，得出结论：在行贿数额大于20万元以上时，单位行贿罪中单位罚金数额的基准刑明显高于行贿罪中个人罚金数额的基准刑；责任人罚金数额可以参照个人罚金数额的基准刑进行设置。另外，通过对510个单位责任人被告的责任人自由刑刑期和250个个人被告的个人自由刑刑期的显著影响因素和基准刑进行对比实证研究，得出结论：单位行贿罪中责任人自由刑刑期的基准刑明显低于行贿罪中个人自由刑刑期基准刑；协调责任人自由刑的基准刑和个人自由刑的基准刑之间的差距，是避免个人以单位名义行贿而逃避罪责的关键。总之，为了单位行贿罪和行贿罪之间的刑罚均衡，应当统一单位行贿罪和行贿罪内部刑罚的基准刑；协调责任人罚金刑、自由刑和个人罚金刑、自由刑的基准刑；分离单位和责任人刑事责任，提高单位罚金刑。

关键词：

单位行贿罪　行贿罪　显著影响因素　基准刑　对比实证研究

单位犯罪和相对应的个人犯罪之间的关系十分密切。单位本身和单位责任人之间的刑事责任关系如何，单位犯罪中责任人和个人犯罪中个人之间的刑事责任是否存在类比关系，立法上一致存在争论。就单位行贿罪和行贿罪的立

---

* 本文系国家社科基金项目“基于生效判决书的罚金刑量刑规范化实证研究”(16BFX075)阶段性成果。

** 暨南大学法学院教授，硕士研究生导师，法学博士。

法来说,第 393 条单位行贿罪的入罪标准为 20 万元以上;而第 389 条行贿罪的入罪标准原来为 1 万元,2016 年 12 月后改为 3 万元。〔1〕 单位行贿罪中自然人的法定刑为 5 年以下有期徒刑或者拘役,并处罚金。而行贿罪中自然人的法定刑为 5 年以下有期徒刑或者拘役,并处罚金;5 年以上 10 年以下有期徒刑,并处罚金;10 年以上有期徒刑或者无期徒刑,并处罚金或者没收财产。可以看出,单位行贿罪与行贿罪的入罪标准、自由刑和没收财产刑在立法上规定很不一致;但是罚金刑的表述却是一致的,都是"必须并科式"无限额罚金刑。那么,在我国司法实践中,单位行贿罪和行贿罪的罚金刑、自由刑的现实状况是否也如立法上的关系? 对于这一问题,本文通过对单位行贿罪与行贿罪中罚金刑和自由刑的基准刑及其影响因素的比较来进行考察。

本文将单位行贿罪中的 3 种不同类型的刑罚,即对单位的罚金刑、对直接责任人和直接主管人员的罚金刑、对直接责任人和直接主管人员的自由刑,简称为单位罚金刑、责任人罚金刑、责任人自由刑。与单位行贿罪相对应的行贿罪的刑罚简称为个人罚金刑、个人自由刑。而包括行贿罪中的个人和单位犯罪中的直接责任人和直接主管人员在内的刑罚,简称为自然人罚金刑、自然人自由刑。

一、单位行贿罪和行贿罪中的理论争议和司法选择

为了对单位行贿罪和行贿罪进行司法上的比较实证研究,首先必须讨论在单位行贿罪和行贿罪中存在的理论争议,以及这些理论争议导致的司法实践中认识的不一致。司法实践对这些理论争议的不同选择,将直接影响本文对变量的设置和变量取值范围的确定。

(一)单位行贿罪与行贿罪的区分:"单位意思"的认定

单位行贿罪与行贿罪区分较难,源于我国在刑法理论上对单位犯罪界定不

---

〔1〕 最高人民检察院 1999 年《关于人民检察院直接受理立案侦查案件立案标准的规定(试行)》;最高人民检察院 2000 年《关于行贿罪立案标准的规定》;最高人民法院、最高人民检察院 2016 年《关于办理贪污贿赂刑事案件适用法律若干问题的解释》。当然,1999 年、2000 年司法解释指出,在特殊情况下,行贿罪 1 万元以下也可以入罪,单位行贿罪 10 万 ~20 万元也可以入罪;2016 年司法解释也指出,在特殊情况下,行贿罪 1 万 ~3 万元也可以入罪。

够清晰。理论上一般认为,单位犯罪与个人犯罪的区别在于“以单位名义”“为单位利益”“由单位集体决策”这些主观要素。有学者指出:“以单位名义”并非所有单位犯罪的特征,很多单位犯罪是秘密进行的,甚至有冒用其他单位、自然人名义进行犯罪的。“为单位利益”只是主观动机方面的要素,并不能成为构成要件的必要要素,并且以动机作为判断行为性质的标准,具有较大的不确定性,也难以操作。[2] 而“由单位集体决策”只是“单位意思”的一种惯常表现;这种判断方法基本上将单位主要负责人的意思等同于单位意思。这种判断方法在两种情况下会失效:第一种情况是,当单位主要负责人的意思违背单位的基本宗旨和具体制度时,本应认定为个人犯罪,却被误认为是具有“单位意思”的单位犯罪;[3]第二种情况是,在与企业活动相关联而发生了法益侵害,但是不能归因于特定的从业人员的违反行为,而应归因于企业安全管理制度的不完备和组织结构上的缺陷的情况下,本应认定为单位犯罪,却因误认为缺乏“单位意思”而否定单位犯罪的存在。[4] 可见,“单位意思”不仅需要与单位主要负责人的行为与主观状态相联系;而且需要与单位的内部结构和管理体制相联系,[5]同时根据“同一视原理”与“企业体制过失责任”来考察“单位意思”。[6]

我国大部分刑事判决书对于“单位意思”的论证很不充分。大多数情况下只是将单位主要负责人的意思等同于单位意思,个别案例还会考察行贿资金是否源于单位以及违法所得是否归单位所有。所以,在我国司法实践中,对于单位主要负责人的行为所引起的法益侵害,是否属于单位犯罪,区分得比较清楚。但是,对于单位中层管理人员和一般从业人员的行为所引起的法益侵害,是否

---

[2] 参见黎宏:《单位犯罪中单位意思的界定》,载《法学》2013年第12期;林荫茂:《单位犯罪理念与实践的冲突》,载《政治与法律》2006年第2期。

[3] 参见黎宏:《单位犯罪中单位意思的界定》,载《法学》2013年第12期。

[4] 参见[日]川崎友巳:《法人处罚》,冯军译,载高铭暄、赵秉志主编:《中日经济犯罪比较研究》,法律出版社2005年版,第15页。

[5] 参见黎宏:《完善我国单位犯罪处罚制度的思考》,载《法商研究》2011年第1期;李冠煜:《单位犯罪处罚原理新论——以主观推定与客观归责之关联性构建为中心》,载《政治与法律》2015年第5期。

[6] 参见[日]川崎友巳:《法人处罚》,冯军译,载高铭暄、赵秉志主编《中日经济犯罪比较研究》,法律出版社2005年版,第15页。

属于单位犯罪,并没有充分的阐述和区分。在本文抽取的行贿罪案例样本中,存在大量有限公司的中层管理人员、基层业务员为了推广业务、收回账款而行贿的,判决书并没有阐述为什么不是单位犯罪,而直接界定为个人犯罪。如行贿罪案例(2015)甬余刑初字第476号、(2015)宜刑初字第208号、(2016)内0124刑初15号等。[7] 虽然这些案件究竟是单位行贿罪还是个人行贿是存在疑问的,但是,我们并不能通过判决书上的表述来明确区分,因为判决书中并没有翔实的细节证据和充分的理论论述。并且,我们也不能通过行贿原因和被告人身份等来区分单位犯罪与个人犯罪。如上所述,中层管理人员、基层业务人员的行为是否可以归属于单位犯罪,还需要考察单位的内部结构和管理体制,而对于这些细节证据判决书中均没有提及。因此,我们放弃了对于单位犯罪与个人犯罪分类错误的纠正,直接援引判决书上的结论,来区分单位行贿罪与行贿罪。

(二)单位行贿罪中单位和责任人刑事责任的分离

在美国、日本等国家,单位与责任人的刑事责任分离已经成为通说。[8] 追究被告单位的责任,不仅要考察犯罪行为及其附随状态,如单位行贿数额以及行贿的完成形态,以及犯罪后单位本身的认罪态度、赔偿态度等,还要特别考察单位规模、单位高层人员参与或放任犯罪的态度、单位的犯罪前科、单位在犯罪前所采取的防止和发现违法行为的有效措施等。[9] 这种将单位和责任人刑事

〔7〕 上述案例源于笔者从中国裁判文书网(http://wenshu.court.gov.cn/)抽取的行贿罪的样本。下文涉及的案例均为笔者从中国裁判文书网抽取的样本案例。

〔8〕 参见吕忠梅主编:《美国量刑指南》,法律出版社2006年版,第417页;[日]川崎友已:《法人处罚》,冯军译,载高铭暄、赵秉志主编《中日经济犯罪比较研究》,法律出版社2005年版,第5页;[日]川出敏裕、金光旭:《刑事政策》,钱叶六等译,中国政法大学出版社2016年版,第74~75页。

〔9〕 参见吕忠梅主编:《美国量刑指南》,法律出版社2006年版,第421~422页、第431~433页。

责任分离的制度,不仅为大幅提高单位罚金刑提供了理论基础,[10]而且有利于促进单位制定守法纲领、规制伪劣产品、规范会计审查制度、完善配合调查制度,等等。[11]

我国司法实践中,虽然也对单位与责任人的刑事责任分别考察,但是对于单位责任的考察,主要涉及犯罪行为及其附随状态,还有犯罪后单位的认罪态度、赔偿态度。对于单位的前科、单位在犯罪前所采取的防止和发现违法行为的有效措施几乎没有考察。这样就使单位、责任人的责任影响因素,存在部分相同和部分不同的地方。相同的因素包括单位行贿数额(或者责任人行贿数额)、是否积极退赃或者是否没收违法所得、是否积极缴纳罚金、是否补偿被害人、是否未遂等客观影响因素;不同的因素包括责任人的犯罪前科状态、责任人是否是从属地位、单位及其责任人的认罪态度、责任人是否立功或者重大立功等因素。并且,其中有些相同因素,如单位行贿数额与责任人行贿数额在多个行为人共同实施的犯罪中,存在不一致的时候;而有些不同因素,如责任人认罪态度与单位认罪态度,存在很大的相关性。所以,到底哪些因素对被告单位与被告责任人的刑罚有影响,影响相对重要性如何,都需要我们进行探索。

基于我国司法实践中对单位与责任人刑事责任分离得不是很彻底,在数据录入时,本文还是将被告单位与责任人作为一个案例,只是在设置变量的时候,将被告单位的特殊影响因素作为单独的变量进行定义。例如,将责任人认罪态度与单位认罪态度分别定义为两个不同的变量;将单位行贿数额与责任人行贿数额定义为两个不同变量等。在线性回归时,再具体考察哪些因素对被告单位的刑罚有显著影响,哪些因素对被告人的刑罚有显著影响。

值得注意的是,当被告人存在两个以上的责任人时,以被告单位刑罚为因变量进行回归时,只能保留一个责任人的案例。如果将两个以上责任人的案例同时纳入,进行回归,则造成了被告单位的重复。所以,在本文中,以单位为考

---

[10] 参见[日]川出敏裕、金光旭:《刑事政策》,钱叶六等译,中国政法大学出版社 2016 年版,第 74 ~ 75 页。本书中指出:日本对于从业人员的最高罚金额的上限为 500 万日元;而 1992 年《反垄断法》将对法人与自然人的罚金联系切断后,对法人的罚金刑上限达到 5 亿日元。

[11] See Kai D. Bussmann & Sebastian Matschke, "The impact of the US legislation on company measures of control and prevention", *Crime Law Soc Change* 49, 2008, pp. 349 - 364.

察对象时,案例数为603个;而以单位责任人为考察对象时,案例数为691个。

(三)单位行贿罪和行贿罪中的认罪态度的取值

一般罪名中,行为人的认罪态度包括自首、坦白、自愿认罪、配合、不配合等5个取值水平。[12] 但是,对于我国的行贿罪而言,行为人的认罪态度还应该包括"追诉前坦白"这一取值水平。《刑法修正案(九)》之前,我国《刑法》第390条第2款规定:"行贿人在被追诉前主动交待行贿行为的,可以减轻处罚或者免除处罚";《刑法修正案(九)》之后,我国《刑法》第390条第2款修改为:"行贿人在被追诉前主动交待行贿行为的,可以从轻或者减轻处罚。其中,犯罪较轻的,对侦破重大案件起关键作用的,或者有重大立功表现的,可以减轻或者免除处罚"。可见,虽然在《刑法修正案(九)》颁布前后,"追诉前坦白"情节对行贿罪的影响大小有所变化,但是它都是影响行贿罪量刑的重要因素之一。所以,就行贿罪而言,行为人的认罪态度包括自首、追诉前坦白、坦白、自愿认罪、配合、不配合6个取值水平。

对于单位行贿罪来说,虽然《刑法》条文本身并没有像行贿罪第390条第2款一样规定,但是我国的司法解释赋予了单位行贿罪同样的6个取值水平的"单位认罪态度"。首先,我国司法解释规定了"单位自首"。根据2009年最高人民法院、最高人民检察院《关于办理职务犯罪案件认定自首、立功等量刑情节若干问题的意见》,在单位犯罪案件中,单位集体决定或者单位负责人决定而自动投案,如实交代单位犯罪事实的,或者单位直接负责的主管人员自动投案,如实交代单位犯罪事实的,应当认定为单位自首。单位自首的,直接负责的主管人员和直接责任人员未自动投案,但如实交代自己知道的犯罪事实的,可以视为自首;拒不交代自己知道的犯罪事实或者逃避法律追究的,不应当认定为自首。单位没有自首,直接责任人员自动投案并如实交代自己知道的犯罪事实的,对该直接责任人员应当认定为自首。可见,单位自首与单位主管人员自首密切相关,但又有所不同。其次,我国司法解释还规定了"单位追诉前坦白"。根据2013年最高人民法院、最高人民检察院《关于办理行贿刑事案件具体应用法律若干问题的解释》第7条第2款规定:"单位行贿的,在被追诉前,单位集体决定或者单位负责人决定主动交待单位行贿行为的,依照刑法第三百九十条第

[12] 参见2013年最高人民法院《关于常见犯罪的量刑指导意见》第三节"常见量刑情节的适用"中的第4点、第6点、第7点。

二款的规定,对单位及相关责任人员可以减轻处罚或者免除处罚;受委托直接办理单位行贿事项的直接责任人员在被追诉前主动交待自己知道的单位行贿行为的,对该直接责任人员可以依照刑法第三百九十条第二款的规定减轻处罚或者免除处罚。”

以上述两个司法解释为基础,本文对于单位行贿罪中“单位认罪态度”也赋予了单位自首、单位追诉前坦白、单位坦白、单位自愿认罪、单位配合、单位不配合等 6 个取值水平。如在单位行贿罪案例(2014)佛三法刑初字第 664 号中,明确指明了“单位自首”;在案例(2014)浦刑初字第 1729 号中,明确认定了“单位追诉前坦白”情节;在案例(2014)虹刑初字第 1331 号中,明确确认了“单位坦白”情节;在案例(2015)包刑初字第 00723 号明确确认了“单位自愿认罪”情节。而对于案例中没有认定单位有上述认罪态度,或者没有认定单位认罪态度好而从轻处罚的,我们都默认为是“单位配合”情节。极个别的案例,如(2014)深宝法刑初字第 2757 号,确认被告人多次翻供,本文认定为责任人和单位“不配合”。由于“单位不配合”以及被告人不配合的情况很少,所以将这一情节作为“其他从重情节”中的一种取值水平,而不再在“单位认罪态度”或者“责任人认罪态度”变量中体现。

(四)自首和追诉前坦白的竞合问题〔13〕

关于“认罪态度”,还有一点值得注意,即自首和追诉前坦白两个情节的竞合问题。

从内涵上说,自首的认定应当优先于“追诉前坦白”的认定。自首,是指被告“自动投案,如实供述司法机关尚未掌握的自己的罪刑”,或者“被采取强制措施的犯罪嫌疑人、被告人和正在服刑的罪犯,如实供述司法机关尚未掌握的异种罪行;正在服刑的罪犯,如实供述司法机关尚未掌握的其他同种罪行”。坦白,是指被告被动归案,如实交代司法机关掌握的自己的罪行,或者如实交代司法机关尚未掌握的同种罪行。从而可以得知,“追诉前坦白”,是指被告被动归案(但不属于被采取强制措施的犯罪嫌疑人、被告人和正在服刑的罪犯),如实交代司法机关尚未掌握的自己同种或者异种罪行。可见,被告(包括被告单位

〔13〕 本部分讨论的“自首”和“追诉前坦白”的竞合,既包括行贿罪中个人“自首”和“追诉前坦白”的竞合以及单位行贿罪中责任人“自首”和“追诉前坦白”的竞合,也包括单位行贿罪中“单位自首”与“单位追诉前坦白”的竞合。

和责任人)如果是自首,那么他同时也满足“追诉前坦白”的条件。所以,从内涵上说,自首的认定应当优先于“追诉前坦白”的认定。

然而,从处罚的轻重来看,“追诉前坦白”的认定应当优先于“自首”的认定。《刑法修正案(九)》出台之前,“追诉前坦白”可以减轻或者免除处罚;《刑法修正案(九)》出台之后,“追诉前坦白”可以从轻或者减轻处罚,只有情节轻微,且有重大立功的才能免除处罚;而“自首”一直是可以从轻或者减轻处罚。可见,《刑法修正案(九)》出台之前,“追诉前坦白”从轻幅度大于“自首”;《刑法修正案(九)》出台之后,“追诉前坦白”从轻幅度和“自首”基本相同。所以,整体来说,“追诉前坦白”的处罚要轻于“自首”的处罚。

那么,在本文的样本中,“自首”和“追诉前坦白”两个情节的关系到底如何呢?

对于行贿罪来说,本文下载案例时,以包括罚金刑为条件。而行贿罪对个人的罚金刑是在《刑法修正案(九)》之后才有的,所以,本文下载的行贿罪案例均为《刑法修正案(九)》之后的案例。《刑法修正案(九)》出台之后,“自首”和“追诉前坦白”两者从轻幅度一致,均应该按照“可以从轻或者减轻处罚”量刑。所以,对本文抽取的行贿罪样本来说,将“自首”优先于“追诉前坦白”进行认定更为合理。

对于单位行贿罪来说,在本文抽取的样本中,不管是《刑法修正案(九)》出台之前还是之后,对于“追诉前坦白”的从轻幅度应当大于“自首”。本文下载的单位行贿罪的日期为 2016 年 4 月 5 日,《刑法修正案(九)》实行的日期为 2015 年 11 月 1 日。对于本文下载的 2015 年 11 月 1 日之前审判的案例,从立法上看,应当是“追诉前坦白”的从轻幅度应当大于“自首”。而本文下载的 2015 年 11 月 1 日至 2016 年 4 月 5 日审判的案件,其单位行贿行为实施日期均为 2015 年 11 月 1 日之前。根据“从旧兼从轻”原则,其“追诉前坦白”的从轻幅度也应当大于“自首”。所以,对于单位行贿罪来说,本文抽取的案例均为《刑法修正案(九)》出台之前的单位行贿行为,因而“追诉前坦白”的从轻幅度均大于“自首”。

但是,“自首”从内涵上应当包括“追诉前坦白”。所以,本文抽取的单位行贿罪样本中的“自首”也是“追诉前坦白”,两者都应当按照“追诉前坦白可以减轻或者免除处罚”的规定进行量刑。并且,在我国司法实践中,《刑法修正案(九)》出台之前的案例一般同时认定了“自首”和“追诉前坦白”两种情节,然后指出"追诉前坦白"是特别规定,应适用特别规定,如案例(2015)西刑初字第14号。

所以,对于本文抽取的单位行贿罪样本来说,"自首"和"追诉前坦白"的从轻幅度也应当一致,但是均按照"可以减轻或者免除处罚"量刑。可见,从理论上说,在行贿罪和单位行贿罪中,本文抽取的案例中的"自首"和"追诉前坦白"的从轻幅度都一致。只是,行贿罪中是按照"可以从轻或者减轻处罚"量刑,而单位行贿罪中是按照"可以减轻或者免除处罚"量刑。所以,单位行贿罪中两种情节的从轻幅度大于行贿罪中的从轻幅度。

综上所述,本文将可以同时赋值(认定)为"自首"和"追诉前坦白"的案例,赋值为"自首"。因为这样做保持了"自首"优先于"追诉前坦白"的理论观点,同时满足本文案例中"自首"和"追诉前坦白"的从轻幅度都一致的现实要求。

(五)《刑法修正案(九)》和"贪贿罪司法解释"对量刑的影响

从立法上看,2015年11月1日实施的《刑法修正案(九)》实际加重了单位行贿罪和行贿罪的刑罚。一个原因是上述的"追诉前坦白"从轻幅度变小,另一个原因是《刑法修正案(九)》增加了行贿罪的个人罚金刑和单位行贿罪的责任人罚金刑。

但是,从本文抽取的案例来说,《刑法修正案(九)》对单位行贿罪和行贿罪均没有影响。对于单位行贿罪来说,本文抽取的《刑法修正案(九)》颁布之后审判的案例很少,且这些案例中单位行贿行为的日期均为《刑法修正案(九)》颁布之前,采取"从旧兼从轻"原则,从而导致《刑法修正案(九)》对之没有影响。对行贿罪来说,以包括罚金刑为条件,而行贿罪中的个人罚金刑是从《刑法修正案(九)》颁布之后才有的,所以,本文下载的行贿罪案例均为《刑法修正案(九)》颁布之后的案例,《刑法修正案(九)》对其也没有影响。

从立法上看,2016年4月18日实施《关于办理贪污贿赂刑事案件适用法律若干问题的解释》之后,行贿罪的入罪标准由原来的1万元上升为3万元;并且,对于"情节严重"的标准由2012年的20万元上升到2016年的100万元;"情节特别严重"的标准由2012年的100万元上升到2016年的500万元。[14] 所以,对于同样行贿数额的行贿罪来说,处罚变轻了。但是,该司法解释,对单位行贿罪的

〔14〕 参见2000年最高人民检察院《关于行贿罪立案标准的规定》;2012年最高人民法院、最高人民检察院《关于办理行贿刑事案件具体应用法律若干问题的解释》;2016年最高人民法院、最高人民检察院《关于办理贪污贿赂刑事案件适用法律若干问题的解释》。

立案标准和量刑标准没有进行变更,所以单位行贿罪的入罪标准仍然是2000年最高人民检察院《关于行贿罪立案标准的规定》规定的20万元。所以,《关于办理贪污贿赂刑事案件适用法律若干问题的解释》只对行贿罪有“变轻处罚”的影响。

为了体现《关于办理贪污贿赂刑事案件适用法律若干问题的解释》对行贿罪的影响,本文对行贿罪设置变量“贪贿罪司法解释之后”,以便考察行贿罪在该司法解释前后的不同量刑。而对于单位行贿罪,本文没有另行设置关于判决时间的变量,而是统一考察各因素对刑罚的影响。

(六)是否区分主犯和从犯问题

对于2个以上责任人的单位犯罪是否区分主犯和从犯,我国司法解释并没有给出明确的结论。2000年9月30日最高人民法院在《关于审理单位犯罪案件对其直接负责的主管人员和其他直接责任人员是否区分主犯、从犯问题的批复》中规定:“在审理单位故意犯罪案件时,对其直接负责的主管人员和其他直接责任人员,可不区分主犯、从犯,按照其在单位犯罪中所起的作用判处刑罚。”2001年1月21日最高人民法院在《全国法院审理金融犯罪案件工作座谈会纪要》中规定:对单位犯罪中的直接负责的主管人员和其他直接责任人员,应根据其在单位犯罪中的地位、作用和犯罪情节,分别处以相应的刑罚。主管人员与直接责任人员,在个案中,不是当然的主、从犯关系。有的案件,主管人员与直接责任人员在实施犯罪行为的主从关系不明显的,可不分主、从犯。但具体案件可以分清主、从犯,且不分清主、从犯,在同一法定刑档次、幅度内量刑无法做到罪刑相适应的,应当分清主、从犯,依法处罚。

上述两个司法解释并没有明确单位与单位成员、2个以上单位成员之是否属于共同犯罪。我国学者指出,单位与单位成员之间应该是一种聚合犯罪,单位成员之间如果存在犯意沟通,则是一种共同犯罪。[15] 所以,尽管不能说2个以上单位成员之间肯定是共同犯罪,但是,仍然存在可能是共同犯罪的情形。另外,即使两个成员并非均为故意,而是一个过失、一个故意,也存在“作用大小”之分。所以,我们设置“从属地位”这一变量,考察2个以上成员之间的责任的不同。例如,案例(2014)包刑初字第00253号中明确指出:被告人胡某某作用相对较小,可酌情予以从轻处罚。

---

〔15〕 参见叶良芳:《论单位犯罪的形态结构——兼论单位与单位成员责任分离论》,载《中国法学》2008年第6期。

二、数据来源和变量设置

本文通过对已经生效判决书的实证研究,对比单位行贿罪与行贿罪中罚金刑和自由刑的影响因素以及基准刑,研究单位本身、单位责任人、个人犯罪中个人刑罚之间的关系。

(一)司法数据来源

笔者通过在中国裁判文书网(http://wenshu.court.gov.cn/)搜索判决结果为"罚金",案件类型为"刑事案件",文书类型为"判决书",事由为"单位行贿",得到有效单位行贿罪判决书 606 份,共 694 个被告人。[16] 通过数据整理,得到 606 份判决书的法院立案庭立案日期包括 2012 年至 2015 年。[17]

在 2015 年 11 月 1 日实施的《刑法修正案(九)》之前,单位行贿罪只对单位规定了罚金刑;《刑法修正案(九)》之后,单位行贿罪不仅规定了单位罚金刑,而且规定了对直接主管人员和直接责任人员的责任人罚金刑。尽管如此,本文抽取的单位行贿罪样本中只有 3 个案例对单位成员处以了罚金,这 3 个案例的判决日期均为 2015 年 12 月。本文将这 3 个案例作为异常值删除,剩下 603 份案例,691 个被告人。所以,本文抽取的单位行贿罪样本中不包括责任人罚金刑。另外,2016 年 4 月 18 日实施的《关于办理贪污贿赂刑事案件适用法律若干问题的解释》的司法解释,也没有对单位行贿罪的立案标准和量刑标准进行变更。所以,对于单位行贿罪,我们不再考虑《刑法修正案(九)》与《关于办理贪污贿赂刑事案件适用法律若干问题的解释》的影响。

通过搜索判决结果为"罚金",案件类型为"刑事案件",文书类型为"判决书",事由为"行贿",判决日期为"2015 年 11 月 1 日 ~2016 年 10 月 13 日"[18],

---

[16] 这里的被告人只包括单位成员,不包括单位本身。

[17] 笔者下载判决书的日期为 2016 年 4 月 5 日,所以在此日之前中国裁判文书网上的几乎所有的单位行贿罪均被包括在内。从实际收集到的案例可以看出,判决书的法院立案年份在 2012 年至 2015 年。2012 年的案例只有 2 个,被告人 3 个;2013 年的案例 42 个,被告人 51 个。其他的均为 2014 年、2015 年法庭立案的案件。

[18] 笔者下载个人行贿罪的日期为 2016 年 10 月 13 日,而行贿罪有罚金刑是在 2015 年 11 月 1 日实施的《刑法修正案(九)》之后。

得到有效的行贿罪判决书236份,共250个被告人。

因为在2015年11月1日实施的《刑法修正案(九)》之前,行贿罪对个人没有规定个人罚金刑,而在《刑法修正案(九)》之后才规定行贿罪的个人罚金刑,所以,判决日期是2015年11月1日之后(含本日)。又因为2016年4月18日实施的《关于办理贪污贿赂刑事案件适用法律若干问题的解释》的司法解释对行贿罪的入罪标准以及法定刑界定标准有所变更,所以,笔者设置了“贪贿罪司法解释之后”这一变量,以便区分2016年4月18日前(不含本日)的数据,和2016年4月18日后(含本日)的数据。

(二)变量的设置

对于单位行贿罪,本文设置了案件名、省份、责任人性别、责任人认罪态度、单位认罪态度、积极退赃或者没收违法所得、积极缴纳罚金、初犯、从属地位、单位行贿数额、责任人行贿数额、其他从轻减轻情节、其他从重加重情节、单位罚金数额、责任人自由刑刑期等15个有效变量。其中,责任人性别有6个缺失值;其他变量均没有缺失值。对于个别的缺失值,本文用频率最高的自变量取值替代,如责任人性别的6个缺失值,用频率最高的“男”替代。

另外,虽然有些变量在数据整理时进行了设置,但是由于各种原因而被舍弃。如责任人出生年的缺失值有429个,责任人文化程度的缺失值有563个,违法所得金额的缺失值为663,这3个变量因为缺失值太多而被舍弃。再如,“责任人身份”一般包括直接主管人员和直接责任人员2种取值。然而,这种责任人身份的区分并不明确,也不能为区分责任的大小产生对应的影响,所以笔者舍弃了这一变量。

在15个有效的自变量中,变量“责任人认罪态度”的取值包括自首、追诉前坦白、坦白、当庭自愿认罪、配合。根据2013年最高人民法院《关于常见犯罪的量刑指导意见》,“当庭自愿认罪”才是酌定的从轻情节。而本文抽取的样本中,很多情节认定的是“认罪态度较好”“自愿认罪”等酌定从轻处罚。笔者以为,判决书中虽然没有“当庭”二字,但由于仍然是按照酌定从轻处罚,所以这里设置的“当庭自愿认罪”也包括判决书中的“自愿认罪”。责任人认罪态度为“不配合”的情况,并没有被纳入这一变量中。因为本文抽取的样本中,仅有1个案例中的被告人认罪态度为“不配合”,即(2014)深宝法刑初字第2757号判决书指出这一被告人“多次翻供”。因为案例数过少的情形不能作为分类变量中的1个单独取值,所以笔者将这1个“多次翻供”纳入“其他从重加重情节”变量。

同理,“单位认罪态度”的取值包括单位自首、单位追诉前坦白、单位坦白、单位当庭自愿认罪、单位配合。

变量“退赃或者没收违法所得”“积极缴纳罚金”,以及变量“其他从轻减轻情节”中的取值“补偿被害人损失”,其实都是“被告赔偿态度”的表现形式。然而,积极退赃、没收违法所得、积极缴纳罚金、补偿被害人损失可能同时存在,如案例(2014)龙刑初字第 00292 号、(2014)双刑初字第 6 号等。所以,笔者将积极退赃或者没收违法所得、〔19〕积极缴纳罚金分为 2 个不同的变量;而补偿被害人损失只有 6 个案例,所以将之纳入“其他从轻减轻情节”变量。

本文将“初犯”设置为一个单独的变量。其实,初犯、多次行贿、再犯均为“犯罪次数”的表现形式。这里之所以用“犯罪次数”而非“犯罪前科”来形容,是因为“多次行贿”并不是犯罪前科的一种类型。在本文下载的判决文书中,“多次行贿”案例数为 3 个,“再犯”案例数为 4 个。判决书中提及“多次行贿”的不能认定“初犯”或者“再犯”。并且,“初犯”“再犯”“多次行贿”并不是 1 个周延的分类方法。所以,本文将“是否初犯”分离为 1 个单独的变量,而案例数较少的“再犯”和“多次行贿”纳入“其他从重加重情节”变量。

变量“其他从轻减轻情节”包括:有其他从轻减轻情节、没有其他从轻减轻情节 2 个取值。具体的从轻减轻情节包括未遂、立功、准立功、重大立功、补偿被害人损失、被害人谅解、索贿、行贿为了员工生计讨要工钱、行贿未造成损失等 9 种情形 50 个案例。“其他从重加重情节”包括:有其他从重加重情节、没有其他从重加重情节 2 个取值。具体的其他从重加重情节包括多次行贿、再犯、多次翻供等 3 种情形 8 个案例。

变量“单位行贿数额”“责任人行贿数额”“单位罚金数额”“责任人自由刑刑期”均为数值变量,取值均大于零。“从属地位”是二分类变量,取值包括:是从属地位和不是从属地位。

对于行贿罪,笔者设置了案件名、省份、个人认罪态度、积极退赃或者没收违法所得、积极缴纳罚金、初犯、个人行贿数额、其他从轻减轻情节、其他从重加重情节、个人罚金数额、个人自由刑刑期等 11 个与单位行贿类似的变量。另

〔19〕 积极退赃和没收违法所得存在部分重合。违法所得可以是赃款的一种类型,但是赃款不仅包括违法所得,而且包括行贿钱款。当然,也只有少数案例中存在违法所得。笔者将这两者合二为一,避免了重复评价。

外,还增加了 1 个独特的变量“贪贿罪司法解释之后”。所以,行贿罪中共有 12 个变量。

在 11 个与单位行贿罪类似的变量中,也有部分变量的取值或者具体含义稍有不同。“从属关系”情节的案例只有 5 个,所以并入“其他从轻减轻情节”变量。“其他从轻减轻情节”中的具体从轻减轻情节包括从属地位、未遂、立功、重大立功、行为人有疾病等 5 种情形 27 个案例。变量“其他从重加重情节”中具体的其他从重加重情节包括多次行贿、再犯等 2 种情形 24 个案例。除此以外,其他变量的取值范围与单位行贿罪中相应变量取值范围一致。

值得注意的是,行贿罪相对于单位行贿罪来说,多了一个特殊的二分类变量“贪贿罪司法解释之后”。其取值包括:是贪贿罪司法解释之后、不是贪贿罪司法解释之后。判决时间在 2016 年 4 月 18 日实施的《关于办理贪污贿赂刑事案件适用法律若干问题的解释》的司法解释之后,取值为“是贪贿罪司法解释之后”,否则取值为“不是贪贿罪司法解释之后”。另外,在 250 个涉嫌行贿罪的被告人中,性别的缺失值是 81 个,文化程度的缺失值有 148 个,出生年的缺失值有 139 个,所以将这 3 个变量剔除。很少有案例提到违法所得金额,所以这个变量也剔除。

三、单位行贿罪和行贿罪罚金刑比较实证研究

以 603 个单位被告的单位罚金数额和 250 个个人被告的个人罚金数额为因变量,除案件名、省份、责任人自由刑刑期、个人自由刑刑期外的变量为自变量,进行线性回归分析,可以得到罚金刑的显著影响因素和基准刑。[20]

(一)回归分析前提条件的满足

本文的实证研究方法为线性回归分析法。具体来说,即在单位行贿罪和行贿罪中,以单位罚金数额、个人罚金数额、责任人自由刑刑期、个人自由刑刑期为因变量,其他相关影响变量为自变量,进行线性回归分析。

进行线性回归分析,数据必须满足下列 4 个条件:第一,线性关系条件,即自变量和因变量之间存在线性关系。第二,独立性条件,即因变量的各取值相

〔20〕 具体方法参见文姬:《醉酒型危险驾驶罪量刑影响因素实证研究》,载《法学研究》2016 年第 1 期。

互独立。第三,正态分布条件,即自变量一定的情况下,因变量的可能取值服从正态分布。第四,方差齐性条件,即自变量一定的情况下,因变量的残差的方差齐性。[21] 满足上述4个条件后,得到的回归方程具有稳健性,从而可以用来预测不同情况下的刑罚量。

通过对单位行贿罪、行贿罪的数据进行考察,我们发现以下几点。

首先,数值变量单位行贿数额和因变量单位罚金数额之间,责任人行贿数额和责任人自由刑刑期之间,个人行贿数额和个人罚金数额、个人自由刑刑期之间,均没有严格符合线性关系条件。所以,本文对上述数值变量进行自然对数变换,得到符合线性关系的变量:Ln单位行贿数额和Ln单位罚金数额、Ln责任人行贿数额和Ln责任人自由刑刑期,Ln个人行贿数额和Ln个人罚金数额、Ln个人自由刑刑期。

其次,数据均符合独立性、正态性和方差齐性条件。这三点主要通过残差的独立性、正态性和方差齐性来检验。本文中,线性回归后的残差检验均达到了上述要求,不再赘述。

最后,还需要检验多重共线性。多重共线性主要考察因变量之间是否存在重叠的关系,如果两个因变量存在共线性,则需要通过删除某一多重共线性变量或者通过主成分分析后,再进行线性回归。[22] 本文中,各因变量之间不存在共线性。

总之,通过上面的检测,本文得到的线性回归均具有稳健性,如果方程的决定系数相对较大,则可以用来较好地预测将来的刑罚量。

(二)罚金刑的显著影响因素及其排序

在单位行贿罪中,以单位罚金数额为因变量,责任人性别、责任人认罪态度、单位认罪态度、积极退赃或者没收违法所得、积极缴纳罚金、初犯、从属地位、单位行贿数额、其他从轻减轻情节、其他从重加重情节为自变量,进行线性回归。此处因为是以单位为被告进行回归,所以,有2个以上责任人的时候,保留一个记录即可,共603条记录,即603个单位被告。我们得到表1的单位罚金数额回归方程:Ln单位罚金数额 =2.837 +0.723 ×Ln单位行贿数额 +0.317 ×积

---

[21] 参见张文彤、董伟主编:《SPSS统计分析高级教程》(第2版),高等教育出版社2013年版,第97~98页。

[22] 同上书,第97~116页。

极缴纳罚金 +0.255 × 其他从轻减轻情节 + (~0.477) × 单位自首 + (~0.268) × 单位追诉前坦白 +0.132 × 单位坦白 +0.089 × 单位当庭自愿认罪。[23]

从表 1 单位罚金数额的回归方程可以看出，在单位行贿罪中，对单位罚金数额有显著影响的因变量有单位行贿数额、单位认罪态度、积极缴纳罚金、其他从轻减轻情节等 4 个变量。其他变量对单位罚金数额均没有显著影响，所以没有在方程中体现。其中，单位行贿数额的标准化系数为 0.672，而单位认罪态度各取值水平中标准化系数绝对值最高的为(~0.138)，说明单位行贿数额对单

表 1　罚金数额的线性回归模型

Ln 罚金数额的线性回归模型	单位行贿罪		行贿罪	
	非标准化系数	标准化系数	非标准化系数	标准化系数
(常量)	2.837	~ ~ ~	5.277	~ ~ ~
Ln(单位/个人)行贿数额	0.723	0.672	0.408	0.411
贪贿罪司法解释之后	~ ~ ~	~ ~ ~	1.332	0.505
积极缴纳罚金	0.317	0.071	0.469	0.095
其他从轻减轻情节	0.255	0.059	~ ~ ~	~ ~ ~
单位自首	~0.477	~0.138	~ ~ ~	~ ~ ~
单位追诉前坦白	~0.268	~0.073	~ ~ ~	~ ~ ~
单位坦白	0.132 *	0.032 *	~ ~ ~	~ ~ ~
单位当庭自愿认罪	0.089 *	0.016 *	~ ~ ~	~ ~ ~
调整 R^2	0.495		0.599	

注：因变量为 Ln 罚金数额，连续变量和二分类变量的回归的方法是逐步进入法，哑变量的回归方法是强制进入法。在单位行贿罪中，Ln 罚金数额表示单位罚金数额的自然对数；行贿罪中，Ln 罚金数额表示个人罚金数额的自然对数。带有“*”号的数据表示系数不显著的哑变量，即对因变量没有显著影响的哑变量，显著性取值为 0.05。“ ~ ~ ~ ”表示没有被纳入相应的模型或者不存在这一变量。单位行贿罪样本数为 603 个；行贿罪样本数为 250 个。

---

〔23〕 回归方程详细的构建方法参见文姬：《醉酒型危险驾驶罪量刑影响因素实证研究》，载《法学研究》2016 年第 1 期。

位罚金数额的影响要大于单位认罪态度对单位罚金数额的影响。这和理论上的分析一致。毕竟,单位认罪态度只是人身危险性的体现,而单位行贿数额是法益侵害性最直接的体现。同理,积极缴纳罚金和其他从轻减轻情节对单位罚金数额虽然有显著影响,但是,相对于单位行贿数额来说,影响都比较小。总之,单位罚金数额的显著影响因素按照影响力大小排序为:单位行贿数额、单位认罪态度、积极缴纳罚金、其他从轻减轻情节。其中,单位行贿数额对单位罚金数额具有绝对影响,单位认罪态度对单位罚金数额的影响较大。

在行贿罪中,以个人罚金数额为因变量,个人认罪态度、积极退赃或者没收违法所得、积极缴纳罚金、初犯、个人行贿数额、其他从轻减轻情节、其他从重加重情节为自变量,进行线性回归。这里因为以个人为被告,所以,共同犯罪时,要保留所有记录,即 250 个个人被告。我们得到表 1 的个人罚金数额回归方程:Ln 个人罚金数额 = 5.277 + 0.408 × Ln 个人行贿数额 + 1.332 × 贪贿罪司法解释之后 + 0.469 × 积极缴纳罚金。

从个人罚金数额的回归方程可以看出,在行贿罪中,对个人罚金数额有显著影响的因变量有个人行贿数额、贪贿罪司法解释之后、积极缴纳罚金等 3 个变量。其他变量对单位罚金数额均没有显著影响,所以没有在方程中体现。其中,个人行贿数额的标准化系数为 0.411,贪贿罪司法解释之后的标准化系数为 0.505,说明"贪贿罪司法解释之后"这一变量对个人罚金数额的影响要大于"个人行贿数额"对个人罚金数额的影响。所以,个人罚金数额的显著影响因素按照影响力大小排序为:贪贿罪司法解释之后、个人行贿数额、积极缴纳罚金。其中,贪贿罪司法解释之后和个人行贿数额影响几乎相同,两者对个人罚金数额具有绝对影响。

另外,从表 1 可以看出,在行贿罪中,"贪贿罪司法解释之后"变量的系数为 1.332,说明司法实践中,在该司法解释之后,个人罚金数额不仅没有下降,反而上升了。并且该变量的标准化系数是显著性影响因素中最高值 0.505,说明个人罚金数额在"贪贿罪司法解释"之后上升十分明显。从理论上说,因为该司法解释将行贿罪的入罪标准和法定刑幅度界定标准进行了提高,所以相同的行贿数额,对应的个人自由刑和个人罚金刑都应该降低。[24] 但是对于罚金刑来说,司法实践和理论预设相反。造成这种理论和实践差异的原因,可能是因为该司

〔24〕 从下文可以看出,个人自由刑确实降低了。

法解释之前的行贿罪样本量比较少，只有50个；也可能是因为该司法解释对贪污受贿这一类罪名的罚金数额的规定，较之前司法实践中实际处罚的个人罚金明显要高些。[25]

值得注意的是，在单位行贿罪和行贿罪中，积极缴纳罚金在2个回归方程中系数均为正数，其他从轻减轻情节在单位罚金数额回归方程中系数也是正数。这说明积极缴纳罚金、其他从轻减轻情节与单位罚金数额和个人罚金数额成正比关系。这与理论假设是相反的。造成这种不符合的原因，可能是因为各地基准刑、从轻幅度不一致，导致整体上趋势出现与理论趋势不一致。所以，应当规范各地罚金刑的基准刑，以及各种量刑情节的从轻幅度。

（三）罚金刑的基准事实与基准刑

要给出单位罚金数额和个人罚金数额的基准事实和基准刑，并不需要回归方程的决定系数很高。[26] 所以，在上述2个回归方程的决定系数为0.495和0.599的基础上，对单位罚金数额和个人罚金数额的基准事实和基准刑进行预测是没有问题的。

根据表1中单位罚金数额回归方程，在单位行贿中，单位罚金数额基准刑的计算公式为：Ln单位罚金数额＝2.837＋0.723×Ln单位行贿数额。所以，单位罚金数额的基准事实为单位行贿数额；基准刑为：在排除其他情节的影响下，20万元单位行贿数额应该处以116,074元单位罚金，50万元单位行贿数额应该处以225,137元单位罚金，100万元单位行贿数额应该处以371,615元单位罚金，500万元单位行贿数额应该处以1,189,730元单位罚金，1000万元单位行贿数额应该处1,963,782元单位罚金。

根据表1中个人罚金数额回归方程，在行贿罪中，个人罚金数额基准刑的

〔25〕 2016年最高人民法院、最高人民检察院《关于办理贪污贿赂刑事案件适用法律若干问题的解释》第19条规定：对贪污罪、受贿罪判处3年以下有期徒刑或者拘役的，应当并处10万元以上50万元以下的罚金；判处3年以上10年以下有期徒刑的，应当并处20万元以上犯罪数额2倍以下的罚金或者没收财产；判处10年以上有期徒刑或者无期徒刑的，应当并处50万元以上犯罪数额2倍以下的罚金或者没收财产。（第2款）对刑法规定并处罚金的其他贪污贿赂犯罪，应当在10万元以上犯罪数额2倍以下判处罚金。

〔26〕 参见文姬：《醉酒型危险驾驶罪量刑影响因素实证研究》，载《法学研究》2016年第1期。

计算公式为:Ln 个人罚金数额 =6.609 +0.408 ×Ln 个人行贿数额。所以,个人罚金数额的基准事实为贪贿罪司法解释之后的单位行贿数额;基准刑为:在排除其他情节的影响下,在“贿赂罪司法解释之后”,3 万元个人行贿数额应该处以 49,764 元个人罚金,20 万元个人行贿数额应该处以 107,912 元个人罚金,50 万元个人行贿数额应该处以 156,831 元个人罚金,100 万元个人行贿数额应该处以 208,090 元个人罚金,500 万元个人行贿数额应该处以 401,265 元个人罚金,1000 万元个人行贿数额应该处以 532,417 元个人罚金。

要使单位罚金数额和个人罚金数额相等,即使上述 2 个公式相等:2.837 +0.723 ×Ln 单位行贿数额 =6.609 +0.408 ×Ln 个人行贿数额。可以得出:单位行贿数额和个人行贿数额为 15.9 万元左右时,单位罚金数额和个人罚金数额相等。并且,从单位罚金数额和个人罚金数额的基准刑也可以看出,20 万元及以下的行贿数额对应的单位罚金数额和个人罚金数额的基准刑差距并不是很大,而 20 万元以上的行贿数额对应的单位罚金数额和个人罚金数额差距却逐渐增大。20 万元行贿数额对应的单位罚金数额和个人罚金数额差距才不到 1 万元;而 50 万元行贿数额对应的两者数额差距达到 7 万元左右;100 万元行贿数额对应的两者数额差距高达 16 万元;500 万元行贿数额对应的两者数额差距高达 79 万元;1000 万元行贿数额对应的两者数额差距高达 143 万元。

虽然说单位行贿罪的入罪标准为 20 万元,但是在行贿数额为 10 万元到 20 万元时,也有几种特殊情况可以入罪。所以,上述得出的结论具有一定的理论和实践意义。从本文的样本也可以看出:在单位行贿罪和行贿罪中,行贿数额在 20 万元以下的被告人占总样本数的比例分别为 10.4%(单位行贿罪)和 49.6%(行贿罪);行贿数额在 20 万元(包括 20 万元)到 50 万元的被告人比例分别为 40.3%(单位行贿罪)和 34.8%(行贿罪);行贿数额在 50 万元(包括 50 万元)到 100 万元的被告人比例为 20.8%(单位行贿罪)和 10.8%(行贿罪);行贿数额在 100 万元(包括 100 万元)到 500 万元的被告人比例为 25%(单位行贿罪)和 4.2%(行贿罪);行贿数额在 500 万元(包括 500 万元)到 1000 万元的被告人比例为 2.7%(单位行贿罪)和 0.4%(行贿罪);行贿数额在 1000 万元以上的被告人比例为 0.8%(单位行贿罪)和 0(行贿罪)。可以看出:单位行贿数额主要分布在 20 万元到 50 万元、100 万元到 500 万元;而个人行贿数额主要分布在 20 万元以下、20 万元到 50 万元。并且,对于单位行贿罪来说,有 10.4% 的案例分布在 20 万元以下;而对于行贿罪来说,有 49.6% 的案例分布在 20 万元以下。这一部分的罚金数额差距不大。

从上述分析可以看出,在行贿数额大于20万元时,单位行贿罪的罚金数额基准刑明显高于行贿罪的罚金数额基准刑。这一结论是通过上述基准刑的粗略比较得出来的,并不是直接对单位罚金数额和个人罚金数额进行均值比较得出。因为两者抽样总数、抽样地区分布、控制变量的选择均不太相同,导致了结论直接进行均值比较可能出现人为的差异,所以上述结论并不是统计学上严格意义上的"准实验方法"的对比研究得出。但是这一结论仍然具有一定的准确性和参考意义。

最高人民法院2017年《关于常见犯罪的量刑指导意见》[27]和相关的司法解释只是给出了单位行贿罪与行贿罪的立案标准和3个不同法定刑幅度的界限,[28]并没有给出单位行贿罪和行贿罪的量刑起点和量刑基准。所以,本文给出的基准刑可以为司法实践提供有益的参考。

(四)认罪态度对罚金刑的影响

从表1可以看出,《刑法修正案(九)》之后,自首和追诉前坦白情节在行贿罪中,并没有起到显著从轻的作用。我国《刑法》虽然在《刑法修正案(九)》之后,减轻了追诉前坦白对量刑的影响,但是它仍然是法定从轻减轻情节,对行贿罪的量刑应该有显著影响。根据2017年最高人民法院《关于常见犯罪的量刑指导意见》,自首可以减轻基准刑40%以下的刑罚。但从表1可以看出,在司法实践中,行贿罪的显著影响因素不包含个人认罪态度。这说明自首和坦白对行贿罪的罚金没有显著从轻作用。另外,通过ANOVA方差分析,我们可以发现,自首组的个人罚金均值为124,027.78元,追诉前坦白组的个人罚金均值为117,468.75元,坦白组的个人罚金均值为119,861.11元,当庭自愿认罪组的个人罚金均值为138,555.56元,配合组的个人罚金均值为94,400.00元。并且,自首、追诉前坦白、坦白、当庭自愿认罪、配合等5个分组之间,个人罚金均值差异并不具有显著性。更不符合理论预设的是,自首、追诉前坦白、坦白、当庭自愿认罪4个分组的个人罚金均值,都大于配合组的个人罚金均值。造成这种不

[27] 最高人民法院《关于常见犯罪的量刑指导意见》法发[2017]7号。

[28] 参见2016年最高人民法院、最高人民检察院《关于办理贪污贿赂刑事案件适用法律若干问题的解释》,2015年《刑法修正案(九)》,最高人民检察院1999年《关于人民检察院直接受理立案侦查案件立案标准的规定(试行)》。

符合理论预设的原因,可能是因为各地基准刑差别较大,抵销了行为人认罪态度对罚金刑量刑的影响。所以,应当统一各地的罚金刑基准刑。

(五)责任人罚金数额与个人罚金数额的关系

本文中并没有涉及《刑法修正案(九)》颁布之后单位行贿罪中新增的责任人罚金刑裁量问题。如上所述,因为本文中单位行贿罪样本并不包括《刑法修正案(九)》颁布之后的案例。那么,能否用《刑法修正案(九)》颁布之后的行贿罪中新增的个人罚金刑基准刑替代《刑法修正案(九)》颁布之后的单位行贿罪中新增的责任人罚金刑基准刑呢?

如上所述,如果按照单位与责任人刑事责任彻底分离的理论,那么单位行贿罪中责任人刑罚与相应的行贿罪中个人刑罚应当完全相同。所以,可以用行贿罪中个人罚金刑基准刑替代单位行贿罪中责任人罚金刑基准刑。当然,从我国现有司法实践来看,单位行贿罪中责任人刑罚一般应当低于行贿罪中个人刑罚。所以,司法实践也不妨以本文得到的行贿罪的个人罚金刑基准刑为参照,以低于这一标准的罚金刑作为单位行贿罪中责任人罚金刑的基准刑。

四、单位行贿罪和行贿罪自由刑实证研究

以 510 个有自由刑的单位责任人的责任人自由刑刑期和 250 个个人被告的个人自由刑刑期为因变量,除 2 种案例名、省份、单位罚金数额、个人罚金数额外的变量为自变量,进行线性回归分析,可以得到自由刑的显著影响因素和基准刑。

如上所述,进行线性回归分析,数据必须满足线性关系、独立性、正态分布、方差齐性等 4 个条件。通过对数值变量进行自然对数变换,得到符合线性关系的变量——Ln 责任人行贿数额和 Ln 责任人自由刑刑期,以及 Ln 个人行贿数额和 Ln 个人自由刑刑期后,本文数据满足了自由刑线性回归的上述 4 个前提条件,在此不再赘述。

(一)单位行贿罪和行贿罪中自由刑刑期显著影响因素及其排序

在单位行贿罪中,以责任人自由刑刑期为因变量,责任人性别、责任人认罪态度、单位认罪态度、积极退赃或者没收违法所得、积极缴纳罚金、初犯、从属地位、责任人行贿数额、其他从轻减轻情节、其他从重加重情节为自变量,进行线性回归。虽然单位行贿罪中有 691 名责任人,但是,因为其中有 181 人免予刑

事处罚,所以只对510个记录进行回归。我们得到表2的回归方程,即Ln责任人自由刑刑期 = (~1.684) +0.319 ×Ln责任人行贿数额 +0.144 ×积极退赃或者没收违法所得 + (~0.362) ×从属地位 +0.214 ×积极缴纳罚金 + (~0.123) ×单位自首 + (~0.181) ×单位追诉前坦白 +0.086 ×单位坦白 +0.160 ×单位当庭自愿认罪。

表2　自由刑刑期的线性回归模型

Ln自由刑刑期的线性回归模型	单位行贿罪		行贿罪	
	非标准化系数	标准化系数	非标准化系数	标准化系数
(常量)	~1.684	~ ~ ~	~2.888	~ ~ ~
Ln(责任人/个人)行贿数额	0.319	0.542	0.494	0.808
贪贿罪司法解释之后	~ ~ ~	~ ~ ~	~0.592	~0.364
积极退赃或者没收违法所得	0.144	0.095	~ ~ ~	~ ~ ~
从属地位	~0.362	~0.098	~ ~ ~	~ ~ ~
积极缴纳罚金	0.214	0.085	~ ~ ~	~ ~ ~
单位自首	~0.123 *	~0.069 *	~ ~ ~	~ ~ ~
单位追诉前坦白	~0.181	~0.084	~ ~ ~	~ ~ ~
单位坦白	0.086 *	0.036 *	~ ~ ~	~ ~ ~
单位当庭自愿认罪	0.160 *	0.053 *	~ ~ ~	~ ~ ~
调整 R^2	0.322		0.525	

注:因变量为Ln自由刑刑期,连续变量和二分类变量的回归的方法是逐步进入法,哑变量的回归方法是强制进入法。在单位行贿罪中,Ln自由刑刑期表示责任人自由刑刑期的自然对数;行贿罪中,Ln自由刑刑期表示个人自由刑刑期的自然对数。带有"*"号的数据表示系数不显著的哑变量,即对因变量没有显著影响的哑变量,显著性取值为0.05。"~ ~ ~"表示没有被纳入相应的模型或者不存在这一变量。单位行贿罪样本数为510个;行贿罪样本数为250个。

从表2责任人自由刑刑期回归方程可以看出,在单位行贿罪中,对责任人自由刑刑期具有显著性影响的因素为责任人行贿数额、积极退赃或者没收违法所得、从属地位、积极缴纳罚金、单位认罪态度。其他没有显著性影响的因素没有能够进入方程。根据责任人自由刑刑期回归方程的标准化回归系数绝对值大小可以看出,各因素对责任人自由刑刑期的影响由大到小的顺序为:责任人行贿数额、从属地位、积极退赃或者没收违法所得、积极缴纳罚金、单位认罪态度。其中,责任人行贿数额对责任人罚金数额具有绝对影响。

另外,我们还发现,在单位行贿罪中,对责任人自由刑刑期有显著影响因素的是单位认罪态度,而非责任人认罪态度。我们知道单位认罪态度和责任人认罪态度存在一定的联系,但是也存在差别。从理论上说,对责任人自由刑刑期具有显著影响的应当为责任人认罪态度。司法实践中单位认罪态度对责任人自由刑刑期具有显著影响,是因为数据的有限性引起的,还是法官在量刑的时候,不自觉地将单位认罪态度和责任人认罪态度进行混同造成的,我们不得而知。要得出确切的结论,需要我们更深入的研究。

在行贿罪中,以个人自由刑刑期为因变量,个人认罪态度、积极退赃或者没收违法所得、积极缴纳罚金、初犯、个人行贿数额、其他从轻减轻情节、其他从重加重情节为自变量,进行线性回归。因为没有免予刑事处罚的案例,所以在行贿罪自由刑的线性回归中,还是有250个责任人被告记录。我们得到表2的回归方程,即Ln个人自由刑刑期=(-2.888)+0.494×Ln个人行贿数额+(-0.592)×贪贿罪司法解释之后。

从表2个人自由刑刑期回归方程可以看出,在行贿罪中,对个人自由刑刑期具有显著影响的因素包括:个人行贿数额、贪贿罪司法解释之后。而其他没有显著性影响的因素没有能够进入方程。根据方程标准化系数绝对值大小可以看出,对个人自由刑刑期的显著影响因素的排序为:个人行贿数额、贪贿罪司法解释之后。其中,个人行贿数额的影响稍高于贪贿罪司法解释之后。

值得注意的是,在行贿罪中,“贪贿罪司法解释之后”的系数为负数。也就是说,2016年《关于办理贪污贿赂刑事案件适用法律若干问题的解释》的司法解释颁布之后,个人自由刑刑期较之前呈现下降趋势。这和我们理论预期相一致。但是,在个人罚金数额回归中,“贪贿罪司法解释之后”的系数为正数。个人罚金数额在该司法解释之后,呈现上升趋势。关于个人罚金数额与理论预期不一致的原因,上文已经解释。这样的结果对司法实践并不造成实质性的妨害。量刑中的罪刑均衡只要求在同一时期相同的案例具有同等的刑罚。

(二)自由刑的基准事实与基准刑

要给出责任人自由刑刑期和个人自由刑刑期的基准事实和基准刑,并不需要很高的回归方程决定系数。所以,在上述2个回归方程的决定系数为0.322

和0.525的基础上,对责任人自由刑刑期和个人自由刑刑期的基准事实和基准刑进行预测是没有问题的。

根据表2中责任人自由刑刑期回归方程,在单位行贿中,责任人自由刑刑期基准刑的计算公式为:Ln责任人自由刑刑期 = (−1.684) +0.319×Ln责任人行贿数额。所以,责任人自由刑刑期的基准事实为责任人行贿数额;基准刑为:在排除其他情节的影响下,20万元责任人行贿数额应该处9.11个月的自由刑,50万元责任人行贿数额应该处12.21个月的自由刑,100万元责任人行贿数额应该处15.23个月的自由刑,500万元责任人行贿数额应该处25.45个月的自由刑,1000万元责任人行贿数额应该处31.74个月的自由刑。

根据表2中个人自由刑刑期回归方程,在行贿罪中,个人自由刑刑期基准刑的计算公式为:Ln个人自由刑刑期 = (−3.48) +0.494×Ln个人行贿数额。所以,个人自由刑刑期的基准事实为贪贿罪司法解释之后的个人行贿数额;基准刑为:在排除其他情节的影响下,在"贿赂罪司法解释之后",3万元个人行贿数额应该处以5.02个月自由刑,20万元个人行贿数额应该处以12.80个月自由刑,50万元个人行贿数额应该处以20.13个月自由刑,100万元个人行贿数额应该处以28.36个月自由刑,500万元个人行贿数额应该处以62.80个月自由刑,1000万元个人行贿数额应该处以88.44个月自由刑。

从上述责任人自由刑刑期和个人自由刑刑期两个基准刑公式可以计算得到:当责任人行贿数额和个人行贿数额为28,648.5元时,责任人自由刑刑期和个人自由刑刑期相等。当然,由于单位行贿罪的入罪标准为20万元,所以,我们可以得出结论:在大致相同的行贿数额的情况下,责任人自由刑刑期要比个人自由刑刑期轻很多。当然,这一结论也不是直接运用均值比较得出,但是具有一定的参考意义。

(三)责任人自由刑刑期与个人自由刑刑期的关系

责任人自由刑刑期明显低于个人自由刑刑期,正是造成个人以单位名义实行行贿行为原因。在相同的行贿数额情形下,如果以单位行贿罪定罪,责任人受到的自由刑和罚金刑均要明显低于以行贿罪定罪时受到的刑罚。只不过单位会受到一定的罚金刑。这等于是说,将责任人的罪责部分转移到单位(包括单位其他成员)身上。

这明显是一个法律漏洞。而要填补这一法律漏洞,一方面需要明确地区分单位行贿罪和行贿罪的界限,另一方面则更需要将责任人罚金刑、自由刑与个人罚金刑、自由刑统一化处理。如本文开头所指出的,要区分单位行贿罪与行贿罪,主要是要理清"单位意思"的证明方法;要统一责任人刑罚和个人刑罚,则需要在单位犯罪的理论上进行进一步论证和倡导。当然,在目前我国现实的司法环境下,首先要做到的还是统一单位行贿罪内部责任人的自由刑和罚金刑,以及统一行贿罪内部个人的自由刑和罚金刑。

(四)单位行贿罪和行贿罪中自由刑和罚金刑的关系

在单位行贿罪、行贿罪中,罚金数额和自由刑刑期之间的关系如何,对这一关系的探讨有益于我们进一步了解单位行贿罪、行贿罪。

在我们选择线性回归作为基准刑的计算公式的时候,其实就已经假设了在同一犯罪中,各种不同的刑罚之间并没有复杂的交互关系。[29] 但是,这只是我们对现实的一种简化和省略。在司法实践中,同一犯罪的罚金刑和自由刑之间肯定具有一定的相关关系。并且,从回归方程也可以看出,罚金刑和自由刑均与行贿数额成正比关系;并且均受到积极缴纳罚金、贪贿罪司法解释之后等变量的影响。这些都说明:在同一罪名中,罚金刑与自由刑之间应当存在一定的相关性。

抛开线性回归的假设和结论,本文直接利用 510 个单位行贿罪样本中的罚金数额和自由刑刑期,以及 250 个行贿罪样本的罚金数额和自由刑刑期,得到单位罚金数额和责任人自由刑刑期的关系图,以及个人罚金数额与个人自由刑刑期的关系图,如图 1 所示。

从图 1 可以看出,在单位行贿罪中,单位罚金数额的自然对数的最高值,与责任人自由刑刑期的自然对数基本上呈线性正比关系。所以,在相同的责任人自由刑刑期的情况下,偏下方的样本案例中的单位罚金数额还有上升的空间。这论证了我们分离单位责任和个人责任,从而提高单位罚金刑的想法。在行贿罪中,相同的自由刑刑期的情况下,罚金刑的差别很大,说明行贿罪中个人罚金数额的判决标准还很不统一,需要统一各地罚金刑的基准刑。

虽然在罚金刑与自由刑之间,存在上述不符合线性正比关系的地方,但是,大体上来说,不管是单位行贿罪还是行贿罪中,罚金刑与自由刑的自然对数还是呈现一定的正比关系。这一结论可以为我们粗略地衡量罚金刑和自由刑的罪刑均衡提供依据。

---

[29] 参见文姬:《醉酒型危险驾驶罪量刑影响因素实证研究》,载《法学研究》2016 年第 1 期。

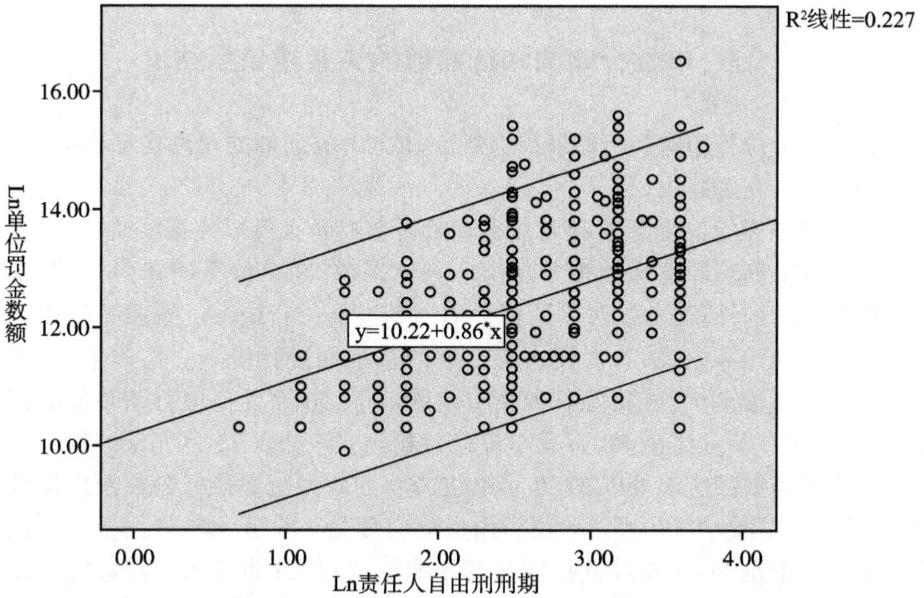

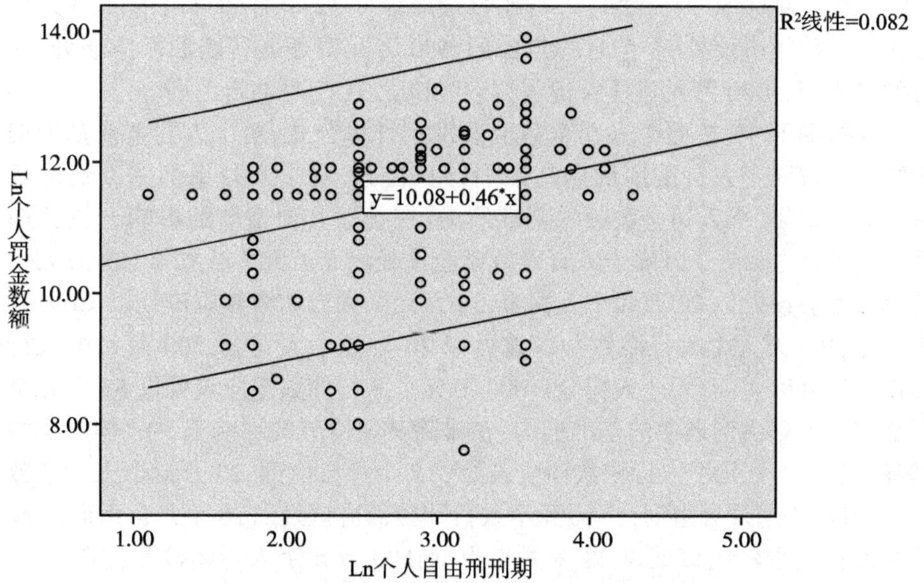

图1　单位行贿罪和行贿罪中自由刑与罚金刑散点分布

注:图中,中间的直线是拟合的线性回归直线,两边的直线是95%的置信区间线。当然,这种拟合直线并非严格意义上的线性回归直线,因为对于线性回归的前提并没有进行检验。

五、单位行贿罪和行贿罪的完善建议总结

通过对单位行贿罪和行贿罪罚金数额和自由刑刑期的司法实证研究,我们得到如下几点完善建议。

(一)统一单位行贿罪和行贿罪内部的罚金刑和自由刑的基准刑

统一基准刑是罪刑均衡根本保障。具体来说,在单位行贿罪中,按照单位罚金数额基准刑计算公式,对单位罚金刑的基准刑进行统一。按照责任人自由刑刑期基准刑计算公式,对责任人自由刑的基准刑进行统一。具体来说,单位罚金数额的基准刑为:在排除其他情节的影响下,20万元单位行贿数额应该处以11万元左右单位罚金,50万元单位行贿数额应该处以22万元单位罚金,100万元单位行贿数额应该处以37万元单位罚金,500万元单位行贿数额应该处以118万元单位罚金,1000万元单位行贿数额应该处196万元单位罚金。责任人自由刑的基准刑为:在排除其他情节的影响下,20万元责任人行贿数额应该处9个月的自由刑,50万元责任人行贿数额应该处12个月的自由刑,100万元责任人行贿数额应该处15个月的自由刑,500万元责任人行贿数额应该处25个月的自由刑,1000万元责任人行贿数额应该处31个月的自由刑。

在行贿罪中,按照个人罚金数额基准刑计算公式,对个人罚金刑基准刑进行统一。按照个人自由刑刑期基准刑计算公式,对个人自由刑基准刑进行统一。具体来说,个人罚金数额的基准刑为:在排除其他情节的影响下,在"贿赂罪司法解释之后",3万元个人行贿数额应该处以5万元个人罚金,20万元个人行贿数额应该处以10万元个人罚金,50万元个人行贿数额应该处以15万元个人罚金,100万元个人行贿数额应该处以20万元个人罚金,500万元个人行贿数额应该处以40万元个人罚金,1000万元个人行贿数额应该处以53万元个人罚金。个人自由刑刑期的基准刑为:在排除其他情节的影响下,在"贿赂罪司法解释之后",3万元个人行贿数额应该处以5个月自由刑,20万元个人行贿数额应该处以12个月自由刑,50万元个人行贿数额应该处以20个月自由刑,100万元个人行贿数额应该处以28个月自由刑,500万元个人行贿数额应该处以62个月自由刑,1000万元个人行贿数额应该处以88个月自由刑。

(二)参照个人罚金刑的基准刑,建立责任人罚金刑的基准刑

如上所述,要填补"个人以单位犯罪名义逃脱责任"立法漏洞,可以采取单

位与自然人刑事责任彻底分离的立法模式。自然人以个人名义和以单位名义事实相同行贿数额的犯罪时，对社会的危害是一样大的，有时候以单位名义事实的行贿罪社会危害性更大。所以，并没有充分的理由支持对自然人以单位名义实施的行贿罪处罚要轻于自然人以个人名义实施的行贿罪。反而，从社会危害性理论和罪刑均衡理论上来说，以自然人以单位名义实施的行贿罪应当和自然人以个人名义实施的行贿罪，规定相同的刑罚。

由于样本和司法实践的现实，本文未能收集责任人罚金刑的司法案例。但是，根据理论上对责任人罚金刑的讨论，笔者认为，可以参照个人罚金刑的基准刑，建立责任人罚金刑的基准刑，使责任人罚金刑的基准刑与个人罚金刑基准刑相同，或者较个人罚金刑基准刑略低。

（三）协调责任人自由刑与个人自由刑的基准刑

从本文的实证分析可以看出，责任人自由刑刑期的基准刑要明显低于个人自由刑刑期。这正是造成个人以单位名义行贿，从而逃避刑事惩罚的立法漏洞。为了填补这一漏洞，可以将责任人自由刑刑期的基准刑设置为与个人自由刑刑期的基准刑相同。当然，根据我国司法的现实情况，即使不能将两者设置为完全相同，也应当适当缩小两者的差距，从而减少利用这一立法漏洞逃避惩罚的个人行贿犯罪。

（四）分离单位犯罪中单位本身责任和单位责任人责任，提高单位罚金刑

如上所述，要填补“个人以单位犯罪名义逃脱责任”立法漏洞，可以采取单位与自然人刑事责任彻底分离的立法模式。并且，在追究被告单位的责任，不仅要考察犯罪行为及其附随状态，如单位行贿数额、单位行贿的完成形态；还要考察犯罪后单位本身的认罪态度、赔偿态度等；特别地，还要考察单位规模、单位高层人员参与或放任犯罪的态度、单位的犯罪前科、单位在犯罪前所采取的防止和发现违法行为的有效措施等。而单位犯罪中责任人的罪责则和个人犯罪中个人的罪责一样考察。通过单独考察责任人自己本身的罪过、参与程度、造成的损害等来适用与个人犯罪相同的罪名，从而定罪量刑。[30] 这种将单位和自然人刑事责任彻底分离的制度，不仅为大幅度提高单位

---

〔30〕 参见吕忠梅主编：《美国量刑指南》，第 421 ~ 422 页、第 431 ~ 433 页。

罚金刑提供了理论基础,[31]而且有利于促进单位制定守法纲领、规制伪劣产品、规范会计审查制度、完善配合调查制度,等等。[32]

彻底分离单位犯罪中的单位责任和个人责任,才能够更细致地分析单位的主观状态,从而精确单位责任;也只有彻底分离单位责任与个人责任,才能将单位罚金刑的基准刑与责任人的基准刑进行分离,从而为提高和精确单位责任提供理论基础。单位罚金刑高于个人罚金刑符合立法原意;并且,从责任人自由刑和单位罚金刑的对比来看,很大一部分案例的单位罚金刑还有提升的空间。所以,分离单位责任和个人责任,细化、精确、提高单位罚金刑,可以更好地预防日益增多的单位犯罪。

Comparative Empirical Research on the Unit Bribery and the Personal Bribery

Wen Ji

Abstract: It is valuable to compare the penalty between the Unit Bribery and the Personal Bribery. By analyzing the Fine penalty of 603 Unit cases of the Unit Bribery and 250 personal cases of the Personal Bribery, we found that the Benchmark Line for the Unit Fine Penalty is higher than the one for the Personal Fine Penalty when the amount of bribe is above 200,000 RMB; the Unit Responsible Person Fine Penalty should be stipulated according to the Personal Fine Penalty. Moreover, by analyzing the Freedom Penalty of 510 Unit Responsible Person cases of the Unit Bribery and 250 personal cases of the Personal Bribery, we found that the Benchmark Line for the Unit Responsible Person Freedom Penalty is lower than the one for the Personal Freedom Penalty, which is the legal loophole

[31] 参见[日]川出敏裕、金光旭:《刑事政策》,钱叶六等译,中国政法大学出版社 2016 年版,第 74~75 页。本书中指出:日本对于从业人员的最高罚金额的上限为 500 万日元;而 1992 年《反垄断法》将对法人与自然人的罚金联系切断后,对法人的罚金刑上限达到 5 亿日元。

[32] See Kai D. Bussmann & Sebastian Matschke, "The impact of the US legislation on company measures of control and prevention", *Crime Law Soc Change* 49, 2008, pp. 349-364.

for certain person to beat the rap. In summary, to keep the Sentencing Balance of the Unit Bribery and the Personal Bribery, the Benchmark Line of the Unit Responsible Person Penalty and the Personal Penalty should be unified; the criminal responsibility for the Unit Responsible Person should be peeled from the criminal responsibility of the Unit Crime.

Key words: The unit bribery; The personal bribery; The benchmark line; Comparative empirical research

基于协同创新的高技术产业知识产权联盟组织与行为模式研究*

董玉鹏**

内容摘要：

高技术产业是技术密集性产业领域，组建产业联盟、开展协同创新，是我国高技术产业实现突破发展的重要模式之一。协同创新会促进知识流外溢，形成产业发展聚合效应，这离不开系统化、高层级的知识产权战略联盟组织形式的保障。联盟内知识产权共享与许可规则，可以采取自动许可（Automatic Licensing）、专利池（Patent Pool）等方式，并向创新参与主体多元化、创新行为过程标准化方向迈进；联盟应搭建知识产权公共服务平台和增值服务平台，通过信息挖掘、特色定制和权益增值等活动，实现对创新成果的聚合、优化与抬升功能；高技术产业协同创新最终成熟的组织形式，应当是“强知识产权规约”之下的“创新社区”，是融合技术创新输出方、服务连接体以及终端用户的有机整体。

关键词：

协同创新　高技术产业　知识产权联盟　权益共享

技术创新是一个艰辛的过程，从无到有或者创新性的改进，需要不断探索，最终产生有益于社会经济发展的成果。成功的、可持续的技术创新，绝不是通过带有强制色彩的命令完成的，而是要靠激励、引导，以及良好的法律环境来调动技术创新主体的积极性来取得应有效果。[1] 当今时代是以“互联网＋”内嵌

---

* 本文为2015年度浙江省哲学社会科学规划课题“开放创新视域中的生物产业知识产权保护问题研究”（15NDJC147YB）成果。

** 浙江大学宁波理工学院法律与政治学院副教授，浙江大学光华法学院博士后。

[1] 参见傅家骥：《技术创新学》，清华大学出版社1998年版，第346页。

要素的“开放创新”时代，经济社会各方面的迅猛发展对实施标准化战略提出了更为迫切的要求，标准和专利作为科技创新的基础、成果以及成果产业化的桥梁和载体，日益成为国家发展的战略性资源和国际竞争力的核心要素，成为支撑和掌握国家发展主动权的关键。[2] 从技术专利化到专利标准化，再到标准垄断化的技术市场发展战略，为众多发达国家所承认，并作为科技发展战略的重要一环。技术创新直接关系到每家企业的长远发展方向，如果说专利是技术创新催化剂的话，那么技术标准则为企业确立并提升市场话语权奠定了基础。因此，必须重视标准与专利的协同发展。

一、标准与专利协同发展理念解析

（一）标准与专利协同发展理念的提出

标准与专利，是国家创新发展战略的重要构成要素。国务院分别于 2006 年和 2008 年发布《国家中长期科技发展规划纲要》以及《国家知识产权战略纲要》，在这两个国家级战略中，提出技术标准战略和知识产权战略是与我国的科教兴国战略、可持续发展战略紧密相关的，强调要提高原始创新能力，并将该能力转变为企业参与市场竞争的能力和国家的核心竞争力。2011 年我国《国家“十二五”科学和技术发展规划》，从“优化全社会创新环境”这一目的性要求出发，再一次强调深入实施知识产权和技术标准战略，并重视二者的结合。2015 年《中共中央关于制定国民经济和社会发展第十三个五年规划的建议》也对标准与专利协同问题进行了前瞻性预设，要求深化科技体制改革，构建产业技术创新联盟，推动跨领域跨行业协同创新，促进科技与经济深度融合。可见，标准与专利二者之间的关系，早已进入决策部门视野。

比较国外情形来看，推动标准与专利协同发展，也是主要发达国家标准化战略的核心内容。标准与专利的协同发展，在专利技术产业化和抢占国际竞争制高点方面的推进作用受到高度重视。[3] 21 世纪初，美国、英国、欧盟等发达

---

〔2〕 参见毛昊：《我国专利实施和产业化的理论与政策研究》，载《研究与发展管理》2015 年第 4 期。

〔3〕 参见于新东、牛少凤、于洋：《培育发展战略性新兴产业的背景分析、国际比较与对策研究》，载《经济研究参考》2011 年第 16 期。

国家和地区分别制定了标准化战略,其共同之处就是把标准与专利的协同放在战略最高优先级:对内完善标准化运行机制,通过标准化加快科技创新和成果推广,促进自身发展;对外运用政治、经济等多种方式,全力扶持和推进标准与专利的协同发展,从而达到控制全球产业和技术发展路径的目的。

标准与专利的协同发展,主要内容就是二者的融合,包括如何融合、融合之后如何协调二者的冲突等具体问题。在以企业为制定主体的企业标准或事实标准中融入专利,标准中专利的许可使用是企业实现专利权的一种方式。但是,当专利融入以公权力为基础制定的政府标准或者是以各成员国义务采用为前提的国际标准中,[4]标准适用上的统一性、强制性与专利的私权性、专利实施许可的意思自治之间的冲突较为尖锐,这对一国法律制度、管理体制、机制等提出了新挑战。

(二)标准与专利协同发展的基础

一方面,技术创新离不开专利这一带有"赋权"特性的制度的保护、引导与激励。专利法律制度赋予满足"新颖性、创造性和实用性"的发明人对其系统化的构思在一定时间内享有垄断地位,其本质相当于把这类智力成果视为"对物"的权利加以保护,从而使知识获得有序、健康、合理的使用,保障了权利人的合法权益。[5] 知识产权(其中专利尤为突出)刺激和保障技术创新,引导创新组织者和参与者为了获得经济利益,尽量使创新成果成为符合具有知识产权特性的法律关系客体。另一方面,标准创制的本源,在于以领先的技术研发成果,实现符合市场需求的阶段性创新,也就是说,现代社会市场主体制订技术标准,主要出发点是得到市场和用户的广泛认同,合法地垄断特定的技术或产业领域,从而获得巨额利益回报。离开具有市场前景的专利技术,标准将失去其应有的存在价值。在技术创新的战略层面,只有将技术标准与专利结合在一起,才能最大限度推动创新。电子信息产业的实践也告诉我们,现代技术标准就是通过"专利联营"等多种模式,将技术专利纳入标准,将专利战略构建在技术标准战

〔4〕 参见朱景文:《国际标准和中国的法律改革——以贸易、金融和公司治理领域为例》,载《法学家》2003年第3期。

〔5〕 参见王黎萤、陈劲、杨幽红:《技术标准战略、知识产权战略与技术创新协同发展关系研究》,载《中国软科学》2004年第12期。

略中,实现在技术和产品上的竞争优势。[6]

标准与专利协同发展的法律问题,涉及了专利法、反垄断法等多个法律领域,其难点在于如何公平合理地确定专利持有人和标准实施者之间的权利义务关系。[7] 对此,要导入利益平衡的原则。因为专利具有私权属性,而标准具有公共属性,二者性质的差异使标准与专利融合后,冲突不可避免,但冲突的核心是利益,解决了利益平衡问题,标准与专利是可以协同发展的。这要求兼顾各方利益,满足主体对效率、自由、安全等价值的追求,激励专利与标准的融合、推广和使用,为市场竞争创造和谐有序的法制环境。

二、开放创新对标准与专利协同发展的影响

(一)开放创新对知识流所涉权益的重新分配

创新成果获得法律保护、享有垄断地位的对价,是将技术信息向社会公众公开。知识产权法律制度设计的初衷,就在于在充分维护权利人合法权益的同时,也要促进技术的公开和交流,从而推动社会进步。[8] 随着科技的发展,产业链及产品体系的复杂程度越来越高,产品层次种类向着多样化发展,产品生命周期逐渐缩短。这种发展的结果,就是市场上自由竞争的任意一个主体,都没有办法长期垄断其所在产品或服务领域的某项关键技术。即使对某项或数项技术有垄断,当知识产权权利期间经过,或者是权利人的知识产权因为技术迭代而丧失主流地位,那么其垄断优势地位就可能因抱残守缺而被市场客观、无情地淘汰。目前已知的最为理性的做法,就是知识产权权利人适时与同业竞争者(当然也包括产业链上下游的关联主体)进行技术交流合作、交叉授权,抑或是在公知领域技术成果的基础上推陈出新,以技术的公开和交流为依托共同实

〔6〕 参见张平、马骁:《技术标准与知识产权的关系——“企业技术标准与知识产权战略”专题之二》,载《科技与法律》2003 年第 2 期。

〔7〕 参见张陈果:《论我国传统知识专门权利制度的构建——兼论已文献化传统知识的主体界定》,载《政治与法律》2015 年第 1 期。

〔8〕 参见郑成思:《知识产权法——新世纪初的若干研究重点》,法律出版社 1997 年版,第 50 页。

现技术垄断。[9]

具体到专利促成标准形成的机理来看,就是企业通过系统建立自有产品使用的专利信息库,并与专利池融合分析,动态跟踪竞争对手研发活动,支持企业围绕产品进行专利组合研究,提升企业的产品创新能力。围绕企业专利交叉许可、专利集中许可的需求,研究通过信息网络技术构建专利联盟的方法,研发区域专利协同及专利知识社区,提供社会性网络服务(Social Networking Services, SNS)、即时通信、专家咨询、虚拟联盟、专利周边知识等服务。支持企业开展知识和专利共享,实现产业网络内企业专利的整合和协同,提升技术互补能力,促进行业标准的形成。

(二)开放创新中标准与专利的相互需求分析

在开放创新话语背景下,标准与专利之间首先呈现的是相互制约的关系。开放创新给知识产权(主要是专利)带来的挑战,主要是其保护强度的大小难以把握。如果缺乏足够的知识产权保护,那么为促进包含企业经营活动的技术发展而进行的投资就不是最优选择。[10] 然而,如果知识产权保护过强或者不确定,由于企业经营活动可能随着其他人的知识产权权利宣示而作出改变或停止,可能会对企业经营活动带来相对应的巨大阻碍。[11]

以生物产业为例,生物技术公司的研发费用高、研发周期长,且其产品要受到政府的层层审批、监督,这些公司有形资产通常不多,但是强大的科研基础是它们最有价值的资产。由于要将生物技术产品尽最大可能地推向市场,这些公司只能在产业链的很狭窄的一段发挥作用。所以,外部协同合作就显得非常重要,而知识产权就是重要的协同网络博弈资源。[12]

---

〔9〕 参见王伟光、吉国秀:《知识经济时代的技术创新》,经济管理出版社 2012 年版,第 252 ~ 253 页。

〔10〕 See Kenneth J. Arrow, "Economic Welfare and the Allocation of Resources for Innovation", in William D. Nordhaus ed., *The Rate and Direction of Inventive Activity: Economic and Social Factors*, Princeton University Press, 1962, p. 609.

〔11〕 See Colleen V. Chien, *Of Trolls, Davids, Goliaths, and Kings: Narratives and Evidence in the Litigation of High-Tech Patents*, 87 N. C. L. Rev. 157GE 1573 – 74(2009).

〔12〕 See Lillian Waagø, *Factors related to capital acquisition in young biotechnology firms*, 13th Nordic Conference on Small Business Research(NCSB 2004 conference), May 2004.

三、标准与专利协同发展模式

（一）标准与专利协同之“模仿跟随”型模式

最初标准与专利产生交集，往往是基于技术压制与技术追赶而被动展开的。这种协同模式，可以称作“模仿跟随”型的标准与专利协同模式，是企业在采取模仿型技术创新战略与追随型技术标准战略匹配下的知识产权与技术标准相互协同发展模式。[13] 模仿与跟随主流技术的企业，一般来看，其规模体量、研发能力、市场份额等往往是相对较弱的，即使拥有少量专利技术，这些专利技术也没有什么竞争实力。[14] 由于模仿跟随者主导市场的能力欠缺，其在标准的制定过程中也就基本没有什么参与权和话语权，当然也就更谈不上将其少量的、非核心的专利技术融入全行业的标准。当然，这并不意味着跟随市场领先技术被动创新的企业无法生存下去，在某些情况下，实时跟随市场主流技术的企业（尤其是中小企业）足够顽强，挺过起步阶段没有被市场淘汰的话，那么就可能会磨炼出比较强的消化吸收技术的能力，如果能够对市场引导者的技术加以改进形成二次创新，及时推出具有差异性的新产品，并且及时申请改进发明，就可以实现反超，迫使技术标准领导者进行战术调整乃至技术发展方向的战略调整，为原先的“模仿跟随者”提供喘息之机，留下可观的市场份额，甚至返身与原处于弱势的跟随模仿竞争者进行合作。

以我国打火机制造业为例，20 世纪 90 年代初中国企业初涉打火机出口，就面临美国市场的防儿童开启（Child-Resistance，CR）法规，在欧盟、日本市场又相继遭遇了当地的新 CR 法规以及美国“337 调查”等。为应对国外市场的标准壁垒，宁波新海电气股份有限公司研发出了进入美国市场的打火机儿童保护专利。2005 年由宁波新海公司等牵头的宁波市打火机行业协会成立，有 75 家会员企业加盟，会员统一采用更加安全的打火机防儿童开启保护专利，开始走联合对抗和交涉国外技术标准的道路。此种联合，可以说是被动的应对国外市场

---

〔13〕 参见舒辉：《知识产权与技术标准协同发展之策略探析》，载《情报科学》2015 年第 2 期。

〔14〕 参见倪蕙文：《企业专利战略应用研究》，载《科学管理研究》2003 年第 5 期。

技术要求的挑战,而做出的不得已之举,客观上也促进了标准与专利的“协同”。[15]

(二)“生态系统”型标准与专利协同模式

我国《中国制造2025》战略提出“建立优势互补、合作共赢的开放型产业生态体系”,推进信息化与工业化深度融合的基本思路。有实务界专家及学者对企业在“互联网+”组织升级过程中如何落地的现实问题,提出了“互联网生态”的概念,认为互联网颠覆了传统制造业生态链,未来企业之间的竞争,关键在于建立跨界商业生态竞合关系。[16] 这其中,专利与标准是促进企业之间携手构建“创新生态系统”的一前一后两个比较实际的抓手。

“生态系统”型标准与专利协同模式,本质上是“发明—分享—协作”的模式,也就是投入大量研发成本进行技术创新,再以专利授权的形式,将其所持有的专利技术通过一定的商业策略布局,与部分经过选择的市场主体进行合作分享,随后推动形成客观上的协作和规模化,普及到整个产品领域,最终形成完整的“产业生态系统”。在“生态系统”型的协同模式下,“优势物种”与其他“非优势物种”的互动关系是复杂而多元的,并且沟通的渠道越多、链条越长,系统的生命力就越强大,具体到本文所特指的产业链生态系统来说,企业要想扮演并长期保持市场引领者角色,就必须凭借自身专利技术的强大竞争优势,使技术标准的升级越来越频繁,即技术标准的修订间隔越来越短,造成产业生态越来越多样化,指引市场使竞争者疲于应对,从而始终占据市场领先地位。[17]

(三)“开放社区”型标准与专利协同模式

开放创新理论创始人、美国学者亨利·切萨布鲁夫(Henry W. Chesbrough)教授认为:在现代社会,企业的创新已经由以往的封闭式模式,无可争议地进入

---

[15] 参见巫强:《技术性贸易措施下出口企业被动创新效应》,载《经济理论与经济管理》2007年第10期。

[16] 参见喻晓马、程宇宁、喻卫东:《互联网生态:重构商业规则》,中国人民大学出版社2016年版,第2~3页。

[17] 参见舒辉:《知识产权与技术标准协同发展之策略探析》,载《情报科学》2015年第2期。

了开放式模式。[18] 企业间顺利进行“技术对话”的基本要求就是统一的技术标准,而通行于全世界的标准并非一蹴而就,亦非毕其功于一役,其生命力的本源,在于开放、兼容,以及持续改进,标准化离不开开放式的协同创新。

以电子技术与电信产业的结合为例,蓝牙技术联盟(The Bluetooth Special Interest Group,SIG)在成立之初,其联盟成员之间就通过章程性文件,在技术研发方面进行了着眼于全球市场的战略分工,例如,英特尔公司(Intel Corporation)主攻半导体芯片(semiconductor chip)和传输软件(transfer software)方面的无线传输技术,爱立信公司(Telefonaktiebolaget LM Ericsson)和诺基亚公司(Nokia Corporation)负责开发无线射频(Radio Frequency)和移动电话软件(cell-phone software),IBM 公司(International Business Machines Corporation)和东芝公司(Toshiba Memory Corporation)负责统一联盟成员内部的笔记本电脑产品接口规范(System Interface Specification)等。蓝牙技术联盟的成员享有免费使用蓝牙协议及相应专利的权利,相互之间进行专利互换,所有成员都可在其产品开发和服务中使用蓝牙技术,并在经过认证后使用蓝牙联盟的商标许可。[19] 蓝牙技术规范的开放性与生俱来,这赋予了与蓝牙技术相关的产业以强大的生命力。

在新能源汽车领域,开放专利的开源行动,也可以看作建立技术开放社区的典型事例。2014 年美国特斯拉公司对外宣布开放其所有专利,并且不附加任何利益性条件。其后,日本丰田汽车公司也于 2015 年 1 月宣布将与其他汽车生产商免费分享 5700 项氢燃料电池专利,希望借此加速新能源汽车产业采用氢能源有关技术。开放专利给同行业企业使用,可以增加参与新能源汽车产业的车企数量,帮助其在短时间内跻身新能源汽车技术体系布局的上层,避免重复研发和资源浪费;开放专利的企业在该产业领域也可实现主导制定国际标准,或形成事实标准。

---

〔18〕 H. W. Chesbrough, *Open Innovation: The New Imperative for Creating and Profiting from Technology*, Boston: Harvard Business School Publishing Corporation, 2003.

〔19〕 参见王德禄:《联盟为纽　探索产业自主创新道路》,载《中国高新区》2007 年第 3 期。

四、标准与专利协同发展的障碍分析

(一)相关法律法规的缺失

我国《反垄断法》于2008年8月1日起施行,规定了垄断协议、滥用市场支配地位、经营者集中、滥用行政权利排除、限制竞争等四类垄断行为及认定依据,明确了涉嫌垄断行为的调查措施、程序以及相应的法律责任,基本建立了我国反垄断法的基本制度。对于涉及知识产权的垄断,该法在第55条(第八章"附则"中)规定:"经营者依照有关知识产权的法律、行政法规规定行使知识产权的行为,不适用本法;但是,经营者滥用知识产权,排除、限制竞争的行为,适用本法。"这种指向性的规定过于原则,在实践中不易操作。自我国《反垄断法》实施以来,在全国地方法院所受理垄断民事一审案件中,并没有涉及标准中专利权滥用纠纷的案例。

我国《专利法》对标准中涉及的专利问题没有作出专门规定。关于专利许可使用,我国专利法确定了自主许可、强制许可的许可模式,同时还设置了中国特殊的国家指定许可模式,但目前没有法律规定明确强制许可与国家指定许可适用于标准与专利的冲突协调,在实践中也没有相关案例。

我国现行的《标准化法》于1989年实施,当时的社会背景是有计划的商品经济时代,标准中纳入专利的情况非常少,因而法律中没有规定涉及专利问题的处理。2000年国务院标准化管理部门敏感地认识到标准与专利融合的大趋势和可能存在的冲突问题,并着手开始起草专门的规范性文件。《涉及专利的国家标准制修订管理规定》分别于2003年和2009年两次征求意见。从征求意见稿的内容来看,虽然借鉴了国外的信息披露制度以及"合理的且无歧视的"许可原则,但未能较好地考虑我国国情,特别是标准化管理的特殊体制机制,可操作性较差。鉴于标准中涉及专利特别是强制性标准中涉及国外专利问题的敏感性,该规定最终处于搁置状态。

然而需要注意,在国家标准《标准化工作导则第1部分:标准的结构和编写》(GB/T1.1-2009)附录中,出现了将专利纳入标准的基本规则。这一规则参考了国际标准化组织关于标准中纳入专利的政策,即明确了不排斥原则、专利披露原则以及合理无歧视许可原则。但是,该导则是推荐性标准,作用是为标准化工作提供必要的指导,无强制性,而且主要是指导标准起草者如何处理标准文本,缺乏对专利权人和标准使用人权利义务的具体、实质规定,未能对标准纳入专利问题起到良好的规范和协调作用。

（二）司法实践的矛盾之处

标准与专利如何协同,在司法实践中存在矛盾之处。标准中涉及专利纠纷的处理最早出现在司法领域,是对"标准必要专利"问题的实践拷问,如"陈某亮诉昆明岩土工程公司专利侵权案"(2001 年)、"广西南宁邕江药业有限公司诉河南省天工药业有限公司案"(2006 年)、"季某、刘某与朝阳市兴诺建筑工程有限公司专利侵权纠纷案"(2007 年)等。在"广西南宁邕江药业有限公司诉河南省天工药业有限公司案"中,原告广西南宁邕江药业有限公司(以下简称邕江公司)在 2000 年 3 月获得了 1 项发明专利,名为"一种治疗颅脑外伤及其综合症的药物组合物"(申请号:95109783.0)。邕江公司同时还参与起草了"复方赖氨酸颗粒"质量标准,在标准制定过程中申明标准采用的组方为其发明专利说明书公布的 5 个实施例之一。2001 年 3 月,国家药品监督管理局颁布了"复方赖氨酸颗粒"的质量标准及使用说明书。2006 年 4 月邕江公司认为河南省天工药业有限公司(以下简称天工公司)生产的"贝智高"复方赖氨酸颗粒已落入其发明专利保护范围,构成侵权,诉至法院。法院判决认为:邕江公司的发明专利转化为国家药品标准,他人按照国家药品标准生产药品,属于实施专利行为,应取得专利权人许可。在民事法律行为中,默许的意思表示必须有法律明确规定才能确定,不能任意推定。邕江公司的行为在法律上没有规定为默许,双方也没有合同的约定;因此,判决天工公司的行为侵犯了邕江公司的专利权。另外一个不同的判决,是 2007 年"季某、刘某与朝阳市兴诺建筑工程有限公司专利侵权纠纷案"。2008 年 7 月最高人民法院对辽宁省高级人民法院提起的"关于朝阳兴诺公司按照建设部颁发的行业标准《复合载体夯扩桩设计规程》设计、施工而实施标准中专利的行为是否构成侵犯专利权问题"进行了回函答复(〔2008〕民三他字第 4 号),在该回函中,最高人民法院认为:"鉴于目前我国标准制定机关尚未建立有关标准中专利信息的公开披露及使用制度的实际情况,专利权人参与了标准的制定或者经其同意,将专利纳入国家、行业或者地方标准的,视为专利权人许可他人在实施标准的同时实施该专利,他人的有关实施行为不属于专利法第十一条所规定的侵犯专利权的行为。专利权人可以要求实施人支付一定的使用费,但支付的数额应明显低于正常的许可使用费;专利权人承诺放弃专利使用费的,依其承诺处理。"

由上述 2 个案件判决可知,我国法律体系对标准中涉及专利问题的处理没有明确的规定,实践中司法判决结果也不统一。目前,唯一具有指导意义的最高人民法院的批复,本身不具有法律约束力,实践中不同法院基于不同理解完全可能作出截然相反的判决结果,不具有稳定性。

(三)企业意识缺失与顾虑

目前,将标准与专利相结合、协同发展,更为根本的障碍其实在产业(企业)自身。企业以营利为终极目的,将专利纳入标准并成为行业公共资源的行为,属于企业市场行为,所以企业必定要在充分认识到其正向作用的前提下,经过充分的风险和收益考量评估。首先,企业会站在产业发展宏观的角度,评估外部市场环境的变化,如果市场对该标准所涉及的产品市场需求巨大或有较大的潜在发展空间,则其贡献专利技术纳入标准,形成统一和带动市场发展的形势,是有预期回报的,相反则会空忙一场,甚至影响自己的发展规划,陷入因专利垄断壁垒的消失而处于被其他竞争者"分食"的尴尬处境。其次,技术更新和替代的风险也不得不纳入考虑范围,主要包括标准所包含专利技术的先进性、可突破性和可产业化程度等因素,如果标准的生命周期不够长,之前的努力均将付诸东流。最后,将标准纳入专利,企业还要考虑标准联盟的内部信用风险。以专利为要素、以标准为纽带结成创新联盟,是以企业之间彼此利益最大化为共识和基础的,将专利纳入标准的各成员企业如果出于自身的利益考虑有所保留,只开放共享部分专利并且将非共享专利"精密地"与开放专利捆绑在一起的话,那么这种行为将直接影响到标准制定组织者和参与者的整体竞争力。[20] 另外,企业是否真诚地愿意将自己的核心专利技术拿出来作为标准的组成部分,能否保障在标准中的专利技术不致流失,也是关键所在。[21]

---

〔20〕 参见游训策、刘介明:《中国企业组建或加入专利联盟的利益与风险分析》,载《经济研究导刊》2008 年第 13 期。

〔21〕 参见牛晓培:《技术标准中的知识产权垄断和反垄断问题》,载《标准科学》2009 年第 1 期。

五、对我国标准与专利协同发展的几点建议

(一)明确标准与专利的权利冲突与交叠关系

标准与专利的冲突与协调是国际社会面临的新问题,也是我国实施标准化战略的重点任务之一。标准规范是应科学和技术发展的需要而产生的,社会治理的功用较弱,而专利制度作为法律制度的一种,其调整权利义务的规范性作用的意味更重。标准的规范性仍只存在于科学和技术层面上,也就是说标准属于单纯的技术规范。[22] 要从中国的国情出发,创设包括专利信息披露制度和专利许可制度的冲突协调机制,积极主动地对融合后的各种冲突进行协调,使各利益方都能够通过协调机制实现其正当的利益需求,这是立法者和政府的职责,也是理论研究的重要使命。要建立及时、全面的专利信息披露制度,明确标准化管理机构、标准的提案人、标准制定全过程的参与者、社会任意第三人负有充分、全面、及时披露其知晓的专利信息的义务,未披露的义务人应承担对己不利的法律后果。要建立公平、合理、可操作的专利许可协商制度,赋予专利权人强制缔结许可合同的义务,以参与标准制定或同意将其专利写入标准的行为视为对许可合同的缔约承诺;在标准批准发布前进行专利许可协商,针对强制性标准和推荐性标准的不同法律属性,分别构建不同的许可协商机制。推荐性标准的许可协商机制以专利权人和标准使用人双方平等协商为主导,标准化主管机构作为居间人,参与但并不介入许可协商。强制性标准作为技术法规的重要组成部分,其许可机制以行政为主导,引入私法协商机制和第三方评价机制,并与行政听证制度相结合,以确保专利许可条件和价格确定的公平、合理、无歧视。

(二)构建标准与专利协同发展政策规制机制

标准的竞争,从全球视野来看,说到底是技术水平、产业水平、综合国力的竞争。发达国家在标准与专利协同发展的理论研究和实务操作方面已经有所突破。反观我国,则需要尽快构建既与国情相符合,又与国际规则相协调,并且同时达到制约与激励作用相结合、相制衡的专利与标准协同发展的机制,规范

---

[22] 参见柳经纬:《标准的规范性与规范效力——基于标准著作权保护问题的视角》,载《法学》2014 年第 8 期。

标准制定、修订过程对专利的处置,促进新技术的传播和应用,保护公众和专利权人利益,提升经济发展的质量和效益。[23] 在标准化战略的实施中,可参照知识产权战略实施的模式,建立由地方政府牵头,标准、科技、商务、人力资源管理等部门组成标准与专利工作会商和协调推进机制,共同制定整体推进策略,重点突破领域和具体实施步骤,统筹标准化与专利保护工作,做好标准战略与专利战略贯彻实施的协调,又做好标准化政策与知识产权政策、产业政策、对外贸易政策等的衔接;[24] 加大资金投入和人才建设力度,建立有效的信息沟通和协调配合机制,建立推动有效参与国际标准化活动的激励和保障机制;[25] 支持企业、科研机构、高等学校等主体组成知识产权联盟参与标准化活动,在标准化对策、信息收集和分析以及专家培养、资金保障等方面提供服务并加以引导。[26]

(三)强化战略新兴产业标准与专利双重布局

国务院 2010 年发布的《关于加快培育和发展战略性新兴产业的决定》(国发〔2010〕32 号),明确战略性新兴产业是引导未来经济社会发展的重要力量。战略性新兴产业的发展,意味着重大技术突破乃至国家产业布局的重大调整,其对经济社会发展全局和发展走向有重大的引领带动作用,受到了世界上经济发展主流国家的一致重视。我国正处于建设创新型国家的关键时期,加快培育和发展战略性新兴产业是重中之重。就具体举措来讲,应强化知识产权的保护和管理,鼓励企业建立专利联盟,完善标准体系和市场准入制度,加快建立有利于战略性新兴产业发展的行业标准和重要产品技术标准体系,优化市场准入的审批管理程序。尤其要完善国际标准化活动特别是战略性新兴产业领域国际标准动态跟踪研究机制,充分发挥企业、科研机构和行业协会的作用,全面跟踪研究其他国家相关的标准研究动态,尽早介入、重点参与战略性新兴领域国际

---

〔23〕 参见舒辉、卫春丽:《自主创新与技术标准融合协同机制研究》,载《科技进步与对策》2013 年第 15 期。

〔24〕 参见毕亮亮、潘锡辉:《关于我国创新型城市建设的思考》,载《中国科技论坛》2010 年第 12 期。

〔25〕 参见苗帅等:《从破壁标准案例谈标准化改革下的企业标准创新之路》,载《中国标准化》2017 年第 11 期。

〔26〕 参见李庆满:《产业集群条件下技术标准联盟的组建与运作研究》,载《标准科学》2009 年第 7 期。

标准制修订,及时反映区域产业(企业)的意见和要求。[27] 在战略性新兴产业领域进行标准与专利的双重布局,鼓励标准与专利的交叉、融合、协同。

(四)形成附着于"产业链+集群"的企业标准与专利竞争格局

发达国家标准化战略中最突出的特点是强调了企业在战略实施中的主体地位,强调要推动以企业为主的利益相关方积极参与国际标准竞争。[28] 例如,美国的标准化战略中强调美国达成全球标准化的目标,是通过部门特定的活动,并借由公司、协会、标准开发组织、集团和协同项目所提供的联盟和程序得以实现。企业作为市场活动的主体、技术创新的主体和创新要素的集聚地,理应成为我国参与全球标准竞争的主体。在国际竞争中,企业既代表企业利益,也代表产业利益,更代表国家利益,企业利益和产业利益、国家利益是一体的,要突出企业在标准化战略实施过程中所起的作用,为其搭建走向国际的平台。除了加大宣传力度,从政策和机制上,支持、鼓励和引导企业积极参与国际标准化活动,支持和鼓励有研发能力的企业参与并承担相关国际标准的制修订任务外,最关键的是要积极培育和发展企业联盟标准。首先要在法律制度上确认这种企业联合制定标准的形式,赋予其相应的法律地位,引导企业吸纳更多有研发能力的科研机构、高等学校等联合起来制定标准,推动专利技术的标准化和国际化。

On the Research of the Organization and Behavior Mode of the Intellectual Property Alliance of the High Technology Industry Based on the Collaborative Innovation

Dong Yupeng

Abstract: The high technology industry is technology-intensive. It is one of the important modes for Chinese high-tech industry achieving a real breakthrough development. The collaborative innovation can promote knowledge spillover and

[27] 参见田为兴、何建敏、申其辉:《标准经济学理论研究前沿》,载《经济学动态》2015年第10期。

[28] 参见安陈锐等:《技术变革与技术标准协同发展的战略思考》,载《科学学研究》2013年第7期。

form industrial development convergence effect. The systematic and high-level organization form of intellectual property strategic alliance can not be neglected therein. Intellectual property rights sharing and licensing rules within the alliance can be implemented by means of the automatic licensing and Patent Pool, etc. The ultimate goal of the collective alliance is to the direction of diversification of innovative participants and standardization of innovative behavior process. The collective alliance should establish public service platform and value-added service platform for intellectual property rights inside. The mature organization mode of synergistic innovation in high-tech industries would be a "innovation community" under the "strong intellectual property rights statute", which is the organic integration of technology innovation exporters, service connectors and end users.

Key words: Collaborative innovation; High technology industry; Intellectual property alliance; Rights and interests sharing

国际投资协定的政治经济学：一项研究议程*

王　鹏**

内容摘要：

国际投资治理体系自建立伊始便采取双边主义的合作机制，以双边投资协定为主要法律渊源，呈现高度法律化和重度逆中心化的结构趋向。本文从体系、国家和个体3个层面重述了关于国际投资协定的政治经济学研究，梳理了学界对国际投资协定体系可行性、功能性和正当性的学术追问。国际投资协定体系呈现出明显的代际差异性和权力依赖特征，权力政治依然是国际投资法律过程中鲜活的制度变量。中美欧三方的投资规则偏好差异日渐显现，国际投资立法正处在"三国混战"的大国制度竞争中，未来演进趋势则有赖于进一步的观察与分析。

关键词：

权力结构　国际投资协定　正当性　制度竞争

国际投资法可算是一般国际法理论和实践的"异类"，私人投资者可以援引数以千计的国际投资协定（International Investment Agreements，IIAs）[1]直接将

---

* 本文系国家社科基金青年项目"'一带一路'背景下国际投资仲裁多边改革与中国对策研究"（18FX084）的阶段性成果。

** 西安交通大学法学院讲师，硕士生导师，剑桥大学劳特派特国际法研究中心访问学者，法学博士、公共管理学博士后。

[1] Americo Beviglia & Pierre Sauve, "International Investment", in Andrew T. Guzman & Alan O. Sykes eds., *Research Handbook in International Economic Law*, Edward Elgar, 2007, pp. 211 – 270.

国家起诉到国际法庭。在其他国际法领域中,私人从未享有如此程度和数量的国际法权利。一系列疑问随之而来:国家出于何种动机做出如此程度的国际法“让步”,国际投资法又是如何逐步从一般国际法体系分离出来,何种因素能够解释国际投资协定体系的独特性;在资本输出国和资本输入国双重角色国家增多、国有企业跨国投资增多的新常态下,国际投资协定体系又会走向何处?对国际投资协定的传统法律教义学研究或许可以向我们展示国际投资协定的内容、投资者据此享有的权利、缔约国承担的义务,但是无法解释国际投资协定从何而来、为何而来、如何而来,[2]更无法回应跨国投资新常态下“国际投资协定向何处去”的学术追求。在此意义上,国际投资法的跨学科研究就成为一种“学术必需品”。[3]

---

[2] Stephan Schill, *The Multilateralization of International Investment Law*, Cambridge University Press, 2009, p. xv.

[3] 作为独特的国际法律实践,国际投资协定现象吸引了越来越多的跨学科学术注意力。例如,《圣克拉拉国际法杂志》(Santa Clara journal of international law)在 2013 年第 12(1)期组织学者专刊讨论“外国投资的法律与政治”(Law and Politics of Foreign Investment):鲁道夫 · 多尔查:《公平与公正待遇:今天的轮廓》,载《圣克拉拉国际法杂志》2014 年第 12(1)期;奥古斯特 · 赖尼希:《在投资的道路上——欧洲欲往何处?欧盟双边投资协定和其他投资协定的未来》,载《圣克拉拉国际法杂志》2014 年第 12(1)期;凯瑟琳 · 罗杰斯:《国际投资仲裁员的政治学》,载《圣克拉拉国际法杂志》2014 年第 12(1)期;詹森 · 韦伯 · 亚基:《国家在双边投资协定中的国家是就争端解决机制讨价还价,还是寻求更大的合作?》,载《圣克拉拉国际法杂志》2014 年第 12(1)期。国际政治和国际关系期刊《世界政治》(World Politics)在 2014 年第 66(1)期也组织四篇文章专题讨论“国际投资机制:外国直接投资、双边投资条约和贸易协定”(Regime for International Investment-Foreign Direct Investment, Bilateral Investment Treaties, and Trade Agreements);海伦 · 米尔纳:《全球经济、外商直接投资和投资制度》,载《世界政治》2014 年第 66(1)期;贝斯 · 西蒙丝:《双边投资协定的谈判和仲裁:保护和促进世界投资的制度》,载《世界政治》2014 年第 66(1)期;蒂姆 · 布塔布泰、海伦 · 米尔纳:《贸易协议中的外商直接投资及其制度多样性:发展中国家的信用、承诺和经济流动(1971 ~ 2007)》,载《世界政治》2014 年第 66(1)期;托德 · 阿利、克林特 · 普里查德:《对双边投资协定设计三种解释的评价》,载《世界政治》2014 年第 66(1)期。国际关系和国际政治经济学相关期刊刊发的其他关于 IIAs 的典型文章包括劳厄 · 斯科夫高 · 波尔森:《有限理性和现代投资协定的扩散》,载《国际研究季刊》2014 年第 58 期;劳厄 · 斯科夫高 ·

本文是这种跨学科学术努力的初步尝试,从不同主体的研究假设出发,梳理不同研究层面(国际体系、国家和个人)关于国际投资协定的政治经济学研究成果,总结前人关于国际投资协定体系理性问题、合作问题、演化问题的思想传统。在更大范围上,本文拟从权力视角反思国际投资协定体系中几个根本性问题:国际投资协定的核心制度功能是什么?各国不同的国际投资协定偏好如何加总?一国的国际投资协定偏好由何决定?国际投资协定体系的正当性缘何而来?国际投资协定体系如何在动态演进中保持体系稳定?

一、国际投资协定体系的根本性问题

数以千计的双边投资协定和数以百计的投资仲裁裁决组成的国际投资法体系,呈现出不同于任何其他国际法体系的主体关系和系统性特征:在国家与个人关系上,私人投资者具有直接起诉国家的国际诉权,可谓对国际法一般理论的突破;在国家间关系上,各国经济水平各异、国内制度有别,但各国签订的投资协定却呈现出相似性与差异性并存的特点;在国家与国际组织关系上,投资仲裁机构在国际投资法的发展和演化过程中发挥了相当的作用。系统解释投资协定的演进,必须考虑独特的主体关系的影响,解释国际投资协定的立法和司法问题。

波尔森、艾玛·艾斯贝特:《当索赔来临时:双边投资协定和有限理性学习》,载《世界政治》2013年第65(2)期;亚历山大·汤普森、丹尼尔·韦迪耶:《多边主义、双边主义和制度设计》,载《国际研究季刊》2014年第58期。另在2014年12月,德国发展研究所(DIE)和瑞士世界贸易研究所(WTI)联合举办"国际投资协定的政治经济学"(Political Economy of International Investment Agreements)专题会议,本文作者也有幸参加了此次会议,并作为题为"权力转移与国际投资协定体系的转型"(Shift of Power and Transformation of IIAs:A Power Structure Analysis of International Investment Agreements Regime)的英文报告。国际(经济)法与国际关系的交叉研究也为国际投资协定的政治经济学分析提供了知识背景,贝斯·西蒙丝、理查德·斯坦伯格:《国际法和国际关系》,剑桥大学出版社2006年版;杰弗里·娜薇、马克·波拉克:《国际法和国际关系的跨学科视角:前沿进展》,剑桥大学出版社2013年版;安德鲁·古兹曼、艾伦·赛克斯:《国际经济法研究指南》;托马尔·布劳德、马克·布施、阿梅利亚·博格斯:《国际经济法的政治》,剑桥大学出版社2011年版。

(一)国际投资协定的立法问题

各国为何签订投资协定?这个看似简单的问题仍未有清晰的理论解释。传统的大谈判理论(grand bargain)采取东道国—母国两分的南北分析框架:资本输入国通过在国际条约中承诺保护投资者的私人权利来吸引来自资本输出国的私人投资,以促进本国经济发展。[4] 大谈判理论框架清晰、结构简单,能够解释早期国际投资协定(以投资保护为主)的相似设计和扩散现象。[5] 然而,随着越来越多的南南 IIAs 和北北 IIAs 的出现,大谈判理论已经无力解释 IIAs 的多样性。因此,越来越多的学者试图引入更具体的解释框架,以分析 IIAs 形式多样性与内容趋同性并存、高度法律化与重度逆中心化并存的演化特征。[6]

有效承诺工具论(credible commitment)[7] 将国际投资协定视为东道国的承诺机制:资本短缺越严重、国内治理机制越差、国际声誉越差,资本输入国越倾向于与资本输出国签订保护承诺最强、义务范围最广的投资协定。[8] 理性设

---

[4] See Jeswald W. Salacuse, *The Law of Investment Treaties*, Oxford University Press, 2010, p. 111. Karl P. Sauvant & Federico Ortino, *Improving the International Investment Law and Policy Regime: Options for the Future*, Ministry for Foreign Affair of Finland, 2013, p. 21.

[5] See Jeswald W. Salacuse & Nicholas P Sullivan, "Do BITs Really Work: An Evaluation of Bilateral Investment Treaties and Their Grand Bargain", *Harv Int'l LJ* 46, 2005, p. 67.

[6] 关于国际投资协定体系的相似性与差异性,相关可视性表达参见 Mapping BITs 网站, http://mappinginvestmenttreaties. com,最后访问日期:2018 年 4 月 28 日。

[7] See Ryan J. Bubb & Susan Rose-ackerman, "BITs and Bargains: Atrategic Aspects of Bilateral and Multilateral Regulation of Foreign Iinvestment", *International Review of Law and Economics* 27, 2007, pp. 291 – 311; Tim Büthe and Helen Milner, "Bilateral Investment Treaties and Foreign Direct Investment: A Political Analysis", in Karl P. Sauvant and Lisa Sachs eds., *The Effect of Treaties on Foreign Direct Investment*, Oxford University Press, 2009, pp. 171 – 224; Andrew Kerner, "Why should I Believe You? the Costs and Consequences of Bilateral Investment Treaties", *International Studies Quarterly* 53(1), 2009, pp. 73 – 102; Yoram Haftel, "Ratification Counts: US investment treaties and FDI flows into developing Countries", *Review of International Political Economy* 17(2), 2010, pp. 48 – 377.

[8] See Todd Allee & Clint Peinhardt, "Evaluating Three Explanations for the Design of Bilateral Investment Treaties", *World Politics* 66(1), 2014, pp. 47 – 87, 60.

计论(rational design)[9]将条约视为为促进未来国际合作而有意设计的、意在增强缔约国合作承诺、减轻缔约国机会主义行为的机制。未来的不确定性越高，条约的集中化程度(centralization)和灵活性程度(flexibility)越高，条约越倾向于纳入集中化制度以提供额外信息或澄清条约模糊之处。[10] 权力和偏好理论(power and preference)则着眼于条约设计中的内生不对称性，强调资本输出国的政策倾向。资本输出国越强势、国内行动者的倾向越强烈，投资协定的保护程度越高。[11]

上述理论虽然问题意识不同，但都在某种程度上解释了IIAs多样性。有效承诺工具论和理性设计论关注个体国家如何在投资协定中可信地承诺不干预投资者商业经营的投资保护义务，反映了微观层面上去政治化的新自由主义理念。相比之下，权力和偏好论关注如何最大化本国的国家利益，反映了宏观层面上政治竞争性的国家主义理念。[12]

(二)国际投资协定的司法问题

投资者诉权是国际投资法的最显著特征，数以百计的国际投资仲裁庭在IIAs体系演化中具有不容忽视的影响。国际投资仲裁庭在实践中过于宽泛的条约解释，涉嫌超出国际投资协定的授权，引发了缔约国群体性的担忧，导致晚

---

[9] See generally Barbara Koremenos, Charles Lipson, and Duncan Snidal, "The Rational Design of International Institutions", *International Organization* 55(4)2001, pp. 761 – 799. Mark S. Copelovitch and Tonya L. Putnam, "Design in Context: Existing International Agreements and New Cooperation", *International Organization* 68(2), 2014, pp. 471 – 493。

[10] 参见蒂姆·布塔布泰、海伦·米尔纳：《贸易协议中的外商直接投资及其制度多样性：发展中国家的信用、承诺和经济流动(1971 ~ 2007)》，载《世界政治》2014年第66(1)期。这篇文章注意到国际投资协定的国内效应，从协调国内政策和促进国内改革的政策动机出发，指出国际投资协定能够比国内政策机制更有效地保持一国国内政策稳定性。

[11] See Beth A. Simmons, "Bargaining over BITs, Arbitrating Awards: The Regime for Protection and Promotion of International Investment", *World Politics* 66(1), 2014, pp. 40 – 43.

[12] See Kenneth J. Vandevelde, *Bilateral Investment Treaties: History, Policy, and Interpretation*, Oxford University Press, 2010, pp. 19 – 24(in particular); Kenneth J. Vandevelde, "The Economics of Bilateral Investment Treaties", *Harvard International Law Journal* 41, 2000, p. 469; Kenneth J. Vandevelde, "The Political Economy of a Bilateral Investment Treaty", *The American Journal of International Law* 92, 1998, pp. 621 – 641.

近国际投资协定体系的正当性之争。[13] 在去中心化的仲裁实践中,国际仲裁庭的扩张实践入侵了缔约国的立法权限,引发了学者们关于国际投资仲裁庭的功能、设计、与缔约国关系等问题的讨论。

投资仲裁庭定位之争根植于条约不完全性。在具体纠纷中解释和适用条约,投资仲裁庭必须享有一定的裁量权。仲裁庭的裁量权越小,缔约国的控制越强,仲裁庭的制度定位越反映功能主义理念,越体现功能主义工具论色彩。[14] 工具论下仲裁庭的核心制度设定是功能性,[15] 而非中立性或正当性。相比之下,仲裁庭的裁量权越大,缔约国的控制越小,仲裁庭的制度定位越反映分配主义理念,越体现分配主义立法论色彩。立法论的仲裁庭的核心制度设定是正当性,仲裁庭因为中立性强而正当性高。

国际投资协定不仅涉及国家间关系,也涉及国家与个人关系、国家与国际组织关系。以投资者权利保护为标志,国际投资协定杂糅了国家利益的内核,而仲裁庭的介入使国际立法更加复杂,难以平衡。既有研究的核心问题有别,因而在行为体选择、分析层次、解释边界[16]方面存在差别。分析层次的选择直接决定了分析所关注的主体(以及主体的行为逻辑),进而框定了不同理论的分叉点和解释边界。因此,本文以体系分析、国家分析、个体分析 3 个层次为明线组织全文,力图系统梳理国际投资协定的政治经济学研究谱系。

二、国际投资协定的体系分析视角:可行性分析

体系研究主要关注 IIAs 体系演化的动力,着力分析 IIAs 可行性和供给问

---

[13] See Susan D. Franck, "Development and Outcomes of Investment Treaty Arbitration", *Harvard International Law Journal* 50, 2009, p. 2.

[14] See Anthea Roberts, "Power and Persuasion in Investment Treaty Interpretation: The Dual Role of States", *American Journal of International Law* 104, 2010, p. 179.

[15] IIAs 的制度功能也可以从双方视角(Relation-specific function)、单方视角(State-specific function)、问题结构(Context/Issue-specific function)等角度加以分析。

[16] "一个理论的成功,除了对现实世界具有解释力以外,就是在其边界内的逻辑一致。"盛洪:《治大国若烹小鲜——关于政府的制度经济学》,上海三联书店 2003 年版,第 14 页。

题。体系分析通常视国家为单一行为体,从国家间互动的角度分析 IIAs 的产生、扩散和改革问题。

(一)国际投资协定的起源

IIAs 是国际经济体系中心与边缘竞争的产物,源于发达国家与发展中国家在主权、征收、外资保护等问题上的分歧,即南北冲突。第二次世界大战后,发展中国家政治独立,也采取自主性的经济政策,改善自身在国际经济体系中的经济地位。利用数量优势,发展中国家通过联合国确立了国家征收主权,[17]改变了发达国家所主张的习惯法规则,并伴有大规模的征收事件。然而,发展中国家发展需要持续的资金,征收可以缓解一时资金短缺,但并不具有持续性。20 世纪 70 年代,拉美国家通过主权债务的方式向发达国家融资,但到 80 年代,主权债务已构成拉美国家沉重的财政负担。发展中国家面临如何吸引外国私人直接投资的政策难题。

面对发展中国家的集体行动,发达国家传统上借助外交保护来保护本国海外投资。然而,外交保护程序烦琐、数量众多,而且可能影响发达国家与发展中国家的外交大局,尤其是那些关系密切的发展中国家。此时,发达国家开始引入去政治化导向的双边投资协定,化解边缘国家的多边行动。对发展中国家而言,签订投资协定会限制国家征收主权,也意味着发展中国家集体行动的失败,但也避免了发达国家的强力外交保护压力。换言之,投资协定是互利的、自足的,但却是不平等的。在投资单向流动的语境下,投资协定更有利于发达国家,可以规模化地保护本国海外投资者,[18]但发展中国家也可借此吸引外资,并避免发达国家的外交压力,这也是大谈判理论的核心解释。

(二)国际投资协定的扩散

在理论上,大谈判理论提供了基本解释框架,但在实践中,大谈判理论多大程度上促进了投资协定的扩散?

古兹曼(Andrew Guzman)认为,相关联大决议是发展中国家的集体行动。

---

〔17〕 See Andrew Guzman, "Why lDCs sign treaties that hurt them: Explaining the popularity of Bilateral investment treaties", *Virginia Journal of International Law* 38, 1998, pp. 639 – 688.

〔18〕 See Alan Sykes, "Public versus Private Enforcement of International Economic Law: Standing and Remedy", *Journal of Legal Studies* 34(4), 2005, pp. 631 – 666.

但在双边谈判过程中,发展中国家面临"囚徒困境",即在发达国家的引诱或压力下,承诺放弃或部分放弃经济主权,承诺对投资者提供高标准的赔偿。[19] 埃尔金斯(Elkins)、古兹曼和西蒙斯(Simmons)通过3个变量实证分析双边投资协定(Bilateral Investment Treaty, BIT)扩散的原理:各国出口目的地市场的重合、出口部门的重合、劳动力供给和基建行业结构的相似性。他们认为如果出口竞争国家已经签订了BIT,本国政府更有可能签订BIT。他们认为这印证了BIT作为低投资成本的信号传递机制的作用。赛克斯(Alan Sykes)从贸易和投资比较分析的视角研究投资者私人诉权为何能够成为可能:东道国通过保护投资吸引更多外国投资本身就收益颇丰,而无须投资者母国的互惠性承诺,也无须考虑投资者是否在母国拥有政治影响力;贸易问题则要求较高的互惠性,过多地进口外国产品及服务会损害本国竞争性行业。[20]

关于BIT与外商直接投资(Foreign Direct Investment, FDI)流动的相关关系,既有研究并不存在确定性的结论。[21] 第一,支持论者认为,IIAs促进了FDI的流动。萨拉丘斯(Jeswald W. Salacuse)和苏里文(Nicholas P. Sullivan)认为BIT具有3个目的预设,即投资保护、市场自由化和投资促进,并认为BIT可能并没有直接或实质地促进FDI的自由流动,但BIT的确促进了美国与发展中国家的资本流动。[22] 林(Sokchea Lim)指出在南亚、东亚和东南亚区域,每签订一

---

〔19〕 See Andrew Guzman, "Why LDCs sign treaties that hurt them: Explaining the popularity of Bilateral investment treaties", *Virginia Journal of International Law* 38, 1998, pp. 639 – 688.

〔20〕 See Alan Sykes, "Public versus Private Enforcement of International Economic Law: Standing and Remedy", *Journal of Legal Studies* 34(4), 2005, pp. 631 – 666.

〔21〕 See Karl P. Sauvant & Lisa E. Sachs, *The Effect of Treaties on Foreign Direct Investment: Bilateral Investment Treaties, Double Taxation Treatiese, and Investment Flows*, Oxford University Press, 2009. Gleider I. Hernάndez, "The Judicialization of International Law: Reflections on the Empirical Turn", *European Journal of International Law* 25(3), 2014, pp. 919 – 934.

〔22〕 See Jeswald W. Salacuse, Nicholas P. Sullivan, "Do BITs Really Work? An Evaluation of Bilateral Investment Treaties Grand and Their Grand Bargain", *Harvard International Law Journal* 46(1), 2005, pp. 67 – 130.

个 BIT 能够促进 FDI 流动增加 2.3%。[23] 格林(Selen Sarisoy Guerin)认为 OECD BIT 和 EU BIT 与缔约国对外直接投资具有显著的正相关性,其讨论的变量包括私有化进程(作为经济改革的控制变量)、贸易关联水平、国内民主水平和征收的风险。[24] 第二,怀疑论者认为,IIAs 与 FDI 流动并不存在明显的统计相关性。亚基(Jason Webb Yackee)通过回归分析指出 BIT 与政治风险并不存在显著的正相关性,而且也指出投资风险保险商并未将 BIT 纳入到保险费用计算的考虑事项,因此认为 BIT 可能并不构成外国资本流动的显著促进因素。[25] 同样地,波尔森(Lauge N. Skovgaard Poulsen)也指出:根据资本输出国 BIT 谈判者,投资者很少在投资时咨询 BIT 缔约情形;IIAs 对政治风险保险(无论是商业保险还是MIGA 提供的政策保险)的保险范围和价格的影响不大。[26] 第三,折中论者认为,IIAs 在促进缔约国法治方面有积极作用,虽然其对 FDI 流动的影响尚不明确。弗兰克(Susan D. Franck)即认为国际投资仲裁对 FDI 流动的精确影响难以测定;但 IIAs 和国际投资仲裁在促进法治方面仍具有重要影响。[27]

权力基础上的互惠合作解释了国际投资协定的起源。但如何解释发展中国家之间的南南 BITs 和发达国家之间的北北 BITs？发展中国家,尤其是新兴

---

[23] See Kim Sokchea, "Bilateral Investment Treaties, Political Risk and Foreign Direct Investment", *Asia Pacific Journal of Economics & Business* 11(1),2007,pp. 6 – 24.

[24] See Selen Sarisoy Guerin, "Do the European Union's Bilateral Investment Treaties Matter?" CEPS Working Document,2010,p. 333.

[25] See Jason Webb. Yackee, "Do Bilateral Investment Treaties Promote Foreign Direct Investment? Some Hints from Alternative Evidence", *Virginia Journal of International Law* 51(2), 2010, pp. 405 – 414. Jason Webb. Yackee, "Bilateral Investment Treaties, Credible Commitment, and the Rule of (International) Law: Do BITs Promote Foreign Direct Investment?", *Law and Society Review* 42(4),2008,pp. 805 – 832.

[26] Lauge N. Skovgaard Poulsen, "The Importance of BITs for Foreign Direct Investment and Political Risk Insurance: Revisiting the Evidence", in K. Sauvant, ed., *Yearbook on International Investment Law and Policy* 2009/2010,Oxford University Press,2010.

[27] Susan D. Franck, "Foreign Direct Investment, Investment Treaty Arbitration and the Rule of Law", *McGeorge Global Business and Development Law Journal* 19,2007,p. 337.

经济体国家,是否形成了独特的 IIAs 模式? 南南 BIT 在内容上并未显著不同于传统的南北 BIT。虽然波尔森通过大样本分析后认为南南 BITs 在范围上更加限缩。[28] 然而,波尔森指出最惠国待遇(Most Favored Nation Treatment, MFN)条款平整了(leveled out)不同 BITs 的条约间差异,并进一步分析,这可能源于发展中国家谈判者的无心之误。[29] 发展中国家经常忽略 BITs 可能带来的风险,直到在具体投资仲裁中被起诉。在此意义上,国家与个人类似,在很大程度上仅具有有限理性:在没有预见具体立场的情形下,行为者倾向于忽视可能性较低但影响极大的风险。[30]

(三) 多边投资立法的尝试

无论是从哈瓦那宪章,还是经济合作与发展组织(Organization for Economic Co-operation and Development, OECD) 1998 年的多边投资协定(Multilateral Agreement on Investment, MAI)草案,多边投资立法屡试屡败。OECD 1998 年 MAI 由发达国家发起,并主要沿用发达国家的投资协定设计,其综合性强、保护水平高、涵盖领域广、自由化程度高,[31] 试图一次性地建立高水平的投资保护规则。[32] 然而,发达国家本身在例外事项、环保、劳工等事项上最终未能达成共识。有学者指出,即便 MAI 最终成功签订,发展中国家也很难接

〔28〕 See Lauge Skovgaard Poulsen, "The Politics of South - South Bilateral Investment Treaties", in T. Broude, A. Porges, and M. Busch eds., *The Politics of International Economic Law*, Cambridge University Press, 2011, pp. 20 – 21.

〔29〕 See Lauge N. Skovgaard Poulsen, "The Politics of South-South Bilateral Investment Treaties", in Tomer Broude, Amy Porges, and Marc Busch eds., *The Politics of International Economic Law*, Cambridge University Press, 2011. Partly reprinted from *Northwestern Journal of International Law and Business* 30(1), 2010, pp. 101 – 130.

〔30〕 See Lauge N. Skovgaard Poulsen and Emma Aisbett, "When the claim hits: bilateral investment treaties and bounded rational learning", *World politics* 65(2), 2013, pp. 273 – 313.

〔31〕 See M. Sornarajah, *The International Law on Foreign Investment*, Cambridge University Press, 2004, pp. 291 – 292.

〔32〕 参见刘笋:《从 MAI 看综合性国际投资多边立法的困境和出路》,载《中国法学》2001 年第 5 期。

受，其条约义务超出了发展中国家的发展水平和经济承受能力。[33]

随后，发达国家转战世界贸易组织（World Trade Organization, WTO），在多哈回合谈判中尝试引入投资议题，[34]但也未能取得实质性成果。WTO 的成员代表性和谈判方式的灵活性，的确是推进多边投资谈判的最佳场所。[35] 然而，各方立场分歧难以弥合：欧盟等其他发达国家态度较为积极，但美国主张高度自由化和保护水平的多边协定，不愿作出任何实质性妥协；大多数发展中国家则反对进行多边投资谈判。[36]

文本分析无力解释 MAI 的失败之谜。[37] 在支持者看来，MAI 有利于增强整个投资规则体系的稳定性和可预见性，[38]有助于建立更加平等、统一、更适应全球价值链的市场基础。[39] 然而，在反对者看来，导致 OECD MAI 谈判失败的因素依然存在，例如，投资和投资者尚不存在精确的定义、一般例外事项的不明确性、投资人与东道主国争端解决机制（Investor-State Dispute Settlement, ISDS）程序的调整范围和限制程序。[40] 此外，双边投资协定已经建立了一个实质的多

〔33〕 参见刘笋：《从 MAI 看综合性国际投资多边立法的困境和出路》，载《中国法学》2001 年第 5 期。

〔34〕 参见徐崇利：《WTO 多边投资协定议题与中国的基本策略分析》，载《法律科学》2004 年第 4 期。

〔35〕 曾华群教授认为将 MAI 谈判纳入 WTO 体制缺乏法律依据。曾华群：《多边投资协定谈判前瞻》，载《国际经济法学刊》2010 年第 3 期。

〔36〕 参见徐崇利：《WTO 多边投资协定议题与中国的基本策略分析》，载《法律科学》2004 年第 4 期。

〔37〕 See Tim Buthe & Helen V. Milner, "Foreign Direct Investment and Institutional Diversity in Trade Agreements: Credibility, Commitment, and Economic Flows in the Developing World, 1971 – 2007", *World Politics* 66(1), 2014, pp. 88 – 122.

〔38〕 参见李玉梅、桑百川：《国际投资规则比较、趋势与中国对策》，载《经济社会体制比较》2014 年第 1 期。

〔39〕 See Gary Hufbauer and Sherry Stephenson, "The Case for a Framework Agreement on Investment", *Columbia FDI Perspectives* 116, 2014, p. 2.

〔40〕 See Rainer Geiger, "the Transatlantic Trade and Investment Partnership: A Critical Perspective", *Columbia FDI Perspective* 119, 2014, p. 2.

边体制,新建MAI的功能有限。[41]

随着民族主义和民粹主义的蔓延,多边投资立法的前景更不容乐观。以跨太平洋伙伴关系协定(Trans-Pacific Partnership Agreement,TPP)、跨大西洋贸易与投资伙伴协定(Transatlantic Trade and Investment Partnership,TTIP)[42]为代表的发达国家区域性投资协定,[43]在短暂的强力推进后,也陷入停滞和徘徊期。TTIP明显继承了OECD MAI草案,但在内容和议题上都走得更远;TPP则是美国主导的、力图在政治和经济上全面整合亚太经济区的综合战略。[44] 由于美国特朗普政府独特的经济和政治政策,TPP在美国退出谈判后转为CPTPP继续推进,并由其余11个国家签署。即便如此,美国在TPP和TTIP中的投资章节也将极大影响投资协定体系的演进。[45] 欧盟和中国仍然追求开放经济政策:欧盟试图在双边(与加拿大、越南、新加坡、墨西哥)和多边(United Nations Commission on International Trade Law,UNCITRAL)同时推进投资规则谈判;中国在谨慎谋求中美BIT、[46]中欧BIT谈判的同时,在WTO、金砖国家会议和"一

[41] See Axel Berger,"The Futile Debate over a Multilateral Framework for Investment", *Columbia FDI Perspective* 102,2013,p.2.

[42] 一般性研究,参见Junji Nakagawa, *Multilateralism and Regionalism in Global Economic Governance: Finance, Trade and Investment*, Routledge, 2011. Richard E. Baldwin, "Multilateralising Regionalism: Spaghetti Bowls as Building Blocs on the Path to Global Free Trade", *The World Economy* 29(11),2006,pp. 1451 – 1518.

[43] See Beth A. Simmons, "Bargaining over BITs, Arbitrating Awards: The Regime for Protection and Promotion of International Investment", *World Politics* 66(1),2014,pp. 12 – 46.

[44] See Jonathan S. Kallmer, "the Global Significance of Transatlantic Investment Rules", *Columbia FDI Perspective* 99,2013,p.3.

[45] See Jonathan S. Kallmer, "the Global Significance of Transatlantic Investment Rules", *Columbia FDI Perspective* 99,2013,p.3.

[46] See Karl P. Sauvant and Huiping Chen, "A China-US Bilateral Investment Treaty: A Template for a Multilateral Framework for Investment", *Columbia FDI Perspective* 85,2012,pp. 1 – 3. David A. Gantz, "Challenges for the United States in Negotiating a BIT with China: Reconciling Reciprocal Investment Protection with Policy Concerns", *Arizona Legal Studies Discussion Paper*,2014,14 – 03.

带一路"倡议[47]层面推进投资规则改革。[48] 在新的权力结构下,国际投资立法应当采取什么形式?是继续双边先于多边、程序先于实体,还是双边与多边并行,或是区域立法先行?这些都是亟待系统回应的理论命题。[49]

三、国际投资协定的国家分析视角:功能性分析

国家层次研究主要关注各国对投资协定的战略定位,将实践差异归结于各国战略和体制差异,重点分析 IIAs 的功能性,这能够在很大程度上解释 IIAs 体

---

〔47〕 相关学者对中国崛起与国际秩序的相关研究,参见专题讨论《国际秩序的构建:历史、现在和未来》,载《外交评论》2015 年第 5 期;陈岳:《当前国际体系的变革与走向》,载《外交评论》2015 年第 5 期;陶坚:《融入和塑造国际体系是一个长期进展》,载《外交评论》2015 年第 5 期;刘丰:《国际利益格局调整与国际秩序转型》,载《外交评论》2015 年第 5 期。刘丰:《结构压力、霸权正当性与制衡行为》,载《国际政治科学》2009 年第 3 期;海泽龙:《国际公共物品与国家软实力:基于国际机制的关联》,载王逸舟主编:《国际公共产品:变革中的中国与世界》,北京大学出版社 2015 年版;刘志云:《现代国际关系理论视野下的国际法》,法律出版社 2006 年版;刘志云:《国际经济法律自由化原理研究》,法律出版社 2015 年版;赵骏:《变革中的国际经济法:中国的角色、态度和路径选择》,浙江大学出版社 2013 年版;实务工作者和政府官员对中国制度性崛起的研究,参见陈德铭等:《经济危机与规则重构》,商务印书馆 2014 年版;金中夏:《全球化向何处去:重建中的世界贸易投资规则与格局》,中国金融出版社 2015 年版;赵龙跃编:《制度性权力:国际规则重构与中国策略》,人民出版社 2016 年版。

〔48〕 参见邢厚媛:《全球治理中的国际投资规则变化与对策》,载《国际经济合作》2013 年第 12 期。

〔49〕 关于多边经贸规则的更多讨论,参见安佰生:《国内规制主权与自由贸易的冲突及解决方案——技术性贸易壁垒的本质及规则发展趋势初探》,载《国际经济法学刊》2015 年第 3 期;Branislav Gosovic:《南方国家重整旗鼓与全球南北关系的重塑》,张泽忠译,载《国际经济法学刊》2015 年第 3 期;盛斌:《迎接国际贸易与投资新规则的基于与挑战》,载《国际贸易》2014 年第 2 期;叶玉:《全球经济治理体系的冲突与协调》,载《国际观察》2013 年第 3 期;都毫:《多边投资框架的发展趋势——兼论中国对策》,载《法制与社会发展》2003 年第 2 期。

系的多样性和碎片化。[50]

(一)国家战略与国际投资协定

由于合作政策不确定性和时间敏感性,国家间宏观经济合作的难度较大。[51] 从各国利益差异出发,金史密斯(Jack L. Goldsmith)和小波斯纳(Eric A. Posner)提出了四种模型,解释国际法的存在与功能:利益耦合模型、协调模型、合作模型和强制模型。[52] 古兹曼(Andrew Guzman)以双边囚徒困境为框架,从协调(有无条约,国家都可能以相同方式行事)和合作(国家之间存在利益冲突)两种互动类型出发,提出了基于互惠、声誉和报复为执行机制的国际法解释模型。[53]

1. 作为法律手段的国际投资协定

各国可能在不同战略层面使用国际投资协定。早期投资协定以去政治化为核心功能,即以法律手段化解跨国投资争议。所以,确立投资待遇和保护水平及建立去政治化的争端解决机制是最主要的政策需求。[54]

投资协定可能在更大范围和更高层次上发挥其他作用。舒尔茨(Thomas Schultz)和都彭(Cedric G. Dupont)认为IIAs可能发挥3种功能:发达国家控制发展中国家的新型殖民工具(neo-colonial instrument)、促进东道国国内法治的

---

〔50〕 参见安妮·范·艾肯:《国际法的分裂:国际投资保护的案例》,载《芬兰国际法年鉴》(2008年第17卷),第129页;田野、于敦海:《对外经济政策分析的国家主义视角:缘起与流变》,载《外交评论》2008年第5期。

〔51〕 See Eric A. Posner & Alan O. Sykes, "International Law and the Limits of Macroeconomic Cooperation", *South California Law Review* 86, 2013, p. 1025.

〔52〕 See Jack L. Goldsmith and Eric A. Posner, *the Limits of International Law*, Oxford University Press, 2005 (coincidence, coordination, cooperation and coercion).

〔53〕 See Andrew Guzman, *How International law Works: A Rational Choice Theory*, Oxford University Press, 2005, p. 121.

〔54〕 肯尼思·范德威尔(Kenneth J. Vandevelde)认为美国BIT战略在初期有多重目的:首先在于提供一套发展中国家与发达国家都支持的征收补偿标准;其次,BIT能够通过纳入投资的习惯国际法保护规则,进而提供一套稳定、透明、有利的投资环境;最后,在有限意义上,BIT能够向发展中国家展示那些受投资者欢迎的法律环境。当然,BIT的首要创新之处在于投资者的国际投资仲裁庭直接诉权。参见[美]肯尼思·范德威尔:《美国国际投资协定》,牛津大学出版社2009年版,第26~27页。

工具和促进国际法治的工具。通过分析 1972 年到 2010 年的 541 个仲裁案件，舒尔茨和都彭指出，在 20 世纪 90 年代中期以前，IIAs 主要是发达国家保护本国利益和强加法治体系的工具；在 20 世纪 90 年代中期之后，IIAs 通过界定国际投资仲裁庭的授权空间，成为促进国际投资法治的工具。然而，无论何时，IIAs 对低收入国家的影响要高于高收入国家。[55]

投资协定的多重作用可能与各国的政策追求存在冲突。随着仲裁案件增多，投资仲裁的挤出效应逐渐显现，可能不当地限制缔约国的公共政策空间，即"监管寒蝉效应"(regulatory chill)。当因东道国公共政策引起的间接征收成为投资纠纷的主要形式时，如何平衡东道国监管权和投资者权利保护就成为国际投资立法的主要政策矛盾。

2. 作为外交手段的国际投资协定

投资流动是投资协定的经济基础。如果两国过去、现在或预期资本流动不大，但又切切实实地签订了 IIAs，那么，缔约国很可能在非经济性的、宣示性的外交功能层面使用国际投资协定。

投资协定可能构成外交工具，封闭性更大的自由贸易协定(Free Trade Agreement，FTA)尤甚。[56] 传统学术观点认为发达国家通过 BIT 来保护本国的海外投资。但奇尔顿(Adam S. Chilton)认为，美国主要将 BIT 用作外交政策工具：[57] 发展中国家在美国外交体系中的地位更能解释美国的缔约选择性；[58] 相比于投

---

〔55〕 See Thomas Schultz, and Cedric G. Dupont, "Investment Arbitration: Promoting the Rule of Law or Over-Empowering Investors?", *European Journal of International Law* 25(4), 2014, pp. 1147 – 1168.

〔56〕 参见张玉环、李巍：《自由贸易协定的政治经济学研究述评》，载《国际政治研究》2014 年第 2 期。

〔57〕 See Adam S. Chilton, "Reconsidering the Motivations of the United States' Bilateral Investment Treaty Program", American Society of International Law Proceedings, 2015, pp. 373 – 376。

〔58〕 参见[美]亚当·奇尔顿：《美国双边投资协定安排的政治学》，2014 年 1 月 17 日工作文件，第 13 页。亚当·奇尔顿(Adam Chilton)用美国既有军事援助的数额和是否是前社会主义国家来衡量潜在缔约伙伴对美国的战略重要性。

资流动,政治收益能更好地解释美国 BIT 战略的规律。[59] 此时,政治收益表现为缔约伙伴在联合国与美国保持一致,但却不足以激励缔约伙伴允许美国驻军或与美国结成军事同盟。[60]

就 FTA 战略而言,TPP 曾是美国"重返亚洲"地缘战略的构成部分,是美国主导的力图在政治、经济上全面整合亚太经济区、推进亚太一体化的综合战略机制。[61] 这也是为什么,中国与欧美可能同时进行 BIT 谈判,但中国绝无可能在现有情形下与任何一方启动 FTA 谈判。这也部分解释了,亚太自贸区(Free Trade Area of the Asia-Pacific,FTAAP)战略和"一带一路"倡议为何会如此引人注目。[62]

3. 作为政治手段的国际投资协定

投资协定在缔约国国内具有不容忽视的政策效应,这种原本非主导性的政策效应反倒有可能被缔约国利用,用来促进某些国内战略。例如,德沃金(Ronald Dworkin)认为,国家具有遵守国际法的表面义务(prima facie obligation),这可以增强政府的国内政治合法性(political legitimacy)。[63] 奇尔顿(Adam S. Chilton)认为,这种合法性解释难以解释民主国家为何遵守他们反

[59] 参见[美]亚当 · 奇尔顿:《美国双边投资协定安排的政治学》,2014 年 1 月 17 日工作文件,第 21 页。亚当 · 奇尔顿分别比较投资保护(investment protection)、美国外商直接投资流(US FDI flow)、军事援助(military aid)和前共产主义(former communist)四个变量与 BIT 趋势的相关关系。

[60] 参见[美]亚当 · 奇尔顿:《美国双边投资协定安排的政治学》,2014 年 1 月 17 日工作文件,第 21 页。(BIT 是一种低成本政策工具:BIT 并不要求缔约国进行积极的资金或军事投入;BIT 仅要求国家作出冗余的承诺;BIT 容易在国内进行"保护本国投资者海外投资"的宣传;BIT 谈判以范本为依据,谈判的边际成本低)

[61] 参见[美]乔纳森 · 凯勒:《跨大西洋投资规则的全球意义》,载《哥伦比亚国际直接投资展望》2013 年第 99 期;邢厚媛:《全球治理中的国际投资规则变化与对策》,载《国际经济合作》2013 年第 12 期。

[62] 参见王江雨:《亚太自贸区:博弈中彰显中国力量》,载《法制日报》2015 年 1 月 6 日,第 10 版。

[63] See Ronald Dworkin, "A New Philosophy for International Law", *Philophy and Public Affiars* 41, 2013, p. 2.

对或没有同意的国际法规则。[64]

国内效应是中国投资协定战略的重要考虑,即所谓的以开放促改革战略。[65] 这也是为什么,中美 BIT 谈判多被学界称为第二次"入世"谈判。积极的国际投资协定战略可以强化国内改革意识,强化政策话语和政策宣传的一致性;国际条约可以锁定国内政策,强化国内法治完善的制度环境及政策预期,减少政治周期更替对规则和政策稳定性的破坏;对国际市场的高度依赖是中国积极参与国际法治的经济动因,可以为国内发展与改革营造更好的国际环境。[66]

(二)国家制度与国际投资协定

国际法律体系有两对根本矛盾:规范和权力的关系、国际法与国内法的关系。[67] 对这两对关系的认知和理解决定了1国对国际法律体系的政策取向和路径。关于国际法与国内法的关系,学界存有不同理论。有学者认为,国内法律体系决定国际法律体系的特征,[68] 如镜面模型论、民主和平论;[69] 还有学者主张,国际秩序塑造国内法律体系,如反向镜面模型;[70] 开放经济政治学(open

---

〔64〕 See Adam S. Chilton, "A Reply to Dworkin's New Theory of International Law", *University of Chicago Law Review Dialogue* 80, 2013, pp. 105 – 115.

〔65〕 参见欧盟的国际投资协定战略似乎也有类似的考虑,欧盟通过 IIAs 谈判撬动欧盟内部权力整合,促进欧盟的内部一体化进程。

〔66〕 参见汪洋:《加强涉外法律工作》,载《人民日报》2014 年 11 月 6 日,第 6 版。

〔67〕 See Jacques deLisle, "China's Approach to International Law: A Historical Perspective", *Proceedings of the Annual Meeting of American Society of International Law* 94, 2000, p. 268.

〔68〕 此种流派主张,自由主义国家之间的国际法,不同于或应当不同于自由主义与非自由主义国家之间的国际法。

〔69〕 See Joel P. Trachtman, "International Law and Domestic Political Coalitions: The Grand Theory of Compliance with International Law", April 18, 2010, available at SSRN: http://ssrn.com/abstract=1549337.

〔70〕 See David A. Baldwin ed., *Neorealism and Neoliberalism: The Contemporary Debate*, Columbia University Press, 1993.

economy politics)[71]理论则认为,国内与国际法律秩序相互影响,只有在两种秩序的互动中才能全面捕捉国际政治的复杂性。由于国家主权原则,国内政治对国际政治的影响显然要更明显。[72] 换言之,1国通常只有在收益足够多的情形下才会选择参与国际法律体系。这就决定了,1国参与的国际事务,包括国际法律事务,都有其坚定的国内政策基础,或可被视为国内政治或法律体系的国际延伸。在这个意义上,所有的国际政治都是国内的,[73]国际制度可以被视为国内制度的延伸。

不同宪政制度的国家是否采用了不同类型的投资协定?第一,市场经济是投资协定的经济基础,也是实践投资协定的前提。特别是,随着国有企业和政府控制投资的增多,IIAs越来越可能纳入国有企业条款。不同经济模式国家对国有企业的整体认知和法律制度存在明显差异,这既涉及市场经济国家与前计划经济国家的"东西差异",也涉及新兴经济体与发达经济体的"南北之争"。[74]

---

[71] See David Lake, "Open Economy Politics: A Critical Review", *Review of International Organization* 4(3), 2009, pp. 219-244.

[72] Joel P. Trachtman, "Open Economy Law", in Jeffrey L. Dunoff & Mark A. Pollack eds., *Interdisciplinary Perspectives on International law and International Relations: The State of Art*, Cambridge Universtit Press, 2013, pp. 544-567.

[73] See John Kurt Jacobsen, "Review: Are All Politics Domestic? Perspectives on the Integration of Comparative Politics and International Relations Theories", *Comparative Politics* 29 (1), 1996. Kristian Skrede Gleditsch, *All International Politics Is Local: The Diffusion of Conflict, Integration, and Democratization*, University of Michigan Press, 2002. Robert D. Putnam, "Diplomacy and Domestic Politics: The Logic of Two-Level Games", *International Organization* 42(3), 1988. Bruce Bueno De Mesquita, "Domestic Politics and International Relations", *International Studies Quarterly* 46, 2002, pp. 1-9(提出了三种应相互结合使用的研究方法:数理逻辑,个案档案研究逻辑,统计逻辑)。完全不同的切入点分析可见,Daniel W. Drezner, "All Politics Is Global: Explaining International Regulatory Regimes", Princeton University Press, 2007.

[74] See Lauge N. Skovgaard Poulsen, "Investment Treaties and the Globalization of State Capitalism: Opportunities and Constraints for Host States". In Roberto Echandi and Pierre Sauvé eds., *Prospects in International Investment Law and Policy*, Cambridge University Press, 2013, pp. 73-90.

第二,也有理论认为,民主程度影响一国参与、批准、遵守投资协定的动机,[75]因为民主国家对财产权利的保护足够充分,不需要通过签订 BIT 的方式进行额外的保护承诺。[76] 与此类似,法治程度也是影响一国 IIAs 战略的重要因素。强法治国家间完全可能订立不包含 ISDS 机制的投资协定,例如,美国—澳大利亚 2005 年 FTA。也有很多学者主张 TTIP 投资章节也无须纳入 ISDS 机制,[77]因为美欧两方法治程度都较高,无须 ISDS 来最终执行投资者权利。

国际投资法与国内法的互动十分明显。[78] 第一,投资仲裁主要审查东道国政府行为,且多涉及东道国公共政策。第二,以“东道国法律和法规”为依据的 BIT 待遇规定为仲裁庭解释和适用国内法提供了渠道,尽管国际仲裁庭并不是适用国内法的优势机构。[79] 第三,在国际投资法领域,财产权和征收的概念及保护标准具有明显的国内法印记。发达国家国内法对国际投资法的发展具有很大的影响。晚近,新兴经济体谈判能力不断提高,这些国家国内法如何影响国际投资协定演进仍有待进一步观察。

---

[75] See Rachel Brewster, and Adam S. Chilton, “Supplying Compliance: Why and When the United States Complies with WTO Rulings”, *Yale Journal of International Law* 39(2), 2014.

[76] See Abram Chayes, Antonia Handler Chayes, “On compliance”, *International Organization* 47(2), 1993, pp. 175 – 205.

[77] Scc Lauge Poulsen, Jonathan Bonnitcha and Jason Yackee, “Transatlantic Investment Treaty Protection, CEPS Special Reports”, March 2015, http://www.ceps.eu/book/transatlantic-investment-treaty-protection; Cf. Freya Baetens, “Transatlantic Investment Treaty Protection-A Response to Poulsen, Bonnitcha and Yackee”, CEPS Special Reports, March 2015, http://www.ceps.eu/book/transatlantic-investment-treaty-protection—response-poulsen-bonnitcha-and-yackee.

[78] 参见王贵国:《略论晚近国际投资法的几个特点》,载《比较法研究》2010 年第 1 期。

[79] 相比之下,国内法庭或仲裁机构更有能力查明和适用东道国国内法。国际仲裁庭即便适用国内法也只是“浮光掠影”,国际仲裁庭显然在适用国际法方面更有优势。

四、国际投资协定的个体分析视角:正当性分析

个体分析主要关注非国家行为体对国际投资法体系的影响,从投资者、仲裁员等个体角度解释 IIAs 的功能性与正当性。

(一)投资者

保护投资者是投资协定的主要目标,也是投资协定设计的基本原则。为尽可能扩大保护范围,多数投资协定对投资者的界定非常宽泛,仅要求按照缔约国法律进行注册,少数条约要求投资者开展实质性商业活动。

OECD 相关报告从公司法视角探讨国际投资法设计,尤其是公司国籍认定标准和平行仲裁问题。[80] 泽泽什(Dirk A. Zetzesche)指出,国际投资法的焦点正从投资者保护转为资本和市场治理,并可能与金融法相互重叠。[81] 金融监管要求平衡保护投资者和其他市场参与者,这为利益相关者理论的引入提供了可能。然而,在金融法或投资法引入利益相关者理论,会降低整个投资市场的回报率,并可能增加金融危机的整体风险。因此,相比于投资法或金融法,公司法体系更适合引入利益相关者理论。宽泛的公司国籍要求在投资仲裁中造成了一些争议,例如,投资仲裁的第三方资助问题。第三方资助是指非纠纷当事方

---

〔80〕 See David Gaukrodger, "Investment Treaties as Corporate Law: Shareholder Claims and Issues of Consistency. A Preliminary Framework for Policy Analysis", OECD Working Papers on International Investment, 2013/3, available at www. oecd. org/investment/working-papers. htm; David Gaukrodger, "Investment Treaties and Shareholder Claims for Reflective Loss: Insights from Advanced Systems of Corporate Law", OECD Working Papers on International Investment, 2014/02, available at http://dx. doi. org/10. 1787/5jz0xvgngmr3-en; David Gaukrodger, "Investment Treaties and Shareholder Claims: Analysis of Treaty Practice", OECD Working Papers on International Investment, 2014/03, available at http://dx. doi. org/10. 1787/5jxvk6shpvs4-en.

〔81〕 See Dirk A. Zetzsche, "Investment Law as Financial Law: From Fund Governance over Market Governance to Stakeholder Governance?", in H. S. Birkmose, M. Neville & K. E. Sørensen eds., *The European Financial Market in Transition*, Kluwer Law International, Wolters Kluwer, 2011, pp. 356 – 357.

通过资助投资者仲裁的方式间接参与投资仲裁。第三方资助可能是商业行为，力图从投资者获胜的仲裁裁决中获利，不同于投资协定中的代位，即政府通过担保或海外投资保险方式在对投资者进行补偿后，获得对投资纠纷的求偿权。第三方资助行为大大增加了投资仲裁的启动概率，其对投资仲裁机制的系统影响仍有待于进一步观察。

国有企业投资问题逐渐成为晚近投资立法的热点。发达国家通过投资者定义、投资准入安全审查、反垄断审查、竞争中立条款等规则限制或约束国有企业投资活动。在中国投资者发起的投资仲裁中，国有企业的投资者资格问题也是争议焦点之一。传统投资定义采取所有制中立立场，并不区分投资的来源，平等保护各类投资者。从保护和促进投资的目标来看，投资协定不应区别对待国有企业投资。

（二）仲裁员

对仲裁员的实证研究多与投资仲裁正当性讨论密切关联。通过赋予私人投资者国际诉权，国际投资法体系提升了个人在国际法上的地位。投资条约允许投资者任命部分仲裁员，这使投资仲裁庭系统性地偏向具有仲裁启动权和部分任命权的投资者。[82] 在投资仲裁中，仲裁员具有相当大的裁量权，其裁决影响东道国—投资者关系、东道国—母国关系、东道国公共政策等诸多利益相关者。[83] 但仲裁员并不对所有利益相关者负责，甚至都不对任命他们的纠纷当事人负责。[84] 裁决者与受影响者在司法责任上的制度性断裂引发了 IIAs 体系的正当性困境。

---

〔82〕 See Gus Van Harten, "Private Authority and Transnational Governance: The Contours of the International System of Investor Protection" 2004. Available at SSRN: http://ssrn.com/abstract = 1468690 December 24, 2018.

〔83〕 因此，国际投资仲裁是一种公私兼具的特殊的国际裁判机制。参见[美]李·爱泼斯坦、[澳]托尼亚·雅克比：《司法判决的策略分析》，载《法律与社会科学年度评论》2010 年第 6 期；[美]加里·博恩：《新一代国际仲裁》，载《杜克法律评论》2012 年第 61 期；[美]凯瑟琳·罗杰斯：《国际投资仲裁员的政治学》，载《圣克拉拉国际法杂志》2014 年第 12(1) 期。

〔84〕 参见[美]苏珊·弗兰克：《投资协定仲裁诉求的实证评估》，载《北卡罗来纳州法律评论》2007 年第 86 期。苏珊·弗兰克以 145 起仲裁案件为样本库，分析了国际投资仲裁中仲裁员国家、性别的问题，指出来自 OECD 国家的男性仲裁员统治了国际投资仲裁庭。

通过对2010年以前140份裁决的法律解释分析,哈腾(Gus Van Harten)认为,仲裁员的独立性和中立性难以得到客观标记和保证,在管辖权问题上确实存在系统性偏私,因此需要建立一个基于公法原则的国际投资法庭。[85] 否则,投资仲裁遵照法治、尊重所有缔约国(尤其是发展中国家)、去政治化地解决投资纠纷的制度设定恐难以实现。[86] 与此相对,弗兰克(Susan D. Frank)比较了东道国发展状况、首席仲裁员与裁决结果的互动,指出投资仲裁机制总体运作良好。[87]

国际投资仲裁员的分布相当集中,形成一个相对封闭的"小圈子"。普伊格(Sergio Puig)通过分析1972年到2011年所有仲裁案件的仲裁员任命情形,分析了投资仲裁员群体的社会结构,包括职业声誉、性别、科层结构和动态互动等特征,指出越是频繁被任命的仲裁员越有可能得到未来任命。[88]

作为裁判者,仲裁员对国际投资仲裁的正当性至关重要,但各仲裁机构对仲裁员的要求并不相同。[89] 比较WTO专家组成员和投资仲裁员的资格要求,科斯塔(Jose Augusto Fontoura Costa)认为两套专家系统都致力于生成正当性,但生成路径有别:WTO架构更加集中化,类似于国内法律制度,更倾向于韦伯意义上的形式理性;投资仲裁并不具有科层化架构,市场化特征更加明显,更倾向于韦伯意义上的个人魅力(charisma,如仲裁员的某些特质)和传统理性

[85] See Gus Van Harten, "Arbitrator Behaviour in Asymmetrical Adjudication: An Empirical Study of Investment Treaty Arbitration", *Osgoode Hall Law Journal*, 2012, p. 50.

[86] See Gus Van Harten, "A Case for an International Investment Court". Society of International Economic Law(SIEL) Inaugural Conference 2008 Paper, June 30, 2008. Available at SSRN: http://ssrn.com/abstract=1153424.

[87] See Susan D. Frank, "Development and Outcomes of Investment Treaty Arbitration", *Harvard International Law Journal* 50(2), 2009.

[88] See Sergio Puig, "Social Capital in the Arbitration Market", *European Journal of International Law* 25(2), 2014, pp. 387 – 424.

[89] See ICSID Convention, Arts. 14(1), 40(2); UNCITRAL Arbitration Rules, Arts. 6(4); SCC Rules, Art. 14; International Chamber of Commerce, Rules of Arbitration, art. 7(1997)

(tradition,如仲裁员在商业仲裁中的职业经验)。[90]

五、结论与启示:制度竞争视角下的国际投资立法

国际投资协定的政治经济学研究处于起步阶段,尚未形成系统性的理论模型,在分析层次与研究语境、核心假设和问题意识上多有分歧。体系视角主要分析国家间互动对国际投资立法的影响;国家视角重点分析国家战略对国际投资协定的影响;个体视角主要分析投资者和仲裁员等个体行为对国际投资协定的影响,一定程度上打开国家作为行为体的"黑箱"。

体系、国家、个体3个不同层面的研究,分析视角不断深入、具体化和特殊化,因而越来越不具有一般性,上一层级分析越来越构成下一层级分析的知识语境。然而,由于世界政府的实然不存在性或理论不可能性,国际集体行动面临集体选择和行动困境,主权作为节省决策费用机制的出现是制度竞争的结果。主权国家仍是国际投资法律过程的基本行为单位,国家层面分析构成了分析的基本框架。体系和个体分析的理论功能性强,但建构性不足,是辅助性的补充视角。

既有分析在行为体是否理性的前提问题上存在分歧。在现实约束的竞争下,不理性的国家投资政策偏好都被或将会被淘汰,国家(有限)理性是各国选择竞争的结果,而不是各国行为的必然前提。不同层次分析所关注的问题侧重不同,从多个侧面切入国际投资协定体系的可行性、功能性与正当性问题。体系层面的分析更适用来解释 IIAs 的可行性和供给过程;国家层面的分析更关注 IIAs 的功能性和需求过程;个体层面的分析主要回应 IIAs 体系的正当性。

IIAs 明显的代际性和时序差异揭示了权力关系对 IIAs 设计和扩散的决定作用。国际投资协定的产生与扩散与资本输出国的推动密切相关,国际投资协

[90] See Jose Augusto Fontoura Costa, "Comparing WTO Panelists and ICSID Arbitrators: The Creation of International Legal Fields", *Oñati Socio-Legal Series* 1(4), 2011, pp. 22 – 23. 更多讨论,参见 Joost Pauwelyn, "WTO Panelists Are From Mars, ICSID Arbitrators Are From Venus: Why? And Does it Matter?", available at http://ssrn.com/abstract=2549050, January 1, 2015。

定的内容主要体现为以投资保护和投资自由化为导向的资本输出国的政策偏好,发达国家投资协定范本对国际投资协定体系的演进有不容忽视的示范效应,因此国际投资协定演化具有明显的权力依赖特征。只有符合权力对比的权利义务分配约定才能最终落实成为“行动中的国际法”,国际投资立法遵循权力平衡导向的分配主义路径。同时,在权力中性的领域,能够更有效地降低信息成本的制度具有更大的功能区间,国际投资立法遵循效率导向的功能主义路径。IIAs 形式多样性是各国对 FDI 和 IIAs 政策偏好的多元性的反映,各国 IIAs 偏好的加总以分配主义路径为主、功能主义路径为辅,一国对 IIAs 的偏好主要取决于1国的国家战略和国内制度。

国际投资协定的既有跨学科研究补充了传统法学研究的不足,大大拓宽了我们对国际投资协定体系的智识,在某种程度上解释了国际投资协定体系的三大根本性问题:理性问题、合作问题、演化问题。然而关于国际投资协定体系的政治经济学研究较为初步,能够充分描述 IIAs 体系动态演化的复杂图景并且具有广泛解释力的理论框架仍未出现,而既有理论模型也需要通过进一步的个案、比较个案和量化分析加以证实或证伪。

在民族主义和民粹主义抬头的今天,更有必要从制度竞争角度理解国际投资立法。美国特朗普政府转向民族主义政策,优先关注更具国内影响的贸易政策,在投资政策方面也转向保守:一方面,美国积极引导美国投资回流本土,并加大对中国赴美投资的国家安全审查;另一方面,美国退出 TPP 谈判,重新进行北美自由贸易协定和美韩自由贸易协定谈判,在投资争端解决机制方面虽然尚未明确立场,但倾向于放弃传统投资仲裁机制。欧盟态度仍较为积极,在双边和多边层面积极推进国际投资法庭倡议,并已经成功纳入与加拿大、越南、新加坡的自由贸易协定。中国尝试在 WTO 和“一带一路”倡议的背景下推进投资便利化谈判,但进展缓慢。中美欧三方的规则偏好差异日渐显现,国际投资立法呈现出“三国混战”。中美 BIT 和中欧 BIT 谈判进展缓慢,体现了中国与美欧的分歧与竞争。美欧 TTIP 谈判处在实质停滞状态,美欧竞争则通过加拿大和墨西哥间接体现在北美自由贸易协定修订谈判中。国际投资立法正处在大国制度竞争中,未来演进趋势有赖于进一步的观察与分析。

Political Economy of International Investment Agreements: A Research Agenda

Wang Peng

Abstract: Since its emergence, international investment law regime has been dominated by bilateralism in terms of rule-making approach and evolved as a system of thousands of bilateral investment agreements with a highly legalized and yet decentralized structure. This research restates the political economy literature concerning international investment agreements (IIAs), and reviews the intellectual enquiry towards the feasibility, functionality and legitimacy of IIAs system. IIAs system has a clear division of generations and a power-dependent evolutionary characteristic which reveals that the power still plays a great role in international investment legal process and the highly legalized IIAs system is still based on the balance of powers. International investment law-making is in a stage of institutional competition among great powers as China, EU, and US are diverging in design of preferred IIAs rules. The evolution of future IIAs system deserves more theoretical enquires.

Key words: Power structure; International Investment Agreements; Legitimacy; Institutional competition

“领土”在东亚法律语言中的生成和变迁
——兼谈东亚国际法史中的学术、政治和话语建构

汤　岩*

内容摘要：

“领土”是现代国际法的核心概念，也是现代国家建构的物质基础。但是对东亚国家来说，“领土”是个舶来品。古代语言中没有“领土”一词，也没有近代西方意义上的“领土”概念。19世纪下半叶国际法进入东亚，“领土”成为各国继受国际法后形成的重要政治和法律概念，但是话语层面的“领土”一词并不是一直不变的。本文以东亚的中国、日本和朝鲜半岛近代以来的法律文本为基础，考察汉字文化圈国家国际法中“territory”译词变迁，发现“territory”先后经历了“疆域”、“版图”、“领土”和“领域”等多次译词变化，这些变化反映了东亚国家在国际法学上的学术交流，也更深层次揭示了国家间政治对法律语言的影响。

关键词：

领土　疆域　东亚　法律语言　国际法史

“领土”是现代国际法的核心概念之一，与国家政治和外交密切相关。从词源上看，古代汉语中没有“领土”一词，也没有与西方意义上“领土”完全切合的政治概念。19世纪下半叶，国际法进入东亚社会，这时英文中使用“territory”表示“领土”已成定例，如何对其进行翻译，成为东亚汉语文化圈国家面临的一个共同课题。如果我们今天翻开东亚（汉字文化圈）各国的国际法书籍，会发现他们对“territory”的译词不尽相同，主要有“领土”或“领域”作为专门法律术语，也有“疆域”“版图”“国土”等作为社会用语在媒体和日常生活中出现。（见表1）

---

* 浙江大学光华法学院博士后，法学博士。

表 1　东亚各国国际法书籍中对"territory"的译词

国家	法律术语	社会换用语
中国	领土	疆域、领域
日本	领域	领土、疆域
韩国	领域	领土、疆域
朝鲜	领域	领土、疆域

法律是以语言为载体的,在另一个文化中建构起一套准确的规范体系,首先是要建构起一套准确的语言体系。中国、日本和朝鲜半岛在历史上同属儒家文化圈,对世界秩序的传统认识是相似的,也同属汉字文化圈,使用的语言中存在的大量汉字词也是相同的。在西方秩序和国际法冲击下,它们对西方国际法的接受过程存在一致性和词汇的互相交流借鉴,但也有各自不同的学术路径和理解方式。本文要探讨的问题为:"领土"一词在东亚法律语言中先后经历了怎样的变迁?这些变迁背后隐藏了怎样的学术史、政治史和法律史?

目前的国际法学,对东亚国际法史的关注并不多,从语言层面展开的历史研究也不多,而语言往往又能告诉我们很多重要的历史侧面,因为学术史、政治史和法律史或多或少会表现在语言上,凝结在一个个法律词汇中,构成我们今天法律和社会中使用的法律词汇。本文以"领土"一词的历史变迁为切入点,从1865年丁韪良翻译的《万国公法》开始,考察"领土"译词在进入东亚后一个半世纪以来的变迁,并结合汉语、日语和朝鲜语(韩国语)法律文本,揭示近代以来东亚国家知识分子和政治精英在国际法学上的交流和碰撞,以及这背后隐含的政治进程和民族心态。

一、"疆域":一个美国传教士对"领土"的早期翻译

在国际法传入东亚前,传统的中华帝国对自己管辖的疆域和民众也当然有明确认知,"普天之下,莫非王土;率土之滨,莫非王臣"只是一种皇权宣言和政治口号,其中包含了中国人对疆域无限性的想象,并不具有实证层面的制度基础。19世纪,中国与西方的接触逐渐频繁,经历了两次鸦片战争的失败,清政府开始意识到援引欧美的国际法有助于维护自身权利。1865年在清政府资助下,美国传教士丁韪良(William Alexander Martin)翻译的《万国公法》由北京崇实

馆刊行,[1]这是东亚历史上第一部系统介绍西方国际法的译作,也是第一次对西方法律术语进行汉语翻译的书籍,该书出版后即传至日本和朝鲜,也深刻影响了日本和朝鲜的近代国际法学。

丁韪良的《万国公法》译自惠顿 1836 年的 *Elements of International law: With a Sketch of the History of the Science*[2]一书,此书中使用的很多法律词汇已经在英语中定型,但在汉语中尚没有对应词,因此丁韪良翻译的主要任务之一就是“造词”,对此丁韪良主要采取三种方法:第一,从中国古代文献中借鉴类似的术语;第二,用汉语解释西文词汇,不必一词对应一词;第三,自己制造汉字词。[3] 在惠顿书的英文版中,使用 territory 表示领土已成定例,那么丁韪良如何翻译?从《万国公法》文本看,丁韪良并没有自己造词,而是从古代汉语文献中选择了“疆”这个字,来表明国际法意义上的“领土”。现代国家的组成要件之一即“领土”,如惠顿书中言及“确定的领土”(a defined territory),丁韪良在《万国公法》中以“何者为国”为题解释为:

“蛮夷流徙无定所,往来无定规,亦不为国。盖为国之正义,无他,庶人行事,常服君上,居住必有定所,且有地土疆界,归其自主。”[4]

丁韪良此处对“a defined territory”直译为“地土疆界”。在接下来的第一卷第二章中,丁韪良翻译了惠顿关于“属地管辖权”和“属人管辖权”的论述,由于这一权力的展开涉及“within territory”和“out of territory”两方面,丁韪良则译为“疆内”和“疆外”:

“夫变通律法,大纲有二。原本于各国自主之权,即各国疆内,自操专权,以

[1] 该书完成于 1864 年年末,最终出版在 1865 年年初,即[美]惠顿:《万国公法》,丁韪良译,京都崇实馆同治三年版。

[2] Henry Wheaton, *Elements of International law: With a Sketch of the History of the Science*, Philadelphia: Carey, Lea& Blanchard, 1836.

[3] 参见何勤华:《法律翻译在中国近代的第一次完整实践:以 1864 年〈万国公法〉的翻译为中心》,载《比较法研究》2014 年第 2 期。

[4] [美]惠顿:《万国公法》(第 1 卷),丁韪良译,京都崇实馆同治三年版,第 17 页。

制法行法页。故凡疆内产业,植物动物居民,无论生斯土者,自外来者,按理皆当归地方律法管辖。且疆内行止举动,契据事件,莫不归其所制也……其二,无论是己民与否,非现住疆内者,各国不能以律法制之,此与第一纲同义,特反言以明其理,使不循此大纲,谓此国有权制疆外人物,则彼国虽在己疆之内,亦不得专操其权。”[5]

在《万国公法》中,丁韪良用“疆”字表示“领土”的频率最大,有时只用“疆”字,如“兵旅如此过疆,难免贻害他国”,[6]有时则使用“疆域”,如“兵旅水师,驶行过他国疆域”[7]等。另外,在《万国公法》中也出现了“国土”一词,作为“疆域”的定义,而且这里的“国土”不仅包含土地,还包含水域,可见于第二卷第三章第十一节名为“疆内江湖亦为国土”:

“各国疆内,所有湖海江河,皆为国土,应归其专管也;江河发源于外,顺流过江者,并其入海之澳湾等处,亦为国土,应归其专管也。”[8]

除了《万国公法》,在1878年丁韪良翻译美国人吴尔玺(Theodore Dwight Woolsey)的《公法便览》中也出现了“版图”一词,但没有“疆”字频繁和正式,例如《公法便览》中曾言:

“侵占疆土,在欧洲界外者,不归此论,如英国横行四方,其版图日拓,权势日增,而欧洲各国不问者,良以占据远方,与欧洲均势之法,无甚关碍耳。”[9]

考察丁韪良这一时期的其他译作,可以发现丁韪良对“领土”的翻译很大程度上是以“疆”字为中心的,同时也使用了“版图”“国土”等,或直言“一国之土

[5] [美]惠顿:《万国公法》(第2卷),丁韪良译,京都崇实馆同治三年版,第17~18页。

[6] 同上书,第32页。

[7] 同上书,第29页。

[8] 同上书,第11页。

[9] [美]吴尔玺:《公法便览》(卷一),丁韪良译,同文馆光绪三年版,第10页。

地”,在《万国公法》和《公法便览》中均未出现“领土”一词。丁韪良为什么会选择“疆”字翻译领土？这可能源于他对古汉语的理解:“疆”在古代汉语中标志国家管辖的土地范围,本身是一个中国传统语境下的政治词汇。清代《说文解字》认为“疆”字从“土”,从“弓”,从“畺”,本意是划定土地界限并驻兵防守的意思,如“疆界出于人为,而地理必因地防”,这可以说是很接近西方“领土”的法律结构了;《礼记》中言“出疆必请”,即出一国范围必须事先告请,也将其与“国家”的地理范围联系到一起;明清以来,中国组织绘制的“疆域图”是帝国统治版图的具体呈现,其中的“疆域”即中华帝国实际管辖的范围。因此,虽然来源于两种不同的政治体系和话语体系,“疆”字在技术层面上与“领土”是存在一定对应关系的。

二、“疆域”等译词对日本、朝鲜的影响

《万国公法》出版后即传入日本,次年在日本出现《万国公法》训点本,〔10〕该书是日本赴欧洲学习国际法的留学生西周助回国后,将丁韪良汉译的《万国公法》用日语训点,幕府所设的西学教育机构开成所出版,这是日本锁国时代结束后一部系统介绍各国交往规则的书。〔11〕该书作为日文训点本,正文仍然是丁韪良翻译的汉语《万国公法》,只是对重点词汇用日语假名进行标注,以标示读音。丁韪良的《万国公法》在出版后也传入朝鲜半岛,同样是汉译的《万国公法》原本,这是因为朝鲜的官方语言是汉语,朝鲜的知识分子和官僚阶层也多能够理解汉语,这部书的传入给朝鲜近代政治生活带来的巨大的影响。

在接下来的几十年间,日本根据丁韪良的《万国公法》陆续出版了日文译本,例如,吴硕三郎和郑右四郎日译的《和解万国公法》,堤壳士志翻译的《万国公法译义》,重野安绎译《和译万国公法》等书,这些著作是以丁韪良的《万国公法》为基础进行日语翻译,因此大多直接套用了丁韪良创造的汉字词。丁韪良得知此事后曾自豪地说,“我的大多数译著均在日本再版,到目前为止,尚未听

〔10〕 [美]惠顿:《万国公法》,[美]丁韪良译,[日]西周助训点,东京开成所庆应元年版。

〔11〕 参见[日]宫永孝:《日本继受国际法初期的事件》,载日本法政大学社会学部学会编:《社会志林》2011 年第 3 期。

说有其他国际法的书籍被译为别的帝国语言"。[12] 然而,日本并不满足于直接翻译丁韪良的译作,接着出现了大量从西文国际法著作直接翻译的书籍,例如,瓜生三寅译自惠顿书的《交道起源:一名万国公法全书》,大筑拙藏译惠顿的《惠顿氏万国公法》,西周助译荷兰毕洒林(Simon Vissering)的《荷兰毕洒林氏万国公法》,箕作麟祥翻译美国人吴尔玺(Theodore Dwight Woolsey)的《国际法:一名万国公法》等,这些书籍直接译自西文,存在不同于丁韪良创造的法律术语体系的可能性,而在之后几十年中,日本国内又陆续出版了大量国际法书籍,数量和质量已经远超同时期的中国。

考察后来这些日语版《万国公法》的用词,在沿袭丁韪良所造的汉字词体系基础上,逐渐开始出现和制汉字词,与丁韪良所造汉字词同时使用,最后则直接替换掉丁韪良所造汉字词。以1873年箕作麟的《国际法:一名万国公法》为例,该书首次提出以"国际法"取代丁韪良所造"万国公法"一词:

"美国人丁韪良用汉语翻译惠顿书,名为'万国公法',此后西周助根据荷兰人毕洒林口述成稿,亦名'万国公法',此名广为传播。仔细考察,'万国公法'虽为前辈所用,但'国际法'更接近此法之本意"。[13]

这一说法被日本国际法学界逐渐接受,接着影响到东亚各国,"万国公法"退出法律术语,今天汉字文化圈各国使用的"国际法"一词即源于此。那么该书对"领土"如何翻译?上编"国家的重要权力与和平时期的权利义务"一章(第一章)中,出现了"国家以其疆界内居住的人民为限"(國トハ疆界ヲ限リ其地内ニ居住スル人衆)[14]的表述,这里使用的是"疆界"一词;该书接着在下文中出现了"欧洲疆界以外"(歐洲ノ疆界以外)[15]来表明欧洲国家以外的土地,同样使用"疆界",可见本书基本上仍在沿用丁韪良的"疆"一词。但进一步考察,就会发现本书中"疆"都是在"疆界"一词中出现,而"疆"字从未单独出现,可见

〔12〕 W. A. P. Martin, *A Cycle of Cathay* (*or China, South and North with Personal Reminiscences*), 3rd ed., New York: Fleming H. Revell Company, 1900, p. 235.

〔13〕 [日]箕作麟祥:《国际法:一名万国公法》(卷一),弘文堂1873年版,例言第1页。

〔14〕 同上书,第1页。

〔15〕 [日]箕作麟祥:《国际法:一名万国公法》(卷一),弘文堂1873年版,第19页。

箕作麟祥仅仅继承了“疆界”一词而未取“疆”。“疆”字在这里虽然可以理解为领土,但单独涉及领土时,箕作麟祥使用“领地”一词,如“一国在其领地内有制定法律、管辖居民制度制定的全权”(其領地内ニ於テ法律ヲ立テ其住民ヲ統御シ其制度ヲ定ムル等ノ全權),〔16〕这里的“领地”对应西文中的 territory,可以说箕作麟祥在继承丁韪良汉译词汇的基础上,创造了“领地”一词。另外,在当时的国际政治中一个确定的词汇有着重要的法律和外交意义,这一时期日本官方大多使用“版图”,“版图”较早地出现在丁韪良汉译《公法便览》中,字面上看比“疆域”的边界范围更加明确,因此“版图”在日语中开始法律化和政治化,1895 年日本和西班牙签订的《日西版图境界宣言》日文版即用“版图”一词,约定了中国台湾地区(日占)和菲律宾(西班牙占)的海上界限问题,对土地和岛屿则言“所有”或“领得”。〔17〕

《万国公法》传入朝鲜十几年后,在朝鲜遇到了与日本不同的命运。朝鲜儒生们认为,此类西学书籍动摇了儒家思想的正统性,上书朝鲜高宗要求“反邪卫正”,高宗无奈,将《万国公法》列为禁书之一,于 1881 年在汉城将包括国际法在内的西学书籍集中焚毁。〔18〕 次年(1882 年),朝鲜爆发壬午兵变,清政府派兵入朝协助镇压,同时为了加强对朝鲜的管理,李鸿章任命当时在华的德国人穆麟德(Paul Georgvon Mollendorff)赴朝指导洋务。穆麟德赴朝后逐渐与闵妃集团建立了密切关系,帮助朝鲜从天津购置军火,促使朝鲜与德国和俄国签订密约,

〔16〕 [日]箕作麟祥:《国际法:一名万国公法》(卷一),弘文堂 1873 年版,第 2 页。

〔17〕 该条约约定以中国台湾地区和菲律宾以巴士海峡中间线为界,界限两边岛屿分属两国统辖。参见[日]明治大学:《日西版图境界宣言(明治二十八年八月十七日公布)》,载《国际法规提要》,明治大学出版部 1895 年版,第 429 ~ 430 页。

〔18〕 据朝鲜王朝《高宗实录》记载,以江原道洪在鹤为代表的儒生上书,认为“盖洋之学,固乱天理灭人伦之甚者……所谓《中西闻见》、《泰西见闻》、《万国公法》等,许多异类之邪书,充斥国中,而所谓名士硕儒,好新尚奇之辈,沦胥而入,乐而忘返,更相称美,而名与位禄,不日而从。或有诘之者,徙而为之辞曰,‘此是彼国记事之书,未必是灭伦败常之教也;徙事于此者,要以广闻见而开胸襟,未必是灭伦败常之学也’。噫! 只此一言,已是陷溺之甚者也”,高宗遂下令焚毁。参见《高宗实录》,高宗十八年闰七月六日条。

怂恿朝鲜独立,次年又与欧美各国缔约,建立外交关系,向欧美各国派遣使团。[19] 在此背景下,朝鲜王朝认为作为一个独立国家,有必要再次引进国际法书籍,[20]将目光投向了中国和日本,除了丁韪良的《万国公法》之外,丁韪良新近几本译作也被介绍到朝鲜,包括1876年的《星轺指掌》,1878年的《公法便览》和1880年的《公法汇通》等;与此同时,日本出版的一些国际法书籍也通过各种渠道进入韩国。

这些源于中国的国际法书籍当然为汉语文本,并在朝鲜上层社会中传播,因此在术语体系上也与中国同步。朝鲜时代的知识分子往往能够直接阅读汉文,但朝鲜尝试用朝鲜文直接翻译国际法书籍较早见于1907年朴晶东所译的《国际公法志》,该书用汉文和朝鲜文混排,[21]书中未说明译自何书,但据现代韩国学者考证,汉语文本来自1902年中国出版的蔡锷编《国际公法志》,朴东晶书中使用的汉字词也与蔡锷书同。然而,蔡锷所编的《国际公法志》[22]是其在日本留学时所作,基本上抄录了日本三琦龟之助在1892年出版的《国际公法》[23]和中国胡薇元1899年出版的《公法导源》[24]一书,以日本三琦龟之助的用词为研究

---

〔19〕 参见陈红民:《晚清外交的另一种困境:以1887年朝鲜遣使事件为中心的研究》,载《历史研究》2008年第2期。

〔20〕 《高宗实录》记载"惟我东方,独在海隅,未曾与外国交涉,故见闻不广,谨约自守,垂五百年,晚近以来,宇内大势,趋异前古。欧米诸国,如英如法如美如俄,创其精利之器,极其富养之业,舟车遍于地球,条约联于万国,以兵力向卫,以公法相持,有似乎春秋列国之势。"参见《高宗实录》,高宗十九年壬午八月初五日条。

〔21〕 参见[韩]崔钟库:《韩美法律交流百年史》,载首尔大学法学研究所编:《法学》,第23卷第3期。

〔22〕 参见蔡锷编:《国际公法志》,上海广智书局铅印本,清光绪二十八年(1902年)版。

〔23〕 参见[日]三崎龟之助:《国际公法》,东京法学院1982年版。

〔24〕 蔡锷所著《国际公法志》确为其在日本留学时所写,但是以中国国内一个名为胡薇元的地方官员在1899年所作的《公法导源》为基础。胡薇元为清末进士出身,熟读四书五经,无留洋经历,留世作品也多为《梦痕馆诗话》《岁寒居词话》等闲情逸致的小品文集,他所作的《公法导源》也延续了这一风格,蔡锷的《国际公法志》很多语句都是直接抄自此书,只是在此基础上增添了一些新的内容,这些新增内容来自日本学者三琦龟之助在1892年出版的《国际公法》。参见[韩]韩相熙:《国际法术语在东亚的传播》,载何勤华等编:《法律翻译与法律移植》,法律出版社2015年版,第329~362页。

对象,该书中除了“疆”“领地”之外,也出现了“土地领得”[25]一词,这里的“领”应该为动词,但接着也出现了多处“邦国的领内”,[26]这里是用一个“领”字表示国家的领土,全书中也未见“领土”一词。

1907年朝鲜人石镇衡所著《平时国际公法》出版,该书抄录自日本学者高桥作卫所著的《平时国际法论》(1903年)一书,[27]当时是作为普成专门学校(现高丽大学)法科教科书出版,因此在朝鲜影响很大。在该书中石镇衡使用“版图”一词表示国家统治的全部范围,用“领土”表示统治的土地,同时出现了“领水”“领海”“领河”等词汇,这其实正是高桥作卫的用词。[28]1908年,李用戊也出版《国际公法·平时之部》,该书参考了日本学者中村进午1903年《平时国际公法》,该书的用词与中村进午相同,使用“领地”一词表示国家统治的全部范围。[29]也就是说,在1910年日韩合邦以前,韩国出版的朝鲜语国际法著作都直接或间接源于中国和日本,因此使用的术语体系与中日相同,而这3个国家在“领土”的译词上也没出现太大分歧,比较规范和普遍的仍然是以“疆”字为中心的译词,此外也出现了其他的新造译词,多来自日本。

---

[25] [日]三崎龟之助:《国际公法》,东京法学院1982年版,第102页。

[26] 同上书,第191页。

[27] 参见[韩]韩相熙:《国际法术语在东亚的传播》,载何勤华等主编:《法律翻译与法律移植》,法律出版社2015年版,第329~362页。

[28] “版图”和“领地”的使用,参见[日]高桥作卫:《平时国际法论》,日本法律学校1903年版,第271页。该书在一些日文概念后使用拉丁文标注,例如,“版图”(*territorium*),“合在领地”(*territorium clausum*),“散在领地”(*territorium non Clausa*),通过这些标注可以看出 *territorium* 在不同语境对应“版图”和“领地”两个词汇。

[29] 参见[日]中村进午:《国际公法》,东京法学院1902年版,第21页。

三、从"版图"到"领土":和制汉语在汉字文化圈的传播

从目前中国、日本和韩国的资料来看,"领土"一词最早出现于日本,但早期不是一个法律词汇,也不用来对应国际法上的"territory"。在19世纪80年代,日语文献中就出现了这个词,1881年英国人简·马舍特(Jane Marcet)的一本科普著作被翻译到日本,名为《英草纸:沿革奇谈》,该书提及罗马人对驻地的原住民进行教育(羅馬人「ブリットン」の住地押領土民教育の事),[30] 1886年日本《绘本神盗水浒传》一书也用了"领土民"一词(盗賊の首領逐電の事並小田原領土民の事),[31]但这两处"领土民"似乎与国际法上的"领土"无关,应当指"原住民"。1883年《现行法律罚则全书》单独出现了"领土"一词,"寺社领土地迹处分规则"(社寺領土地跡處分規則),[32]这里的"领土"应当指寺庙或神社所拥有的土地。可以说在1880~1890年,日本出版的书籍中"领土"一词都没有现代国际法意义上的领土之义。

"领土"作为一个国际政治词汇是在1894年以后,逐渐开始有指一国所辖土地之义,出现在一些政治著作和民间小说中。国际法中的"领土"一词则较早见于1898年平冈定太郎所著的《国际公法》一书,该书指出"版图是国家主权所及范围,领土是组成版图的大部分的陆地部分"(版圖ハ國家主權ノ及フ範圍ニシテ領土ハ版圖ノ大部分ヲ組成スル陸地ナリ),[33]这可能是日本国际法书籍中从"领地""土地的领得""领"等表述之外,第一次采纳了一个社会政治中已经使用的"领土"。然而这一章的总名为"国家领有权",并指出"版图是国家领有的范围,过去国家的版图只有陆地,近来版图则包含了土地和水域",[34]也就是说对"territory"仍然采纳"版图"一词,"领土"只是借用来指国家主权所辖的土地部分,同时该书中也出现了"领水""领海"两词,这种表述之后相当长一段

---

〔30〕 参见[英]マーセット:《英草纸:沿革奇谈》,中尾氏就译,丸屋善七1881年版,第5页。

〔31〕 参见[日]和田笃太郎:《绘本神稻水浒传》,春阳堂1886年版,目录页。

〔32〕 参见冈山县警察本署编:《现行法律罚则全书》,第248页。

〔33〕 [日]平冈定太郎:《国际公法》,攻法会1898年版,第49页。

〔34〕 同上书,第48页。

时间构成了日本国际法用词的主流。同年,日本出版的《刑法新论》也使用“领土”一词表述刑事管辖权,言及“日本领土内的人”(日本領土内ニ在ル人)和“日本领土外的人”(日本領土外ニ在ル人)。[35] 1904年出版的《宪法要论》也以“领土”为题专章讨论,指出“领土是国家组成要素之一,统治权形式的地域范围”,[36]该书也提及了当时国际法中的“领土”以及水域,分为“陆领”和“水领”,指出宪法上同属于主权管辖范围之内。至此,“领土”一词开始法律化,在法律和政治书籍多使用“领土”表示国家统治的土地,“领土”一词也被写入了当时的日本帝国宪法,但是同时,“领地”“领域”等其他词汇仍散见于法律和政治书籍中。

同时代的中国,丁韪良《万国公法》及其后相继出版的国际法书籍中已经形成了一套相对完整的术语体系,即使用“疆”“疆域”“版图”等来对应西文中territory一词。丁韪良本人对自己创造的术语体系有充分的自信,并不看好和制国际法术语,这有一定文化渊源,而日本人似乎也不喜欢丁韪良创造的“疆域”,这同样有历史渊源。古代日语中“疆域”一词很少用来指称日本国土,[37]直到1874年日本文献中才第一次见到日本国自称“疆域”,[38]但这可能已经是受《万国公法》影响后产生的词汇;之后“疆域”一词也影响到了日本的社会层面,一个重要的表现就是在日本地方志中普遍使用“疆域”表示某一行政区所辖土地,如1877年《东京府管内统计表》中有“疆域”一项,为该市的“面积”和“范围”统计,[39]之后各行政区均采用“疆域”一词表示土地范围,这至少持续到

[35] [日]古贺廉造:《刑法新论》,东华堂本店1899年版,目录页。

[36] [日]市村光惠:《宪法要论》,有斐阁书房1904年版,第245页。

[37] 日本古文中使用“疆域”确实不多,且多用于中国、蒙古、高丽等大陆国家,而日本是相对狭小的岛国,所见之一是日本东大寺所藏蒙古皇帝1268年给日本国王书,言“朕即位の初、高麗の无辜の民が久しく鋒鏑に疲るるを以て即ち兵を罷ましめ、その疆域を還し、その旄倪を反す”。这里的“疆域”指高丽的疆域,也是由蒙古皇帝所言。

[38] [日]高桥二郎:《启蒙日本杂志》,墨山书屋1874年版,第1页。该书介绍日本国情,第一节即名为“疆域”,但描述的日本“疆域”显然也不同于当时国际法意义上的“疆域”,而是包括了本土和海域的一个广大区间。

[39] 《东京府管内统计表》,明治9年,1877年,第2页。现藏于日本国立国会图书馆。

1928 年的《宫城县志》。[40]

虽然"疆域"一词也曾被日本国际法学采用,但 1899 年之后国际法著作中就很少能再看到"疆域"了,取而代之的即"领土"。日本学者为什么要创制"领土"这一新单词?当时使用这一词汇的国际法书中都未作解释,现代日本学者认为,"疆域"和"邦土"是中国古代以来使用的概念,与中国固有的"世界秩序"相关;日本历史上则使用"版图""所领""异国境"等词表示这一概念;欧洲近代以来使用"领域"和"国境"概念,日本受欧洲国际法的影响,继受了"领域"和"国境"概念。[41] 可见,"领土"这一词汇之所以被创制。一方面,是为了区别于大陆国家使用的"疆域",更重要的是为了与欧洲法律词汇一一对应,也就是说,国际法中使用的"领土"从诞生之日起就是一个译词。另一方面,在"领土"出现前,日语古文中存在"领地"一词,常用于指称日本江户时代的大名领地或欧洲中世纪时的封建领地,这一词语也曾被借用指国际法中的"领土",如上文提到的三琦龟之助在《国际公法》中的用词,但也可能同样为了与历史词汇作出区别,日本国际法学也逐渐放弃了"领地"一词。

19 世纪末,日本的和制国际法术语本来仅限于日本国内学界使用,在外交场合仍然沿用旧的术语体系,用"版图"表示一国的管辖范围,这对于尚处于近代转型期的东亚国家来说都能理解。然而,1895 年甲午中日战败,中国朝野震动,清政府惊叹于蕞尔小国竟能战败天朝,接着兴起了效法日本以自强的热潮,表现之一就是向日本派遣留学生,这一潮流从根本上改变了中国国际法学的词汇体系。在接下来的近 10 年间,中国赴日留学生的数量远远超过了欧美,背后也当然有清政府的官方因素,例如,光绪皇帝的上谕曾言:

游学西洋之国,不如东洋,诚以路近费省,文字相近,易于通晓。且一切西

〔40〕《宫城郡志》中"疆域"一项,介绍宫城郡所辖地域范围。参见宫城县宫城郡教育会编:《宫城郡志》,1928 年版。现藏于日本国立国会图书馆。

〔41〕参见[日]柳原正治:《幕府末期和明治初期"领域"概念考察》,载[日]松田竹男编:《现代国际法的思想和构造》,东信堂 2012 年版,第 45 ~73 页。

书,均经日本摘要翻译,刊有定本,何患不事半功倍。[42]

在中国民间,这一时期也掀起了赴日留学的热潮,认为"中日比邻,消息易于传播,加以文字障碍较西洋为少,故去日者甚多",[43]而更重要的可能还是现实原因,当时留学日本费用相对低廉,且入学门槛低,又以相对简单和速成的政法科目最为热门。[44] 而同时期的日本,刚刚经历了法典化改革,统一了各个学科使用的法律术语;日本出版的国际法书籍,被这一批留日学生逐渐介绍到中国,迅速占领了中国的国际法学市场。1900 年至 1915 年,中国出版约 21 本国际法专业书籍,将近 17 本都是译自日本著作或由日本回国的中国人所作,[45]这一潮流使"和制汉语"词汇在中国国际法学中大量出现,并最终得以取代丁韪良创造的国际法词汇体系。可以说,1 个世纪之前的这些特殊的事件和潮流,无论是历史的偶然还是必然,定义了中国法学学科直到今天使用的大部分法律术语。中国传统上使用的"疆域"在这之后也逐渐退出法律词汇,被日本创制的

---

〔42〕《军机处传知总理事务衙门面奉之谕旨片》(光绪二十四年六月十五日),载故宫博物院编:《清光绪朝中日交涉资料》第 52 卷,台北,文海出版社 1963 年版,第 2 页。转引自林学忠:《从万国公法到公法外交:晚清国际法的传入、诠释和应用》,上海古籍出版社 2009 年版,第 174 页。

〔43〕舒新成:《近代中国留学史》,上海中华书局 1929 年版,第 21 页。

〔44〕参见董守义:《清代留学运动史》,辽宁人民出版社 1985 年版,第 189 页。

〔45〕直接译自日本国际法的书籍有:[日]岸琦昌等:《国际法》,章宗祥译,东京译书汇编社 1902 年版;[日]今西恒太郎:《国际法学》,江郁年译,上海文明书局 1903 年版;[日]沼崎甚之:《万国公法要领》,袁飞译,译书汇编社 1903 年版;[日]绪方雄一郎:《平时国际公法》,熊开先译,上海商务印书馆 1906 年版;[日]有贺长雄:《战时国际公法》,严献章译,东京清国留学生会馆 1907 年版;[日]中村进午:《战时国际公法》,陈时夏译,上海商务印书馆 1911 年版。也有从日本翻译的西方国际法书籍转译为汉语,如[法]铁佳敦:《支那国际法论》,吴启孙转译,上海作新社 1902 年版。也有赴日留学回国后所作,如蔡锷:《国际公法论》,上海广智书局 1903 年版(该书后经韩国学者考证,主要抄录了日本学者三琦龟之助在 1892 年出版的《国际公法》)。直接来自西方的书籍只有:[美]丁韪良:《邦交提要》,上海基督教文义出版社 1904 年版;[美]劳麟赐:《万国公法要略》,林乐如译,上海商务印书馆 1903 年版;马德润:《中国合于国际公法论》,上海商务印书馆 1908 年版。参见何勤华:《中国近代国际法学的诞生与成长》,载《法学家》2004 年第 4 期。

"领土"取代,正如我国学者张世明所言,"疆域"与"领土"在法律词汇上并没有区别,只是近代中国国际法学界出于追赶潮流心理,人云亦云,使"领土"大量出现在国际法话语中,而"疆域"一词则逐渐遭到冷落并趋于边缘化的地位。[46]

甲午战争失败的另一个结果是中日签订《马关条约》,废除了清朝和朝鲜的宗藩关系,朝鲜独立,之后即被逐渐被日本控制。日本最终于 1910 年通过《日韩合并条约》彻底吞并朝鲜半岛,从 1910 年到 1945 年,朝鲜半岛基本上没有出版朝鲜文国际法著作,高等教育使用的是日本出版的国际法著作。这可能与日本在朝鲜的高等教育政策有关,[47]因为国际法涉及主权国家和独立,触及使用朝鲜语的大众可能引发民族独立运动。直到 1943 年(具体时间有争议),朝鲜人李汉基翻译美国人杰赛普的《现代国际法》[48]一书出版,这是第二次世界大战结束前为数不多的朝鲜语国际法书籍,李汉基早年毕业于日本东京大学,后赴美留学,该书即译自当时美国著名国际法学者杰赛普的国际法教科书,因此使用的汉字术语也与同时期日本相同。在朝鲜本土之外,朝鲜民族独立运动不断发展,1943 年 5 月 10 日韩国临时政府在重庆发布《在中国自由韩人大会宣言》,称"韩国有八万余平方公里国土和三千万人口",[49]这里使用了"国土"一词;而在 1944 年韩国《独立宣言》第 25 周年纪念宣言中,批判了"日本的大陆政策将韩国领土作为侵略基地",这里则使用"领土"一词;[50]在金日成领导的朝鲜无产阶级运动方面,发布的朝鲜民主主义独立国家建设十大纲领中也见使用

---

[46] 参见张世明、龚胜泉:《"边疆"一词在世界主要法系中的镜像:一个语源学角度的考察》,载《中国边疆史地研究》2004 年第 2 期。

[47] 这一时期朝鲜半岛高等教育高度日本化,例如,日本在朝鲜建立的"京城帝国大学",隶属于日本帝国大学体系,是当时朝鲜半岛的最高学府,但该校历代校长均为日本人,各学部基本上都为日本教授,按该校校志记载,昭和 16 年(1941 年)文法部共有教授 40 名,均为日本人;助教授 13 人,均为日本人;讲师 13 人,日本人 8 人,中国人 1 人(教授中国语),英国人 1 人(教授英语);法国人 1 人(教授法语);俄国人 1 人(教授俄语),朝鲜人 1 人(教授朝鲜汉文)。参见京城帝国大学编,《京城帝国大学一览》,朝鲜印刷株式会社 1941 年版,第 252 ~ 256 页。

[48] [美]菲利普·杰赛普:《现代国际法》,李汉基译,一韩图书社 1943 年版。

[49] [韩]崔钟健编:《临时政府文书辑览》,知人社 1976 年版,第 88 页。

[50] 同上书,第 93 页。

"领土"表示一国领土[51]。

可以说,中国在甲午战争中的战败影响了中国和朝鲜接下来的历史命运,也影响了中国和朝鲜的学术史和法律史。甲午战争前日本国内经历了法典化,确定了一套法律术语,这其中一些源于从中国的早期移植,而另一些源于日本本国的创造,"领土"就是其中之一。在甲午战争后,这套术语开始在东亚汉字文化圈国家中扩散,取代了旧的法律术语体系,并最终成为这些国家直到今天使用的一套法律词汇,"领土"一词也从此开始出现在中国和朝鲜的国际法术语中,成为翻译西文中"territory"的确定词汇。

四、"领土"和"领域":概念扩展后的用词分歧

甲午战争后的中国学生赴日留学浪潮在1905年到1906年达到高峰,由于中国学生人数众多,又良莠不齐,特别是速成科学生,不少人花钱买文凭,平日并不上课,这一现象引起了日本政府的注意。1905年日本政府为了加强对中国留学生的管理,颁布了《清国留学生取缔规程》,提高入学标准,限制低素质学生入学。1906年清政府也颁布了赴日留学生规定,提高赴日留学标准,要求赴日学习法政的学生,至少具有中学程度,通晓一定日文,且年龄在25岁以上;对于教学质量不高的法政速成科,则直接通令各省禁止派遣。[52] 中国赴日留学生开始逐年减少。另外,美国国会于1908年通过议案,决定退还庚子赔款中超过美商实际损失的数额,用于在中国建立留美预备学校,并资助中国留学生赴美留学,中国接着掀起了赴美留学的热潮。当时中国的教育杂志中也出现了大量美国的留学广告,例如,言"实为中国特别之良友,足以抵制英日"[53]等,美国"中华基督教会"也在东京设立学校,教授留日中国学生英文,鼓励学生转美留学;包括英国在内的其他欧洲国家也不甘其后,试图通过吸引和培养中国留学生以获得影响未来中国发展的可能。

---

[51] 参见[朝]朝鲜民主主义共和国内阁国史编纂委员会编:《朝鲜民族解放斗争史》,1949年版,第396页。

[52] 参见林学忠:《从万国公法到公法外交:晚清国际法的传入、诠释与应用》,上海古籍出版社2009年版,第186页。

[53] 《东方杂志》,第4卷第4期,教育版,第178页。

这造就了民国时期一批从欧美回国的国际法学者,影响并主导了中国国际法学在今后半个世纪的发展。在1915年到1947年出版的70多本国际法书籍中,只有不到10本译自日本,[54]其他直接译自欧美或由留欧美回国的中国人所著,此后在民国时期活跃的中国国际法学者,如周鲠生、赵理海、韩德培、李浩培、陈顾远、崔书琴等也均为欧美留学回国。周鲠生先生的《国际法大纲》在民国影响较大,该书在1934年初版,被列为"大学用书"。周鲠生早年留学日本,后转学英国,最终在法国巴黎大学获得博士学位,他在《国际法大纲》第二编第四章中论述了"领土",指出:

"一国的领土,是位于国界之限界内,而受主权支配的那部分地面而言;此处所谓地面(earth surface),包含着空中区域(aerial surface)及地下区域(territorial subsoil)。"[55]

这一表述从字面上看似乎存在矛盾,因为"领土"字面意思是"土地部分",包含土地上的"水域"也说得过去,但包含"天空"似乎强行拓展了词义。如果从《国际法大纲》中大量出现的英文单词标注来看,周鲠生先生这部分很可能主要根据当时英文的国际法著作所写,而用"领土"一词翻译"territory","territory"是包含土地、水域和上空等在内的全部空间。1943年崔书琴所著的《国际法》由商务印书馆出版,后又于1948年再版,崔书琴早年在美国哈佛大学获得博士学位,回国后曾在西南联大、北京大学和国民党中央政治学校教授国际法,他的《国际法》基本上收录了当时欧美国际法学界的研究观点,但与周鲠生先生的定义不同,崔书琴使用"领域"一词,认为:

"领域是国家行使管辖权的空间,它所包括的部分中,以领土为最重要,领水是附于领土,而领空是附著于领土与领水的。"[56]

---

[54] 参见[日]信夫淳平:《国际纷争与国际联盟》,萨孟武译,商务印书馆1928年版;[日]寺田四郎:《国际法学界之七大家》,韩逋仙译,商务印书馆1936年版;[日]手塚寿郎:《最惠国条款论》,郑允恭译,商务印书馆1936年版。

[55] 周鲠生:《国际法大纲》,商务印书馆1934年版,第100页。

[56] 崔书琴:《国际法》(上册),商务印书馆1948年版,第89页。

在崔书琴的《国际法》中,"领土"则仅指国家管辖的土地部分,"领域"则对应"territory",包含了全部空间,这与当时其他汉字文化圈国家的使用词汇是一致的。从"领土"和"领域"此时的分歧我们可以看到:一方面,这一时期虽然中国国际法学多承接欧美,但使用的术语体系已经确定,即20世纪初受日本影响产生的一套,学者们没有创造新的译词;另一方面,对"领土"和"领域"范畴存在争议,具体采纳哪一个范畴,很大程度取决于学者个人。

我们先从词汇学上分析这两个词。在古汉语中,"领"和"域"含义明确,[57]但"领域"在古汉语语料库中不存在,也是近代之后才出现。"领域"出现后,在汉语、日语和韩语(朝鲜语)中都有两层意思:第一层意思为范畴,如经济领域、政治领域;第二层意思则作为法律术语使用,指一国主权所辖的空间,包括了领土、领水和领空;与此同时,"领土"一词也第二层的法律意义上使用,是一种旧的用法。一般来说,这一时期出版的国际法书籍大多数已经用"领域"用来指主权管辖的全部空间,"领土"则特指土地部分,而这一时期恰恰是"territory"译词从"领土"到"领域"的过渡期,而这一过渡现象也发生在日本国际法学界对汉字词的使用,1943年日本出版的《国际法学大纲》一书中还有"国家领域(领土)概念"[58]这样的章节名称,"领域"后括号里的"领土"说明两词存在换用可能。而从词汇学上看,"领域"所涵盖的范围更大,可及于陆地、水域和天空等,而"领土"字面上仅能指涵盖"土地"部分。

回到1934年周鲠生先生的《国际法大纲》一书,就会发现其中一个细节,即上文所提示的矛盾之处,周鲠生先生对"领土"这样解释,"此处所谓地面,包含着空中区域及地下区域",[59]既然称"地面"部分,又言包括了领空,而"天空"常识上当然不属于"地面"。结合下文,我们可以看出周鲠生先生对"领土"的定义确实是包括领陆、领水和领空的,[60]但周鲠生先生在接着论及"领空"时说

---

〔57〕"领"意通"项"和"颈",总领衣体,故为端首,引申为统领,如《周礼》言"先王之教,因而毋改,领天下国家也"。(见《康熙字典》戌集下·页部)"域"本作"或",与"国"同,"从口,从戈,以守一,地也"。(见《康熙字典》丑集中·土部)

〔58〕[日]田冈良一:《国际法学大纲》,岩松堂1943年版,第207页。

〔59〕周鲠生:《国际法大纲》,商务印书馆1934年版,第100页。

〔60〕同上。

"现今,因为航空技术发达,所谓'领空'亦于一国领土之内"。[61] 那么在周鲠生先生《国际法大纲》成书的年代,"领空"处于一种什么样的法律状态?第一种学说,按周鲠生先生的解释,当时"空中自由论"仍有很大影响,持此观点的学者以格劳秀斯的"海洋自由论"为基础,认为空中同样是不能为各国据为己有的,这一学说被1921年国际法学会决议所采纳,因此成为了一条确定的国际法原则:地面国家不得对其领土之上的空中行使管辖权,除了为国家安全或居民生命财产之必要限度内,地面国家才可对其空中采取一定管制措施。此外,第二种学说为"空中共管说",该学说从罗马法出发,认为"空中"如"海洋",亦为全人类之共有物,但并不认为空中完全自由,而是一国不得为其上空排他性地立法,只有各个国家共同制定协定来确定空中规则;第三种学说为"空中主权说",此学说认为各国对其领土上空同样享有主权,即主权范围内的"领空"。[62] 随着战争的发展,特别是空中军事力量的在战争中的使用,参与战争的主要国家发现支配其上空更为重要,遂推动"空中主权说"取代"空中自由论"成为了主流,并被国际法理论所认可,"领空"也成了国际法中一个确定的概念。

从这里我们可以看出,在周鲠生《国际法大纲》成书在20世纪30年代,"领空"概念已经形成,但还没有完全成为一个确定的、具有充分合法性的主权性概念,因此这一时期国际法学对"领土"和"领域"的使用本身也存在争议,而40年代后汉字文化圈基本上已经确定使用"领域",因此崔书琴1943年的《国际法》使用"领域",反映了当时一个过渡后的词汇,而周鲠生的《国际法大纲》由于特殊原因并没有改变这一用词,这接着影响了中国国际法学用词在之后半个世纪的发展。

五、第二次世界大战后的学术发展和"领土"定型

1949年9月29日中国共产党领导下的"中国人民政治协商会议"在北京召开,会议通过的《中国人民政治协商会议共同纲领》(以下简称《共同纲领》)起到了临时宪法的作用,也确定了中华人民共和国政府组织原则和对外政策。作为一个规范性的法律文件,《共同纲领》使用"领土"一词,未使用"领域""疆域"

〔61〕 周鲠生:《国际法大纲》,商务印书馆1934年版,第102页。

〔62〕 同上书,第116~117页。

"版图"等词。"领土"在全文中共出现四次,分别在第二章"总纲"第二条"必须负责将人民解放进行到底,解放中国全部领土",第十条"保卫中国的独立和领土主权的完整",第七章"外交政策"第五十四条"保障本国独立、自由和领土主权的完整"和第五十六条"互相尊重领土主权"。[63] 这一文件中使用"领土"一词,应当是当时中国国内已经通用的国际法术语之一,即使存在争议,这一宪法性质的文件本身具有确定法律术语使用合法性的效力。从用词上看,与周鲠生先生在1934年出版的《国际法大纲》中使用是一致的,但与崔书琴1948年和1949年出版的《国际法》中使用的"领域"不同。中华人民共和国成立后,以周鲠生为代表的国际法学者留在大陆,以崔书琴为代表的国际法学者则迁居我国台湾地区。

从中华人民共和国成立到改革开放之前,中国大陆的国际法研究体现了强烈的意识形态色彩,与日本、韩国、美国等资本主义国家的学术交流基本中断,与苏联和朝鲜等同属社会主义阵营的国家保持学术交流和沟通,这当然体现在了国际法学科上,而国际法学本身也是冷战时期意识形态斗争的重要战场之一。1950年10月中国翻译苏联柯席乌尼科夫编著《斯大林论现代国际法基本原则》[64]出版,1961年《列宁论国际政治和国际法》一书出版,该书是《列宁全集》中关于国际法和国际政治中一些文章的集合。接着,以苏联学者童金为代表的国际法专业书籍也被翻译到国内,见于《国际法理论问题》和《国际法实践答题》[65]两本。童金是苏联社会主义国际法学权威,从1957年起即担任苏联国际法学会主席,但是可能是翻译原因,这些书中汉字词对应俄语 Террито́рия 仍然使用"领土",未出现"领域"。

这一时期,中国也同时发展出了自己的国际法学,主要在于批判(资产阶级)国际法,并提出了"社会主义国际法"的概念与其对立,学界掀起了一个批判西方国际法、建构社会主义国际法体系的热潮。大海航行靠舵手,万物生长靠

---

[63] 《中国人民政治协商会议共同纲领》,载《光明日报》民国38年(1949年)9月30日,第2版。

[64] [苏]柯席乌尼科夫编:《斯大林论现代国际法基本原则》,钱克新译,世界知识出版社1950年版。

[65] [苏]格·伊·童金:《国际法理论问题》,刘慧珊等译,世界知识出版社1965年版;[苏]格·伊·童金:《国际法实践答题》,刘慧珊等译,世界知识出版社1965年版。

太阳,在这一政治和舆论环境下,中国国际法学者从各个角度入手,对(资本主义)国际法进行了一系列批判,[66]署名欣梧的"资产阶级国际法批判系列之六:对资产阶级国际法关于国家领土问题的批判"是这一时期对国际法"领土"问题批判的标准文,该文开篇第一句即对国家领土进行了定义,指出"国家领土包括领陆、领海、领空和地下层,属于国家主权的绝对管辖",[67]该文也彻底批判了历史上国际法认可的领土获得的方式,例如,先占、割让等,认为这同样是资本主义和帝国主义扩张的需要。从实质内容上看,这些批评都没有否认"领土"概念本身,反而更加强调了其"绝对性",这可能正是因为在当时的国际环境下中国对领土安全的担忧,同时也指出"尊重领土主权"是社会主义国际法与资本主义国际法的可能结合点之一:

"不论属于哪种类型的国家,只要作为一个国家,它就可能具有一些共同的要求与愿望,如互相尊重领土主权、互不侵犯、互不干涉内政、平等互利、和平共处的五项原则便是。"[68]

易言之,社会主义国际法与资本主义国际法的结合点,正是在于中国提出的"和平共处五项原则",而其中原则之一即"领土主权";"和平共处五项原则"也被朝鲜金日成宪法所采纳,成为朝鲜对外政策的宪法宣言。从 1966 年到 1976 年,中国又经历了"文化大革命"动荡的 10 年,这期间国际法研究则相对

---

〔66〕 中国国际问题研究所主办的《国际问题研究》杂志在 20 世纪 50 年代末和 60 年代初发表了一系列批判西方国际法的文章,例如,署名眺岳的《对资产阶级国际法的初步批判》(1959 年 4 月)、《资产阶级国际法必须彻底批判》(1959 年 12 月)、署名英涛的《从几个基本概念认清资产阶级国际法的真面目》(1960 年 1 月)、署名孔梦的《对资产阶级国际法关于国际法主体和国家承认的理论的批判》(1960 年 3 月)、署名英涛的《对资产阶级国际法关于国家主权问题的批判》(1960 年 3 月)、署名一心的《资产阶级国际法在干涉问题上说明了什么》(1960 年 4 月)、署名千驷的《批判资产阶积国际法在居民问题上的主张》(1960 年 5 月)和署名欣梧的《对资产阶级国际法关于国家领土问题的批判》(1960 年 7 月)。

〔67〕 欣梧:《对资产阶级国际法关于国家领土问题的批判》,载《国际问题研究》1960 年第 7 期。

〔68〕 平明:《现在有社会主义与资本主义两种国际法体系》,载《法学》1958 年第 4 期。

停滞,从 1966 年到 1980 年中国大陆出版的唯一一本国际法著作就是 1976 年周鲠生先生的《国际法》,但该书大部分周鲠生先生在"文化大革命"前已经完成,用词和观点基本上也与他 1934 年出版的《国际法大纲》相同,"领土"一词再次在国际法教科书中被保留下来。

中国改革开放以后,苏联的几本国际法著作首先被翻译到中国,影响较大的仍是苏联童金所著的《国际法》,该书是苏联的大学教科书,指出"国家领土是合法地受一国主权管辖的地球的一部分","国家领土是位于一国国界以内的,陆上的(大陆和岛屿的)、水域的、地下的和空中的空间"〔69〕,这一概念也是在广义上使用"领土"这一概念,这一直影响到 20 世纪 90 年代初的中国国际法研究〔70〕。直到今天,"领土"的这一定义已经在中国国际法学中确定,即"领土的组成部分包括领陆、领水,领陆和领水下的底土,以及领陆与领水上的领空。领陆是领土的最基本部分,指国家疆界以内的全部陆地"〔71〕,这一定义也体现在《宪法》〔72〕中。

日本国际法学在 1943 年左右发生了从"领土"到"领域"用词的转变,并用"领域"最终取代"领土",今天日本国际法教科书基本上都用"领域"指包括了领土、领水和领空在内国家主权所及的全部空间,〔73〕"领土"一词则仅指领域的

〔69〕 [苏]格·伊·童金主编:《国际法》,邵天任等译,法律出版社 1988 年版,第 385 ~ 386 页。

〔70〕 我国学者何勤华曾对比了中国和苏联的国际法教科书,以吉林大学法律系和中国人民大学国际法教研室编写的国际法教材为例,认为内容和体系基本相同。

〔71〕 王铁崖主编:《国际法》,法律出版社 1995 年版,第 229 页。同样表述见于:梁西主编:《国际法》(修订第 2 版),武汉大学出版社 2003 年版,第 107 页。

〔72〕 八二宪法共出现两处"领土",都见于"总纲"中,第一处在"台湾是中华人民共和国的神圣领土的一部分,完成统一祖国的大业是包括台湾同胞在内的全中国人民的神圣职责";第二处在"和平共处五项原则"的表述中,"中国坚持独立自主的对外政策,坚持互相尊重主权和领土完整、互不侵犯、互不干涉内政、平等互利、和平共处的五项原则"。

〔73〕 参见:[日]松井芳郎等:《国际法》(第 5 版),有斐阁 2007 年版,第 115 页;[日]栗林忠男:《现代国际法》,庆应义塾大学出版会 1999 年版,第 223 页;[日]藤田久一:《国际法讲义》,东京大学出版会 1992 年版,第 205 页。

陆地(包括岛屿)部分,〔74〕对西文书籍的翻译也使用"领域"对应"territory",例如,将"acquisition of territory"译为"领域的取得",将"sovereignty of territory"翻译为"领域主权",〔75〕对国家组成要件之一的"a defined territory"也译为"确定的领域"。〔76〕第二次世界大战结束后,韩国脱离日本殖民统治,新的国际法学研究极力脱离日本的影响,但使用的国际法学术语仍然是在日本基础上发展的,因此并没有发生太大变化,同样继受了日本"领域"的使用。〔77〕但有意思的是,直到今天,在日本、韩国和朝鲜"领土"的广义含义也仍然被一些书籍采用。〔78〕中国台湾地区的国际法教科书则采用两种用词体系,其一是采"领土"一词,〔79〕这与大陆一致,对于领土中的土地部分,则称"领陆","领陆指一国管辖的所有陆地,包括了地上附着物和低下埋藏物",〔80〕这与大陆也相同。另一套相对小众的定义体系采"领域"一词,〔81〕用来指称包括领土、领水、领空等在内的全部空间,"领土"此时则仅用来指国家管辖的土地部分,而这一术语体系

〔74〕 参见:[日]松井芳郎等:《国际法》(第5版),有斐阁2007年版,第115页;[日]栗林忠男:《现代国际法》,庆应义塾大学出版会1999年版,第237页;[日]藤田久一:《国际法讲义》,东京大学出版会1992年版,第230页。

〔75〕 Peter Malanczuk:《现代国际法入门》,长谷川正谷译,成文堂1999年版,第230页。

〔76〕 《美洲国家权利和义务的蒙特维迪亚公约》,载[日]杉原高岭编:《コンサイス条約集》,三省堂2009年版,第21页。

〔77〕 参见[韩]李建镐:《国际法概说》,探求堂1954年版,现藏于韩国国立中央图书馆;[韩]朴观淑:《国际法讲义》,苇声文化社1956年版,现藏于韩国国立中央图书馆;韩国法务部编:《北韩法研究(V)·国际条约》,法务资料第82辑,现藏于韩国国立中央图书馆,第23~24页。

〔78〕 广义的"领土"指主权管辖的全部空间,狭义的"领土"仅指土地部分。参见[日]筒井若水:《国际法辞典》,有斐阁2002年版,第344页。

〔79〕 参见陈治世:《国际法》,台北,台湾商务印书馆1990年版;吴嘉生:《当代国际法》,台北,五南图书出版公司2008年版;谢瑞智:《国际法概论》,台北,台湾商务印书馆2011年版;等等。

〔80〕 赵明义:《当代国际法导论》,台北,台湾五南出版社2001年版,第185页。

〔81〕 同上书,第177页;丘宏达:《现代国际法》,台北,三民书局1998年版;许庆雄等:《现代国际法入门》,台北,月旦出版社股份有限公司2001年版。

在中国大陆国际法中也有零星出现。[82] 也就是说,中国大陆对"领土"一词的使用很大程度上继承了日本在 20 世纪上半叶的用词,第二次世界大战后日本国际法用词的变迁基本上没有影响中国大陆,中国台湾地区的国际法则也同时受到日本的一些影响,但并不是主流。

六、结 语

对今天中国国际法学者来说,用"领土"指称"territory"这一概念是约定俗成的,用"领陆"指其中的土地部分,但这对日本和韩国的国际法学者来说就会困惑,因为他们更多使用"领域"指称这一概念,而"领土"仅仅指其包含的陆地部分。语言是基于社会生活的,其法律词汇的含义也是由其所在的社会所赋予,因此我们没必要纠结"领土"和"领域"哪个在用词上更准确,能够在特定语境下准确指示特定概念即可。

追溯这一译词的发展史,我们会发现法律用词的最终确定在很大程度上也不是一个线性的发展过程,在早期存在多个用词,随着历史的发展被最终确定下来,这与法律概念本身的发展变化有关,也是学术史和政治史互动的产物。从时间上看,西方国际法词汇在东亚的生成路径大概经历了这几个阶段:第一阶段,是传教士的翻译,往往由熟悉汉语的西方人主导完成,所用的汉字词汇也都由西方人所创造,这一阶段主导国际法译词的是西方传教士。第二阶段,各国出现了基于这些译本而独自创作的国际法书籍,其中包括翻译的,也包括独立创作的,区别于传教士的译词得以出现。在这一过程中又以日本最为发达,应当指出的是,日本人在翻译过程中有一定的区别意识,即区别于早期的传教士译词而突出本国的独特性,因此出现了"领土"一词;对中国和朝鲜来说,这一过程则主要得益于民间留日学生的翻译,因此很多国际法词汇是直接由日语进入到汉语和朝鲜语,取代了早期丁韪良的译词体系。第三阶段,第二次世界大战结束后,韩国极力脱离日本殖民时期的国际法知识体系影响,试图建立新的国际法学体系;而中华人民共和国在成立后受苏联影响,采纳了社会主义的国

〔82〕 在中国大陆"领域"一词并不是完全没有使用,一些词典中同样用来指"国家主权管辖下的区域。"(参见中国社会科学院语言研究所词典编辑室编:《现代汉语词典》,商务印书馆 2012 年版,"领域"条)。

际法学研究，这其中体现了强烈的民族主义和意识形态色彩；但它们在法律词汇上仍然采纳了旧的词汇体系。日本的国际法用语在之后再次发生了变化，由"领土"变为了"领域"，这是因为国家主权管辖的范围从早期的以土地为核心，逐渐扩展到了包括领空和领海的立体空间，这也影响了朝鲜半岛的韩国和朝鲜，而中国大陆的国际法学在第二次世界大战后就没有继续受到日本影响，"领土"这一20世纪上半叶常用的译词被保留了下来，最终成为了今天我们国际法对"territory"的标准法律用语。

The Changing Translation of Territory in East Asia —With a Study of the Academics, Politics and Language Construction of East Asian Countries in Adopting International Law

Tang Yan

Abstract: Territory is the core concept of international law and the physical basis of modern state construction. There is no Territory in East Asian language, which was adopted by East Asian countries in the late 19th century. At the time international law came to East Asia, "territory" has been a fixed term in Western legal parlance. Translating it into Chinese became a common task for the scholars of China, Japan and Korea. Reading the writings of international law in these countries, we can find its corresponding words were changing over time. This essay reviews the changing of these words against the background of legal and political history, and through which, gives new understanding of the history of international law of East Asian countries.

Key words: Territory; Jiangyu; East Asia; Legal words; History of international law

评　论

以术变法，法将焉存*

——戊戌变法二甲子感言

柯　岚**

内容摘要：

清末民初军事冒险的政治投机活动始自戊戌变法，康有为致力于政治军事投机，开创了近代中国的恶劣先例，他是近代中国游民政治的始作俑者，游民政治让中华民族走向现代的转型平添了很多不该有的阵痛。

关键词：

康有为　政治投机　戊戌变法

曾为张之洞幕僚的晚清文人苏继祖在《戊戌朝变记闻》中记录了1898年北京城中各派政治势力惊心动魄的较量，他们的煌煌高论在紫禁城中回响，走出那宫墙，分明就能看到一台行将就木、毫无生机的官僚机器，它的低效和无能会让面对它的人们感到绝望和窒息。

京都管理街道，有工部街道厅。管理沟渠河道司官，顺天府，大宛两县，步军统领衙门。前三门外，又有都察院管理街道城防司汛等官，可谓严且备矣。究其实，无一人过问焉。以至任人践踏，粪土载道，秽污山积，风即扬尘，雨即泥泞，春夏之交，变成瘟疫，而居其中者，奔走往来宴如也。洋人目之为猪圈，外省比之为厕屋。然每年碎修经费，所出不赀，及勒索商民，讹诈铺户，款又甚巨，奈皆众人分肥，无一文到工者。岁修之项，工部分其半，该管又分其半；巡查打扫

* 本文系国家社科基金重大项目“法治文化的传统资源及其创造性转化”（14ZDC023）的阶段性成果。

** 华中科技大学法学院教授，法学博士。

之费,步军统领衙门营城司防内外城分之,讹诈勒索,工部不与焉。[1]

制度的设计看上去完备无疵,实际的运作却是处处落空,国家每年为此靡费的钱财,在官僚机器每一个严密的步骤中奇迹一般地渗漏到很多官员的私囊,官员还会以此为名去向人民摊派苛取。对这样朽烂到骨的官僚机器,谁能有迅速生效的办法让它彻底改变呢?北京城的街道就是一个缩影,映射着这个古老帝国方方面面的腐烂气息。

有1个来自广东的孤傲儒生,虽然他没有显贵的出身也屡试不第,却在身边聚集了大批不甘沉沦的青年文人。他提出了一种惊世骇俗的理论,断言儒生们熟读的经典都是西汉文人刘歆伪造的,儒生们被刘歆的阴谋欺骗了将近2000年,只有他才真正掌握了孔子所撰经典的真正要义,孔子早就预言了这个末世的到来,而只有变法才能拯救这个衰朽的时代。120年前,康有为就这样来到了清帝国的中心,他说服了年轻的光绪皇帝,掀起了一场风暴,他不断承诺他有力量让这个国家彻底改变富强起来,谁表示不信任他,他就表示出决绝的斗争姿态。短短3个月后,他被各派政治势力彻底孤立,他的计划被彻底推翻,他的同道为此付出了血的代价,他自己却侥幸逃出得以幸免。回溯这场120年前的变法运动,应该反思的不是应不应该变法,而是变法到底怎样才能成为理性的进程,而不是大言煌煌的政治秀。

在苏继祖的描述中,戊戌年(1898年)的北京城谣言四起,而谣言的中心都指向了康有为。有人传言康有为要尽用洋人,成立一个鬼子衙门。有人传言康有为给光绪喝了一种邪门的药水,光绪喝了以后性情大变,完全被康有为控制了。有人传言光绪中了康有为的邪,要改信天主教,断发易服。还有人传言康有为兄弟出入禁宫,秽乱宫廷……[2]这些谣言都是一种熟悉的套路,如同人们在话本小说、方士卦辞中常见的那样。康有为引发了来自社会各派势力的敌视,满族王公、汉族大臣、应考士子、衙门胥吏,甚至还有各界僧尼道众,[3]在很多人的眼中,他已成为1个妖魔一样的人物。康党的年轻人以为自己大权在

[1] (清)苏继祖等:《清廷戊戌朝变记》(外三种),广西师范大学出版社2008年版,第19~20页。

[2] 同上书,第14~16页。

[3] 同上书,第16页、第104页。

握，天下听任他们规划，动辄放言要裁撤某衙门换掉某大员，消息传出，六部官员愤恨不已。光绪也很急切，痛陈不愿做亡国之君，匆匆颁下了上谕，各地书院改设新式学堂，民间多余的祠庙，也一律改为学堂，不久又下旨停止八股时文取士，改为特科考试。这样的措施果真立即推行下去，大批失业的僧尼道众和旧式儒生失去了社会地位和谋生之道，势必会造成社会动荡。

面对朽烂的国家机器，光绪和康有为都有同一种急切的心，换零件、换螺丝钉、换大部，无用的就要都抛弃。但假如只是新旧思维的对立，并不足以导致悲剧性的结局。清廷中存在帝后两派政治势力，而帝党显然并不具有将对方通吃打垮的实力，他们在这个政治格局中明显是处于弱势的。慈禧读到康有为的最初上书时也很受触动，本来也有心改革，才同意让光绪主政推行变法，后党中也不乏同情变法维新的有识之士。在存在多元政治势力的情形下，只有理性对话、互相包容，形成利益的妥协才可能导致法治的格局，谋求社会的渐变，谁破坏了这种平衡，就会让局势倒退到对峙以前。

百年之后，近代史学家反思清末民初的纷乱政坛，得出的结论发人深省，正是康有为试图夺权逼宫的政治投机行为，导致了戊戌变法的彻底失败。他在组建维新组织和参与新政中的很多举措，就像那些将他妖魔化的谣言一样，也是一种熟悉的套路，分明就是话本小说中黑道人物常用的伎俩。康有为“致力于政治军事投机，开创了近代中国的恶劣先例”，〔4〕此后，用暗杀、策反、收买这些手段来达到政治目的，成为恶化清末民初政治生态的常用伎俩，保守派、维新派、革命派都不能免俗。到蒋介石一统国民党，游民政治更成为国民党对内对外斗争的必备武库，整部民国史，有数不清的暗杀、叛卖出没其间，究其源头，康有为才是近代中国恶劣政争的始作俑者。假如社会寻求一种新的博弈法治秩序，用三国、水浒式的权术策略来寻求这样的结果，无异于缘木求鱼。

一、戊戌变法中康有为在学术和政治上的孤立

1898年秋天戊戌变法失败，时任翰林院庶吉士的蔡元培在政坛还是默默无名之人，他和梁启超是同年进士，内心则最为佩服谭嗣同，非常同情维新变法。蔡元培在戊戌年见证了事变的全过程，他总结变法失败的原因是主事的人操之

〔4〕 袁伟时：《中国现代思想散论》，广东教育出版社1998年版，第156页。

过急。他不愿轻易臧否人物,但指出当时京城士人以结识康梁为荣,到康有为住处拜访的人络绎不绝,他却从不曾去凑这热闹,"耻相依附,不与纳交",[5]可见康有为素性傲慢是士林皆知的。蔡元培认为要挽救国家的危亡没有速成的变革之道,而只有从人心风俗入手渐变,变法后不久,他对政府极度失望,就辞官去办教育了。8 月事变后,蔡元培对变法失败的原因作出了清醒的判断,认为"康党所以失败,由于不先培养革新之人才,而欲以少数人弋取政权,排斥顽旧,不能不情见势绌"。[6] 蔡元培一语中的,说出了康有为领导的戊戌变法成败的关键:没有群众基础,以为自己代表绝对真理又得到了皇帝重用,急于排斥异己推行所有政见。

康有为出身官宦世家,家中具有平常人家所不具备的优厚教育条件,少年时就博览群书,曾经游历香港和上海租界,接触了大量西学思潮,见识广博。父亲早逝、家人的宠爱造就了他固执专断的性格,尽管两次乡试落第,他仍然不屈不挠,内心极度自信,以命世之才自居。当时的中国濒临被帝国主义瓜分的边缘,亡国灭种的空前危机让他感到舍变法无从拯救中国的危亡,他的爱国热情是非常诚挚的,然而他性格的极度狂妄和迂执导致他难以驾驭变法这样一件复杂的政治事务,而往往选择非常书生气的方式。他在广州举办长兴学堂时就借鉴廖平的今文经学理论,相继出版《新学伪经考》《孔子改制考》,没有充分根据就指责古文六经全为刘歆伪作,鼓吹怪诞不经的孔子素王说以托古改制,甚至引用东汉时方士所作的纬书来论证自己的观点。还给自己取号为"长素",意思是超过素王,以圣人自居。康有为的学术奇招在当时传统还非常深厚的古文经学界引起轩然大波,很多本来支持变法的士大夫、士子都因为难以接受这些怪诞的观点而不信任他。在某种意义上讲,用今文经学来宣传自己的政治观点,指望窃孔子权威为自己独用,这也是一种学术投机的行为。晚清文人陈庆年在戊戌年前后的日记中记载了康有为的学术怪招引发的士林风波,儒生们纷纷作文驳斥,认为康有为破坏儒家道统,提倡速成投机,这与他们多年接受的儒家经典常识相悖,他们感到无法接受:"近世学术日坏,如康有为编伪诸经,自谓刘除

[5] 蔡元培:《孑民自述》,江苏人民出版社 1999 年版,第 18 页。

[6] 同上。

无用之学。其读书分月日程，至以速化诱天下，谓六月即可成通儒，狂悍已极。”[7]

1894 年《马关条约》签订的消息传来，康有为正在北京应试，他策动了著名的“公车上书”，引发朝野震动。同年他终于得中进士，被授为工部主事，他继续不断给光绪皇帝上书，鼓吹变法，并在北京创办强学会。很多思想开明的官僚都愿意出资支持强学会的事业，包括张之洞、李鸿章。康领导的维新党主要是他的学生和同情他主张的青年士子，他们在政治上没有根基也缺乏经验，如果康能懂得妥协和耐心，他完全可以争取这些洋务派老牌政治家的支持，让变法更有胜算，因为当时革新图强已是人心所向，清廷的开明官僚包括满族王公有不少也是同样爱国并且支持改革的。然而康在这个问题上幼稚已极，对待张之洞、李鸿章都非常狂妄，张、李都非常反感。[8] 李鸿章本来提出给强学会捐款 5000 元，康梁等人却以他签订了《马关条约》为由拒绝了他的捐款。[9] 姑且不论李鸿章是不是应该背负甲午海战失败和签订《马关条约》的全部道义罪责，即便李鸿章真有责任，在当时急需团结一切爱国力量的形势下，康有为身为低级官员，这样对待李鸿章是具有侮辱性的。这种极为书生气的举动也是完全非理性和毫无意义的，这同明末东林党人和复社文人对待阉党的决绝态度如出一辙，以道德清流自命，党同伐异，不仅意气用事且对实际的改革举措毫无裨益。聂士成本来是出钱支持强学会的，后来也同康有为反目成仇。康有为的弟弟康广仁对他的这种性格知之甚深，说他“规模太大，志气太锐，包揽太多，同志太孤，举行太大”，他早已看出康的变法努力成不了大事。[10] 康的这种性格使他注定只能同全心拥护他主张、服从他权威的年轻士子共事，在变法前夕就已经让维新党丧失了大量支持。

1898 年 1 月光绪皇帝有意重用康有为，康给光绪呈上《上清帝第六书》，基于日本明治维新的经验，建议清廷郑重做好三件事：(1)大誓群臣诏定国是，宣布变法正式开始；(2)政府最高层在午门设立招待所，委派御史专司其事，允许

---

〔7〕 (清)苏继祖等：《清廷戊戌朝变记》(外三种)，广西师范大学出版社 2008 年版，第 107 页。

〔8〕 参见马勇：《从戊戌维新到义和团》，江苏人民出版社 2006 年版，第 101 ~ 108 页。

〔9〕 同上。

〔10〕 参见张鸣：《再说戊戌变法》，陕西人民出版社 2008 年版，第 119 页。

所有国民上书言事,献计献策;(3)开制度局全局统筹变法,下设12个分支机构,将一切政事制度重新商定。[11] 这3项制度设计明显可以看出康的变法思路过于简单,当时清廷的情况不同于日本明治时期,最高层权力格局复杂,光绪帝并没有明治天皇那样上下一心的坚强后盾。清初以来,皇帝和谁商议决定重大国事、诏令如何起草,这项国家的首要权力由什么机构执掌,是政制变革的头等大事,想要推行新政的皇帝,往往会抛开过去的辅政机构,新设一个机构。雍正即位后设会考府,后来觉得会考府不可靠又设军机处。到了洋务运动期间,咸丰帝又设总理事务衙门。这时光绪帝有意变法,制度局的设计确实会让朝臣感到这是一个新的御前决策机构,会将军机处、总理事务衙门的权力架空。反对派纷纷指责康有为等人动机不纯,是想借此瓦解旧有政府机构为自己窃取私人利益。本来光绪并无借制度局裁撤其他旧机构的用意,但康党中的少壮派们以为康有为已经大权在握,纷纷出去放言朝政马上就由康来做主了,很多官员都应该下台了,"当时之物议沸腾,且因新党中少年高兴,到处议论某官可裁,某人宜去,现已如何奏请皇上饬办,而皇上发下何旨,肆意矜张,为守旧中有心相仇者听去遍传也"。[12] 作为一个职级低微的官员,康有为给皇帝上了几回书就提出夺权意图很明确的政制变革计划,康党又四处放言权力中心即将转移,这是十分轻率冒进的举动。

同年6月,光绪发布《明定国事诏》,正式开始变法。6月16日光绪正式召见康有为,康有为十分兴奋,清晨在东宫门内朝房等候召见时遇见了荣禄,荣禄试探性地问道:"一二百年之成法,一旦能遽变乎?"康直截了当地回答:"杀二品以上阻挠新法大臣,则新法行矣。"[13] 此时康有为坚信自己已经成了变法的最高设计师,光绪帝必然对他言听计从,为了变法绝不与任何人妥协,谁要阻拦就坚决清除。至此,康有为和他领导的青年维新党在变法运动中已经孤立于各派政治势力,他们完全寄希望于皇帝赋予他们生杀大权,自上而下彻底推行新法,并消灭一切反对力量。

---

〔11〕 参见马勇:《从戊戌维新到义和团》,江苏人民出版社2006年版,第239页。

〔12〕 (清)苏继祖等:《清廷戊戌朝变记》(外三种),广西师范大学出版社2008年版,第15页。

〔13〕 马勇:《从戊戌维新到义和团》,江苏人民出版社2006年版,第263～264页。

二、变法失败与康有为的政治冒险行为

变法正式施行不久，康有为就因为废科举和人事变动两件事同守旧派发生了激烈的冲突。光绪皇帝召见康有为以后，下旨任命其在总理衙门章京上行走，许他专折奏事。康和他的弟子对这一任命很不满意，甚至有意离京南下，但后来还是决定留下。[14] 此后经济、军事方面的改革开始推行，康有为再次上书给光绪，请求政府废除八股考试，开办新式教育。在此之前，慈禧并没有过多干涉光绪的改革，很多方面都是持赞同意见的。因为废除八股一事，康有为直接上书弹劾礼部尚书许应骙阻挠新政，建议将其解职，由此开始了同后党的政争，许作了回奏，攻击康有为人品低劣，聚众滋事，揽君宠对外吹嘘弋名。光绪为了调和双方的矛盾，就在下达的废除八股旨意中作了调和，宣布改革在 3 年之后正式施行。这个政策势必砸掉很多人的饭碗，一时引发了大批士人的反对，“因废八股而可能导致失业的大批士人对倡议废八股的康有为等人恨之入骨，据说直隶的一些士人甚至考虑采用极端的手段对康有为行刺。”[15]

客观来说，开办新式教育，淘汰旧式科举对于当时中国富强是必不可少的，然而康有为的态度太过急切，没有争取到足够的政治、社会力量支持，未先做好舆论宣传工作，就指望仗着皇帝 1 人之力迅速强推下去，并且主动攻击守旧派，这已经为后面的变法蒙上了阴影。1898 年 7 月，湖南举人曾廉上书请光绪帝杀康有为，“劾康有为、梁启超，叛逆不道，其在湖南时务学堂讲义，专主民权自由。”[16] 光绪令谭嗣同逐条反驳曾廉的上书，并将谭的反驳呈给慈禧。后党纷纷开始反击，不断向慈禧、光绪攻讦康有为。同月，因举办京师大学堂一事，管学大臣孙家鼐上奏康有为的孔子改制学说蛊惑人心，请求将康著作中有关孔子改制的内容一律删除。光绪尽量调和康与后党的矛盾，康则继续不断上书给其施加压力催促变法尽快推行。与此同时，维新党内其他年轻人得到了光绪帝的重用，礼部主事王照因上奏被礼部堂官拒绝代呈，上书弹劾礼部尚书怀塔布、许

〔14〕 参见马勇：《从戊戌维新到义和团》，江苏人民出版社 2006 年版，第 268 页。

〔15〕 同上书，第 283 页。

〔16〕 （清）苏继祖等：《清廷戊戌朝变记》（外三种），广西师范大学出版社 2008 年版，第 20 页。

应骙阻挠新政,光绪帝于 9 月 1 日下旨将怀、许等礼部六堂官革职,赏王照三品顶戴,几日后又任命了著名的军机四卿杨锐、刘光第、林旭、谭嗣同参与新政,裁撤冗署、冗员的改革也开始进行。人事上的频繁变动引发了种种谣言,守旧派以为皇帝要尽行抛弃旧政府完全任用新人,纷纷向慈禧哭诉请求干预,帝党和后党的矛盾尖锐到了无可弥合的地步,9 月 14 日光绪至颐和园向太后请安,慈禧就人事问题严厉指责光绪,最后不欢而散。

近年来,近代史学者通过对日本、我国台湾地区保留的稀有档案的考据,终于还原了百日维新后期康有为意图通过袁世凯进行军事政变的真相。过去国内史学的主流观点认为,是袁世凯的出卖导致了变法失败,而康梁在变法以后的各种著述中也一直坚称是光绪给康有为下了密诏,自己帝位不保,请其想办法搭救。现在看来旧说有三点出入:

其一,光绪帝的密诏是 9 月 15 日下给杨锐的,诏书中表示太后对人事变动不满,自己权力不足,再坚持下去可能帝位不保,希望杨锐等人想出良策能继续变法又不违逆太后之意,诏书中没有提到康有为的名字。〔17〕 不仅如此,9 月 17 日还下旨要求康有为离京往上海督办官报局。

其二,借袁世凯新兵发动政变是康有为一人坚持之意,康派年轻官员到袁世凯跟前施行离间,挑拨袁与荣禄的关系,袁世凯虚与委蛇,康却信以为真自以为得计,坚持以为袁世凯可以寄托厚望。谭嗣同本来不同意,但康坚持,要求说服袁世凯起兵围园,谭则率领他认识的江湖人士毕永年纠集百人抓捕慈禧。〔18〕 谭嗣同最后服从康的权威,9 月 18 日深夜探访袁世凯,将计谋和盘托出,袁世凯假意表示配合,尽力拖延动作。

其三,变法失败并非由袁世凯告密所致。9 月 18 日杨崇伊上奏,攻击维新党要请伊藤博文来中国主政,请太后即日训政。次日深夜慈禧就自颐和园返宫夺回政权。9 月 21 日袁世凯才在天津向荣禄告密,而此时慈禧已经发动政变,袁的告密只是导致了军机四卿的被法办。〔19〕

这些新的史料表明,实际上在 9 月 14 日光绪入园见慈禧之时,变法已告失

---

〔17〕 参见汤志钧:《乘桴新获——从戊戌到辛亥》,江苏古籍出版社 1990 年版,第 41 页。

〔18〕 参见杨天石:《晚清史事》,中国人民大学出版社 2007 年版,第 103 ~ 104 页。

〔19〕 同上书,第 193 ~ 194 页。

败,光绪已经很清楚自己的权力要受到限制,担心新法无法推行,所以下旨给杨锐,希望在弥合帝后关系的前提下继续变法,并没有想要激化矛盾,而且已经知道康有为很不得人心,催促其离开北京避免矛盾激化。康有为在此时决定进行军事冒险,于公是因为听到了慈禧要废帝另立的流言,担心变法付之东流,于私则是不愿意放弃变法的领导权,自作主张借用军人和民间会党(谭嗣同和这类人士相熟)发动政变,准备杀掉慈禧扫清变法阻碍,而且他很清楚自己树敌众多,如果变法失败,自己势必被清算,所以决定放手一搏夺取政权。可以设想,如果康的政变成功,他不仅可能杀掉慈禧,还可能挟持光绪帝,大权在握专行变法。清廷在变法后宣布康党罪状说“又闻该党建立保国会,保中国不保大清,殊堪发指”,我国台湾地区学者黄彰健考索台湾中研院史语所馆藏的稀见史料,得出结论,清廷对康有为的这一指责并非诬妄之辞,康有为在对友人的信中确曾多次提及,他有建立“大同国”的政治野心,他将清政府称为“大浊国”,还曾计划举事失败后到有会党势力相助的湘中独立自保。[20] 等到围园杀后的图谋败露,变法失败,康有为亡命国外,却又以坚定的保皇党自居,标榜他是深受皇恩誓死相报的忠贞孤臣,反对孙中山的革命主张。他这“变色龙”一样的转换,足以显示他那些鸿篇巨制的大同之说都只是服务于他的夺权野心的权宜说辞罢了。

三、变法失败后康有为的谎言和继续投机

变法失败以后,孙中山曾托日本友人将康有为接到日本,梁启超、王照也逃到日本和康在一处。孙中山希望能争取康梁参加革命,但康坚称受光绪帝厚恩,抵触革命,后来孙中山亲自去拜望康有为,康带着梁启超、王照和梁铁君出见,会谈期间,王照突然向来客说他来日本以后一直不自由,被人监视,来信都被拆阅检查,康有为急命梁铁君将王照拖下去了。[21] 孙中山等人觉得非常奇怪,后来孙党人托平山周趁康有为不在之时将王照带到犬养毅的寓所,王和犬养毅笔谈,说出了他被监视的真相。原来变法失败以后,康有为通过报章捏造

〔20〕 参见黄彰健:《戊戌变法史研究》,载《中央研究院历史语言研究所专刊》1970年第54辑。

〔21〕 参见黎东方:《细说民国创立》,上海人民出版社1997年版,第26~27页。

了 1 份光绪帝给他的假衣带诏,是在光绪赐杨锐诏书基础之上篡改而成,其中将自己的名字加上放在诸臣首位,而其中表示希望不要忤逆太后妥善推行新法的话则被删去,只强调自己帝位不保,请诸臣相救。[22] 王照因为清楚这个真相,康就派了精于技击的梁铁君严密监视他。此后日本政府就送了康有为一笔经费,请他离日,他去了加拿大,后又辗转去了新加坡。

变法失败之后,康梁在修改诏书这一点上达成一致,目的就是为堵天下人之口,掩盖康有为单方面决定发动军事政变擒杀慈禧的真相,并把变法失败的原因归咎给袁世凯告密。梁在日本和革命党人接触,慢慢开始同情革命,后来康有为令他离开日本,梁决定去檀香山,孙中山遂介绍他与檀香山的兴中会会员认识。梁终究要听命于康有为,不能坚决支持革命,在檀香山募得大批款项的同时,他又利用自己的影响发展大批兴中会员加入康组织的"保皇会"。[23] 至此,康有为又开始了新的政治投机,就是利用海外华人的募资和会党力量,同孙中山争夺政治影响,以图为自己积蓄政治资本东山再起。

1899 年谭嗣同的江湖友人毕永年因为康有为坚持冒险导致谭嗣同牺牲,对康一直不满,渐渐开始投向孙中山的革命党。他回到湖南,此地是哥老会的大本营,有会员 12 万人,毕在此地利用自己的影响做了很多工作,建议孙中山将哥老会、三合会、兴中会合为一体,改名兴汉会,并带了一些会党头目到日本会见孙中山。此时康有为刚从美洲募到大批款项,就用钱收买了一些哥老会头目,让他们倒向保皇会,毕永年劝阻无效,心中悲愤,年底在湖南落发为僧。[24] 但他怀着诚挚的爱国热情,次年就应谭嗣同友人唐才常之邀,在上海成立"自立会"。自立会在政治主张上徘徊于革命与保皇之间,唐才常此时还希望得到康有为的支持,也希望和革命党合作。自立会迅速发展为"自立军",准备在阴历 7 月大举起义推翻清廷,但是康梁却没有如期寄来必需的款项,起义被迫推迟,消息走漏,唐才常后来在汉口被捕。自立军一支的领导人秦立山没有得到推迟的消息,在大同如期起兵,苦战数天后只身脱险来到新加坡,当他得知康有为实际上募集了大批款项却不给将士出钱导致唐才常被捕,一怒之下决

〔22〕 参见汤志钧:《乘桴新获——从戊戌到辛亥》,江苏古籍出版社 1990 年版,第 42 ~ 43 页。

〔23〕 参见黎东方:《细说民国创立》,上海人民出版社 1997 年版,第 27 ~ 28 页。

〔24〕 参见杨天石:《晚清史事》,中国人民大学出版社 2007 年版,第 173 ~ 174 页。

定与康绝交。[25]

1900年正值庚子国难，此时清朝政府内部纷乱不已，正是革命的大好时机，而康有为却因为同孙中山政见不一，担心自己不能获得领导大权，对于革命行动处处掣肘，利用金钱收买同革命党争夺影响和地盘，他已经蜕变为1个彻底的投机政客。综观戊戌变法前后康有为的政治举措，他的政治投机行为不仅断送了本来可以稳妥进行的变法，也延迟了革命的进程，最重要的，他为以后的各派政治人物创立了一个最坏的先例，就是用金钱和封官来收买武力，并用暗杀武力控制异己，他是近代中国游民政治的始作俑者。[26] 民国时著名报人黄远生谴责袁世凯大搞游民政治，"彼以为天下之人，殆无有不能以官或钱收买者，故其最得意之政策，在宠人以勋位"，[27] 大声疾呼有志社会人士不要为袁氏所利用，而自强自立脱于游民，则是中国政治走上现代性轨道的必由之路。实际上说起政治投机和游民政治，康有为比袁世凯资格老得多，当他固执己见派谭嗣同去说服袁世凯助他政变时，他已认定了袁世凯是他的同类。

戊戌变法迄今已经二甲子，回顾苏继祖生动记录的那时的中国与北京城，真切的感觉是恍如隔世。是什么样的力量在改变中国人的生活？又是什么样的力量在改变中国在世界的形象？在戊戌变法的100天中，有人如康有为一样急切事功投机政变，有人如谭嗣同不顾己身虽死无悔，也有人如光绪一样，从此心死与世隔绝。身死的人去了，心死的人消失了，活的人僭取了烈士的道义资

---

〔25〕 参见黎东方：《细说民国创立》，上海人民出版社1997年版，第29～30页。

〔26〕 民国元年（1912年），著名报人黄远生在他创办的《少年中国周刊》发表了《游民政治》一文，指出"吾国数千年之政治、一游民之政治而已。"所谓游民，就是社会中无固定职业的阶级，游民可以堕入秘密会党组织，也可以四处流浪、游食为生。游民因为没有稳定的社会地位和经济来源，愿意投效出钱供养他们的人，也往往愿意为了改变自己的地位铤而走险。所以游民是政治投机活动容易利用的对象。对于那些没有太多政治军事实力的人，想要实现自己的政治抱负或政治野心，利用游民搞投机活动是达到自己目的的速成途径，对于那些已经具备政治军事实力的人，利用游民则可以达到自己不可告人的政治目的。参见黄远生：《游民政治》，转引自王学泰：《游民文化与中国社会》（增修版）（下卷），同心出版社2007年版，第727页。

〔27〕 黄远生：《游民政治》，转引自王学泰：《游民文化与中国社会》（增修版）（下卷），同心出版社2007年版，第729页。

本继续操控党人追逐权位。在我国近代百余年的历史上,这样的浮沉上演了很多回,每一次浮沉,都会有一些观念像涟漪一样渐渐渗透到每一个人的生活。那些浮沉中的人们虽然今天任由我们臧否评说,我们仍然要对他们心存感念,无论他们诚实还是奸诈,他们都为后来提供了宝贵的启示。满口新学而实际上一心权谋诡诈的康有为,是那时代各种文化相遇相激造出的一等特异人物,他的权谋诡诈葬送了变法,但他的大同理想仍然真切,今天我们看到,倘若走在理性循法的轨道上,这理想并不是那样遥不可及。

Legal Reform in the Name of Political Technique ?

—Reflection on the 120th Anniversary of Wuxu Coup

Ke Lan

Abstracts: The activities of political cronyism stemmed from Wuxu Coup in the late Qing Dynasty and the early Republic of China and Kang You wei was entirely regarded as the notorious icon of the kind of activities. Because of this, He accordingly initiated repulsive precedents in political and military domains and became the founder of nomad political culture in the early China as well which gives rise to a great deal of undesirable unrest during the transition of Chinese nation.

Key words: Kang You wei; Political cronyism; Wuxu Coup

法律程序为何重要?

沈宏彬*

内容摘要:

以往在说明法律程序重要性时,往往诉诸公平的观念,主张在正义分歧的环境下,公平的程序是分歧各方唯一能普遍认可的解决方案。然而,这种观点错失了人们追问法律程序重要性的问题焦点。人们之所以对程序的重要性有此一问,恰恰是因为看到程序所确定的结果可能和正义客观的要求相冲突这一点。因此,对程序重要性的说明,是要说明为何明知正义要求的前提下,依然有理由尊重程序给出的次好结果。以回应性原则为核心的复合结构的法治观为上述问题提供了回答。这种观念主张法治的核心在于确保官员作决定所依照的原则,对民众具有理性上的可回应性,而相应的程序则是必要的条件。既然特定的法律程序是实现法治的必要条件,法治也就为尊重程序的结果提供了独立的理由。

关键词:

法律程序　正义　法治　回应性原则

导　　论

对法律程序重要性的讨论,呈现某种奇怪的局面。一方面,几乎所有法学院的学生都知道,法律程序是重要的,并能从很多方面加以说明;另一方面,在司法实践中,当程序所指向的结果和正义的要求之间存在背离时,法官又往往会选择偏离程序的要求,以确保实现正义。此时,一些法律人往往哀叹,民众对法律程序的重要性并不熟悉,而总是要求实现正义。另一些法律人则主张,这

---

* 华东政法大学科学研究院助理研究员。

就是大陆法系的某种特征,即重实体、轻程序。无论如何,这种古怪的现象似乎显示出,法学院只是在教授某种刻板的教条,事实上程序在实践中并无重要性可言,特别是当它和正义发生冲突时,我们可以毫不犹豫地抛弃程序去实现正义。只是,如果将法学院的做法,单纯视为传授刻板教条,又显得太过草率。法律程序在法律之治中具有重要的地位,这并不是一时一地的偶然主张,而是一个相当古老的观点。[1] 很多重要的法学家都为这个看法背书。因此,似乎我们又需要严肃地问一问:法律程序的重要性究竟在哪里?

在本文中,笔者将提供一种对法律程序重要性的说明。这种说明借助笔者对法治的特定诠释。笔者主张法治的核心在于,官员作出的决定必须获得贯穿在既定法律实践中的关于正义和形式合法性的排序原则的辩护,而这个原则必须对民众始终确保具有可回应性。特定的法律程序在确保这一目标上,具有不可替代的地位,因此这些法律程序是重要的。抛弃这些程序就意味着抛弃法治。笔者认为,这种主张能避免既有证明程序重要性的理论中的各种缺陷,而成为对法律程序重要性的妥当回答。

一、界定问题

这里所说的法律程序,是指一种法律体系内部的角色分配与相应的案件处理流程。其中"角色分化"和"分工合作"是法律程序的基本实践特征。所谓角色分化,是指在法律程序中,存在多种不同的角色,分担不同的职责,没有任何一个人能够凌驾在所有角色之上专断地处理案件。而分工合作则是指,这些分化的角色并不是各自为政,而是要相互协作,通过特定的步骤和流程,最终共同给出案件的结果。而相应的程序性法律和程序性权利,则可被视为一种季卫东所说的"角色规范",即将某些权利义务分配给特定的角色,使其能够在程序运

[1] 事实上,被视为现代法治起源的《大宪章》第39条和第40条就是程序性的规定。前者规定,"任何自由人,除非根据同侪的合法判决或依国法,不得被关押、或被监禁、或被剥夺其权利或财产、或被放逐或流放、或以其他任何方式被褫夺身份,我等不得以武力或委派他人以武力威胁之";后者规定,"我等不可向任何人出卖,也不可拒绝或延迟任何人的权利或正义"。参见[英]宾汉姆:《法治》,毛国权译,中国政法大学出版社2012年版,第15~16页。

行中成功扮演自己相应的角色。对法律程序重要性的说明，原则上就是说明这样一套通过角色分化和分工合作来解决争议的方式，它有什么重要性。

应该承认，国内法学家对上述问题的讨论已有一段时间，成果已经不少。几乎所有学者都承认，程序所带来的角色分化和分工合作是重要的。例如，很多学者都注意到，程序带来的角色分化会使案件处理的每个环节都变得专业化，这就极大地提高了案件处理的效率，同时降低了出错的可能性。进而，角色分化使没有人能够独断地决定案件的结果，各方必须诉诸说理，才能让程序中的其他角色接受自己的看法，这样就极大地限制了案件处理过程中个人专断的可能。最后，角色分化也使每个人承担的责任相对明晰，归责也会更为准确。尽管不同的学者进行论证的角度不同，但上述结论几乎是所有人都承认的。总之，法律程序的价值问题似乎并不是一个值得继续讨论的议题。〔2〕

然而，在我看来，正因为法律程序的价值是如此的显而易见，所以大量的讨论其实是错失焦点的。这些主张并没有认真对待，人们之所以会对法律程序的价值有此一问的真正处境，而只是重复了其实提问者已经知道的诸多内容。事实上，只要诉诸我们基本的生活常识就会发现，当人们严肃讨论法律程序的重要性时，往往是在以下这个情形中，即在某个案件中，正义的要求是 X，但遵循程序法律只能作出次好的决定 Y。此时，很多人——特别是法律人——就会严肃地主张，由于程序本身的重要性，我们最好还是接受次好决定 Y。在很多法学院，在阐述程序重要性时，总会借助著名的辛普森杀妻案。在这个案件中，尽管事实上我们有很好的，甚至是决定性的理由相信，辛普森就是杀人犯，但由于程序上的限制，法官最终裁定辛普森谋杀罪不成立。在证立这个决定时，法律人往往诉诸的就是法律程序的价值。

---

〔2〕 除了下文中将详细讨论的雷磊《法律程序为什么重要？反思现代社会中程序与法治的关系》一文外，国内相关的研究中影响较大的，例如，季卫东：《法律程序的意义——对中国法制建设的另一种思考》，载《中国社会科学》1993 年第 1 期；陈瑞华：《程序价值理论的四个模式》，载《中外法学》1996 年第 2 期等。近期的研究同样不少，如刘东亮：《什么是正当法律程序》，载《中国法学》2010 年第 4 期；齐建辉：《正当法律程序价值理论的反思和重构》，载《甘肃政法学院学报》2011 年第 6 期；丁建峰：《法律程序的多维价值比较——基于法律经济分析的综合框架》，载《法制与社会发展》2013 年第 2 期；王学辉：《“依法治法”的整体性图式构建——基于“法”的多重含义的统合与超越》，载《当代法学》2011 年第 1 期；等等。

因此,可以说在“法律程序的重要性”这个相对抽象的话题下,人们实际上问的是一个相对具体的实践难题,即当遵循程序作出的决定和正义的要求相冲突时,我们是否还有理由坚持程序所指向的那个决定?如果问题是这样的,就会发现上述对程序价值无争议的主张,实际上并不能回答这里的困惑。程序能带来专业化的分工或能限制个人专断等,都是为了确保最后的结果尽量是正确的。而这里的问题恰恰是,当我们已经知道正确的结果是什么,而程序并没有给出这个结果时,我们是否还需要坚持尊重程序所确定的结果?事实上,由于上述无争议主张是将程序视为达致正确结果的工具,因此在面对此一难题时,恰恰会给出否定性的回答。但从直觉看,我们并不会认为,辛普森杀妻案的裁判是一个无可争议的错案。相反,很多法律人相信,这反而体现了法治的精神,是一个正确的判决。可见,很多人严肃地相信,程序并非仅具有工具地位,无论最终达成何种结果,偏离程序这种做法本身,就意味着损失了某些重要的价值。那么,究竟孰对孰错,就成了法理论必须解决的棘手难题。

二、基于公平的论证及其缺陷

(一)分歧、法治与法律程序

从上述对问题的叙述看,对法律程序重要性的追问,实际上是一个规范性问题,而不是对某些经验事实的追问。这样,对法律程序社会学、经济学等视角下的分析就无法解决当前的问题。只有诉诸实践哲学的分析,方能解决上述难题。从既有的讨论看,雷磊教授从实践哲学的角度,对法律程序的价值给出了一种辩护方案。相较于其他学者的主张,这种方案是相对比较完备的。[3] 在本节中,笔者将首先检讨他的主张。

雷磊是通过法治这一政治理想来说明程序的重要性。首先,雷磊指出,尽管我们对法治究竟意味着什么存在诸多争议,但至少绝大多数人都会承认,法治是真实存在的政治理想。而从确保法治这一理想最低限度的可理解性出发,最稀薄的法治至少会主张,法律是一种规则之治,即通过规则的方式确定某些

---

〔3〕 持有与雷磊相似的观点的学者包括沃尔德伦、玛蒂尔达 · 科恩等。从既有的讨论看,这种观点是当前论证程序重要性的主流看法,而相较于这些学者的看法,雷磊的论证是相对比较完备的。

公共行动标准。[4] 进而,这种将法治等同于规则之治的观念并不充分。这是因为,规则之治的概念中并不分析性地包含任何对法律正确性的要求,这就导致统治者可能并不拥有任何正当的道德权威,全凭自己拥有的强制力实现统治。雷磊认为,这种状态下的法律不可能实现治理社会的目标,理由有二:(1)统治者只能通过强制来要求人们遵守这些规则,而长期诉诸纯粹的强制,将会使人们逐渐产生某种对待法律消极甚至抵抗的态度。这会在最终挫败这种法律治理社会的目的。(2)诚然,统治者有时需要对公共议题做出决断,要求民众搁置自己的合理性观念,将统治者的决定视为最终的公共决定,但这绝非仅凭强制就能实现的,而必须要求统治者在道德上拥有正当的权威。这就要求立法者说明,人们在相关议题上放弃自己的观念而遵循他的主张,这本身是合理的或正确的。如果统治者仅凭自己的强制力迫使人们行动,那么就会回到(1)中提到的状态,最终挫败他所制定的法律治理社会的目的。[5]

上述论证的结果,是将"正确性"这个概念安置在法治之中,即统治者要想通过规则——而不是纯粹的强制——治理社会,那么统治者就必须证明,民众接受他所制定的法律是客观正确的或合理的。而雷磊之后给出的两项论证,则使"正确性"这一点变得棘手起来。(1)在现代社会中,人们在各种社会议题上,存在广泛的价值分歧。这种分歧主要表现在两个方面:一方面,是对价值究竟要求了什么的分歧;另一方面,即使我们确定了某个价值的原则或要求,依然会对如何适用或者实现这些原则或要求的具体做法产生分歧。因此,传统社会通过共享厚实的道德标准实现社会合作的方案,在现代社会变得不可能,我们

〔4〕 参见雷磊:《法律程序为什么重要？反思现代社会中程序与法治的关系》,载《中外法学》2014 年第 2 期。同时关于最低限度的法治观,参见[美]塔玛纳哈:《论法治》,李桂林译,武汉大学出版社 2010 年版,第 117 页。

〔5〕 事实上,我并不认为理由(1)是一个妥当的论据。从性质上说,这是一个经验性的论据。如果统治者所掌握的强制总具有压倒性的优势,很难说这种统治无法长期维持。但无论纯粹依靠强制的统治是否在经验上有可能长期维持,这都和此处的论证关系不大。即使从最稀薄的法治概念出发,法治意味着规则之治,那么也应看到,这不等于"强制之治"。规则之治意味着,人们意识到这些规则是公共的法律规则之后,就会主动遵循它。这才是规则本身发挥治理功能的状态。这必然要求制定规则的人在道德上具有正当性。

只能诉诸由立法者确立规则的方式,实现大范围复杂社会的合作。[6] (2)“传统社会中,一套外部的‘自然的’价值系统为法律系统奠定了有关正确性的实质标准”,但这套标准在现代社会中已经不复存在了。[7] 我认为,这里的意思是,传统社会中判断某个主张或行动正确与否的客观标准,对民众而言是较为明显的,或者说人们对此存在广泛的共识。但在现代社会中,这些厚实的共识也不存在了。这样,法治就面临着一个棘手的难题。一方面,法治要求法律拥有雷磊所说“正确性”要素,即法律能够向民众说明接受自己的治理,这本身是一件正确的事情;另一方面,却不存在一个被人们广泛接受的判断主张和行动正确与否的实质标准。

雷磊给出的解决方案就是商谈。“在现代公民社会的背景下,正确性无疑不能通过某个个体或群体将自己的价值观念强加于他人来获得。在创造共识的机制中,平等的公民们必须能自由地来支持或反对某个主张,最后通过某种方式形成一个普遍被接受的决定(或许是暂时的)。这种机制的核心在于‘说理’‘论证’,或者叫‘商谈’”。[8] 这里的要点是,商谈并不是获得某个独立于商谈之外的正确行动原则的认识论工具,相反,商谈本身的结果就是正确的,并不存在独立于商谈之外而判断商谈结果正确与否的独立标准。

读者会指出,我们可以承认,人们对如何正确行动存在分歧,但这并不必然能直接推导出,商谈能作为一种正确行动的公共标准。举一个直观的例子。两个黑帮经常为争夺地盘大打出手,造成很大损失。为了避免这种损失,双方决定坐下来商讨各自的势力范围。最后,按照双方的实力对比,划定了相应的势力范围。在这个例子中:(1)双方对各自的势力范围有多大存在争议,且不存在划定势力范围的一般原则,只能依靠商谈本身。(2)对最后的结果,双方都有审慎的理由暂时接受,因为这样至少暂时是最符合自身利益的。但这种基于实力对比的暂时性决定,在直觉上初步可以确定,它与道德并无任何必然关系,更不具任何正当性可言。黑帮在自己的势力范围内诉诸强力,依然是不道德的。

面对上述批评,雷磊并没有明确给出一个解决方案,但这并意味着上述批

---

〔6〕 参见雷磊:《法律程序为什么重要?反思现代社会中程序与法治的关系》,载《中外法学》2014 年第 2 期。

〔7〕 同上。

〔8〕 同上。

评是不可回应的。在我看来，一种可称为“基于公平的论证”就能在雷磊的框架下回应上述批评。这种论证的要点是，公平是针对程序的理想，而诉诸公平的程序，往往是人们面对实质争议时，各方唯一能接受的方案。公平最核心的要求是人们对每个可能影响到自身决定的产生，都具有同等的影响力。在我看来，雷磊所主张的商谈的概念，包含了诸如“平等的公民们必须能自由地来支持或反对某个主张”，这实际上就是在诉诸公平的理想。如果是这样，上述黑帮的例子就存在问题。如果按照公平的要求，是否接受黑帮的统治这件事本身，就应当交由所有当地居民公平决定，那么显然多数人持反对意见，更不要说让两个黑帮划定势力范围了。因此，诉诸公平的概念（或雷磊所说的“商谈”的概念），就能避免上述例子提出的批评。〔9〕

总结一下，面对某个案件中程序指向的结果和正义的要求存在背离，雷磊主张，我们没有理由认为，自己认为正义的那个结果就真的是正义的。现代社会的一项基本境况就是，人们对正义要求了什么存在合理分歧。原告认为正义的结果，可能被告恰恰认为是不正义的。但同时我们又要求，政府在行使强制力时必须获得正当性辩护。在这种条件下，能为政府强制力提供正当性辩护的，就只有程序及其美德公平。这是对实质正义存在分歧的各方唯一可以普遍接受的正当性基础。可见，雷磊是通过削弱甚至取消实质正义对政府强制力行使的约束地位，来说明为何我们始终有理由尊重程序。

（二）错失焦点的论证

然而，笔者认为，雷磊的这个方案实际上违背了人们追问法律程序价值的问题的内在逻辑。我们之所以会对程序的价值产生问题，是因为意识到程序导出的结果和正义的要求可能存在背离。这里所说的正义的要求，并不是任何人所自认为的正义，而是客观的正义要求。换言之，如果行动者承认，关于正义的看法并无正确答案，只有相对化的“你的正义”“我的正义”等，那么所能提出的

〔9〕 雷磊承认，自己的主张接近罗尔斯“纯粹的程序正义”的看法。雷磊指出，“在纯粹的程序正义中，不存在判定正确结果的独立标准，而是存在一种正确的或公平的程序，这种程序若被人们恰当地遵守，其结果也会是正确的或公平的。所以它的一个明显特征是，决定正确结果的程序必须被实际地执行”。可见，尽管他没有明确指出这一点，但诉诸公平的论证同样是他倾向于接受的。参见雷磊：《法律程序为什么重要？反思现代社会中程序与法治的关系》，载《中外法学》2014 年第 2 期。

问题就是,在分歧环境下合理解决争议的方案是什么,而公平的程序很明显是一个合理的答案。在这种情形下,人们不会对程序本身是不是有价值产生怀疑:程序是解决问题的答案,而不是问题本身。相反,人们之所以会对程序的价值产生疑问,就是因为存在客观的正义要求,而这个要求很可能和程序所指向的结果之间是不一致的。此时,我们才会问,为何不能撇开程序而直接去实现正义?程序的重要性究竟何在?

雷磊要想维护自己的辩护方案,只能进一步主张某种对正义的怀疑论,即不存在所谓的客观正义的要求。从逻辑上说,这种怀疑论可能有两个版本。其中一种是借助某种外在于规范性领域的形而上学论据的怀疑论。这种怀疑论的野心更大,它尝试主张,不仅在正义问题上,而是在一切规范性议题上,都不存在客观正解。但这种怀疑论本身很难成立,更重要的是,雷磊理论自身的逻辑也排斥这种怀疑论。概言之,如果根本不存在任何客观的规范性主张,那么任何商谈和论证也都是没有必要的,也不存在“公平”这种价值可言,程序也就无从提供行使强制力所需要的正当性基础。[10]

从雷磊的论证逻辑看,他可能诉诸另一种怀疑论。这种怀疑论在怀疑规范性议题存在客观正解时,所诉诸的论据本身就是规范性论据。这种怀疑论主张,因为我们在正义问题上存在分歧,所以这个事实给予我们理由相信,在这种情况下“默认”的合理规范性主张就是“关于实质正义问题并不存在任何客观正解”。但这个论证并不成功。举一个比较直观的例子。在争论女性是否有堕胎的权利时,A 主张不拥有,而 B 主张拥有。为了说明自身主张的合理性,双方给出了各自认为客观合理的规范性论据。试想如果此时 C 主张,“在我看来,女性是否拥有这项权利并没有正确答案可言”,那么 A 和 B 两人必然会追问 C 的理由,因为如果 C 是对的,那么 A 和 B 的主张都是错误的,因为这两人都主张在这件事上有正确答案可言,只是给出了相反的答案而已。如果 C 此时主张,“我之所以这么说,是因为看到你们俩争论不休”。这显然是个糟糕的回答。A 和 B 都会合理主张,争论不休并不等于这件事没有正解,相反,正因为二者都认为存在正确答案,才会对正确答案究竟是什么争论不休,并给出了相应的论据和

[10] 这里的区分参考了德沃金对怀疑论的区分。本段所说的怀疑论即德沃金所谓的“外在怀疑论”。参见[美]德沃金:《客观性与真:你最好相信它》,载郑永流主编:《法哲学与法社会学论丛》(2012 年卷 · 总第 17 卷),法律出版社 2012 年版,第 53 ~ 56 页。

论证，除非 C 有正面反对 A 和 B 具体论证的实质理由，否则 C 的主张就是无根据的。最后这一点特别重要。面对道德议题上的合理分歧，“不存在在正确答案”并不是一个默认合理的立场或主张，相反它同样是一个实质的规范性立场，需要提出正面的规范性论据才能得到证立。既然从合理分歧的境况，并不能直接推导出对“关于正义的要求不存在客观正解”的结论，那么这种对正义的怀疑论也是失败的。〔11〕

如果两种可能的怀疑论都是失败的，那么我们之前构造的对法律程序价值产生疑问的局面就是可能的。对这个疑问的回答，就不能通过否定问题本身的方式来实现。这样雷磊对法律程序价值的说明就失败了。从某种意义上说，雷磊论证的失败可能基于一个深层的混淆。某些道德理论家提出了可被称为“程序性道德观”的主张。这种观念主张，一般性的理论并不能直接提出任何一阶实质性的道德原则，一般性理论所能给出的，只是判断何种一阶原则是合理原则的二阶标准。进而，这种观念主张，这种二阶标准是一种决策程序，能够通过这种程序的一阶原则就是合理的。罗尔斯在《正义论》中就确定了一种决策程序，并从中推导出了两项正义原则，而之后的斯坎伦、哈贝马斯等，都在这个意义上提出了不同的程序性道德观。按照这种理论，只有当某个主张能够通过这些决策程序时，才是合理的。

然而，这些道德理论中所谓的“程序”，并不是指如法律程序那样，真的有人进入讨论的程序，而只是一种思想实验。因此，对道德理论来说，重要的不是设计程序本身，而是追问，人们能够提出的合理主张究竟会是什么。理性或合理性的概念才是这些理论的关键。而在讨论法律程序时，我们讨论的不是一种思想实验，而是切切实实在经验中存在、人们会参与其中的一种程序。道德理论中对作为思想实验而讨论的程序，并不能直接用来理解法律程序。人们做出正确道德判断的能力，并不依赖任何法律程序就能行使。相反，法律程序如果想获得公平的辩护，并因为这个理由让人们重视它，那么就必然预设了人们有独立于程序之外的道德能力，即人们调用这种能力能准确判断这个程序在道德上是公平的。

---

〔11〕 本段讨论的是德沃金所谓的“内在怀疑论”。参见［美］德沃金：《客观性与真：你最好相信它》，载郑永流主编：《法哲学与法社会学论丛》（2012 年卷 · 总第 17 卷），法律出版社 2012 年版，第 51 ~ 53 页。

当我们重新确立客观正义的可能性之后,要想证明当程序给出的结果和正义的要求存在分歧时,我们总有理由坚持程序给出的结果,就意味着要在一般层面上证明,公平的价值总是优先于正义。我认为这是不可能完成的任务。事实上,如果我们将正义等同于公共生活中所需遵循的道德原则,那么正义而不是公平具有更高的优先性。这是因为,某个程序是否设计的公平,依赖于程序达成的目标:公平的侦查程序与公平的诉讼程序尽管都是公平的,但由于两者的目标不同,形式也有所不同。但正义要求我们考虑一个更根本的问题,即各种程序所欲达成的目标本身,是否是合理的公共生活所必需的。尽管为实现某个目标而设立的程序是公平的,但这个目标本身却是不正义的,那么我们依然有理由认为,应当否定这个目标以及相应的程序。正如罗尔斯在《正义论》的开篇中指出的,正义在公共生活中具有不可妥协的地位,凡是和正义相冲突的制度,都必须予以修正或废除。

事实上,这个看上去对法理学家而言不那么"正确"的结论,其实已经成为程序法实践的一个常态。例如,在辛普森杀妻案之后,很多刑事诉讼的专家开始考虑,是否需要放宽非法证据排除原则的适用,以防止出现明显不正义的结果。很多国家在司法实践上也已经放宽了相关的要求。又如,韩国光州市一所聋哑学校出现大规模老师性侵害学生的事件,这件事被拍成了电影《熔炉》搬上了大银幕,引起了韩国社会的震动。但由于案件被曝光离案发已经过了很长时间,超过了程序上的追诉时效,无法对这些犯罪嫌疑人进行起诉。韩国立法机关通过被称之为"熔炉法案"的特别法案,取消了对这类案件的追诉时效限制,从而起诉并审判了这些犯罪嫌疑人。这些做法都明显违背了程序的要求,但都是合理的。

如果上述主张大体不错,这是否意味着,当正义的要求和程序给出的结果相冲突时,我们可以果断放弃程序的要求而不会导致任何价值上的损失?直观上说,我们是否能主张,辛普森案在根本上就是一个确定的错案无疑?在这个案件中,那些富有经验的法律人对程序重要性的强调,难道都是某种深层的误解?笔者认为,答案是否定的。在下文中,笔者将正面给出一种对程序重要性的说明。这种说明将会和问题的逻辑保持一致。

三、重塑法治的合理观念

(一)正义与形式合法性的排序原则

笔者对程序重要性的说明同样诉诸法治这种理想。如雷磊所指出的,法治旨在为政府强制力的行使提供正当性辩护。同时,他也注意到,这种辩护同时包含两个方面,即实质的正确性条件和与规则相关的形式条件(形式合法性)。前面提到,雷磊的策略是削弱和否定正义的规范性地位,而用程序所带来的公平价值,来满足正确性的要求。但这种方案已经被证明是错误的,正义不仅无法被排除,且具有优先的地位。这样就能进一步主张,法治要想为政府强制力的行使提供正当性辩护,就必须同时满足正义和形式合法性两方面的要求。

有些读者会指出,在法律工作的环境中,在很多议题上,人们对正义要求了什么存在分歧。如果主张法治同时包含了正义与形式合法性两个条件,那么这是否意味着人们同样会对法治陷入合理分歧,这样法治为政府强制力的行使提供正当性辩护就是不可能的了。这种观点失之偏颇。在法律工作的环境中,人们的确会对正义究竟要求了什么存在分歧。但同时,正义同样要求我们组织合理的社会合作,否则我们每个人的生活将充满不便和痛苦,而这是每个人都有理由避免的情况。因此,正义会要求在这种局面下,人们应当放弃用自己的观念作为对公共事务的评价标准,而将公共事务的决定权交给一部分人来行使,而自己直接服从这些人的决定。只有这样,稳定的社会合作才是可能的。简言之,正义要求我们将某些人意志的决定,合理视为我们共享的公共行动标准,从而组织起对每个人来说都有价值的公共生活。〔12〕这并不等于官员在公共事务上可以为所欲为。正义支持官员的决定成为公共行动的标准,是因为只有这样才能组织有效率的社会合作。如果官员的指令在内容上存在严重的不合理之处,使人们不可能合理预期这样的决定还能被视为公共的行动标准,那么此时正义就会否定这些决定在道德上的约束力。

这就是说,在通常情况下,官员的决定能够排除人们所持有的与之要求相

〔12〕 这部分论述受到拉兹服务性权威观的启发。参见[英]拉兹:《权威、法律与道德》,载郑永流主编:《法哲学与法社会学论丛》(2007年第2期),北京大学出版社2007年版,第46～49页。

反的行动理由,而直接成为人们决定性的行动理由。在这种情形中,官员的决定要更好地扮演公共行动标准的角色,它就必须能够被公共地识别和确认。形式合法性条件就旨在确保这一点的达成,而此时正义"默认"官员的意志具有这种约束力。但如果官员的决定在内容上存在明显的不合理,该决定就不再能排除与之相反的行动理由,此时正义就会否定该决定在道德上的约束力。[13]

这就带来了一个实践上的难题。在何种情况下,官员决定内容上的不合理不影响它的规范性,而在何种情况下,内容上的不合理就会导致该决定失去规范性呢?这个问题的答案一部分取决于特定法律文化和条件,例如,同属英美法系,英国的法律就更注重遵循先例,而美国的法律则更注重法律内容与正义尽可能保持一致。但无论形式合法性和正义之间的具体关系如何,这两者之间的排序都必须以原则的方式确定下来,而不能任由官员随意作出决定,否则法治将在根本上不可能为官方强制的行使提供任何正当性辩护。以原则的方式确定下来,意味着如果认为在 A 案件中,我们应该尊重既有的决定,那么在同类案件中都必须这么做;在 B 案件中我们将既有的决定置之不理,去实现正义的要求,那么同类案件也将必须如此办理。[14]

德沃金认为,这里不仅要确定一组排序原则,并且该原则必须是在相互竞争的各种备选方案中最佳的。[15] 这是因为对强制提供的合理性辩护具有特殊性。从实践上说,强制意味着对选择自由的排除。当我被劫匪劫持时,我对"是否交出钱包"这件事并没有选择自由。进而,如果强制人们做的,只是有很好理由去做的事,则这种强制不可能得到辩护。比如说,学钢琴是一件有好的理由去做的事,但如果因此强制他人学钢琴,则很荒唐。我们会认为,尽管这是一件好事,但可能会有同样好的理由支持不做这件事,因此最后是否学钢琴依然取决于我个人的选择。这显示出,只有当强制所排除的选择,是我们根本没有合理理由去做的事,此时强制才可能被正当化。我们都会承认,在是否选择吸毒

---

〔13〕 这一部分同样受到拉兹的启发。参见[英]拉兹:《实践理性与规范》,朱学平译,中国法制出版社 2011 年版,再版后记。以及另一篇英文论文,参见约瑟夫·拉兹:《通过法律包容》,载拉兹:《在权威和解释之间》,牛津大学出版社 2009 年版,第 180 ~ 185 页。

〔14〕 德沃金将这种原则称为整全性。参见[美]德沃金:《法律帝国》,李冠宜译,时英出版社 2002 年版,第 174 ~ 175 页。

〔15〕 参见[美]德沃金:《法律帝国》,李冠宜译,台北,时英出版社 2002 年版,第 239 页。

这件事上，我们并无合理选择的空间，因此用强制力打击毒品买卖和吸食就是合理的。这样，对强制的正当化的辩护强度就更高了，它要求对强制辩护的准则，必须是法律社群中各方都无法合理拒绝的原则。只有这样，对这种原则的强制，才可能是合理的。这样结合之前的论证，只有给出关于正义和形式合法性的最佳排序原则，该原则才可能为官方强制的行使提供正当辩护。

然而，这又会遇到一个实践难题。要确定某个法律实践中，形式合法性和正义之间重要性排序的最佳原则，就需要对这两者进行权衡。请注意，“不可权衡比较”和“不存在权衡比较的唯一正解”是两个不同的主张。德沃金在很多场合都在证明正义与形式合法性之间是可比较的，但即便承认这些证明是合理的，也不等于同时证明了后一个主张。这两者之间还存在一种可能，即我们只能进行不精确的权衡，因此可能的结果是，存在多个排序原则都可被视为是合理的，而无法进行进一步的权衡比较，无法确定谁是唯一正解。笔者认为，上述主张是正确的，我们有决定性的理由相信，不可能存在排序原则的唯一正解。[16]

（二）合理排序的判准与法治的复合结构

不存在排序原则的唯一正解，并不等于法治是不可能的。从某种意义上说，法治就是为了在不存在最佳道德原则的情况下进行社会合作而生的。人们之所以会对正义的要求存在合理分歧，则就是因为对正义中诸原则的重要性排序存在分歧。如果我们凭借自己的实践推理，能够确定形式合法性和正义排序的最佳原则，那么从逻辑上说，我们也有能力确定正义究竟要求了什么。但正因为实践推理是不精确的，因此我们无法最终解决正义的合理分歧，也就不可能确定正义与形式合法性之间的最佳的排序原则。法治之所以能在人们的实践推理能力无法解决正义分歧的情况下工作，就是因为它借助了官员和民众的分工，它是由官员的意志直接确定公共行动准则，而不诉诸实践推理寻找不可能存在的唯一正解。同理，在面对无法确定正义和形式合法性排序的唯一正解的情况下，确定这两者排序原则的工作，只能交由官员的意志决定。这样，官员在作决定时，就存在两个步骤。首先，他必须对整个法律实践进行整体的把握，确定一组正义与形式合法性的排序原则；其次，基于他确定的排序原则，作出具体的决定。

---

〔16〕 参见［英］菲尼斯：《法律帝国中的理由与权威》，邱昭继译，载郑永流主编：《法哲学与法社会学论丛》（2007 年第 2 期），北京大学出版社 2008 年版，第 84 ~ 86 页。

这又会产生新的难题,即如何确定官员在决定排序原则时所应遵循的准则?前文我们已经指出,对强制给予正当性辩护的原则,不能仅仅是一般的合理原则,而必须是各方都无法合理拒绝的原则。为了确定这里需要的准则,我们必须把构成这个难题的条件澄清出来。一方面,鉴于实践推理的有限性,我们不可能直接确定最佳的排序原则,这就排除了该准则直接确定任何特定排序的可能;另一方面,官员在作出决定时,又必须遵循一定的原则,而不能任由其专断地决定。在这两方面条件的约束下,各方无法合理拒绝的准则只可能有一个,即"官员所确定的排序原则,应当能被所有法律社群的成员,合理视为在理性上可回应的原则,而非个人专断的决定"。笔者将这个原则称为"回应性原则"。其中这里所说的"理性上可回应的",指的就是民众运用自己的理性能力,可以将官员所确定的排序原则,合理理解为一种排序原则,而不是官员诉诸自己的专断意志发明出来的、难以理解的主张。举一个简单的例子,在宗教改革中,同样是解释《圣经》,新教对《圣经》的解释在天主教徒看来就是完全荒唐、不可回应的。在后者看来,这种解释完全是断章取义,事实上在发明一种新的教义。

回应性原则解决了正义与形式合法性之间的排序问题,也提供了一种复合结构的法治观。在这种观念中,正义和形式合法性构成了两个一阶原则,它们将提供官员具体如何行动的实质要求,而回应性原则构成了如何合理权衡两个一阶原则的形式性判准,即这两者必须构成前后一致排序原则,且这个排序原则是民众在理性上可回应的。由于回应性原则并不提供官员如何行动的实质性主张,而是指向两个一阶原则,确定两者合理的关系,因此它可被视为一项二阶原则。这也就能避免一种可能的误解。这种误解主张,由于回应性原则并没有直接确定民众可合理回应的原则的具体实质内容,因此它是空洞的,不能对官员的决定提供规范性约束。如果将"不包含实质内容"定义为"空洞",那么回应性原则的确是空洞的,但这并不等于它不能对官员的行动提供约束。回应性原则作为一项二阶原则,依赖于一阶的正义和形式合法性,实质内容由后两者提供,它只确定这两者的合理行使。一阶和二阶原则共同决定了官员最终的决定。

有人会主张,这种复合结构的法治观实际上是一种类似雷磊主张的程序法治观。回应性原则主张,官员的决定应当是民众在理性上可回应的。这实际上也是程序法治观的核心主张。雷磊在论证中就指出,通过程序所组织的商谈,人们可以进行理性的论辩，这也就确保了最终的决定对民众而言在理性上是可回应的。但笔者认为，这是一个误解。程序最多只能确保有序的论辩，但无法约束论辩的内容。纳粹的法庭完全可以确保犹太人有各种程序性的权利，法官可以用纳粹的种族主义意识形态对付犹太人提出的各种主张，对此程序本身并无约束可言。更重要的是，法官掌握有终止论辩、作出最终决定的权利，在何种情况下论辩是充分的，完全是由他自己决定的，当他认为自己能作出合理决定时，他就会打断当事人的发言，作出决定。程序法治论者可能主张，程序要求法官的决定必须是某种共识，哪怕这种共识是暂时的。笔者认为，这是错误的主张。以雷磊对程序的主张为例，这种主张已经意识到，法律工作的环境是一个人们对各种实质议题存在广泛分歧的环境，因此不可能通过纯粹的商谈达成任何合理共识。批评者可能会指出，在实践中的原被告的确可能对某个判决达成一致的承认。但这是错误的。人们在事实上达成一致的理由可能有很多，在很多情况下，一致是基于力量或利益的相互妥协，这种妥协完全是非原则性的，这种结果对双方来说都不具有任何道德意义上的规范性。

与之相对，本文所主张的复合结构的法治观，其所包含的回应性原则，并非简单是指法官的决定让当事人是有理由理解的，无论这个理由是什么。回应性原则作为二阶原则，指向的是正义和形式合法性这两个一阶原则。法官的决定对当事人是可理解的，是指法官的具体决定只能依赖于正义和形式合法性的某种原则性排序，而这种排序又应当是民众可理解的。这显示出，复合结构的法治观对法律的内容作出了限制，而并非仅停留在形式或程序层面。因此，在那个纳粹法官的例子中，用种族主义的意识形态对付犹太人的诉求就是错误的做法，因为这不符合实质正义的要求。进而，二阶层面的回应性原则，将民众的可理解性置于官员个人对法律的理解更优先的地位，因此如果民众对判决的依据依然有合理质疑而无法理解，法官就应当对这些质疑给予回应，不能以自己认为所有的合理怀疑已经被解决为由终止论辩。最后，回应性原则也注意到，在法律所处理的议题上，让双方对最终的结果达成一致是不可能的，因此回应性原则要求法官裁判所依据的排序原则，只是双方理性上可理解的，而不必是双方在意志上同意或赞成的。这些内容上的约束，是程序法治观所无法做到的，这也证明这种复合结构的法治观念，并不会被还原为任何程序法治观。

这样，我们大致勾勒了一个合理的法治观的结构。以为官方强制提供正当性辩护为起点，我们注意到完成这个辩护需要同时考虑正义和形式合法性两方面的要素,而二阶的回应性原则,作为各方在处理两个要素之间关系时无法合理拒绝的原则,确定了这两者的相互关系。这样,这种复合结构的法治观就能确保对官方强制提供正当性辩护。然而,从表面上看,程序在这种观念中依然只能扮演工具性的角色:通过论辩让官员清楚民众对法律的合理理解和对自己决定的相关合理质疑,从而确保自己的决定最终对民众而言是可回应的。此时,似乎完全可以主张,既然确保决定的可回应性是关键,那么只要我们能找到确保这一点的更好的方式,那么就能放弃论辩,这样做不会造成任何价值上的损失。

四、启动与参与法律论辩的权利

然而,这种复合结构的法治观有自身的问题。按照这种法治观的逻辑。官方的某个决定是否符合法治的要求,必须进行两步的推理。首先我们要问,这个行动是否能获得贯穿在既有的法律中的、某个关于正义和形式合法性的排序原则的辩护?如果答案是肯定的,其次我们必须问,这个排序原则是否是我们民众在理性上可回应的?如果答案同样是肯定的,那么这个具体的决定才是符合法治的。但问题是,第二个问题的答案是受到具体文化环境影响的,因此是动态的,不可能在一般层面上给出直接的判断标准。直观地说,某个原则可能对20世纪60年代的人们具有可回应性,但对21世纪的人们来说可能完全是不可理解的;某个原则可能对汉族来说是可回应的,但对某些少数民族而言则完全不可理解。总之,某个排序原则是否可回应,这必须诉诸具体的环境和当时人们对法律所持有的合理理解来确定。

这就出现一个麻烦,除了某些极端情形(如法律的内容明显极端邪恶),人们要判断某个决定是否符合法治要求,可能无法直接加以确定。概言之,当我们怀疑某个决定不符合法治要求时,很可能是因为自己对法律持有某些合理怀疑,认为该决定在某些方面不具有可回应性。但即使这种怀疑非常强烈,但也并不等于该决定就真的不具有可回应性。我们提到某个原则具有可回应性,并不要求人们在意志上同意它,而仅仅是在理性上可理解、可遵循即可。而现代法体系的复杂性,不仅一般民众很难完全把握,即使法律人也未必都清楚,因此民众持有的合理怀疑,并不必然导致该决定不具有可回应性。我们必须和官员进行论辩,看看官员是否真的无法回应这种合理质疑,才能作出最终的决定。

这种不确定的情况本身对法治来说就构成了一个棘手的问题。在实践中会导致,人们对是否将这个决定视为公共的行动准则发生分歧,而这个分歧本身就会导致法治提供公共行动准则的目标无法实现。

法治必须解决这个问题。原则上说,如果当民众对法律的决定发生合理质疑时,就被赋予启动和参与法律论辩的权利,及时和官员进行商谈和论辩,那么这个不确定性就能被有效限制。启动和参与法律论辩的权利是一种特殊的程序性权利而非一种实体权利,因为它并不直接确定我们应该如何行动。进而,启动和参与法律论辩的权利在某种意义上也是一种二阶权利,这种权利并不直接确定法律论辩具体应该如何展开,而是指向那些具体的程序性安排,指出这些具体的程序性安排,应当以确保法律决定具有可回应性为本旨,同时在各方行使具体的程序性权利时,应当以实现可回应性的要求为目标。

一旦法体系将这种启动和参与法律论辩的程序性权利赋予民众,就意味着当民众对法律存在合理质疑时,法律总是邀请他进入法律内部进行论辩。而基于回应性原则的要求,如果法律内部的论辩显示,相关的决定具有回应性,那么民众就会确定这些决定有作为公共决定的正当性;反之,法治就要求官员及时对这些决定予以修正或废止,以确保法律整体上对民众的可回应性。这里的要点是,启动和参与法律论辩的权利,使法律总是能将异见者纳入法律的内部,在法律的内部处理这些不同声音,从而推动法律从内部的不断自我调整和自我完善,始终确保它的决定可以正当地被视为公共的行动准则。

与之相应,从民众的角度说,启动和参与法律论辩的权利使他们能够合理建立以下的实践区分,即"输掉了一场官司"和"法律在道德上将我视为二等公民"。[17] 输掉一场官司意味着,法律最终并没有支持自己的主张。但没有支持自己的主张的理由可能有很多。如果这个决定是官员个人专断的结果,那么输掉一场官司就意味着法律在道德上错待了我;相反,如果这个决定是法治的要求,而不是官员的个人专断,那么输掉一场官司并不等于在道德上遭到了错待,因此这也不构成我离开法律社群的理由。启动和参与法律论辩的权利,使每1个异见者都能不断地在法律内部对法律的主张发起挑战,促使法律不断调整自己,在每个场合都确保自己的决定满足法治的要求,这样也就使在流变环境中

〔17〕 上述区分是受到了德沃金和威廉斯一次对话的启发。这场对话参见[美]里拉等编:《伯林的遗产》,刘擎、殷莹译,新星出版社2009年版,第89~106页。

的人们,始终都有理由留在法律社群中。

这样,如果某个法体系中通过具体的程序安排,承诺了启动和参与法律论辩的权利,这个事实本身就构成了该法体系大致满足法治要求的代替性判准。需要再次强调的是,从逻辑上说,某个法体系是否满足法治的要求,必须看这个法体系是否呈现了某种正义与形式合法性的融贯排序,且这个排序原则对民众而言在理性上是可回应的。这是一个动态的标准,必须诉诸实质的论辩才能确定。启动和参与法律论辩的权利,从某种意义上是赋予了这个法体系一种对异见的开放性,使它在内部有机会不断调整自身以满足法治的要求。因此,尽管包含了启动和参与法律论辩权利的法体系,内部可能依然会有不符合法治要求的内容,但随着时间的推移,这些内容必然有机会能够从法体系内部得到修正,这个法体系必然会不断趋近于法治的要求。

相反,如果某个法体系不包含这些权利,那么即使在某个时刻,它完全符合法治的要求,但随着这个时刻过去,社会观念发生变化,它就会很快背离法治的要求。事实上,当我们主张在一般层面并不存在"一刀切"的法治判准,而只能在动态的论辩中确定某个决定是否法治时,实际上展示出法治和法律社群的某种特征,即法律社群和道德社群不同,它是在具体的时空环境中构建起来的,必须能够不断回应随着时间推移所造成的观念和文化的变迁。因此,对法治来说,真正重要的不是满足任何静态和抽象的原则要求,而是使法律有内在的动力,在流变的环境中不断自我完善,而不是被时间之流冲毁。[18] 而启动和参与法律论辩的权利,就使法律具有了这种开放性,使法律不断将异见纳入自身内部,成为自身不断修正和完善的内在动力。在这个意义上说,如果一个法体系承诺了启动和参与法律论辩的诸项权利,我们就能主张这个法体系大致符合了法治的要求。

让我们回到之前人们追问法律程序价值的问题上。笔者指出,当我们对法律程序的价值发生严肃的追问时,往往是因为程序所指向的结果和正义的要求发生了背离。我们想知道的是,是否在这种情况下,能够毫无顾忌地直接放弃程序的要求去实现正义。支持程序具有独立重要性的人,至少必须说明放弃程序的做法本身必然会导致某些重要的价值损失,哪怕最后将实现正义。如果上述的论证是正确的,就说明了那些旨在实现这些启动和参与法律论辩权利的具

〔18〕 这个主张受到了范立波教授的启发,特此表示感谢。

体程序性安排,具有了内在价值。如果法律抛弃了这些具体的程序,就等于其否定了这些重要的权利,这也就意味着否定和抛弃了法治,哪怕最终实现了正义。

举一个直观的例子。在天津的彭宇案中,即使事后经其他途径披露,彭宇的确撞倒了老人,法官的判决在结果上并无太大的问题,这个判决的确依然值得批评。这是因为彭宇撞倒老人的证据,当时并没有被公开举证质证,法官基于秘密的证据作出裁判,这本身就违背了法治中可回应的要求,更糟糕的是,法官在裁判的说理部分,给出了匪夷所思的说理,这就使这个案件严重违背了可回应的要求。可以看到,这个案件由于违反了程序和说理上的要求,导致了对法治价值的严重折损,使法律不仅丧失了一个回应社会关切的机会,甚至对法律的权威造成了极大的削弱,并且这种折损并不是必要的,并非是说遵循法律内在的规定就不可能得出正义的结论。这样即便该案最后实现了正义的要求(假设彭宇真的撞了人),它同样是值得批评的,而事实上社会公众的反应也正是如此。

需要提醒读者注意的是,我对程序重要性的说明和雷磊的论证存在一个关键的不同。我在说明程序重要性时存在一个约束性条件,即这些程序必须是旨在实现启动和参与法律论辩权利的具体程序性安排,不满足这个要求的程序并不能获得辩护。这就意味着,我承认如果某些程序性安排,或者某些人对于具体程序权利的行使,背离了这个本旨,那么放弃它们并不会造成任何价值上的损失。以之前提到的韩国聋哑学校学生遭到性侵害的案件为例。从一般的原则看,刑事诉讼法中的追诉时效这种程序性安排,主要是为了督促各方积极行使诉讼权利以解决争议。如果1个案件长时间不处理,相关的证据就会逐渐灭失,之后就很难确保案件的结果是民众在理性上是可回应的。但在这起案件中,大量的事实并没有灭失,相反追诉时效成了罪犯逃脱制裁的手段,反而导致法律存在严重的不可回应性。此时,追诉时效制度在这个案件上就背离了它的本旨,我们就应该将这种制度在这个案件上予以废止,这并不会导致任何价值上的损失。韩国政府作出决定是正确的。

五、余　　论

总体来说,本文为法律程序的重要性提供了一种温和的辩护。概言之,笔者并不认为法律程序总是具有内在的价值,也不认为当法律程序所指向的结果和正义相冲突时,我们总是要尊重程序产生的结果。尽管相反的主张在当下的法学院中广为流传,似乎成了法律人对抗公众舆论的正当性基础,但事实上这些主张并不能获得任何合理性辩护。但这并不等于程序在任何情形下都是工具性的。笔者认为,一种复合结构的法治观是对法治理想的合理诠释。这种法治理想的核心是确保法律在流变的环境中,能够确保其作出决定所依赖的正义与形式合法性的排序原则,对民众来说始终具有理性上的可回应性。而要做到这一点,启动和参与法律论辩的权利就是非常重要的,而这些权利只能诉诸程序性的安排加以实现,因此这些程序性的安排本身就具有了重要性,抛弃这些程序安排本身,就意味着抛弃法治。这当然是一个重要的价值损失。

在结论中笔者想进一步指出的是,上述对程序提供的有限辩护证明,某些法律人利用某些具体的程序性权利,拖延审判进程、损害法律的可回应性以争取己方当事人利益的最大化是完全错误的做法。这种做法过分片面的理解了具体程序性权利的内涵,认为一旦自己享有程序性权利,那么如何具体使用这种权利则完全由自己说了算,权利并不对此作进一步的规范性约束。但事实上,法治中的法律程序并不是盲目的,它不仅保护当事人在诉讼各个阶段有相应的选择自由,而且对这种自由如何行使提出了规范性的约束,即这种行使应当确保最后的结果具有法治所要求的可回应性,与之背离的做法都不能获得程序性权利的辩护。从这个意义上说,法律否定某些被称为“死磕派律师”的某些做法,这不仅没有损害法治,而且是在保护和促进法治。[19]

---

〔19〕 这实际上暗示了某种复杂权利理论的可能。从既有的讨论看,权利的利益理论对权利的性质提供了较为妥当的说明。这种说明主张,权利是实现人们某些重要利益的工具。但如果权利只保护人们在实现重要利益的各种方式中加以选择的自由,而不对这种自由加以约束和指引,那么就会出现人们选择的方式并不能最佳地实现权利所欲促进的利益,此时权利就变得难以理解了。这和权利的实践存在相当的紧张关系。相反,本文的论证暗示了,权利可能包含了某种复合结构,它既保护选择但同时也约束和指引选择。权利内在地反对,那种主张在权利范围内,人们有随意决定如何行动之地位的主张。从既有的讨论看,这种复杂的权利理论已经获得了一些学者的重视。如中国政法大学的范立波教授,在讨论人们是否有做错事的权利时,就有意识地初步发展了一种类似的权利观。参见范立波:《权利的内在道德与做错事的权利》,载《华东政法大学学报》2016 年第 3 期。

Why Legal Procedure Matters?

Shen Hongbin

Abstract: The traditional view about the value of legal procedure is based on the conception of fairness. It claims that the fair procedure is the only way to make a decision when we have different conceptions of justice. However, this view does not get the point when people question the value of legal procedure. We ask this question just because the outcome of the legal procedure may be inconsistent with the true request from justice. The theory about the value of legal procedure should tell us how we can get the reason to obey the outcome of the legal procedure even we know that that outcome is inconsistent with justice. The conception of the rule of law basing on the principle of responsiveness provides an answer to that question. According to this conception, the legal officers should follow a principle when they make a decision, and this principle should have responsiveness to the public. The legal procedure is one of the necessary conditions to make the principle have that property. So the idea of the rule of law provides the independent reason to make the legal procedure matter.

Key words: Legal procedure; Justice; Rule of law; Principle of responsiveness

《人大法律评论》稿约

《人大法律评论》是在中国人民大学法学院支持下，由法学院学生自主创办、独立编辑并公开出版发行的学术刊物，现为 CSSCI（中文社会科学引文索引）来源集刊。

《人大法律评论》初创于 2000 年，至 2019 年 2 月已出版 27 辑，现包含“专题研讨”“论文”“评论”等栏目。

欢迎海内外专家学者、优秀学子惠赐稿件，来稿原则上在 1 万字以上，并只接收电子邮箱投稿。来稿请以“作者姓名 + 文章标题”为邮件名称。收稿邮箱：ruclawrev@ gmail. com。

来稿请附中英文标题和摘要（300 字之内）、关键词（5 个以内）及作者个人简介（包括姓名、单位、职务或职称、地址、联系电话、电子邮箱）。关于引证规范，请具体参见尾页所附之引证体例。

《人大法律评论》实行匿名三审制，编辑部收到稿件起 3 个月内向作者通报审录结果，每稿必复。

《人大法律评论》崇尚学术自由，严守学术规范。一旦发现作者一稿多发、抄袭或者存在其他严重学术不端行为的，本刊将向其所在单位、主管机关、学术团体及新闻媒体通报情况，并保留追究其法律责任的权利。

为了扩大本刊及作者知识信息交流渠道，除非作者在来稿时声明保留，否则视为同意《人大法律评论》拥有以非专有方式向第三人授予已刊作品电子出版权、信息网络传播权和数字化汇编、复制权，以及向《中国社会科学文摘》、《高等学校文科学术文摘》和中国人民大学书报复印资料等文摘类刊物推荐转载已刊作品的权利。

《人大法律评论》编委会

《人大法律评论》注释体例

一、文中注释一律采用脚注，全文连续编号。

二、非直接引用原文的，注释前加“参见”；引用非原始资料时，请注明“转引自”。

三、引用同一文献的，如果两个注释并非相邻，分别列出完整的文献信息；如果两个注释相邻，则采用“同上注，第 × 页”。

四、注释及参考文献范例

（一）著作、教材类：

[1]《马克思恩格斯选集》（第 4 卷），人民出版社 1972 年版，第 24 页。

[2]龚祥瑞：《比较宪法与行政法》，法律出版社 1985 年版，第 255 页。

[3]佟柔主编：《中国民法》，法律出版社 1990 年版，第 67 ~ 75 页。

（二）论文类：

[1]苏永钦：《私法自治中的国家强制》，载《中外法学》2001 年第 1 期。

（三）文集类：

[1]龚祥瑞：《比较宪法学的研究方法论》，载宪法比较研究课题组：《宪法比较研究文集》（第 1 集），南京大学出版社 1993 年版，第 11 页。

（四）译作类：

[1][古希腊]亚里士多德：《政治学》，吴寿彭译，商务印书馆 1983 年版，第 54 页。

（五）报纸：

[1]张志铭：《现代化与中国律师制度的发展》，载《光明日报》2003 年 9 月 23 日。

（六）古籍类：

[1]（清）沈家本：《沈寄簃先生遗书》甲编，第 43 卷。

（七）辞书类：

[1]《新英汉法律词典》,法律出版社1998年版,第24页。

(八)网络资料类:

[1]郑成思:《"入世"、知识产权保护与民商法的现代化》,载http://www.iolaw.org.cn/show News.asp? id=243,最后访问日期:2009年6月19日。

(九)英文类:

[1] L. Fuller, *The Morality of Law*, Robert Gilpin, revised edition, New Haven: Yale University Press, 1969, p. 143.

[2] Joseph Raz, *Legal Principles and The limits of Law*, 81 Yale Law Journal (1972), p. 839.

[3] H. L. A. Hart, *Jhering's Heaven of Concepts and Modern Analytical Jurisprudence*, in Eaasys in Jurisprudence and philosophy, London: Oxofrd University Press, 1983, pp. 269 - 270.

(十)英文以外的外文文种:依照该文种注释习惯。

图书在版编目(CIP)数据

人大法律评论. 2018年卷. 第2辑 : 总第27辑 /《人大法律评论》编辑委员会组编. -- 北京 : 法律出版社, 2019
ISBN 978-7-5197-0849-8

Ⅰ. ①人… Ⅱ. ①人… Ⅲ. ①法律-文集 Ⅳ. ①D9-53

中国版本图书馆CIP数据核字(2019)第012047号

人大法律评论(2018年卷第2辑·总第27辑) **RENDA FALÜ PINGLUN** **(2018 NIAN JUAN DI 2 JI · ZONG DI 27 JI)**	《人大法律评论》编辑 委员会 组编	策划编辑 沈小英 责任编辑 沈小英 张泽华 装帧设计 李 瞻

出版 法律出版社
总发行 中国法律图书有限公司
经销 新华书店
印刷 北京虎彩文化传播有限公司
责任校对 马 丽
责任印制 吕亚莉

编辑统筹 法治与经济出版分社
开本 720毫米×960毫米 1/16
印张 23
字数 390千
版本 2019年3月第1版
印次 2019年3月第1次印刷

法律出版社/北京市丰台区莲花池西里7号(100073)
网址/www. lawpress. com. cn
投稿邮箱/info@ lawpress. com. cn
举报维权邮箱/jbwq@ lawpress. com. cn
销售热线/010-83938336
咨询电话/010-63939796

中国法律图书有限公司/北京市丰台区莲花池西里7号(100073)
全国各地中法图分、子公司销售电话:
统一销售客服/400-660-6393
第一法律书店/010-83938334/8335 西安分公司/029-85330678 重庆分公司/023-67453036
上海分公司/021-62071639/1636 深圳分公司/0755-83072995

书号:ISBN 978-7-5197-0849-8 **定价:**96.00元
(如有缺页或倒装,中国法律图书有限公司负责退换)